2

杂文卷

柏杨全集

人民文学出版社

图书在版编目(CIP)数据

柏杨全集:限量版.2/柏杨著.—北京:人民文学出版社,2010

ISBN 978-7-02-008000-7

Ⅰ.柏… Ⅱ.柏… Ⅲ.①柏杨(1920~2008)-全集②杂文-作品集-中国-当代 Ⅳ.C52

中国版本图书馆CIP数据核字(2010)第048951号

责任编辑:常雪莲 马玉梅　装帧设计:翁 涌
责任校对:韩志慧　责任印制:张文芳

柏杨全集

2 杂文卷

圣人集

凤凰集

红袖集

立正集

目　录

圣人集

凤凰集

红袖集

立正集

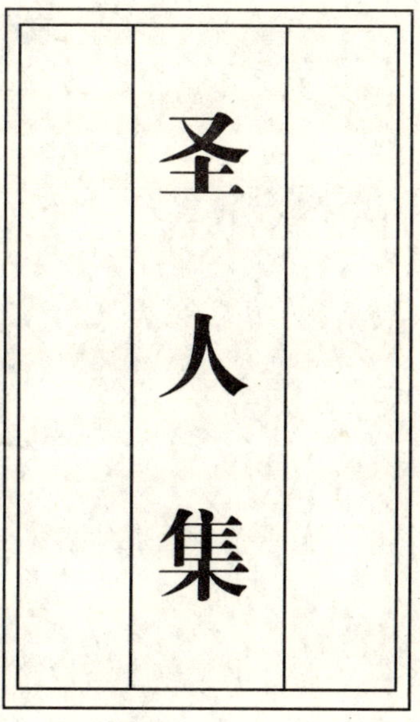

圣人集

提 要

《圣人集》主要论述中国人性及官场生态。柏杨面对阴暗的人性，针对丑陋、卑劣，发而为文，对于现代人颇具警惕之效。

他抨击官场百态，于官员嘴脸嘲讽尤烈，并创一“三作牌”的称号：“君不见警察局门墙上的大标语乎，曰‘作之亲’，曰‘作之君’，曰‘作之师’，不是三作是啥？”讽刺警察大人作威作福、崇洋媚外，不替升斗小民服务，反可能“揍你辱你”。

本书呈现柏杨的另一写作特色：“反讽”。站在被责备者的那一边，为其辩解，甚至补充说明别人辱骂的话，却是愈描愈“黑”，特别显见苦涩的趣味。

序

柏老杂文,已经出笼了三辑,曰《玉雕集》,曰《怪马集》,曰《堡垒集》,现在出笼第四辑《圣人集》矣。本来定名为《见鬼集》的,盖正人君子偶尔眼花,买了一本,翻看一过,骂道:“胡说八道,见他妈的鬼。”正义之怒既泄,柏杨先生便可福保平安,可是书店老板曰:“见鬼不吉祥,你既然知道这年头大家神经衰弱,忌讳多如牛毛,难道不能见见别的乎?”当然可以见见别的,如见见圣人,岂不是很合时代潮流哉?乃定名焉。

是为序。

1963年4月于台北柏府

1. 脱鞋露脚

天下煞风景的事,据《义山杂录》上说,有四项焉,一曰"花间喝道",二曰"背山起楼",三曰"煮鹤焚琴",四曰"清泉濯足"。花间喝道者,标准的过瘾主义,盖从前之官,谓之父母官,和现在三作牌的三作之一"作之君",出于同源。一旦出门上街,坐上八抬大轿,前面有一个或几个衙役,像出大丧似的,拉起喉咙,大声吆喝,使小民人等知道官儿来啦,赶忙闪开,以免被撞。然而该官如果去台北新公园赏梅花,或去植物园赏荷花,也弄几个衙役,在前面勇猛吆喝,那才真正是一个俗种矣。背山起楼者,唐诗不云乎:"欲穷千里目,更上一层楼。"如果更上了一层楼之后,仍不能穷千里之目,在楼底下看到的固是山,在二楼看到的也是山,三楼四楼以及十楼二十楼,看到的照样是山不误。真是山山山山山山山,一山到底。如果这种环境都欣赏,他的呆劲也够上冲云霄矣。煮鹤焚琴者,更不用说啦,稍微有点意境的朋友,即令不会音乐,然而花前月下,感慨万端之时,抚抚琴弦,看看仙鹤,也可以净化自己的生命。有一个故事焉,一位大号之官,以风雅之士自命,又吟诗又印书,见了当教习的或写文章的家伙,都亲切握手,俨然高级境界,于是一位朋友,就送他古琴一张,白鹤一只。过了两天,前去拜访,以为他一定要大谢特谢哩,谁知道谈了很久,竟不见他谈及,最后实在忍不住,乃自己问曰:"前天差人送来的古琴白鹤,不知大人喜欢与否?"该大号之官一听,瞪了半天眼,曰:"你说啥呀?那块烂木头就是古琴?我以为你送错了地方,叫厨房拿去当柴烧啦。还有啥鹤?那明明是只鹭鸶,早炖汤吃啦。"该朋友听后,虽不上吐下泻,不可得也。至于清泉濯足,也是同样道理,时求其实用,而求其灵性,泉水一潭,深可见底,正是"沧浪之水清兮,可以濯吾缨”。只宜于俯下身子喝上两口，以凉肺腑。洗缨都是罪过，如果再脱下破鞋，在其中大洗臭脚，偏偏此时有一个天真小女孩前来取水饮用，埋怨了几句，他就用石头掷她，还开骂曰“干你娘”，此公之为人，恐怕就是遇到叫人讲恕道的孔丘先生，都会气得抽筋。

天下事啥都容易忍，唯俗难忍，连苦刑拷打都可以忍，只有俗使人怒发冲冠。而煞风景之事，也只有俗人才干得出来。可惜的是，《义山杂录》的作者不生在现代，如果生在现代，他将发现还有两项别的煞风景的玩意儿，可凑之而成为六，那就是“脱鞋露脚”，和“公众之地，高谈阔论，唾沫四溅，旁若无人”。

“脱鞋露脚”，似乎是热带朋友的惯技，南北之异，大概在此。台湾“省政府主席”黄杰先生就为了热带朋友的光脚丫，发表过谈话，可见光脚丫已构成对现代文明严重的威胁。黄杰先生说，有些人坐在堂皇富丽的观光号火车上，不管邻座是洋大人也好，中国人也好，衣冠楚楚的男士也好，淡妆浓抹的太太小姐也好，他阁下兴之所至，就脱下他的破鞋，拉下他的脏袜，露出他的臭脚。仅仅露出臭脚还不算奇观，奇观的是，他还把臭脚缩到座椅之上，以手指猛捏脚趾，捏之不过瘾，还举到鼻孔上嗅之，嗅到得意之处，既皱眉又挤眼，舒适之状，好像沙和尚在五庄观吃了镇元大仙的人参果。有的虽没有捏而嗅之，却比捏而嗅之还要精彩，那就是上演脱袜舞之后，把他的臭脚往前一伸，高而翘之，翘到前面座位的后背上，翘上仍不拉倒，十个脚趾还在前座乘客的耳际，猛烈摇动，习习生风，空中传味。柏杨先生每见此景，都要连服三粒金鸡纳霜，以防发冷发热。

男人脱鞋露脚，固丑态毕露，女士脱鞋露脚，也不简单。有些太太小姐，涂脂抹粉，圆眼黑眉，细细的腰焉，长长的腿焉，仪态万方，使人起敬。可是她一坐下，就现出原形，屁股还没有把凳子暖热，玉足就从她的鞋子里抽而出之。虽不至像野男人一样，明目张胆地捏捏嗅嗅，或伸而高翘，但却踏到鞋上焉，踏到地上焉，或踏到栏杆上焉，群趾齐摇，好像十个不见天日的囚犯，一下子获得释放，哈腰的哈腰，伸腿的伸腿，好不壮观。我说她抽出“玉足”，不过恭维之词，如果她的足真的如玉，心里还有点舒服，惜乎大多数女士的足，不要说玉啦，连三流泥水匠的手工都不如。有的玉足其秃其短，如用刀剁过；有的玉足脚背，其肿其高，如刚被三作牌修理过；有的玉足其宽其方，活像一个砚台；有的玉足足趾上翘，能把鞋面透穿，仿佛罗列森严的高射炮；有的玉足其黑如墨，你如果说她是玉足，她自己脸上都挂不住，乃标准的炭足也；有的玉足青筋猛暴，一不小心，还以为谁送的火腿，以蓝色彩带包扎哩；有的玉足则疤痕密布，大概刚害过疔疮、脓疮、杨梅疮等各式各样的疮；有的玉足大拇趾侧的跖趾关节奇巨奇突，鞋子穿一天都走了样；有的玉足趾缝里还隐隐约约藏着秽垢。呜呼，上列各足，如果藏在玻璃丝袜之中，塞在漂亮的高跟鞋之内，还可将就。而一定脱之使出，弄得家丑外扬，万众作呕，是何苦哉，是何苦哉？

因此柏杨先生建议"国会"，悲天悯人，为民除害，应该通过一项法案，派出若干大刀队，手执关云长先生的青龙偃月刀，火车上焉，办公室焉，戏院焉，公园焉，图书馆焉，以及各个角落，怒目巡视。一旦发现有人上演脱袜之舞，就当场大喝一声——不是把他杀掉，也不是把他的尊趾臭脚剁掉，而是吓他一跳，使他迷途知返，也是治疗妙法，一项德政也。

不仅火车上以及上面说的那些地方脱鞋露脚，就是其他任何一个场所，从脱鞋露脚上，可以看出一个人的文化水平。如果联合国正在开会，代表们个个都把鞋子脱到椅子底下，把袜子塞到里面，把黑白红棕黄五种颜色之脚拿出，以手指在脚趾缝里乱掏，掏出一点秽垢，然后举到鼻上猛嗅，恐怕是人类有史以来最大的盛举。昨天晚上，柏杨先生偕老妻去西门町看电影，开演时间未到，想去喷水池休息休息，可是举目所及，左也是人，右也是人，而且一半以上都脱掉鞋子，露出臭脚。尤以两位制服森严的朋友，光脚蹲在池栏之上，实在叫人为国家尊严着急。我看大刀队的组织，迫切必要得很也。

煞风景之六是："公众场所，高谈阔论，唾沫四溅，旁若无人。"这一项虽然排列在老末，但论其煞风景的程度，即令不属第一，至少也和"脱鞋露脚"相埒。话说1963年9月7日，星期六，黄昏之后，有一位有钱的朋友,强拉柏杨先生去中国饭店八楼听音乐,乃目睹一场香艳大胆而又惊天地泣鬼神的场面,而启发我“之六”的发明。大家还没有坐稳,只见一群前途似锦的男女,有的西装革履,有的油头粉面,有的抹脂涂粉,有的腰粗如桶,蜂拥而至,就在邻座坐将下来,不知道他们刚在七楼吃过油大,抑在其他地方受过修理,反正是,刚一坐下,其中有一个漂亮的女士就开始猛嚎,嚎的好像是她要竞选台北市“副议长”如何如何,一时又笑又叫,又说又闹,声震屋瓦,好不威风。朋友告曰:“你知道她是谁乎?”我曰:“不知。”朋友曰:“她乃市议员啥啥啥女士也。”不禁大恐,呜呼,该女士当天晚上出尽风头,四周客人越是怒目而视,她越嚎得有劲;大家越是毛骨悚然,她越得意非凡,直嚎得天昏地暗,日月无光。夫中国饭店八楼是全台湾唯一演奏古典音乐的所在,不同于普通爵士乐的咖啡厅和热闹哄哄的四川茶馆,那地方主要的是要静肃。噫,天堂不是人人都喜欢的,把猪八戒先生弄到天堂,既没有女人,又没有酒没有肉,真能把他阁下憋死。夫拣地方而进,乃是最大的文明。写到这里,顺便奉劝该女士,要到高雅的地方,就得有高雅的修养,上面不是言过乎,既到联合国就不能脱鞋露脚,如果也抱着绿油套裤政策,唯恐怕别人不知道俺就是议员,则不妨去十字路口露一手——想怎么露就怎么露。同时我想中国饭店老板,那天一定被该漂亮女议员头衔吓住,对她硬是束手无策。既要古典音乐,就得守古典音乐的规则,必要时有出面劝止的义务,否则不如索性改成茶馆,凭他们三教九流都来语惊四座可也。而竟因为该女士是一位议员,就噤若寒蝉,未免自己砸自己的招牌。

2. 绿油套裤心理

女议员在中国饭店露的那一手,我想她一定是多喝了点老酒,因为她还大言曰:“谁说我没有丈夫,不过他是一个老头而已。”柏杨先生当时心里就为“老头”二字泪流满面,盖我也是“老头”,却并未“而已”,不但并未“而已”,还觉得功夫高竿。我想最感到痛苦的恐怕应该是台上的乐队,他们被她太空型的嗓子所迫,不得不几度停止,弄得如临大敌。这种毛病,前已言之,是一种绿油套裤政策,而绿油套裤政策,来自绿油套裤心理,盖绿油套裤心理,乃一种自我表现心理也。张三先生新做了一条绿油套裤,如果大家都视而无睹,他只好大吼曰:“快来看我的绿油套裤。”在大而高级的公众场合,小民眼中,一个市议员算不了啥。不但市议员算不了啥,就是省议员、国大代表、立法委员,又算个啥哉。于是性急的朋友遂不得不用种种奇技妙术,显示自己的身价。高谈阔论,口沫四溅,不过是其中小小方法之一。

古典音乐厅里,台上正在演奏贝多芬先生的《田园交响曲》,室内应该静得连根针掉到地下都听得见,客人喝咖啡时应该低低的焉,轻轻的焉。然而,不要说这些地方啦,就是其他任何公共场合,从一个人的摇头摆尾,声嘶力竭上,就可看出他的修养程度。洋大人看歌剧时都穿着大礼服,正襟危坐,连英国女王看中国出口献演的河南梆子,小旦小丑在上面“我的小妈呀”打诨,她都得在台下挺直脊梁。在这方面,还是全盘西化为宜,如果觉得别扭,可找个四川茶馆摆龙门阵可也。

其实绿油套裤心理,人人皆有,罗素先生用权力的欲望来解释人生,认为权力欲望是人类进步的唯一动力,权力不仅仅是下令杀人一种方式。愿意成为一种众人瞩目的人物,也是同一心理,否则人活着还有啥意思乎?君不见公共汽车上,火车上,餐厅里,某一些茶会酒会上,总会有一些企鹅型的男女,围在一起,聆听一位特殊家伙的谈话,该家伙气不发喘,面不改色,大谈而特谈某大官曾经用过六百零六个汽车司机,而都用不住啦;他在美国时住在波士顿世纪街的公寓,一个碧眼金发女郎爱上他,和他约会,他拒绝啦;其次就是她要竞选副议长,丈夫是个老头,她平常不多说话,今天老朋友在一起才打开话匣子啦。叫人受不了也,受不了也。因之我又要向"国会"提建议矣,除了组织大刀队外,应该再组织一个"割舌队",分赴各地巡逻,一旦发现男焉女焉,在那里猛露他的绿油套裤,就叫他张开大口,抽出舌头。盖坐牢可忍,听高谈阔论,不可忍也。

3. 第一门重要功课

"做官大学堂"第一门重要功课,就是"一脸忠贞学",其所以重要的原因,在于如不精通这门功课,其他各门功课即令全考一百分,都没有用。自从盘古先生开天辟地,历史上便有很多奸臣,试想哪一个当皇帝的,明知道某人是奸臣而偏委他大权?又哪一个当大人先生的,明知道某人会出卖他而当作心腹?他们都是认为对方很忠贞,才那样信任不误者也。本来是一肚子"识时务者为俊杰"的主意,而仍能得到头目深信不疑的,乃嘴脸之功,亦即"一脸忠贞"之功也。吾名之为"学",不亦宜乎。

对"一脸忠贞学"钻研最有心得,而又最能力行的朋友,应推蹇材望先生。

蹇材望先生,十三世纪宋王朝末年人,原籍四川,在湖北襄阳做官。蒙古军队快到的时候,蹇材望先生指天发誓,决心殉国,并且用锡做了一块小牌,上面刻着"大宋忠臣蹇材望"(精彩!),另将二两银子挂到牌角,批注曰:"凡找到我尸首的,请代为埋葬。并请在墓前题字:'大宋忠臣蹇材望'(精彩!),此钱作为埋葬立碑的费用。"(精彩!)每天都把这个锡牌系在腰间,只等敌军临城,就自己投水自杀。仅只这个还不算,蹇材望先生还遍嘱他的亲友和有往还的人,一一拜托后事,大家都为他的忠贞所感动,十分哀痛。1276年元旦,蒙古大军破城而入,蹇材望先生已不知到哪里去啦,有人说他已经投水而死,有人说他上了吊。可是,不久之后,他却穿着蒙古衣冠,骑着骏马,光荣而归。原来元旦那一天,他一早便出城迎降,遂被任命为襄阳州长(同知)。

蹇材望先生真是伟大人物,一切都做得恰到好处,看他忠贞起来的那种奇劲,恐怕文天祥先生遇着他,都得被送进监狱。于是乎,万一蒙古大军不来,宋王朝的大人先生势必非欣赏他不可。只要天假时日,准可位立朝纲,于日理万机之余,向小民训勉有加矣。不过,蒙古大军之来,也并不影响他的计划,君不见,他已经当上州长的官儿了乎哉?

因之,我们发现"一脸忠贞学"主要的功能有二:一是叫主子越看越舒服。二是叫主子越看越认为你对他忠心耿耿,千秋万世都不改变。有此二者,不要说当时的大人先生会欣赏,就是现在的大人先生也会欣赏。盖一个人被忠贞惯啦,非每天瞧一下忠贞的脸,便没有安全感也。噫,蹇材望先生不死,还有精神。

4. 儿童乐园

柏杨先生隔壁住着一家穷苦的三轮车夫。昨天晚上,他的大孩子参加台北区省市立中等学堂初中联考回来,眼睛里含满泪水,跑进家门后不久,就传出一阵清脆的木棒的敲打声,孩子放声大哭,一个中年女人气呼呼地骂曰:"什么儿童乐园?你要死啦,我们连饭都吃不饱,你还埋怨为啥不去儿童乐园,你要你爸爸死!"孩子泣曰:"不是呀,是联考呀……"下边听不清楚,盖柏杨先生一向瞧不起穷苦人家,故懒得听他们胡闹个啥也。

然而,今天在报上看了初中部联合招生的试题,不禁对昨天那个挨打的孩子,明白他是为啥挨打了矣,盖他因为穷苦之故,从来没有去过儿童乐园,而考试题上偏偏多的是儿童乐园。

随便举几个选择题,录在下面,以开读者眼界:

一、儿童乐园的兴建,可以:(一)提倡正当娱乐,(二)增加政府收入,(三)开辟读书地点。(柏杨先生以为,应再加上:(四)供考试委员出题。)

二、儿童乐园附设有:(一)茶座及玩具店,(二)餐厅及食品店,(三)玩具木偶店。(应再加上:(四)考试委员游览招待处。)

三、儿童乐园是:(一)面临大海,(二)四面环水,(三)背山面水。(应再加上:(四)被隔在门外的都是穷孩子。)

四、儿童乐园内有:(一)直升飞机,(二)小型汽车,(三)电车。(应再加上:(四)到处是有钱的儿童。)

五、儿童乐园的河畔,可以:(一)洗澡,(二)钓鱼,(三)游泳。(应再加上:(四)穷孩子自杀。)

六、儿童乐园内充满着:(一)幽雅的琴声,(二)雄壮的军乐声,(三)欢乐的笑声。(应再加上:(四)贫苦儿童的哭泣声。)

七、大人们到了儿童乐园也像年轻了十岁,因为:(一)有天真活泼的儿童,(二)优美的风景,(三)各种商店。(此题出得绝妙,妙到埃塞俄比亚去啦。)

八、儿童乐园的建筑,依照"总统"指示,应该:(一)在风景区,(二)以人口比例来建筑,(三)根据商业情况。(你看,学问多大。)

悲夫,一个孩子如果穷得不能堂堂皇皇,大逛特逛儿童乐园,以研究该园建设的意义和功用,则考不上中学,自不足惜。他妈妈把他打死,似乎也算为国除去一害,免得满街都是穷孩子,惹人恶心。

现在,事实的发展是,如欲考上初中,必须先逛儿童乐园。当我听见隔壁那穷孩子的哭声的时候,不禁为那些有钱有闲的父母,以及儿童乐园的老板高兴。

5. 读书有感

一

《明季稗史初编》载:明王朝最后一任皇帝朱由检先生,腿上生疮,旦夕呻吟,不能安枕,可是诸大臣却天天酣歌醉舞。中秋节晚上,马吉翔先生和李国泰先生,命梨园黎应祥先生演戏,黎应祥先生哭谏曰:“行宫近在咫尺,皇帝又生重病,此时何时,我们忍心去寻欢乐?虽死不敢奉命。”马吉翔先生大怒,下令鞭打。

柏杨先生曰:这件事发生时,小朝廷正流亡缅甸,不久之后,缅甸人就把他们一古脑捉住,囚的囚,杀的杀,真正是危急存亡之秋,而马吉翔先生和李国泰先生却仍有心观剧取乐,其镇定的功夫,和雍容的风度,使人肃然起敬。莫名其妙的却是黎应祥先生,诸葛亮先生在《空城计》中唱曰:“国家事用不着尔等操心。”盖自有那些有肉吃,有公家车坐的人,如马吉翔先生和李国泰先生者流,去日理万机。一个唱戏的乱嚷嚷些啥,要不是马吉翔先生天性忠厚,早鞭打死矣。这种佞人,千古以下,应引以为戒。

二

《明道杂志》载:后梁第一任皇帝朱全忠先生当四镇节度使时,一天,到郊外游逛,忽然指着一块地方曰:“这里可以建一座庙。”马上召地工勘察,等了好久,还不见来。朱全忠先生暴怒,随从左右人脸色都跟着大变。后来,那位地工来啦,看了看那块地,再拜贺曰:

“这就是书上所讲的干上龙尾地,建庙最合适不过,但非大贵人看不出。”朱全忠先生转怒为喜,赏了他很多钱。出去后,幕僚对该地工曰:“若非干上龙尾,定当砍下驴头。”

柏杨先生曰:该地工的名字和通讯处可惜书上不载,否则我一定去封挂号信,请他当做官大学堂的客座教习。

三

《挥麈后录》载:宋王朝第十任皇帝赵构先生狼狈浙江时,路过萧山,有人在路旁晋见,问是谁,答曰:“宋室赵不衰。”赵构先生大喜。又,《鸡肋编》载:宰相赵鼎先生当国,会稽名士钱唐休先生请见,赵鼎先生不高兴曰:“难道钱唐真个要休了呀?”竟不录用。作者叹曰:“中兴君相,沾沾于谶语之吉凶如此。”

柏杨先生曰:谶语一定有大学问在焉,故非沾沾不可。任何人都看得出,赵构先生所以能在临安当起太平天子,宋王朝所以能够支撑下去,完全和赵不衰先生的名字有关。而钱塘江一带,一直未被金帝国拿去,也多亏赵鼎先生排挤了一下钱唐休先生。此中含有兴衰之机,成败之理,不可不察。否则,这一套怎么会于今尤烈也欤。

6. 大银幕节目

令人起敬的三作牌,最近又有大银幕节目推出。

报上载,一个二十三岁的美丽下女吴秀娥小姐,于半年前经人介绍到台北市中山北路二段一四〇巷某家为佣,那位主人于前天洗衣服时,记得口袋里装有一百块钱,可是洗后却没有啦,问她见了没有,她说口袋里根本啥都无啥,主人认为她“不够诚实”,乃送交警察局究办。

别看三作牌对夺枪案没有办法,对穷苦小民被偷被抢相应不理,对有钱有势的大爷,却硬是服务得非常使人舒服,再加上吴秀娥小姐长得很是漂亮,如今"总算落到我手心里",自然得露一手以示威信,于是三作牌抓住了吴秀娥小姐,把她右手用手铐铐到铁栏上。

报上形容曰:"她(吴秀娥小姐)穿着白底碎花紧身洋装,右手被铐在铁栏上,逢人便哭喊冤枉。她说:前些时我自己的表都丢了,现在还未找到,我怎么会要他们的钱?"

这真是一幅动人的现代文明图——一个台湾的女公民,为了涉嫌到只够买一只鞋子(不是一双)的一百元偷窃案,被三作牌用铁链像锁一条狗似的锁到铁栏上,和玩马戏一样,以便她泣涕呼冤,供人参观娱乐。

不过,我以为仅仅把吴秀娥小姐铐到铁栏上,似乎还不太牢靠,别看她是一个女孩子,说不定有什么武艺,会飞檐走壁,移位换形;甚至说不定还有什么法术,能撒豆成兵,翻江倒海。呜呼,她无疑义地当然有这些本领,否则,以科学破案自豪的三作牌,岂能对一个少女动此苦刑?所以仅只把她铐住,还嫌太不保险,依柏杨先生卓见,最好用烧红的铁条穿住她的琵琶骨,免得她万一化一阵清风而去,使人无法向那些有钱有势的大爷交代。

据我判断,吴秀娥小姐既然远来台北谋生,当人家的女佣,家里一定既穷又苦。而被铐了那么久,竟没有人前来保她,只会向过往的记者哭泣呼冤,更不会有什么势力。她原籍北港,在台北准无亲无友(即令有亲有友,她自己是个穷光蛋,又惹上官司,也会没有了矣)。三作牌对她可以大大地放心修理,以解寂寞,而舒筋骨。只要不把她修理致死,像用手铐摧毁她的自尊心这一手,我赌一块钱,绝对平安无事。

吴秀娥小姐还是有福之人,如果那个大爷丢的不是一百元而是二百元,我看联合国人权委员会都要大吃一惊。

7. 被拍最乐

有这么一则故事,人人皆知,但柏杨先生仍要把它再说一遍,以便孤陋寡闻之士参考。相传某年某月某日,四个官崽打麻将消遣,正打得头昏脑涨,难解难分,忽然听差的前来报曰:"部长姨太太翘辫子啦。"四人大惊,拍案而起,一个比一个表现得如丧考妣,纷纷赞扬该小老婆德配天地,道冠古今。赵局长固潸然泪下,钱司长亦泣不成声,孙处长一想起该小老婆的伟大之处,就扬言要杀身以殉,李主任更呜咽着要去披麻戴孝。正在各献忠贞之际,听差又来报曰:"不是姨太太翘辫子了,而是太太翘了辫子。"四人一声,悲痛稍轻,盖大太太虽也有权有势,但道行至少要差五百年也。乃曰:"等我们打完这一把牌,再去奔丧不迟。"刚刚坐下,听差的又来报曰:"不是部长太太完蛋,而是部长的娘完蛋。"母亲比起太太来,那股劲自然又短一截,盖官崽们都是太太第一,母亲算个屁哉,四人乃决定曰:"索性打完这四圈吧。"等了一会,那个伶俐的听差又来报曰:"各位大人,死的那家伙不是姨太太、大太太、老太太,而是部长自己。他晚上九点钟在什么医院断了气,姨太太焉、大太太焉、老太太焉,哭得死去活来,务请各位大人前往。"四人一听,你看我、我看你,嫣然一笑,不声不响,一齐坐下来,重新搬风,一直打到天亮。

据说此事发生在二十世纪初,是不是真的,抑只杜撰,我不知道,看样子好像是假的,但假故事往往是真故事的影子。没有实体,就没有反像;没有真的,就没有假的。而且真的有时候比假的还要精彩,有些圣崽者流,一辈子不敢睁大眼睛,只一味醉眼矇眬地嚷曰:"某人也,言过其实。某文也,言过其实。"好像所有动物之中,只有他最最老实。呜呼,再伟大的艺术家都不能雕塑出一双含情脉脉的眼睛;

再伟大的文豪都不能想象出官场到底有多少嘴脸。有些人最恨别人拍他马屁,灌他的米汤,戴他的高帽,但是一旦尝到被拍被灌被戴的滋味,真是送掉老命都干。君没有听说过乎,关羽先生在南天门把门,见一家伙,大摇大摆而来,关先生曰:"呔,你在天宫重地,晃来晃去,是何道理?"该家伙曰:"我想进天宫做点生意。"关先生曰:"你是干啥生意的?"该家伙曰:"专门拍人马屁的。"关先生曰:"有我在此,绝不许你们这些下三滥进去,有渎天庭,还不快滚。"该家伙曰:"如果是别人把门,冥顽不灵,说也无益,我早回去矣,可是吾公圣明正直,深知下界贫苦,定会可怜小民,给我一条活路。"关先生听啦,心中一乐,且以为天宫神仙,均有道之士,岂能接受他的一拍,乃让他进去。不久之后,该家伙轻松出来,关先生曰:"你拍了几个混蛋的马屁?"该家伙曰:"一个。"关先生曰:"是何人哉?"该家伙曰:"那就是你。"

呜呼,古人云:"为善最乐",其实不然,如果为善真的最乐,都去为善了矣,谁还肯为恶乎?柏杨先生考察,实在是"被拍最乐",连武圣人关羽先生都被拍得私开天门,何况官崽乎哉?虽然四个打牌的朋友表现得不够人味,但在官场之中,却够味。既不能因噎废食,又岂可因怕忘恩负义而连被拍都不敢乎哉?

8. 新十八摸

柏杨先生故乡有一个民间歌曲,曰《十八摸》,在穷苦的劳力阶层,非常流行。夏天黄昏,常有一大群庄稼汉,围着一个卖唱的妇人或女孩子,听她娇滴滴地唱《十八摸》,一旦唱到"一摸摸到姐儿的——",观众立刻爆出震天而带着猥亵意味的大笑,笑她"摸"得甚为过瘾也。

前天遇到两位当教书匠的朋友，一个在大学堂误人子弟，一个在中学堂俨然师表。谈起今年(1960)新生入学考试各种奇妙答案，不禁发出贩夫走卒听姐儿《十八摸》时那种大笑，盖笑的是那些考生们"摸"得也甚为过瘾。

他们告曰：地理试卷中，有"山海关在何省"一题，答在山东者有之，答在山西者有之，答在广东者亦有之，真是越摸越远。历史试卷中，问明末流寇猖獗，以何人为最著？答黄巢、安禄山者有之，答张邦昌、完颜兀术者有之，答洪秀全、李秀成者有之，幸好没有人答希特勒和墨索里尼。中文试卷中，有"说鸦片之害"一题，一考生答曰："乌鸦能害五谷，何况一片也哉！"这真是不摸则已，一摸就十万八千里，大哉，摸也。记得抗战前某学堂考试时，中文题目为"拿破仑论"，一考生论曰："夫大丈夫拿整轮尚运用自如，何惧一破轮乎？"教习在他的卷上批曰："君可拿起该破轮，滚滚归矣。"

考试在中国有一千年之久的历史，乱摸一通的英明事迹，足可以写两火车。不过，考取考不取，似乎不见得和他摸的程度有关，而是和看卷子的人如何摸有关。清王朝某年在贵州举办考试，有两位苗族秀才来考，均属保障名额，一个人在试卷上只写了"且夫"两个字，主考官不能不取，乃批曰："且夫两字，有作文之势。"但第二个秀才却缴了白卷，原来他根本一字不识，主考官又批啦，曰："老成持重，不肯轻着一笔。"

这一类的主考，和这一类的十八摸，历史上斑斑可考。今年各学堂招生，很多年轻小子，明明是汉人，却一下子变成苗族，便是逼着主考官非摸一下不可。于是也有父母于一夜间暴卒者焉，也有忽然成了埃塞俄比亚"华侨"者焉，父母本来死于花柳病的，也变成被日本人干掉的焉。其态虽异，其十八摸则一也。

柏杨先生有诗曰："有考皆有摸，无摸不成考。考则由他考，摸则大家摸。试看摸人者，也被别人摸。"

9. 坐着整人

托尔斯泰先生有一次向一个乞丐施舍，朋友告诉他，该乞丐不值得施舍，因他品格之坏，固闻名莫斯科者也。托先生曰："我不是施舍给他那个人，我是施舍给人道。"

呜呼，我们对一个奄奄一息的乞丐施舍时，不能先去调查调查他的品格是甲等或是丁等，如果是甲等，就把掏出的一块钱掷过去，如果是丁等，就把掏出的一块钱重新装回口袋。盖这是人道问题，不是训导主任打分数问题。

台北名鸨何秀子女士服毒自杀，遇救后在她的寓所招待记者，控诉非管区的警员和组长对她的骚扰。这一控诉出了麻烦啦，第一个严重的反应是警察局长，表示非取缔她不可。古之时也，"为政不得罪巨室"，今之时也，"开妓院不得罪警察"。现在把三作牌的脸撕破，再想继续下去，前途不卜可知。第二个严重的反应是，有两个专栏作家在报纸提出义正词严的攻击，主要的意思是：一个开妓院的竟敢堂堂皇皇地招待记者，成什么话？

关于前者，对一个开妓院的名鸨，一直等到脸被抓破之后，才咆哮如雷，我们除了遗憾外，还有啥可说的，一说就说到红包上，柏杨先生能吃得消乎？那么，对于后者，也就是对于那些学问很大，而又道貌岸然，有地盘可以写方块文章的衮衮圣崽，不得不请他们听一听托尔斯泰先生的言论。

何秀子女士当鸨儿是一回事，人权又是一回事，法律是不是规定妓女不准招待记者？一个妓女受了委屈，是不是不准呻吟，一呻吟就"成了什么世界"？只有蒙古帝国的征服者才把中国人分为四等十级，"南人"最差，难道中国人自己也将妓女画成一个最低阶层，不受法律和人道的保护乎？

这是一个基本问题，现在政府一再申令警察不得刑讯犯人，不管做到做不到，其立脚点固站在这个观念上。一个人犯了法，当然应该判罪，但如果大家都认为他不是东西，走上去拳打脚踢，甚至把鼻子耳朵都割掉，还不准他哼哼，“哼哼个啥？你偷了人家一百块钱，还有人格呀？还敢乱叫呀！”——这应是吃人的野蛮部落的事，而不应是现代化中国的事。

伏尔泰先生曰：“尽管我反对你所说的话，但我仍拼命为你争取说话的自由。”而一些自命为民主的人士，却用他们的大笔封杀一个可怜女人的嘴，真使人如丧考妣也。

10. 人味非常重要

台湾土地银行公产代管部，忽然发出铅印通知，限台北通化街一带居民，一天之内拆屋。威风凛凛，闹得老少尽知。通知上铅印的发文日期是今年(1960)9 月 22 日，却于 10 月 23 日才专差送到各户，该行官崽办事效率好像并不十分理想，但该公文却赫然限小民于 10 月 25 日前大动干戈。原文曰：“查本部代管啥啥土地，为贵户所占用，应请于 10 月 25 日以前回复原状，交还本部，并赔偿使用期间历年使用费，否则依法诉究。”

23 日才把公文送到，却教人于 25 日前拆掉房子。连他们自己送一件公文都需要一个多月，拆房子能比办公文更快乎哉？那种码头上“我就是这样，你奈我何”的地头蛇嘴脸，活跃纸上，使人叫绝。

干银行的可能都是如此，中外皆然。记不得哪本“书”上说的，仿佛是在“美国”，第二次世界大战时，一个阿兵哥去银行提款，坐柜台的那位如花似玉的小姐作伟大状，把人类所有的傲慢，都集中到她的嘴脸上,阿兵哥催她快一点,她不屑曰:“你那几个臭钱也值得挂在心上,我一个月的薪水就够你一跳。”结果阿兵哥并没有一跳,她倒反而一跳,盖阿兵哥手枪的子弹打中她那势利的心脏,使她不得不一跳。这故事当然发生在美国,美国虽是资本主义国家,但这消息传出来,竟然也大快人心。可见即令洋大人,对在银行坐冷板凳的那些朋友,也有相当的感想。

有些人恶意地宣传说,干银行的人,都拥有可观的痔疮,盖他们除了一天八个小时坐在那里数钱之外,其他时间也都坐在那里整人,从不看一看天色人心。真实性如何,我们不得而知,为了避免打诽谤官司,我宁愿认为不太确实。不过即令是资本主义的美国,对干银行的敬意也不太高,却是事实。尤其在美国不景气时代,传说更多,最具有哲学意义的有两则焉。一则故事说,一个人有三个儿子,做父亲的向户籍员曰:“大儿子当强盗,二儿子去车站相机扒窃,至于三儿子,”他满脸通红,小声致歉曰,“三儿子在城里开银行。”另一则故事说,星期天一群人去黄石公园游山玩景,忽然遇见一群狮子也出来观光,大家抱头鼠窜,躲到一个石洞里发抖,其中一人自告奋勇守住洞口。果然,来了一个狮子,闻闻他,摇头而退;又来了一个狮子,闻闻他,也摇头而退。事后,大家问那人何以有如此武功?那人曰:“不是我有武功,而是我知道狮子绝不会吃我,因为我身上没人味。”众人大惊,询以何故,他赧然曰:“我是一个干银行的呀。”

这把问题似乎拉得太远,柏杨先生发誓和黄石公园的那些狮子,绝没有隔海唱和之意。但我想,人味却是很重要的,非常非常重要,质诸土地银行衮衮诸公,以为如何乎哉?

11. 新年三祝

世界上，任何"开始"都很重要，连洋圣人都曰："好的开始就是成功的一半。"故商店揭幕，必找一个明星或一个大官剪彩。轮船下水，也必弄一个有权势的男人或女人掷瓶（此男或此女值钱不值钱则不论，君不见殷台公司之事乎，连魏重庆先生的老婆都可露一手）。柏杨先生之专栏亦然，值此1961年初临，大地春回之日，本来要买若干鞭炮，燃之以驱奸邪的，无奈经过严重考虑，发现无此预算，乃自动作罢，易以自祝之词。

第一，祝今年稿费提到五十元一千字。盖三十元一千字，乃是"想当年"一块钱可买一斤蓬莱米时代的价钱，而今三元六角一斤矣。乱世文章不值钱，为千古铁律，我何人哉，敢表异议。但实在的，三十元一千字未免太少，如不能增为五十元一千字，则四十五元、四十元，甚至三十五元一千字，意思意思，以示恤老怜贫，也是好的也。

第二，祝今年台湾人人长寿而健康，没有人死，也没有人病。这并不是柏杨先生和棺材店老板有仇，断他们的财路，而是，谁愿去死去病乎。年头儿如此之糟，我相信上帝必和世人合作，能抬贵手便抬贵手，得饶人处便饶人。而且，有些人似乎应该活到他恶贯满盈，以便明正典刑。轻易让他翘了辫子，把大家搞得头昏脑涨，今天来了一个治丧委员会，明天又来一个治丧委员会，还有天理哉。

第三，祝"国大代表"今年的待遇能更提高，最好和刚果共和国的议员一样，自定月薪四千美元（中国为五千年的文明古国，看样子八千元才过瘾），"国大代表"威不可当，连宪法都可制定，何况区区制定自己的待遇乎？故不妨增加到宪法里去，索性再来上一条曰："'国大代表'为世袭职，万世一系。"当更符合小民的殷切愿望。如遇阻力，则宜搬出当初竞选法宝，可抬棺材在台北重庆南路游行示威，高呼“没有钱，毋宁死”等等壮烈口号，或表演其他姿态，不达目的，誓不开会，或者开会就闹，则万人称庆焉。

不知读者先生，以为祝的如何？

12. 旧书新感

不知道是哪个洋圣人说的：“新的解释，便是创作。”看了纪晓岚先生《阅微草堂笔记》，感想丛生。试选录几则于后，加以阐述。温故而知新，自信对国家社会，世道人心，有严重发明。

海阳李玉典前辈言：有老儒设帐废圃中，一夜闻垣外吟哦声，又闻辩论声，又闻詈争声，又闻诟詈声，久之，遂闻殴击声。圃后旷无居人，心知为鬼，方战栗间，已斗至窗外。其一盛气大呼曰：“渠评驳吾文，实为冤愤，今同就正于先生。”因朗吟数百言，句句自击节。其一且呻吟呼痛，且微哂之，老儒惕息不敢言。其一厉声曰：“先生究以为如何？”老儒嗫嚅久之，以额叩枕曰：“鸡肋不足以当尊拳。”其一大笑。其一往来窗外，气咻咻然，至鸡鸣乃寂。

柏杨先生曰：看了这一段，读者先生一定发现中国之所以没有文艺批评的原因何在矣。你说某人写得不好，你的鸡肋抵挡住他的尊拳乎？连明哲保身如老儒，以额叩枕，尚且被“咻咻”地搞了一夜，如有不更事的批评家，心直口快，其不被整得屁尿直流者，恐怕是未之有也。

侍姬沈氏，余字之曰明玕，其祖长洲人，流寓河间，其父因家焉。生二女，姬其次也。神思朗澈，殊不类小家女，常私语其姊曰：“我不能为田家妇，高门大族，亦必不以我为妇，庶几其贵家小老婆乎？”其母微闻之,竟如其志。性慧黠,平生未尝忤一人。初归余时,拜见马夫人,马夫人曰:“闻汝自愿为小老婆,小老婆亦殊不易为!”敛衽对曰:“惟不愿为小老婆,故小老婆难为耳,既愿为小老婆,则小老婆亦何难?”故马夫人始终爱之如娇女。

柏杨先生曰:这篇札记,将来总有一天会改成约翰先生的口吻,曰:“余妻孔氏,余字之曰玛丽,其祖中国山东人,流寓台湾,其父因家焉。生数女,妻其长也。鼻高毛粗,殊不类东方女,常私语其妹曰:‘我不能为中国人妇,而美国高门大族,亦必不以我为妇,庶几嫁给美国擦皮鞋的乎?’其父微闻之,竟如其志。性慧黠,平生未尝忤一人,初归余时,拜见前妻黛丝,黛丝曰:‘闻汝自愿嫁给美国擦皮鞋的,美国擦皮鞋的老婆亦殊不易为!’耸肩对曰:‘惟不愿当美国擦皮鞋的老婆,故难为耳,既愿当美国擦皮鞋的老婆,则亦何难?’故黛丝始终爱之如娇妹。”

乌鲁木齐多狎邪,小楼深巷,方响时闻,自谯鼓初鸣,至寺钟欲动,灯火恒荧荧也。冶荡者为所欲为,官弗禁,亦弗能禁。有宁夏布商何某,年少美风姿,赀累千金,亦不甚吝,而不喜为北里游。惟蓄母猪十余,饲极肥,濯极洁,日闭户而沓淫之,亦相摩相倚,如昵其雄。仆隶恒窃窥之,何弗觉也。忽其友乘醉戏诘,乃愧而投井死。迪化厅同知木金泰曰:“非我亲鞠是狱,虽司马光告我,我勿信也。”余作是地杂诗有曰:“石破天惊事有无,从来好色胜登徒,何郎甘为风情死,才信刘郎爱媚猪。”即咏是事。人之性癖有至于是者,乃知以理断天下事,不尽其变,即以情断天下事,亦不尽其变也。

柏杨先生曰:从前傅斯年先生要为陈素卿女士立祠祭祀,结果发现不过是张白帆先生搞的一场闹剧。前些时,柏杨先生也曾主张为钱玛丽女士立铜像,想不到她和三个男人都上过牙床,而且堕胎生子,把为她而伤残的爱人一脚踢,更反过来告他骗她,以致对簿法庭,天下人都大吃一惊。柏杨先生除了自打耳光外,只好也叹曰:“以理断天下事,不尽其变,即以情断天下事,亦不尽其变。”

宏恩寺僧明心言:上天竺有老僧,尝入冥见狰狞鬼卒,驱数千人在一大公廨外,皆褫衣反缚。有官南面坐,吏执簿唱名,一一选择精粗,揣量肥瘠,若屠肆之鬻羊豕。意大怪之,见一吏去官稍远,是旧檀越,因合掌问讯,是悉何人。吏曰:诸天众魔,皆以人为粮,佛以孽海洪波,乃牒下阎罗,欲移此狱囚,充彼噉噬,彼腹得果,免荼毒生灵。十王共议,以冥司业镜,罪有攸归,其最为民害者,一曰"吏"、一曰"役"、一曰"官之亲属",一曰"官之仆隶",是四种人,无官之责,有官之权,依草附木,怙势作威,足使人敲髓洒膏,吞声泣血,四大洲内,惟此四种恶业至多。是以清我泥犁,供其汤鼎。以白皙者,柔脆者,膏腴者,充魔王食,以粗材者,充众魔食。故先为差别,然后发遣。其间业稍轻者,一经脔割烹炮,即化为乌有。业重者,抛余残骨,吹以业风,还其本形,再供刀俎。自二三度至千百度不一,业最重者乃至一日化形数度,刲剔焰炙,无已时也。

柏杨先生曰:好啦,"国大代表"们可以在阳世放心大干特干啦,盖国大代表并不在四种之列,阳世上固所向无敌,人言不畏。死后又可跳出被吃之危,天命亦不畏,还畏别的啥。

孙虚船先生言:其友尝患寒疾,昏瞶中,觉魂气飞越,随风飘荡,至一官署,谛视门内皆鬼神,知为冥府。见有人自侧门入,诚随之行,无呵禁者,又随众坐庑下,亦无诘问者,窃睨堂上,讼者如织,冥王左检籍,右执笔,有一二言决者,有数十言数百言乃决者,与人世刑署无少异。琅珰引下,皆帖伏无后言。忽见前辈某公盛服入,冥王延坐,问讼何事,则诉门生故吏之辜恩,所举凡数十人,意颇悢悢。冥王颜色似不谓然,俟其语毕,拱手曰:"此辈奔竞排挤,机械万端,天道昭昭,终罹冥谪。然神殛之则可,公责之则不可,种桃李者得其实,种蒺藜者得其刺,公不闻乎?公所赏鉴,大抵附势之流,势去之后,乃责以道义,是凿冰而求火也,公则左矣,何暇尤人。"某公怃然久之,逡巡竟退。友故相识,欲近前问讯,忽闻背后叱咤声,一回顾间,悚然已醒。

柏杨先生曰:现在台湾的衮衮寓公,过去差不多都叱咤一时。而今蛰居斗室,每兴一年不如一年之感,和人情势利之叹。昨天报上还刊有某大人先生愤慨之词,说他提拔过的人,在他贫病交加的今日,竟无一人理他。看起来纪晓岚先生这一段笔记,有一读的必要。世界上很少天生的忘恩负义,试将一个被攻击为忘恩负义的人加以分析,都会有点不太对劲的感觉。盖主子喜谄媚,则谄媚便是报恩矣,谁天生的贱骨头,见了大人先生便伸舌舐其屁股乎?既舐之矣,主子心旷神怡之余,已经接受他人回敬,还有啥说的?要使人杀身以报是可以的,但当以"国士待之"。以奴才待之,而欲收国士报之之效,天下有他妈的这种天理乎耶?我们从没有听说诸葛亮先生见了刘备先生便胁肩谄笑,或者送上太太,叫刘备先生玩一玩也。而今大人先生把人蹂躏得一点自尊心都没有了之后,还责备他为啥不挺起脊梁,真是纪晓岚先生所说的凿冰求火者流焉。盖你欣赏啥,便会有啥冒出来。你喜欢鞠躬,便有人鞠躬焉;你喜欢打麻将赢钱,便有人故意输给你焉;你喜欢伟大,便有人为你立什么像焉。只不过是,人的个性是一贯的,不可能势在时为你舐屁股,势去后为你讲道义也。

我提议把纪晓岚先生的这篇大作印十万份,遇见大骂别人对不起他的过气官,就送他一张。

先太夫人乳母廖媪言:一友好倾轧,往来播弄,能使胶漆成冰炭。一夜酒渴,饮冷茶,中先堕一蝎,陟螫其舌,溃烂为疮,虽不致命,然舌短而拗戾,语言不复便捷矣。

柏杨先生曰:广播肉台型的朋友,读此应提高警觉,喝冷茶时,千万看看杯子里有没有什么活着的玩意儿。否则,万一也被螫了一下,英雄便无武可用,天下岂不平淡无味乎?

孙叶飞先生,夜宿山家,闻了乌丁东声,问为谁,门外小语曰:我非鬼非魅,邻女欲有所白也。先生曰:谁呼汝为鬼魅,而先辨非鬼非魅,非欲盖弥彰乎?再听之,寂无声矣。

柏杨先生曰:有些人生平以讦为直,攻击人时每努力声明曰:

“我和他私人无仇无怨，而且还是好朋友。”万一也有孙叶飞先生在座，他怎么办吧。

吴林塘言：有少年为狐所媚，日渐羸困，狐犹时时来，后复共寝，已疲顿不能御女，狐乃披衣欲辞去。少年涕泣挽留，狐殊不顾。怒责其寡情，狐亦怒曰：“与君本无夫妻义，特为采补来耳，汝膏髓已竭，吾何所取而不去。比如以势交者，势散则离。以财交者，财尽则散。当其委曲相媚，本为势为财，非有情于其人也。君于某家，昔何日附门墙，今何久绝音问，今乃独责我？”其音甚厉，侍疾者闻之皆叹息，少年乃反面相向，寂无一言。

柏杨先生曰：当一个旁观者真有意思，看着有些“委曲相媚”的人，硬被认为心腹。同时也确实有些人非常欣赏别人“委曲相媚”，这个世界欲不热闹，尚可得乎？

奴子王成，性乖僻，方与妻嬉笑，忽叱使伏受鞭，鞭已，仍与嬉笑。或方鞭时，忽引起与嬉笑。既而曰：可补鞭矣。乃叱使伏受鞭。大抵一日夜中，喜怒反复者数次，妻畏之如虎，喜时不敢不强欢，怒时不敢不顺受也。一日，泣诉先太夫人，呼王成问故，王成跪启曰：“奴不自知，亦不自由，但忽觉其可爱，忽觉其可憎耳。”先太夫人曰：“此无人理，殆佛所谓夙冤耶？”虑其妻或轻生，并遣之去。后闻王成病死，其妻竟着红衫。夫夫为妻纲，天之经也，然尊究不及君，亲究不及父，故妻又训齐，有敌体之义焉，则其相与，宜各得情理之平。王成酷暴，然未致妇于死也，一日居其室，则一日为所天，殁不制服，反而从吉，其悖理乱常也，其受虐，固不足悯也。

柏杨先生曰：纪晓岚先生是当时有名的才子，这一段话却露出奴才相矣。呜呼，戳穿了说，没有奴才相，他能当那么大的官乎？现今尚且不可，何况古之时也。云“尊究不及君”，是认为皇帝有权可以胡搞，这种“有权就有理”的思想，看起来是早就有之的。说到王太太穿红衫，我实在看不出有啥不可，每个时代都有该时代的鬼话，清王朝时代的鬼话之一，就是“天之经也”，就是“一日居其室，则一日为所天”，就是“悖理乱常”，一个知识分子到了只敢责备弱者，对强者总是多方曲原，还谈他妈的啥仁义道德。

13. 失窃世家

中国有些历史书真是古怪，把对人的记载，分为“本纪”、“世家”、“传”，不是因人的重要分等级，而是因人的官和他的权分等级，凡是当了帝王的家伙，不管他是兔崽子也好，王八蛋也好，就非“本纪”不可。凡是当了很大的官，或是虽没有当了很大的官，但却受到很大官的推崇和重视，望之俨然大物，固不能来一个“本纪”，则搞一个“世家”，也算过此一瘾。等而下之，则只好“传”矣。柏杨先生既没有当过帝王，自无缘分“本纪”，假定硬要本纪，题目成了“柏杨本纪”，恐怕有些没学问的读者先生还看不懂哩。而如果写成“传”，似乎也于心未甘，盖现在的时代，乃大家玩之的时代。大亨有门生故吏玩之，自然舒服非凡。柏杨先生没人玩之，只好自己玩自己矣，于是我就自动自发的把我列入第二级，乃作《失窃世家》之文，以志盛焉。

呜呼，何谓失窃世家？盖柏杨先生的世家，与别的世家不同，无赫赫功勋，亦无煌煌道德，却是以被偷名垂千古。最近两年之内，就搬了三次家，每搬一次家，一定有一位贼先生事前既不通知，事后又不道谢，贲然光临，大干特干。尤其奥秘的是，柏府始终住在台北市警察第四分局的势力范围，每次被盗，无论我怎么哀哀上告，结果还不如去看蚂蚁上树。既有如此辉煌的失窃纪录，又有如此化外之民的热烈遭遇，纵自谦我不是世家，天老爷都不会允许。

话说柏杨先生第一次失窃，是 1959 年 10 月 23 日，失窃的前几天，老妻把积攒的菜钱，买了一件价值五百元的毛衣，为了买那件毛衣，我曾着实训了她一顿，盖她已那么大的年纪啦，还穿颜色那么浅，价钱那么贵的东西，不怕别人竖汗毛乎。但她不听有学问的人之言，硬要穿之，而且大烧其包，还穿到菜市场上晃，致引起贼先生严重误会。盖柏府住的是贫民区，一个老太婆忽然有一件既新又贵的毛衣，不是发了财是啥。于是乎，就在那一天，我和夫人向邻居借了八十块钱，去西门町吃一位朋友的喜酒，吃罢喜酒出来，夫人坚持逛逛大街，我们就顺着衡阳街往回走，一面走，一面看，隔着玻璃窗，她看见大衣也叹气，看见手镯也发呆，有一种铁灰色的短棉袄，价洋七百，上面好像有一个钩子似的，把她钩在人行道上凡半个小时之久，是我左拖右拉，才搭公共汽车回家，时已深夜十二点矣。开门之后，正要进去换衣服（注：柏杨先生暨夫人出门衣服只有一套，不逢大典不穿）。听她一声惊呼曰："哎呀，不好啦，老头快来呀。"我一跃而至，只见衣橱大开，衣服撒满一地，衣橱上两个箱子也掉下来，里面的衣服自然也全部出笼，被子褥子，都被努力翻过，只觉得冷风习习，原来后门被贼先生撬而开之。老妻当时就又哭又号，晕倒在地。急忙清查，计丢掉西服两套，毛衣两件，以及朋友寄放的西服、军毯、女人衣料、首饰，另外还有一个大被单，大概贼先生用来包赃之用，也一并不见。

当时情况虽然紊乱，老妻也踢腾了一阵，但柏杨先生的脑筋却是非常现代化的，一面严嘱保持现场原状，一面飞奔前往派出所报案，如火如荼地等了四十分钟之久，才来了一位刑警先生，该刑警先生真是绝顶聪明，他几乎能一边侦查盗迹，一边仍继续其未醒之梦。摸索了半天之后，朦胧告我曰："贼先生是戴着手套的，无指纹可查，而且丢的东西不多，嘻，嘻，嘻。"我曰："丢的东西，在一个有钱的人家，固算不了，但在我身上，实在伤筋动骨，拜托帮忙。"他直摇头，后来大概发现摇头和点头没分别，才改为点头。柏杨夫人啼哭之余，看见三作牌都点头啦，芳心稍觉安定。

谁要说警察局没有为可怜的小民尽力，谁就有点坏良心，即以柏杨先生而论，我原以小人之心，度君子之腹，自以为没有希望矣，想不到际此伟大的时代,树上都能长出鸡蛋来。若干日后,忽然有一天,一辆红色吉普隆隆而至,停在柏府门口,好心肠的邻居急忙通风报讯,以为恶有恶报,这次柏老头非入狱不可啦。想不到不是前来抓我,而且带着贼先生前来认亲。该贼先生西服革履,道貌岸然,神色自若,活像站在台上致训词的大亨。进得门来,即上座而坐,柏杨先生暨夫人唯恐怕他不买账,立刻献茶献烟,他曰:"带我到后院看看。"到了后院,他作视察状,上下打量了一番,曰:"对啦,我那一天把篱笆门撬开,再把屋门撬开,拿了些啥。"老妻一听大喜,几乎当场就要用洋礼吻他,他临走时,柏杨先生暨夫人还恭送到大门,鞠躬致谢。

从那一天起,我们日夜盼望警察局通知去领赃物,可是左等也不来,右等也不来,等了一个多月,又等了一个多月,实在等不住,乃去第四分局打听,经过一番左推右拖,前查后问,一个三作牌曰:"你们的案破不了啦。"我曰:"可是那位贼先生已当面说是他偷的呀。"该三作牌想了又想,以手指轻敲某桌,久之乃曰:"啥?你说啥?那个贼并没有偷你的东西,你怎么乱讲。"我曰:"明明贼先生承认的。"他恍然大悟曰:"想起来啦,那家伙说,他本来没有偷你们,可是看你们老两口对他很恭敬,不好意思不承认。"

天下竟有如此之事,便只好翻白眼。从此之后,果然没有下文。于是乎,到了 1962 年 2 月 15 日。等柏杨先生稍稍复兴之后,乃第二次被盗,这个第二次被盗,损失惨重,计西服三套,毛衣四件,照相机一架,黄金五两,以及其他名贵首饰若干。不过这里要声明的是,"黄金五两,以及其他名贵首饰"。不是柏杨夫人的,而是下女阿珠小姐的,放在她自己的小箱之中,置于我们柜子之上。呜呼,柏府即令在全盛时期,也从没有过黄金,立此存照,以免误会。

14. 第二次

柏杨先生第二次光荣失窃，发生在该天中午十二时，柏府人口简单，只有老妻一人，在外做工；小孙女一人，年方一岁；另外有下女阿珠小姐一人。我正要摒挡下班，忽然工友吼曰："老头，你的电话。"（任何低级动物，在办公室的地位都不高，人人得而吼之。他能吼你，还算另眼看待，如果直接回曰："不在。"你也木法度。）急趋往接，阿珠小姐在电话中曰："有贼来偷我们啦。"闻言急返，原来阿珠小姐抱着小孙女去隔壁串门，连去带回，不过二十分钟，回来时大门上的锁已被撬坏，窗上的纱网也被撕破，贼先生进得屋来，直奔衣橱，探囊取物，搜索一空之后，扬长而去。一看那惨不忍睹的现场，不禁大惑，柏杨先生有多大财产，值得一偷再偷也。

这一次三作牌一切如仪，为了猛拍其马屁，还雇了一辆出租车恭迎恭送，但侦查的结果，并不因出租车而有异，刑警先生做仔细状加科学状曰："他没留下指纹。"不过他说，我有权写一张报失单。大概鉴于上一次的失策，这一次连个相亲的都没有，迄今如石沉大海，丢的白丢，偷的白偷。不过这并不是说我们能够财去人安，老妻当晚回来，那份精彩演出，就不用提啦，仅闹着要上吊，以身殉财，我就足足劝了她两个小时。然而，苦尚不在此也，而在于那位阿珠小姐，她箱子里的黄金，我们并不知道，她说丢啦，当然是丢啦，柏杨先生天生的正人君子，尚无啥疑心，可是柏杨夫人和邻居们研究了一番，认为阿珠小姐颇有问题，第一，时间那么短。第二，一伸手就击中要害。如果不是受名人指点，恐怕不那么简单；阿珠小姐那时正在疯狂的想男人，三教九流，来者不拒，可能性似乎最大。柏杨夫人乃和我讲之，我不赞成她胡思乱想，盖我们家乡有句俗话曰："一人被偷，九人是贼。”猜疑能使一个人耳聋眼花。老妻一向佩服我的道德学问，也就不再说话。可是，问题却不因此而不发生。

有那么一天，阿珠小姐面带非常有把握的笑容，和一种洞彻肺腑的凤眼，问：“先生太太，我们丢的东西，真是怪呀。”我曰：“怪呀。”她曰：“你看，我出去的时间那么短，那贼怎么知道我不马上回来？又怎么知道我的箱子里有黄金？”我曰：“不知道。”她曰：“而且那贼不从后门逃走，仍从大门逃走，不怕碰见我呀？”我出汗曰：“也不知道。”她曰：“那个贼一定和我们有关系？”我心跳曰：“我更不知道。”她曰：“不是朋友，就是来过的客人。”我结巴曰：“你……你……”她曰：“我这个当佣人的，挣几个钱不容易，偷我钱的人，不得好死。”老妻在旁，立刻坐卧不安，我如果不向她怒目而视，她真要当场就承认她偷的矣。事后才似乎有点明白，阿珠小姐不断向邻居宣传，说这是柏杨先生暨夫人和朋友合伙，打她黄金主意，我们丢的那些屁东西，不过是一个手法而已焉。呜呼，一个人失窃到如此境界，连下女都另眼相待，三作牌更可想而知矣。幸亏迄今没有破案，万一破案，说不定贼先生一口咬定我们四六分账，真是非喝巴拉松不可。

柏杨先生被偷了两次之后，老两口连出门的衣服都没有，好在不是热门人物，虽住在闹市，等于深山，无人理会，亦无应酬。不过偶尔逢到红白喜事，柏杨先生还倒好办，柏杨夫人在寒风凛凛之中，满臂鸡皮疙瘩，浑身索索发抖，未免太煞人家的风景。于是只好视钱如命，卧薪尝胆，一直干到上个月，即 1963 年 3 月 19 日，贼先生大概看见柏府的屋上财气冲天，乃在治安森严的宣传下，第三次向柏府下手。

这一次丢东西能把活人气死，话说贼先生下手的那一天，柏杨先生暨夫人开夜车开到午夜一时，我为《自立晚报》赶稿，老妻为西门町一家商店的女鞋绣花，筋疲力尽之余，上床便呼呼如猪。第二天早上，遍找衬衫不见，老妻正在洗衣服，我问她把我的衬衫弄到哪里去啦，她还老气横秋，喊曰：“你瞎了眼，挂在墙上的不是？”我曰：“没有呀！”她曰：“你也劳动劳动尊手，别装老太爷好不好，到衣橱里看看。”我曰：“衣橱里也没有呀。”她曰：“你真是越老越懒，别的地方不能找找。”我曰：“别的地方也没有呀。”老妻大怒，嗵的一声，把洗衣板摔到盆子里，悻悻然掀帘而入，以为这下揪住柏杨先生的小辫子矣。谁知道她一面找，一面口中发出“咦”“咦”之声，而最后我们同时跳起来，发现不但衬衫不见，两套挂在墙上的西服也不见啦。这一惊非同小可，邻居闻讯，警告老妻曰：“看看你的手表还在不在？”一看手表果然不在。我立刻健步如飞，到派出所报案，派出所听说小民被盗，好像听见埃塞俄比亚被盗一样，毫不动心，而且拿出若干种表来，叫我填之。据说，有一张奇妙之表，填了之后，由被盗人买邮票贴上，直接寄给台湾省警务处，就可以马上破案。柏杨先生一面填表，一面很是高兴，有一种飘飘然的感觉，盖你如果不认识英国字，你连坐中国招商局的船都没有资格，而你如果不认识中国字，则连被偷报案的资格都没有。柏杨先生何幸乎哉，如果我是一个不识字的朋友，被盗将更活该矣。

我一面临表高兴，一面忽想起抽屉里还有四千元巨款，那是开空头支票当天到期的钱，不想起来，倒还罢了，一想起来，毛发立刻乱竖，也不等派出所送到第四分局，即狼狈回家，果然也不见啦。呜呼，此时如果巴拉松在侧，我至少也要喝下十斤。老妻听说不见了四千元，不但不表同情，反而认定我混蛋，如此巨款，安可不让她知？又安可乱放？接着想到四千元是我们老两口合起来三个月的工资，便不由得以头撞墙，痛不欲生。柏杨先生这时也无力顾她，赶忙出外借钱，还算我年高德劭，信誉良好，用不了三小时，便行借到，这时已十一时半，红日高照，心如火焚，急忙赶到银行存进去，然后直奔第四分局，当面请求派员光临勘察，这番请求，有分叫：“三作牌又是照查如仪，贼先生再度消息杳然。”

15. 报案捉贼

台北市警察局第四分局原来设在新生南路仁爱路口,可是偏偏我失窃的前几天,它乔迁到一条巷子里,找了半天才算找到,门口红灯如故,不由就心跳如捣,盖柏杨先生天纵英明,对派出所分驻所之类,尚不在乎,但对分局以上,可以随意修理人的衙门,却感紧张。我在门口徘徊了一阵,又急又怕,恰巧碰见一位朋友,寒暄之余,他曰:"分局长正在门口哩,我介绍你晋见。"一听说可以面见分局长,真是受宠若惊,急忙上前含笑鞠躬。分局长看了我的报告后,挺其尊肚,呼曰:"交给刑事组办。"于是七转八折,总算有一位先生到了柏府,又是拿了一大沓表,问之填之,作为口供,然后训诫小心门户,扬长而去。刑警先生走后,我们一家人才开始研究失窃经过,门右侧墙上留有痕迹,门左侧墙上也留有痕迹,贼先生光临时间,约在夜半二时三时左右,那时柏杨先生暨夫人,正大梦方酣,他阁下从墙上翻越而过,顺着夹道,绕到房子后门,用手撬开,一直走到床前。我们完全新派作风,开着灯睡,他就在灯光之下,先取西服,再取手表,然后再顺手牵羊取钞票,如果不是那沓钞票,恐怕还要拿走别的也。

经过这番分析,老妻立刻张口结舌,呜呼,若该贼先生正在动手之际,柏杨夫人忽然醒来,看见有人立在床前,她如果吓得闭了气,还算幸运,如果像电影明星一样,来一个尖叫,台湾小偷都是带刀子的,届时老羞成怒,给她一刀,该如何乎哉。一想到这里,虽然损失惨重,总算不幸中的大幸,这年头凡事只要退一步想,便心安理得矣。夫警察局是何等尊贵之处,警官又是何等尊贵之人,平常小民见之,一定有许多若干未便的地方,而如今我不过只失窃而已,竟可以和分局长对面谈话,而且还允许我不断向他鞠躬,如果没有这一点契机,能有此荣幸耶欤。

记得前年,菲律宾作家来台湾访问,报上有一段文章,写得甚妙,土作家请洋作家看电影,锁门即去,洋作家问曰:“这不太危险乎?”土作家曰:“‘中华民国’治安良好,没有小偷。”洋作家听啦,佩服得五体投地。土作家先生在他的文章中,还为这一杰作,自鸣得意。我想警察局真应该准备一种“说谎奖”,专门发给这一类有前途的朋友。若是柏杨先生请该洋作家看电影,恐怕信心实在无法坚强,脸皮也实在一时厚不起来也。

迄今为止,共失窃三次矣,看情形,除非我忽然当了大官,有把三作牌一脚踢之的权,恐怕是破不了案。君没有看报乎,分局长先生前天还亲自抓到两个偷花的小学生哩,抓得两个孩子哭哭啼啼,何等威风凛凛?幸哉,花是市长的花,他不过抓了两个,如果那是部长的花,说不定可能抓上三个五个。如此干法,将来准有得官做。柏杨先生者流,能给他官做乎?不过柏杨先生也不十分有兴趣去追,追得紧啦,把我和老妻捉将过去,修理一番,说不定我们还要承认谎报窃案,就不够聪明矣。

史书上有这么一则故事,汉王朝陈实先生,有一天,贼先生贲临其家,爬到梁上,等机会下手,被他发现,就把全家大小集合在大厅之中,致训词曰:“当一个人不可以不自己努力,一个坏蛋,不一定本性就恶,不过一旦养成了习惯,便不得不沦落,像这位梁上君子是也。”史书上说,那位贼先生听了之后,大吃一惊,赶忙爬将下来,叩头请罪。呜呼,这种办法讲起来很惬意,可是未免有点古老,如果换在台湾,恐怕问题重重。陈实先生幸亏有一大家子人,而且都属年轻力壮之辈,黑压压站满了一屋子,贼先生自然甘拜下风。如果换了柏府,家里不过三个老家伙,阿巴桑已老,孙女儿还小,贼先生不见得有雅量诚惶诚恐听我的也。我第一次被盗时,对贼先生的恭敬,真是无以复加,可是他该不买账还是不买账,仅只称他为梁上君子,了不了事。

但从这个故事可以看出一个分野,古之贼先生与今之贼先生大大不同,大陆上的贼先生与台湾岛上的贼先生也大大不同。夫窃贼与强盗最大的区别,在于窃贼先生采取的是和平手段,而强盗先生采取的是暴烈手段。这区别非常重要,有应用力学作为根据焉。英国警察身上向不佩武器,表面看起来那岂不要吃了亏哉,可是实际上不但不吃亏,反而使警察的伤亡人数大大地减少。盖贼盗朋友知道,捉拿他的那些家伙手中无枪,溜走的机会较多,即令被逼到墙角,也无生命危险,不必应战也。同样道理,一个货真价实的贼先生,第一要义也是不带武器,不要说不带枪械,连铁棍铁锤之类的东西都不带,因为不带,在紧急时便只会想到逃跑,而不会想到抵抗。偷点东西有啥了不起,顶多挨一顿揍,坐几个月牢,出来后又是一条好汉。如果身上有点玩意儿,一时忍耐不住,把对方打死打伤,自己偷东西本来为了要活下去,弄到后来反而活不下去矣。

台湾的贼先生多半身上带着家伙,这是光棍干法,不是圣人干法,为聪明之士所不取。据调查美国黑社会的一本书上说,血气方刚,没啥头脑的朋友,最喜欢和警察枪战。有两辆汽车焉,一个在前,一个在后,警笛大作,弹如雨下,小伙子好不威风,结果打死了警察或打死了路人,真面目被认出来,不到几个月就被官府捉住吊死。逞一时之快,而遗祸终身。年老的朋友和有头脑的朋友,他们取胜不是靠枪战,而是靠智慧,靠律师,三作牌打到我脸上我都不还手,就是从口袋里搜出十公斤海洛因我也不动怒,咱们关二爷马上观《春秋》,走着瞧,只要有律师老爷在翻云覆雨,就有转危为安的可能性。

台湾的贼先生身带家伙,实在是没有经过名人指教之故,看情形有办一个"贼崽大学堂"的必要,柏杨先生曾因办"官崽大学堂",桃李满天下,而名震国际。如今再办一个"贼崽大学堂",真是春风化雨,有教无类矣。悲夫,台北县安坑乡那位张克明先生,他真是生不逢辰,如果他早一天拜读柏杨先生的言论,在偷言偷,在窃言窃,绝不致弄到现在这种绳捆索绑到公堂的下场也。

16. 四不偷

要说张克明的恶性重大,似乎也不见得,我以为他主要的错误是没有把“偷窃”和“强盗”的定义弄清楚。当贼的第一要义是逃跑,而不是抵抗,挺着大肚子的女主人发现了高声大叫,只有拔腿狂奔的分儿,岂能把她杀死乎哉?偷窃的主要目的是要在和平的方式下,神不知鬼不觉地攫取别人的财物,此处不能下手,何妨再换一家,不必死心眼择善固执,非马到成功不可。

台湾的贼先生有一点不但和大陆不同,也和世界其他各国不同。那就是,黑社会过于凌乱,没有较大的头目作他们的靠山,因之也是各自为政,单独作战,连一点职业道德都不讲。大陆上的贼朋友,有四不偷,曰“文人不偷”,曰“警察不偷”,曰“巨官不偷”,曰“寡妇不偷”。如果犯了这四不偷,不但要倒霉,而且也被同行看不起。这种道德规范有它的道理,分析起来,文人一个比一个穷,即令勉强可以温饱,又能有几文钱乎哉?而且正因为他穷,往往视钱如命,说不定为了一条裤子和你死拼,利未免太小,而危险未免太大了矣,君子之偷不为焉。对寡妇也是如此,恻隐之心使然,也是一种至高的情操。

不偷警察和巨官者,也是因为危险太大。三作牌先生不用说啦,你到太岁头上动土,他焉能不拍案而起,尾追到底。巨官之家,虽然有的是金银财宝,可是他一旦大发虎威,限期三天破案,三作牌一急,凡是贼先生都抓而修理之,同行之间,恨都把你恨死矣,还能饶了你乎?

然而台湾的贼先生却是各人跑各人的单帮,管你是谁,老子偷了再说。据估计台湾的职业小偷,不过一二百人而已。凡是职业小偷,警方都有案可查,必要时可以一网打尽。但糟糕的是,业余的贼朋友太多,多到无法胜数。不妨以“作家”为例,台湾谁是作家乎?谁都不是。不是国大代表,就是大中小学堂教习,再不然就是公务人员,偶尔兴起,写上几篇文,出上几本书,如果有人调查,凡是作家每人发八百吨黄金,作家会比蟑螂都多。如果颁布命令,凡是作家,一律五十大板,恐怕每位都有基本职业,写文出书,不过玩票而已。呜呼,正因玩票太多,万事都搞不好,贼案也因之难破也。

记得有一个故事,1910年,我在京奉铁路作三个月的见习,奉天有两个车站,一为中国站,一为日本站。我的一个朋友在日本站做事,他父亲从关里前来投奔,找错了地方,找到中国站,天色已黑。老头人地生疏,急得抓耳搔腮,我正好碰上,就代他打电话寻找,那位朋友偏偏被日本人派到大连出差去矣,我就把老头请到宿舍,安顿到一个空着的床铺上。同事听说是我的长辈,那时还有古风,因之对他十分尊敬,工友也特别伺候。想不到睡到半夜,工友把我唤醒,原来他的一个金戒指丢啦。他说他在洗脸时,把戒指脱到窗台上的。问他记得洗过脸后,有谁进去的乎,他说是该老头,并且指控曰:“一定是他拿的。”这问题就大啦大啦,疑心客人偷东西,历史上似乎还无前例可援。

结果工友报告科长,科长考虑了很久,认为老头嫌疑最大,乃在向我保证绝不损害他尊严的前提下,加以搜索。我曰:“你要搜不出来哩。”科长曰:“我自会下台。”乃把大家集中起来,宣布失窃之事,然后提议为了洗刷清白,每人身上床上,都要加以检查,有人曰:“科长和客人应该除外。”科长曰:“我也不能除外,而且我敢说客人也不愿除外,老先生,你以为如何?”老头脸色铁青曰:“先检查我好啦。”如此这般,到了后来,从他裤子口袋里把戒指找出,我立刻躲到房子里。如果换到现在,偷点东西算啥?根本不会在乎。可是那时到底年轻,觉得总不是滋味,主要的还是因为他属于“老伯阶级”,长一辈的人岂能干出这种低级的事?科长一面向老头安慰曰:“一定是拿错啦。”一面派人防他自杀,据说老头一夜睡不安枕,天才拂晓,他到我床前告辞,我结巴曰:“真对不起,我不招待你就好啦。”你猜他怎么回答?他回答得之妙之奇,能把天下所有写小说写剧本的朋友气死，他曰："贤侄，你不知道，财帛动人心呀。"

台湾目前多得是这一类的贼先生，他在后门经过，看见院子里挂了一套西服，乃弄一根竹竿挑而走之。看见你前门偶尔忘掩，就进去逛逛，碰到主人，说是找朋友，碰不到主人，就顺手牵羊。一副临财苟得的面孔，既没有组织，也没有帮会，只出奇兵制胜，警察对之也无可奈何。其实，幸好警察对之无可奈何，他不过跑跑单帮，如果警察对他有可奈何，反而糟糕。盖看守所也好，职训总队也好，似乎是一个"犯罪大学堂"，该大学堂里，专家如雨，学人如云，一个本来只会跳墙的单帮客，到该大学堂镀金，用不了一个月，开锁焉，玩扑克焉，跑台子焉，白撞焉，十八般武艺，至少学会十般，而且又有了师兄师弟，歃血为盟，由单帮进入会帮矣。等到第三次入狱，再学若干武艺，又结识了若干朋友，于是，一看台北风紧，遂投奔台中阿猪阿狗。一看台中风紧，再投奔高雄张三李四。看守所和监狱是一个滚雪球的所在，使得贼先生越滚神通越大。

每一个开始做贼的人，都是可以原谅的，社会上有逼他们做贼的因素，像柏杨先生，迄今天写这篇大作时止，还没有过做贼的行为（做贼之心则早有之矣），可是一旦老妻幼孙挨饿受冻，我敢光荣地保证，绝不学颜回先生，而非下手偷点啥不可。活下去是天赋的本能，应受最高的尊重。问题是，一个贼先生如果突飞猛进，成了惯窃，则往往非偷不乐，俗云："讨饭讨三年，皇帝都不干。"盖得来容易，别人辛辛苦苦十个月，才买一套西服，他只要一伸手就行啦，天下有比这更美丽的事乎？台湾的法院对惯窃的科刑未免太轻，而且先判"感化"，在法理上我们说不赢有学问的人，但事实上却是越感越化。真应该调查一下入过狱的贼朋友，只要有三进三出的资格，用不着考试，就发给他一张"贼崽大学堂"毕业证书，准没有错。

（柏老按：到了二十世纪七十年代，贼先生的日子便没有这般美好，除了本刑，还有从刑——强制劳动七年，而且还可以再延长四年，十一年之久，葬送在监牢之中矣。问题是现在的贼先生似乎更多，怪啦。不过八十年代的贼先生，不再偷西装，而偷电视机、录像机矣。）

17.《文明小史》

李宝嘉先生,人中怪杰,比柏杨先生还要伟大,除《官场现形记》一书外,还有《文明小史》《后官场现形记》两大著作。

《文明小史》的故事如此——

话说湖南永顺府知府柳继贤先生,是一个典型的官崽,那时清政府正在讲究“新政”(犹如现在正在讲究长期发展科学)。两湖总督乃派了一位洋人到永顺府察看矿苗。在饭店用饭时,被跑堂的打破了他的一只自备饭碗。柳继贤先生据报之后,大骇,立往请罪。洋人一看,中国官老爷竟这般不值钱,乃顺竿而上,大肆要挟,要挟不遂,一个电报给巡抚,可怜的柳继贤先生,拍马屁拍到马腿上,仍是被撤了差。

继任的知府姓傅,傅知府更为出色,既欲谄媚上司,又欲巴结洋人,于是小民苦矣。恰好有一批生员(现在则是报馆记者,和一些写专栏的家伙),攻击傅知府媚外。傅知府大怒,祭起“结党聚众”的帽子,统统抓到牢狱,打算借别人的血,染红自己的前程。不料有一位落荒而逃的生员刘伯骥先生,走投无路之际,和城外一个传教的洋人结识,告起来洋状。洋人一纸抗议,傅知府只好把狱中的朋友释放(感谢这个洋状)。闹了一阵,傅知府两面不是人,终于也垮了台。

抄一段黄巡抚的言论于后,以供有心人窥一斑而见全豹——

黄巡抚自上任以来,见各国洋人,请了护照,陆续到了安徽省,不是游历传教,便是察看矿苗,又有些洋人借兜揽生意为名,不是劝他衙门里装电气灯,便是劝他讲求卫生。他本是以巴结外国人为目的的(中国官竟以巴结外国人为目的,一奇,然而温新而知故,恐怕有点不虚),无论你什么人,只要是洋人来了,他总是一样看待,一样请他吃饭,一样教洋务局(类似现在外事处新闻局之类)替他招呼。

起先洋人还同他客气,后来摸着他的脾气,便同他用强硬的手段。很有些要求之事,他答应了又不好,不答应又不好,闹了几回闹急了,有天向司道说:“人家都说:这安徽是小地方,洋人不大起念头的,为什么到了我手里,他们竟约了来找我,这是什么缘故呢?”司道一齐回称:“这是大人柔远有方,所以远人闻风而至。”(这碗迷汤灌得不含糊。)黄巡抚皱眉头说道:“不见得吧,但你说柔远,这个柔字,兄弟着实有点见解。(他妈的!)现在国家弱到这步田地,再不同人家柔些,请教你从何处硬起来?(呜呼,原来硬不起来是祖传下来的。)总而言之一句话,外国人到底喜欢哪样,我又不是他肚里蛔虫,怎会晓得?既不晓得,自己碰来碰去如同瞎子一样,怎么会讨好呢?现在要不想当瞎子,除非有搀瞎子的人,这个搀瞎子的,请教我们中国人,哪一位有这种本事当得来?”(问得极妙,中国人谁有本领?只洋人才有本领。)

黄巡抚又说:“不瞒诸公说,兄弟昨儿已教文案上替兄弟拟好一个折稿,奏明上头,看哪一国来的人多,我们就在那一国人里,挑选一个同我们要好的,聘他做顾问官,以后办起交涉来,都一概同他商量,他摸熟外国人的脾气,哪桩好答应,哪桩不好答应,等他出口,自然那些外国人就没得批评了。照我这个法子去办,通天下一十八省,个个巡抚都能如此,一省请一位,大省份外国人来得多的请两位,以后还怕有什么难办的外交吗?”(字字珠玑,掷地有金石声。)有一个候补道插口道:“恐怕大权旁落,亦非国家之福。”(此公胆敢爱国,大概一辈子都补不上实缺。)黄巡抚低声说:“我们中国,如今还有什么主权好讲,现在哪个地方不是外国人的。我这个巡抚做得成做不成,只凭他们一句话。他要我走,我就不敢不走,我就是赖着不走,他同里头(“里头”二字可加双圈)说了,也总是要赶我走的,所以我如今聘他们做顾问官,他们肯做我的顾问官,还是把我当个人,给我面子。倘若你去请教他,他不理你,或者不通知你,竟自己做主意干了,你奈何他,你奈何他?”

黄巡抚的一番话,学问甚大,看情形教育部的什么学术文艺奖金,恐怕是非他莫属。把孙中山先生说的"安危他日终须仗",解释成"我们将来终要和共产党打一仗"的人,都能当部长,携带老婆一游美利坚。黄巡抚不过仅得个什么奖,自然非常的不成问题也。

《后官场现形记》和《官场现形记》同等精彩——

话说甄阁学(类似现在部长的官)前去探望他大哥的病,大哥是个不合时代潮流的人物,二十年前"就把热腾腾的功名念头,消减得一丝也没有"。他对甄阁学曰:"普天下二十二省,自总督巡抚以致未入流的官,难道就没有一个超群拔类的人物不成?但是到了这个世事,就是有一个肯挖出心来替国家办事,肯洗手不向小民要钱,奈何在上头的人,偏不肯容你这样干。(温新知故,此言教人擂胸。)所以有点见识的人,都存厌世主义,尽让那些狐群狗党,没尾招摇,混得世界糊里糊涂。"

呜呼,殊不知到了今天,反而更来得惊心动魄。甄阁学只好发誓他自己绝对"不贪赃,不枉法"。大哥乃又曰:

"若说不贪赃,不枉法,便是好官,那也未必尽然。误国两个字的罪名,据我看来,无论官大官小,总逃不了,何以故乎?姑据不贪赃不枉法一项而论,那是最好的了,但这却是个人之私,他只顾守真抱朴,廉介自持,一味地博个一身名誉,是个清官,以外的事,任他糟到怎样的地步,全然不去问。因循贻误,地方受无形之害,其误国之罪,实胜于贪酷。"

这两段话,如用李宗吾先生的挖字法和嵌字法,挖之嵌之,一定叫人绝倒。

18. 洋人之撞

台北《中华日报》副总编辑冷枫先生撞了车矣，柏杨先生向不往人多的地方去，所以迟到今天才知，真是绝大新闻，此绝大新闻中表演最高竿的，是一位三作牌。该三作牌非普通的三作牌，乃会说洋话的三作牌焉。于是，伟矣，盛哉。

话说冷枫先生因胃出血之病，由空军总医院内科主任戴文鑫先生陪同，乘出租车赴空军总医院住院，走到圆山新村附近，有一洋大人之车，迎面而来，轰然一声，撞了个正着，该洋大人跳下车来。冷先生天真得很，还以为要道歉哩。谁知道该洋大人竟然另外唤了一辆出租车，扬长而去。在该洋大人扬长而去之后，三作牌乃登台表演，该黄皮肤，黑眼珠，低鼻梁，身为中国警察的先生，赶到现场后，大大地吃了一惊，他吃惊的不是洋大人撞了中国人，而是中国人竟敢被洋大人撞，那股正义之气就大啦。既没有心情问被撞人的姓名年龄籍贯，也没有心情问谁受了伤没有（水箱里的滚水泼了冷先生一身，鼻子几乎撞塌）。反而把他的尊头半伸车窗之内，厉声问曰："你们要到哪里去？"因冷先生已被撞得发昏第十一，冷夫人乃代答焉。三作牌又问曰："那么你们现在还要不要去？"盖他之意，洋大人能治百病，说不定一撞之下，能把冷先生的病撞痊，岂不是省了事哉，届时可能还要请他代送一匾给洋大人，上写"被撞最乐"哩。想不到冷先生天生的没有前途，竟在昏迷中答曰："我就是因病才去空军总医院的，如今撞车又受了伤，难道反而不去呀？"三作牌大怒曰："你怎敢用这种态度对我。"吓得冷先生夫妇不敢再行作声，乃由戴文鑫医师下车接头，请他转告赶到现场的美国宪兵，要他们把那位肇事的洋大人找回来道歉。该三作牌愤愤然和美国宪兵去谈，不要看他对中国同胞如此之凶，见了洋大人却服帖得很，大概服帖得过度，说的竟然全不是那么回事。幸亏戴先生在美读书，也会两句英文，乃上前质问曰："你不应该这样，怎能骗人？"说着乃看他胸前的号码，三作牌大怒曰："你要看我的号码呀？没有关系，我不怕，看你把我怎么样？"呜呼，一个可怜的医师和一个可怜的报馆伙计，对三作牌能怎么样？只好自认倒霉，另雇一辆出租车，狼狈而逃。

这件事的压轴戏是，第二天报上一报导，台北市警察局马上去函更正，说根据"调查"，完全与"事实不符"。冷先生忍无可忍，乃在《中华日报》上写了一篇《撞车记》。

《撞车记》写得很好，没有一点火气，深合儒家所欣赏的温柔敦厚之旨，这不是我替冷枫先生戴高帽，你如果不信的话，找出原文，一看便知。洋机关看到之后，立有反应，经过调查，那个伟大的洋大人被判不名誉回国，并有另外的洋大人提着礼物，前往医院向伤者慰问。一粒老鼠粪虽掉到锅里，却并没有搞坏了饭，美国朋友可敬处在此，其能有今天的国际地位，也在此焉。他们做的是立刻把它拣了出来拣掉，而不是认为有损威信，一口下肚。

圣人常叹礼失而求诸野，现在年头则是礼失而求诸洋。洋人已认错矣，已对肇事者有处矣，可是三作牌伟大如故。一位官崽前往医院探视，不耐烦地讥冷先生曰："这一次遇到了你，算我们倒霉。"看样子如果遇到的是不懂英文，或虽然懂英文而被撞垂死，口不能言的小民，只有任凭宰割矣。昔严复先生为翻译定三大标准。曰"信""雅""达"，而今西崽朋友又发明了另外的三大标准，曰"谄""歪""欺"。谄者，一切以洋大人的利益为依归，舌人见了洋大人便色授魄与，骨头先酥，你说啥就是啥。你说中国人挡路乎？那当然混蛋。你说中国人骂你乎？那当然该死。歪者，昧天良而乱翻译也，中国人被撞得头破血流，哭爹叫娘，舌人却告洋大人曰："他对您这一撞，甚表感激，而且以被你一撞为荣。"洋大人曰："他口中嗫嚅些啥？"舌人曰："他叫我问您的地址，以便改日登门叩谢。"洋人听了大喜，舌人译了亦大喜。欺者，骑也；骑到同胞脖子上之谓也。编辑算啥？一块钱能买七八个,而且撞死中国人事小,耽误洋大人回家事大,被撞后竟不跪地求饶,反而好像很委屈似的,在车子里乱嚷,真天下之顽民也。三作牌没有把冷先生带回修理一番,叫他招认图谋不轨,已是皇恩浩荡矣。

柏杨先生闻讯前往探视时,冷先生还躺在床上气呼呼地哼哩,经我为之一一分析,他才汗流浃背,面色如土。不过事到如今,也不能说没有教训。一则该洋大人尽兴回国,以后升官大成问题,把该西崽型三作牌弄到美国观光,更成问题。一番苦心,恐怕要落了空,悲哉。二则中国没有办法的可怜同胞,都应提高警觉,遇见西崽型三作牌,千万抱头鼠窜,否则,他在洋大人面前给你翻译上一段,说不定会祭起核子弹,你就吃不了啦。

19. 一舌遮天

撞车中三作牌的精彩表演,固很绝伦,但并非他所独创。一经研究,知其乃有所本者也。在韩国便曾发生过这么一桩故事,美军统帅有一天到韩国军营训话,在训话中,说了一段很长很长的笑话,这笑话用英文讲,大概要三分钟,可是经过韩籍的翻译官一翻译,只说了一句,全体韩军就笑得人仰马翻。美军统帅不禁大惊,深叹韩文真了不起,一句话竟能包括那么多意义,乃询之曰:“你讲的那一句是啥?”答曰:“我说,将军讲了一个笑话,你们要拼命地笑,以敦邦交。”

这故事具有代表性,该舌人虽然不“信”不“达”,却还有点“雅”焉。君没有看过《官场现形记》乎?(中国人对该书不可不读,否则你一辈子都搞不清官场是怎么回事。)第五十二回曰:“走捷径假子统营头,靠泰山劣绅卖矿产”。后半段说的是一位尹子崇先生,绰号“琉璃蛋”,徐大军机(类似宰相一类的官儿)的女婿也,凡是一个人,一旦和大亨沾上生殖器关系，就会忽然伟大起来。有洋大人要买安徽全省的矿，他竟敢卖之——为了读者先生仔细琢磨，且看原文：

通事（翻译）就问尹子崇道："同巡抚碰过头没有？"尹子崇道："这个矿是我姓尹的手里开办，一切事他做不了我的主。况且敝岳徐大军机在里头（亮招牌啦），将来你们接了手，尽着这一个省分（安徽），任凭你爱到那里去开采，就到那里去开采。你们可是怕巡抚不保护？只怕他没有这个胆子。依我说，你们尽管去干，有什么话，你索性来同我讲，等我去同我老丈人讲，包你千妥万当。"通事把这话，翻译给外国人听了，外国人又咕噜了一会，通事又向尹子崇说道："我们敝洋东的意思，说这个公司，虽是你尹先生创办的，但你尹先生只算得一个商人，就是敝洋东，他也不过是个商人，虽然是一个愿卖，一个愿买，然而内地非租界可比，华商同洋商断不能私相授受。为的这开矿的事，是要到内地来的，洋商尚不准在内地开设洋栈，岂有准他在内地乱开矿之理……一定要两边长官都签了字，他才肯接手。"

僵到最后——

洋人回称："只要你丈人徐大军机肯签字，也是一样。"尹子崇道："肯签字，一定包在我手里。"洋人道："既然如此，尹先生几时进京，我们同着一块儿进京，倘若徐大军机不肯签字，非但我这趟进京盘费，要你认我，就是我这趟由上海到安徽的盘缠，以及到了这里几天的费用，都是要你认的。"通事说一句，尹子崇应一句道："事情不成，一切盘缠等等，自然是我的。设或事情成功了，你们又翻悔起来，叫我去找谁呢？"洋人道："彼此是信义通商，那有骗人的道理。"尹子崇道："但是口说无凭，你总得付几成定钱，摆在这里，方能取信。"于是先要洋人付二成，又说："这全省的矿，总共要你二百四十万银子，也算克己的了，二成先付四十八万。"洋人嫌多，后来说来说去，全省的矿一概卖掉，总共二百万银子，先付二成四十万。洋人只答应先付半成五万，又禁不住尹子崇甜言蜜语，从五万加到先付十万，即日成交。先由尹子崇签字为凭,限五个月交割清楚,如尹子崇运动不成,以及半途翻悔,除将原付十万退还外,须加三倍作罚。

试想,徐大军机纵是再颟顸,他也不敢公然签字把安徽全省的矿产卖掉,尹子崇先生到了北京之后,好像锯了嘴的葫芦一般,不敢张口,但洋大人逼得太紧,这将如何是好?于是,西崽对付冷枫先生的那一套出了笼。尹子崇先生买通了各色人等(包括和尚以及他的小舅子——徐大军机的幼子)。书上曰:

那天,徐大军机朝罢无事,便坐了车子,一直径去,见了和尚,谈诗谈画,风雅得很,正谈得高兴头上,尹子崇同小舅爷赶到那里,说是伺候老爷子来的,徐大军机并不在意,才谈几句,忽然听得窗子后头,一阵洋琴的响声,和尚耳尖(当然尖,妙),听了,先问香火道:"这是谁在那里弄这个东西?"香火道:"就是前天来的那位外国王爷。"(商人成了王爷,妙),徐大军机便问(果然问):"这外国王爷,他是怎样的一个人?"和尚说:"人倒是很好的一个,也是在教,他的教原同我们释教,差仿不多,都是一心向善的,他自从到京之后,就一直住在他们公使馆里,前头到寺里一次,是我出去陪他们的,我虽然不会他们的说话,有了通事传话,都是一样的。这人弹得一手好洋琴,还会做做外国诗,有一部什么外国诗集,当中选刻他的诗很不少,可惜都是外国字,我们不认得,倘若懂得他们文理,同他唱和唱和,结交一个海外诗友,倒是一桩极妙之事。"徐大军机道:"你既然说得如此好,为什么不请他来会会呢。"(他正要会你。)

这一次相会的情形,书上曰:

等到吃过一大半,约摸徐老头儿有一点倦意,不晓得洋人同翻译说了几句什么(没有会洋文的医生在场,只好干瞪眼)。翻译便同少大人说:"我们敝东极其仰慕徐大人,从前没有到中国时候,就常听人提起徐大人的名字,他现在跟着我们中国人,也很认得几个中国字。"又说:"敝洋东的意思,想求徐大人把他名字三个字,写在一张纸上。"(妙极!)徐大军机听了大喜,立刻教拿笔砚,又见洋人从身上摸索了半天,拿出一大沓厚洋纸,上头写着洋文,花花绿绿,看了亦不认得。通事把那一沓纸接过来,送到徐大军机面前,说道:“敝洋东嫌中国纸不牢,身上一搓就要破的,请大人把三个字,写在这张纸上。”(妙极!)徐大军机端端正正写了出来,通事又拿了一张说:“敝洋东想求大人照样再替他写三个字,前头写的,是他自己留着当古玩珍藏;这次写的,他要带到外国去,把三个字印在他的书当中。”(妙极!)和尚又帮着敷衍道:“想是这位外国诗人,今天即席赋诗,定归把他今天碰见老大人,一齐都做了进去,所以要把老大人的名字,刻在他的诗稿当中,这倒是海外扬名的。”(妙极!)和尚一面说,徐大军机早已写完。

如此这般,神不知,鬼不觉,把安徽全省矿产,轻轻卖掉。呜呼,这种和尚,这种翻译,又如何哉。要干就大干,要卖就卖国卖矿,卖一个赤手空拳的医生同胞和编辑同胞,称不得英雄好汉,不怕那和尚那翻译把牙笑不见了乎。

现在,那个肇事的洋大人已接受应得的处分,这就简直是夷狄的做法,只问是非而不问形势。迄今之世,连台湾的三作牌都看不起中国人,洋大人又何必看得起乎?一千个中国人抵不住一个西崽,一千个西崽抵不住一个洋大人。因小而失大,为聪明之士所不取。此美利坚之日渐衰微,而中华民族之永远为五强之一也。

最近接到很多读者先生来信,询问“三作牌”是啥?报馆里的先生也频频接到电话,请转问柏杨先生三作牌出自何典?呜呼,可见世界虽然在不断进步,而中国同胞仍见识不高。柏杨先生发明三作牌,已三年之久,仍有人不知其中奥妙,还有啥可狡辩的哉。

圣崽们为文,贵于“字字有来历”,柏杨先生何等的有学问,对三作牌之发明,自亦有其出处。很多人怀疑其中一定有不敬之意,那是啥话?你敬他,他还要修理你;不敬他,岂不是自掘坟墓。何况柏杨先生生有异禀,见了有权有钱的人,不由自主地就想巴结,只要巴结得上,出卖朋友都干。盖天赋的做官之相,岂肯乱搞。君不见警察局门墙上写的大标语乎,曰“作之亲”,曰“作之君”,曰“作之师”,不是

"三作"是啥？以其自负而名之，不但没有不敬，恰恰相反，简直是敬得要命。不过鉴于中国同胞知识水平太低，没有几个人能及柏杨先生十分之一，不得不解释于左。

"作之亲"者，那就是警察先生一时高兴，或一时不高兴，就可以当你的爹，管你教你，义不容辞具有父性权威。我们这些儿子孙子者流，如果惹了老爹生气，他为了你好，当然修理修理。圣人书上，仲由先生问孝，孔丘先生曰："色难。"色难者，供养父母易，喜颜承欢难。冷枫先生因病之故，稍有愠色，老爹便行大怒，给他翻译了几句，幸亏是外事警察作之亲，如果碰到的是刑事警察作之亲，恐怕他身无完肤矣。

"作之君"者，更威不可当，"君"是何等权威的东西？古人曰："君要臣死，臣不敢不死。"又曰："君辱臣死。"——前些时有人在街上冒犯警察，我当时就扬言要服巴拉松殉节，后来劲头过去，也就算啦，但那份心总是在的也。问题是，我们好容易把五千年专制政治推翻，现在却又冒出来更多的"君"，坐到头上，以便随时杀剐，真是恩典浩荡，谁都不敢随便叹苦。

"作之师"者，当教习之谓，君父二者，随时可揍你辱你，我们的屁股乃天生的供其打板子之用，鼻孔乃天生的供其灌凉水之用，双腿亦天生的供其上老虎凳之用。教习则比较温和，可怜的小民如落到他们之手，碰到他一时高兴，或一时不高兴，训之责之，骂之咒之，连母妻妹女，恐怕都得沾上油水，你敢和教习对抗哉？这年头警察老爷道德奇大，而学问又奇高，都成了人民的教习，你说能不使我们感激涕零乎也。

三作牌出处在此，写出以开糊涂朋友的茅塞，并盼恭之敬之，爱之谄之，勿误。

（柏老按：台湾各警察局和派出所门墙上的"作之君"、"作之师"、"作之亲"招牌，六十年代后期，已逐渐淘汰。至七十年代，完全绝迹。八十年代时，人们早已忘掉这码子事矣，重新回顾，不觉恍恍然焉。）

20. 幺鸡吃烧饼学

柏杨先生曾有过一个隆重发明，曰“幺鸡吃烧饼学”，颇震撼中外。想当年吾友张宗昌先生，以小瘪三起家，当上了山东省督军，八面威风，十方光彩，而且也忽然天纵英明，成了万事之通，以三多闻名于世，一曰“兵多”，二曰“枪多”，三曰“老婆多”。

只要他看上一个女人，不管他是太太也好，小姐也好，立刻就霸王硬上弓，向不经过任何客套手续。而他的老婆，如果另有高就，或给他大量戴绿帽子，他也不太在乎，固一世之雄也。有一天，和三个可敬的家伙打牌，他做清一色条子，单调幺鸡，等也等不到，摸也摸不着，急得龙心大怒，于是乎有一家打了个一筒，他把牌往下一推，曰：“和啦！”别人一看，不对呀，幺鸡只能和幺鸡，怎能和筒乎？张先生曰：“你懂得啥，这叫幺鸡吃烧饼。”盖一筒团团然像一个烧饼也。三人闻言，用爱克斯光眼睛一瞧，张先生背后军警林立，有军法处焉，有盒子炮（手枪）焉，有警察厅焉；而三个可敬的家伙背后固啥都没有，还有啥可说的，张先生当然和之。如此这般，过了一会，有一个家伙也单调幺鸡，他想这下子也可如法炮制矣，恰巧有一家打下一张一筒，真是天作之合，乃把牌也一推曰：“和啦！”张宗昌先生曰：“你怎么个和法？”该家伙曰：“我也是幺鸡吃烧饼。”张先生曰：“不行，不行，幺鸡刚才已经吃饱，不能再吃啦。”该三人闻言，再用爱克斯光眼睛一瞧，张先生背后军警林立如故，军法处焉、盒子炮焉、警察厅焉也如故，而自己背后也啥都没有如故，还有啥可说的如故，只有输到底的一途矣。

这一套学问，柏杨先生名之曰“幺鸡吃烧饼学”，越是天子圣明的时代,幺鸡越是猛吃烧饼,或越是猛不吃烧饼。常有些头脑不清的人曰:"嗨,你看某人某人,他怎么能那样干呀?"非他有啥特别,而因为他是幺鸡,或因为他是烧饼故也。晋王朝贾充先生,不过是个四五流人物,因为颇有点政治警觉,乃成了皇帝司马炎先生手下第一等红人。他翘了辫子之后,没有儿子,香烟中断,司马炎先生乃命令他的外孙韩谧先生为嗣,这种情形在现代当然算不了啥,可是当时却"全国哗然",司马炎先生乃下诏曰:"太宰贾充,崇德立勋,勤劳佐命,背世殂陨,每用悼心。又胤子早终,世嗣未立,古者列国无嗣,取始封支庶,以绍其统,而近代更除其国。至于周之姬旦,汉之萧何,或预建元子,或封爵元妃,盖尊显勋庸,不同常例。太宰素取外孙韩谧为世子贾黎民后。吾退而断之,外孙骨肉至近,推恩计情,合于人心。其以韩谧为贾充孙,以嗣其国,自非功如太宰,始封无后如太宰,所取必以自己出如太宰,皆不得以为比。"

这一道诏书,前半段说得还有点道理,外孙和孙,在血统上讲,固没有一点分别。可是后半段就幺鸡吃烧饼学矣,译成白话,那就是:"除非功勋跟贾充一样,除非有了爵位而且第一代便绝了后跟贾充一样,而且又除非亲生女儿生的孩子跟贾充一样,都不得援例。"说了半天,只一句话,只有贾充先生可以吃烧饼,别人统统不可以吃,盖别人不是幺鸡还不饿,就是已经吃饱啦,只有贾充先生才能吃。这种干法,乃张宗昌先生的老祖宗。

大概是前年之冬,大批纳税人辛辛苦苦缴的纳税钱,被一群官崽慷小民之慨,投入唐荣铁工厂。一时也像贾充先生闹的风波一样,全国哗然,当哗然到最高潮时,柏杨先生即英明地指出两点:一是,不要说全国哗然,就是全地球哗然都没有用,你越哗然,他越猛干,盖必如此,才有威信,才能过瘾而舒服也。另一是,幺鸡一旦吃起烧饼,谁都拦不住。司马炎先生露一手于先,张宗昌先生露一手于后,中国人仍浑然不知,可叹不可叹乎?尤其怪的是,竟有若干迷迷糊糊的立法委员在院会中乱问。报载,立法委员问的是:"此次引用总动员法局部条文,冻结债权人债务,不考虑如果其他工厂也都照唐荣铁工厂这样做,那不但外人华侨不敢来投资,连民间有钱的人,也不敢投资啦。”巨官答曰:“申请救济的工厂,是有限制的,并非一般性的工厂均可适用。”呜呼,一些后学之士,恐怕是非豁然贯通,连连打呵欠不可,盖只有张宗昌先生的幺鸡可以吃烧饼,其他的幺鸡只有瞪眼一途,你不瞪眼,你抵抗得住乎?盖“那不是一般性的工厂均可适用”的,只有张宗昌先生的工厂才可和满贯也。

于是乎前天报上又有了新闻,巨官又在“擢拔优秀青年”矣,一位两个月前才当了打狗脱的三十三岁年轻人,被正式任命为“台湾省政府”秘书,报上曰:“‘台湾省政府’黄杰主席,今天正式任命一位台湾省籍优秀青年赖星梁,担任省府秘书,以实现他擢拔台湾省青年人才的主张。”该堂皇主张的结果是:“赖秘书之父赖森林,为台湾省工业巨子(妙),现且为省议员(妙),赖星梁不但精通日语,且英文造诣极深(妙)。”“赖星梁于2月1日,由其父赖森林和另外一位省议员许金德,建设厅长林永梁等,陪同前往中兴新村,并介绍与省府秘书处同事晤面。”

这一段新闻使我们想起一幅洋大人的漫画,老板大人介绍一个年轻小伙子给办公室全体目瞪口呆的大小职员曰:“为了选贤与能,提拔后进,我特派约翰做你们的处长。他是我的小犬,刚从欧洲游历回来。”呜呼,有一个可怜兮兮的朋友告曰:“这年头,一个人,尤其是一个年轻人,要想成为优秀青年,‘孚’了起来,颇不简单,如果赖先生的亲爹不是工业巨子,也不是省议员,又没有那么多大力的父执,恐怕幺鸡吃不了烧饼。”我想该朋友似乎有点神经病,其然欤?其不然欤?其要咳嗽欤?其不要咳嗽欤?

(柏老按:到了八十年代,重读这则新闻,仍有感慨,噫,官宦世家的小子有福啦。)

21. 脱裤文学

台北《创作》月刊这一期上，有一篇冯放民先生的大作，谈到脱裤文学，文曰《我们的话》，对目前文坛上两股脱裤之风，来一个“当阳桥前一声吼，喝断了桥梁水倒流”。看了之后，颇觉得肠胃大通。那篇文章太长，抄最后一段“举例释疑”如下——

有一位读者问到：《创作》发刊辞中有所谓：“我们不脱古人的裤子，自然更不脱现代人的裤子。”这是什么意思？关于这两句话，我们不想作进一步的解释，俾存忠厚。但既有人问及，我们既不愿以乡愿自居，无已，只好指出。所谓脱古人的裤子，如南宫博在《中央日报》连载的《李清照》一类作品，可为代表。所谓“脱今人的裤子”，如郭良蕙在《征信新闻》连载的《心锁》一类作品，可为代表。

呜呼，这种大作，可称之为“脱裤派”。未成名发财之道多矣，脱裤子不过其中之一，尤其是一个女人，到了无可奈何之时，脱一下裤子，更有万夫莫敌之妙。前些时报上不是有一位暗娼被杀的凶案乎？她和人到旅馆睡一觉，不过七块钱，其收入简直跟一个作家同样低矣。凶案发生之前，她上街吃饭，就是只穿裙子，而脱了裤子的。壮哉，这段新闻固然上不得圣崽的尊口，但社会上有此凄凉之景，不知应由谁负责也。

一个女人为了七块钱而脱自己的裤子，生活逼人，我们寄予无限同情。一个作家为了三十元到五十元一千字的稿费，而脱别人的裤子，大概也有其不得已的苦衷。柏杨先生上周应朋友之邀，去看台湾歌仔戏，唱着唱着，唱到当中，忽然冒出了脱衣舞，心中大乐（当时没有戴老花眼镜，乃平生最大遗憾），等到紧张之处，那女郎忽然不脱，台下群众(包括柏杨先生在内)就大吼曰:“脱! 脱!”不久之后,小石子飞到台上矣,嘘声如雷矣,嚷着要退票矣。处此环境,女伶自然非继续脱之不可。

作家自己脱没人看,只好脱别人的。南宫博先生脱李清照女士的裤子,有啥可惊的欤? 何况那不过是循例脱之,没啥了不起,所有的古代女人到了南宫博先生手里,都照脱不误,没有一个人能免此灾。有些人还发过呼吁,要求他不要再脱啦,再脱把文坛上的一点纯洁情操,都脱光啦,但那有啥用? 一则是观众硬要他脱,最好是再有声有色才过瘾。二则是他自己也硬要脱,成为新闻人物的那个暗娼,你给她七块钱,她就脱自己裤子。脱裤派大作家亦然,你给他稿费,他就脱别人的裤子,不要说李清照女士的裤子,就是圣女贞德的裤子,都可脱也。盖他除了脱裤之外,别无他长。犹如猴儿戏焉,耍的老是那一套,你不叫他耍那一套,叫他耍哪一套? 不信的话,且看看南先生在《联合报》上连载的《这一家》,能看得下去乎,不过中国人的特质之一是“远来的和尚会念经”,再加上他又有脱裤绝技,自然所向无敌。

南宫博先生脱古人的裤子,是中国式的脱法,而且脱的千篇一律,李清照是如此这般,西施、杨贵妃等等,无不如此这般,看一本而知百本,没有新鲜滋味。郭良蕙女士脱今人的裤子,则是新潮派,乃洋大人式的脱法,看过《查泰莱夫人的情人》的读者先生,再去看《心锁》,恐怕一定有点似曾相识的感觉,两者简直有点一模一样。晋王朝时名士之风盛行,像竹林七贤,有的不穿裤子,有的喝酒喝得七窍流血,当时就有一位乐广先生笑曰:“名教中自有天地,何为乃尔也?”我不是忽然想当正人君子,而是说这句话似乎可以套用,曰:“不以性为主的作品,自有天地,何为乃尔也?”新潮派的原意是啥,我不知道,也不必问,说起来准一大套。但现在看来,不过是脱裤派罢啦。而且脱得越光越妙,时代风气如此,我们无可奈何焉。不过,问题是,一定不脱,也照样可以快快乐乐,照样可以连载出版,何必一定要脱乎哉? 无论哪一本震世名著,内容免不了有性的描写,那是构成困扰或骚动的主要动力之一,但绝非仅以那玩意儿为满足。一个作家也好,一个读者也好,如果认为非脱裤子不过瘾,那就未免高速公路矣。天下只有前面所举的暗娼者流,才那么急吼吼地猛脱。便是台北的陶公馆,也都要稍微有一点情调。盖男女之间,即令是嫖客和妓女,除了性之外,还有别的更多更重要的东西,而脱裤派却硬是非此不乐,大概各有其痒也。

描写性行为是不是道德,迄今没有定论。说脱裤派是艺术的,我们不置一词,因木宰羊焉。但穷斯滥矣型文人硬说脱裤派竟然是道德的,就得研究一番。《金瓶梅》以一十万字写性行为,以几千字写淫夫淫妇的悲惨结局,凭天地良心说,有道德上的效果乎?如果认为只要有悲惨的结局,使淫妇淫夫受到惩罚,就是道德的,我宁愿横行世界九十年,然后死于砰的一声。凡持有这种观点的人,似乎应强迫他们的妻子儿女,每人都要熟读《金瓶梅》和《查泰莱夫人的情人》,是不是道德的,到彼时才知也。我想,道德的规范随时代而不断改变,本已无法固执,而艺术家文学家也同样有其特权不理那一套,但是有一点似乎应该考虑到,如果自己的作品不能让自己未成年的儿女们看,他就没有理由让别人未成年的儿女们看。

一个人被批评并不容易,柏杨先生想被别人批评,以便抬高身价,还没人肯批评哩。盖被批评的人必须有相当分量,而且为批评的人所惋惜。如果别人对他连批评的兴趣都没有时,那就惨矣。据说《春秋》专门责备贤者,狗咬了人,只能责备人不小心,不能责备狗乱咬也。《创作》月刊责备南宫博先生和郭良蕙女士,以及柏杨先生这篇大作,都是此意。盖脱裤文学天下滔滔皆是,有的更血淋淋的焉。纵然多两位加入,也没有关系。不过以南先生和郭女士崇高的地位,也去脱之,大家自然要掩书叹息。柏杨先生特为此文,刺激刺激,希望多加考虑。如果仍认为脱裤是对的,则不妨尽量地脱,甚至高兴起来,亲自上台脱给大家看,我都不在乎。

22. 妖风妖风

前些时台北发生一场学术论战,论的大概是“中西什么化”之类的玩意儿,普通小民不懂也。但后来却逐渐有点儿懂,盖招架不住的一方,以居浩然先生为首,祭起各色各样的帽子,把胡秋原、郑学稼、徐复观,几位先生,祭得晕头转向。一会说他们是汉奸啦,一会说他们曾经反抗过政府啦,一会说他们思想有问题啦,一会又说他们简直仿佛非是共产党不可啦。呜呼,论战的主题是“二加二等于四”,即令他们是汉奸,反抗过政府,思想有问题,二加二仍等于四,不能就等于五。不过有一点却是可以预卜的,只要能把某一顶帽子扣个结实,则对方或杀头焉、或坐牢焉,就等于封住其嘴,他阁下的论战就大获全胜矣。

这股妖风目前似乎已从“学术界”吹到“文艺界”,其焦点乃郭良蕙女士的长篇小说《心锁》,那本描写性的大作,柏杨先生曾表示过道德万丈矣。但一个文人也好,一个作家也好,所能做的,应该是到此为止,不能超过笔的界限,去向官府搬兵,教唆杀人。尤其是我看某一本书不顺眼,不等于我看该书的作者不顺眼;我喜欢某一本书,也并不等于我喜欢该书的作者。如果由书而牵连到作者,那就是人身攻击矣。我们可以反对《心锁》,但不能说郭良蕙女士一钱不值。世人每每相信文如其人,这句话把人活活害死,如果文真如其人,则凡是文章冠冕堂皇的家伙,只要笔下俨然岸然,都可以吃冷猪肉啦。

该股妖风现在更吹到“中国文艺协会”,听说该会理监事会上,学问甚大,道德甚高的朋友,提议要开除了郭良蕙女士的会籍,不禁大吃一惊。呜呼,上帝,千万保佑没有这回事,如果有这回事,就叫人呜咽。文艺和道德的关系,人类已研究了几千年,还没有研究出啥名堂,“文协”的理监事朋友千万别替天行道。谨叩头流血,郑重哀告曰,如果开除了郭良蕙女士的会籍,柏杨先生不等开除,就也要隆重宣布退出,当然也可以把郭柏二人一齐踢掉,则尊腿既是你的,只有悉听尊便。

该股妖风好像还在酝酿要建议官府查禁《心锁》。《心锁》之适合不适合少年男女去读,是另一个问题,但无论如何,文化人的努力,不应超出讨论的和批评的范围,更不能借刀行凶。文学问题,只有以文学的方式解决,只能诉诸自己的见解和读者的智慧,不能乞灵于政治干涉。尤其是,批评家和网民不同,作家应有石头般的挺劲,官府可以拆除台中公园门前的塑像,当然更可禁书。像美国的邮政局,就可以对某书某刊,拒绝寄递。像张作霖先生,他甚至可以杀文人的尊头。但如果自己是一个文学艺术工作者,他就不应对自己反对的东西,暗下毒手,乞灵官权镇压。也不应用打小报告的手法,去激官府之怒,而查之禁之也。这不是单纯的《心锁》问题,而是原则问题和基本问题,此风一开,有权势的大人先生,和有权势的黄马褂作家,就勇不可当矣。

(柏老按:结果是,“中国文艺协会”仍然开除郭良蕙女士的会籍,柏杨先生跟着也就宣布开除了“中国文艺协会”。世界上只有中国有此怪事,作家不但不维护作家,反而充当杀手。嗟夫。)

23. 洋奴之治

一位读者先生,来信告曰,他有一天去台北市公园路二十五号某长辈家串门,看见“教育部”农业教育委员会写出来的一封信,收信人姓名地址,全是英文。一字不易,照抄如下:Taiwan Machinery Manufacturing Corp 25 Kung Yuen Road, Sec. 2 Attention: Mr. Yao

Chen, General Manager。因公园路是一条直通的短径,没有分段,故邮差先生不得不径行投到二十五号,而二十五号乃台北女子师范学堂的宿舍,那些日夜教学生爱国的教习,看到了该信,痛哭流涕之余,不知道如何是好。应集体到教育部上吊乎?抑买一吨巴拉松送去,请该会官崽服之,以便为国家留点元气乎?该读者先生学问甚陋,百思不得其解,以柏杨先生不同凡品,故敬请教焉。

呜呼,小哉,问也,古人不云乎,“见怪不怪,其怪自败”。这种年头,如果神经不健全,看这也不顺眼,看那也有疑问,真要窒息而死矣。想当初四世纪、五世纪两晋南北朝时,“汉人学得胡儿语,站在墙头骂汉人”。而今虽然“教育部”是“中华民国”的“教育部”(柏杨先生严重考察的结果,发现该“教育部”确实是“中华民国”的“教育部”,绝对无误。疑心它里面西崽甚多则可,疑心它是美国教育部的派出所,我就要向他怒目而视)。虽然“中华民国”的“教育部”发给中国人的信,竟用的是英文,叫一些土包子想不开。但我们可骄傲的是,他们并没有用英语开骂,却是称收信人为“迷死脱”的,这就是进步的象征。不在这上面拍巴掌,而只仅仅计较小节,为智者所不取也。

一个人研究问题,如果不了解问题的本质,而又不深入探源,只就表面上观察,自然会失惊打怪,坐卧不安,该读者先生的毛病正在于此。盖自八国联军之后,洋大人的枪炮把中国人打得屁尿直流,大批留学生出笼,看见外洋有抽水马桶焉,有高跟鞋焉,有汽车嘟嘟嘟焉,心中大喜。遇到聪明才智之士,若居浩然先生者,更发明英文可以救国,只要一说英文,便无人可敌;只要和洋大人一握手,哲学就有了根据,于是乎,近百年来的政治,就成了洋奴政治。洋奴政治的特征之一,就是“嘴巴英文化”。君没坐过招商局的船乎?中国人乘“中华民国”政府的船,所填的表,却全是英文的焉。于此可看出洋奴政治的苗头来矣。你如果不会英文,或英文程度不够作临表泣涕之用,连船都坐不成。其实这个没啥可稀奇的,一旦进化到连坐公共汽车都要用英文填表,一旦国民学堂的课本,都成了 book, book, a book,到那时再稀奇不迟。不过到那时候大起恐慌的恐怕不是我们小民,将是那些靠“嘴巴英文化”吃饭的家伙。盖大家都成了英语民族,他的那一套人人都会,他的饭碗就没有如今这么牢靠矣。

写到这里,不由得心花怒放,呜呼,将来悲哀的竟然不是我们,而成了他们,你岂能不顿开茅塞哉也。

前文已经声明过,“中华民国教育部”乃货真价实的“中华民国教育部”,不是美国教育部驻中国派出所,这一点谁要反对,他就头脑不清。至于“中华民国”官府或官崽写信给中国人,竟用的是英文,那只能说该官崽有西崽的气质,不能说连官府的本质都变了也。一旦形势不同,那些洋奴被赶出大门,“教育部”固仍是“教育部”焉。有些朋友担心这样下去,大家逐渐地都被教育成了西崽,岂不危险乎哉?柏杨先生却不以为然,盖这年头谁不以当西崽为荣耶?法国人常讥笑英国人曰:不要看他们一个个面如冰霜,一旦和贵族在一起,笑容就会冒出来。“中华民国”若干同胞,经数十年的训练,似乎也养成了一点生理上的反应,若居浩然先生者流,若陈文宽先生者流,若某些官崽者流,一旦和洋大人在一起,笑容就自然出笼。柏杨先生对门有一家洋大人之宅,只有一辆破汽车,不像是有钱之辈,但柏杨先生见了他们的小孩,便不由得丑态毕露,含笑呼曰:“洋弟弟”,再含笑呼曰:“洋妹妹”,柏杨夫人常为此而猛起鸡皮疙瘩。不过“教育部”已把我教育得入骨三分,有时候真想挺起脊梁叫洋鬼子瞧瞧,却硬是挺不起来。

今年(1962)夏天,有一位女学生要举行音乐会,前来请教,我就面授机宜曰:“别的我不知道,但你一定要唱英文歌,节目单上一定要印上英文,如果再能印上意大利文、西班牙文、希腊文,或埃塞俄比亚文,以及其他乱七八糟谁也木宰羊之文,那就更妙。”她曰:“我唱的全是中国歌呀。”我曰:“蠢材,蠢材,为啥如此之傻。快去凑上两个英文歌,这年头有些人身上被教育的,多少都有点西崽性格,你不唱英文歌,便没人肯佩服你。你一唱洋文歌,你就伟大定啦。”女学生曰:“可是时间已来不及矣。”柏杨先生曰:“真不得已,把中文歌改成洋名也可。”女学生曰:“可是唱起来仍是中文呀。”柏杨先生叹曰:“你存心要把我气死是不是?难道不能叽里咕噜乱唱乎。只要是英语发音,他们才心服口服,才视你如天人也。”该女学生还算有前途,照了我的指示,前去表演,结果大获全胜,秋天时已赴罗马矣,昨天还寄来一张圣诞卡给我。柏杨先生学问之大,正在此处,世人不可不知。

其实这种情形并非“中华民国”独创,连西崽之父美利坚人都未能免俗。前天我和一个西崽谈到这一点,他着实面色苍白了半天。盖美利坚既强又大,把有些中国人搞得晕晕乎乎,但在音乐上却自顾形惭,其对意大利之崇拜,不亚于“中华民国”对美利坚的崇拜。我们是非唱英文歌不过瘾,他们则是非唱意文歌不过瘾焉,其情形一如台湾,连《纽约时报》都受不了,曾撰文抗议曰:“我们实在不了解,一个美国人的音乐会,唱的是美国人,听众也是美国人,为啥一定要唱意大利歌,节目单上为啥一定要印意大利文?没有几个美国人听懂和看懂意大利文的,这是一种不切实际的自炫,我们要求美国人有美国的东西。”

呜呼,以美利坚之强,还有这种精彩杂耍,中国的西崽算啥,自然要遵洋炮制,以示忠心耿耿也。

24. 洋奴之味

本国人对本国人,不用自己的语文,而用外国的语文,除了自炫,还有藏拙以及欺骗的功能。柏杨先生年轻时,风气初开,各地均有女学堂之设,女学生们穿着当时最流行的长到脚面上的裙子,梳着刘海,拖着乌亮的大辫,使人怦然心跳。男学生们的攻势,全靠写信,尤其靠写英文之信。盖写中文之信,通不通一看便知,肚子里是不是草包,也一看便知。写英文之信,便无此弊。二十世纪初期,北京贞德女子学堂,有一校花,我的一位同学给她来了一个信海战术,每封信上千篇一律地写着:“敌耳,卖敌耳,埃拉夫油。”那女学生一瞧,嘿,他真有学问呀,后来硬是嫁了他。柏杨先生当时也是追求者之一,写了许多诗词歌赋,而且还扬言她不嫁我,我就去煤山上吊,结果也没有用,从此才知道洋文的功能也。

君读过英国文学名著《斐克勒牧师传》乎?斐牧师是一个标准好人,家破人亡之余,贫病交加,只好忍痛卖掉他唯一的一匹老马。那一天,他牵着它阁下,一步一步,挨到市场,溜了几个圈圈,一位道貌岸然的家伙昂然而来,一面买马,一面和斐牧师谈起学问,这一谈不打紧,该家伙天文地理,无所不晓;最可敬的是,他竟说得满口希腊文,有时候整个句子是希腊文,有时候则来几个希腊字。那时英国和现在的“中华民国”,有同样之疾,一听洋文,虽不见得太懂,却早已魂不守舍。斐牧师佩服得肝脑涂地,想曰:他的学问既然如此庞大,连希腊文都会,岂能骗我,自然万分可靠,乃把老马卖之。回家一看,卖得全是假银子。后来斐牧师就以持有假银子入狱,听见墙角有人在那里哼,爬去一看,该家伙在焉,斐牧师责他不该用希腊文骗人,该家伙曰:“我要不说那几句希腊文,便没饭可吃的矣。”

我们举了这若干例子,不是说官崽兼西崽一定存心不良,他们大多数都良得很。而是说,这问题并不严重,再多的西崽说英文,都不重要。想当年俄法大战,打得血流成河,俄国官崽——包括沙皇以及各种女官在内,却硬是照样以说法语为无限高贵,动不动就出口成章的。阁下又看过托尔斯泰先生的《战争与和平》乎?所有的角色,一会儿俄语焉,一会儿法语焉,简直叫人耳朵失灵,好像是“中华民国”的翻版。而现在又如何乎哉,法语在俄国早绝了种矣。“中华民国”这种洋奴充斥现象,自会有一天同样的绝种。

25. 窝里真言

天底下啥奇事都有，这几天来，华洋合璧及官商合作的走私巨案，轰然爆发，入狱的入狱，请愿的请愿，没收的没收，查封的查封。姿态百出，万丽俱臻，上演了一连串当初我们这些小民连做梦都梦不到的特写镜头。

最大的一件事是，一批被关了起来的三作牌的夫人，联合大请愿，说她们的丈夫在台北刑警队受到苦刑拷打。有些记者问曰："你非半仙之体，怎么知道你丈夫身受苦刑？"三夫人理直气壮曰："我丈夫就是干刑警的，怎么不知道。"记者曰："请问你知道啥？"三夫人曰："哪有被告到刑警手里不受刑的，你要是前去采访，他们准一口否认，可是我们自己人知道得最清楚。"该众丈夫在刑警队受刑了没有，没有人敢打包票。报上说，检察官侦讯了一番，认为三夫人没有证据，控告不能成立。关于这一点，我想检察官先生大可不必自以为是包青天；受刑而有证据，那是纪元前八世纪的干法啦，不信的话，上上老虎凳试试。有志之士如果凑份子，不妨请三作牌举行现场表演，就是痛死，都没有痕迹也。不过我想众丈夫在三夫人控告之前，可能没有受到苦刑，即令打两个耳光，衡诸平常对别人的手段，诗不云乎："试看剃头者，人亦剃其头。"也没啥了不起，但也绝不会有啥奇特的花样。盖无论如何，施刑的和被刑的，昨天还在一块勾肩搭背，而他们犯的又不是滔天大罪，除非上级有话下来，动刑的成分恐怕很少。但经三夫人联合这么一告，没有把他们救出虎口，是不是当天晚上就摇摇电话，以示薄惩，那就很难说矣。

不过我们感到妙哉妙哉的并不在此，反正大家都是三作牌，修理也好，不修理也好，念及后患无穷不修理也好，老子有权先修理了再说也好，我们都不管。管的是三夫人说的那一段话，简直描绘出一幅活的地狱，使人不敢睁眼。我们可以想到，该众丈夫案发之前，把小民打了个够，打了个够还不算，又义正词严，斥责他们贪赃祸国，违法乱纪。然后俨然正义嘴脸，回到家中，坐上红色沙发，拉开红色冰箱，拿出红色啤酒，灌进红色肚子，张开红色尊嘴，骂曰："他妈的。"三夫人曰："夫君为何发怒。"三作牌曰："是那家伙硬不肯招，点纸烟，扎夹棍，上电梯，坐玉墩，啥办法都使尽啦，屎尿都出来啦，他还是不招。哼，明天我叫他瞧瞧还有更舒服的哩。"第二天，报上刊登该丈夫的谈话，誓死否认对该家伙用刑，更以沉痛语调曰："我们从不知道刑讯为何物，显然血口喷人。世风日下，人心不古，可叹呀可叹！"三夫人也在街头巷尾告人曰："俺丈夫向来不用刑，哎呀，用刑多野蛮，俺丈夫不做那种生孩子没屁眼的事。"于是乎，忽然间，走私案发，不妨想想，三夫人能不心惊肉跳哉。就是把她丈夫用八抬轿抬到家，叫她瞧瞧白胖如初，她都不会相信也。

这正是现在社会的一个横断面，越是自己人，越不相信自己人，盖知之最深也。小民就是努力去信，又怎的信得了乎？

三作牌修理三作牌，可谓之肥水不落外人田，乃世界十大奇景之一，我们未便说谁对谁不对，反正是天昏地暗，地暗天昏。不过经三夫人这么一闹，我想以后再遇到端着嘴脸的朋友，否认苦刑拷打，恐怕实在是有点不好意思。不是说端着嘴脸的朋友不好意思，而是说小民不好意思。但假如我们小民有力量的话，虽然三夫人的丈夫当初猛修理过人，我们也不赞成今天反过来"天理昭彰，报应不爽"。盖报复之心一生，自己当然乐不可支，但对社会的安宁和人心的浮荡，会有不可避免的影响。大丈夫必须有所不为，才能功德无量。不是说如果三作牌不修理人，他的儿子就能去华盛顿拍美国总统的肩膀喊"哈啰"，而是说他将有助社会上正直的和宁谧的培养，一旦等自己垮台，或者儿子孙子落到三作牌之手，他内心可以十分平安。不过这年头说这话等于跟墙头说，呜呼，贪污没啥了不起，只要绳之以法。刑讯这玩意儿，纵令因之破了案，也是匪徒行为。

有一件事比三作牌还要叫人发喘，报上说这是一桩“华洋勾结”、“警民协同”的“巨案”，似乎是故弄玄虚，说滑了嘴。现在流行的虚骄之气，只要有一点风吹草动，就咬定它是巨案，以便表功。实际上一个小小脓疱，一朝时运不济，被挤破啦而已。大脓疱固一个连一个在头发底下密密排列也，只要有一个强力的针尖一戳，准有更多的脓，和更烈的臭。问题是不要说用针尖去戳啦，你就是打算取下他的帽子观光观光，都得先受修理。所以有关之官已决定这一次走私案不再追啦，盖追起来不得了啦。不但此案，几乎所有的巨案都是用草纸把流出来的脓擦掉便算，没有人敢再挤，如果有人不服气再挤一下，他的官就保不住。轻则调参议调委员，重则或走路或卷铺盖，此之谓现阶段的新形势，世人不可不糊涂者也。

26. 找出奇案

台北市警察局最近查抄委托行，恐怕是有史以来最公开最得人心的奇案之一，把凡是标着“英国制”标帜的衣料，一律没收，盖中国和英国贸易中从没有衣料一项，不是走私来的，是哪里来的？这一查抄不打紧，各拍卖行老板一个个抽出板子，努力打自己的嘴巴。使旁观者看了，哭也不得，笑也不得。有些衣料，明明标着“英国货”的，价钱大得吓死土包子，顾主去购，老板指着祖宗发誓，如果不是地道英国货，他就男盗女娼。可是警察一抄，老板也指着祖宗发誓，如果是英国货，他同样的男盗女娼。据说办案的官员哭丧着脸曰：“我也说它不是英国货呀，是你自己说它是英国货呀。”诸老板已面临一刀两断法的抉择，如果它是真的英国衣料，就应没收。如果它是假的英国衣料，则老板们就是诈欺。

我们说这一抄抄出奇案，除了众老板自砸招牌外，同时还步上三夫人的后尘，也来了个联合国大请愿，该节目演来热闹不热闹，我不知道，只在报上看到一点消息。盖查抄了之后，众老板最初尚是一惊，一惊过去，痛定思痛，或有名人在背后指点，乃生出奇计，作非常委屈之状，向政府请起愿来，要求不要再抄啦，再查抄就"民不聊生"啦。并恐吓曰，如果再查再抄，他们就隆重关门，以示受到无理迫害。盖根据宝贵经验，遇有啥困难无法解决，请愿往往生效，如果再有心腹朋友里应外合，就更是百发百中。我说这话，好像对请愿的行为有点不敬，其实毫无不敬之意，请愿是小民无可奈何的一线希望，柏杨先生不但毫无不敬，而且认为它的尊严不应受到侮辱。现在连委托行都请起愿来，简直存心混淆人类思想。听说心腹朋友一直静候他们的请愿，以便网开一面。无论啥事，一有心腹朋友插手，就无不百花怒放。呜呼，如果委托行的请愿可以达到目的，则贼先生也可请愿矣，如果再干扰他们的营业，也同样的民不聊生，开始"罢偷"矣，难道就赶忙下令保护乎哉？贪官污吏也可同样请愿，如果立法院胆敢不取消惩治贪污条例，他也民不聊生，开始"罢贪"矣，难道也赶忙把该条例取消乎？台北现阶段的委托行，实际上是走私大本营，一切违法犯纪玩意儿，它应有尽有，不要说买英国货它有，就是买俄国货，只要出得起价钱，恐怕也会有。正当行号去工厂办货，委托行则去基隆高雄码头和松山飞机场办货。有一次一位朋友拉我去某一饭店吃面，只见隔壁房间中，三四位如花似玉的小姐和两个精明万状的家伙，有说有笑，有蹦有跳，不知他们是干啥的，心中大疑。因心中大疑之故，难免两眼发直，朋友曰："老头，你别以小人之心，度君子之腹，往男女私情上想，以为他们在谈恋爱。待我相告，女的乃空中小姐，男的乃委托行老板，他们在谈生意哩。"呜呼，委托行是正当商业之癌，此癌不除，只对心腹朋友有利，对国对民，都是毒也。

委托行老板也好，西服店老板也好，把中国货一口咬定成洋货，看起来好像是该老板混蛋，实际上他们不过随波逐流，有他们的苦衷。这是整个民族自信心丧失的结果，也是中国工业商业不争气的结果，二者交互为用，遂把国家以及可怜的小民，弄成今天这种局面。

抗战之前,全国各地排斥日货,排斥得如疯如狂,可是五分钟热度一过,连排斥日货最力的朋友,都非日货不用矣。于是东京市上忽然流行一种火柴,上面有两行中国字曰:“打倒日本帝国主义,请用中国自制火柴。”凡是看见这种火柴的人,无不神经错乱,后来才知道里面包含着一段哲学故事,盖日本人是天下最会做生意的民族,你们中国人不是排斥日货乎,没有关系,你排斥让你排斥,我就做一点假中国货,贴上反日标语,君子可欺之以方,你总得上这个当吧。想不到有些中国同胞,偏是喜欢用洋大人的玩意儿,一瞧火柴上写着“中国造”,气就大啦,即令明知道它是洋大人制的,但既有“中国造”标帜,便觉得它不容易划燃,即令容易划燃,也不太亮,偶尔也有亮的,燃的时间也准太短,反正毛病百出。东洋鬼子弄得束手无策,只好运回自己本土,厚着脸皮自己卖矣。

这种气质一直到今天仍没有改变的迹象,有些人跑到香港,发现英国衣料真是他妈的好,心中一麻一麻,就左也买之,右也买之,带回台湾,喜气洋洋,可是专家一瞧,原来是台湾运去的中国货,回了笼啦,你看扫兴不扫兴。一位朋友的太太,人之杰也,经常乘着月黑风高,偷渡香港。有一次穿着一条漂亮长裤,前来柏府闲聊,名义上是闲聊,实际上是亮该长裤的相,她首先声明该料子是英国货,接着好像她是纺织学堂教习,比较起来土产洋产不同之点,把柏杨夫人说得五体投地,直流口水。结果在座的一位中本纺织公司技师,实在忍不住,拆她的台曰:“夫人,依小的之见,你穿的正是敝公司去年十二月的产品,如不信的话,我就举出纤维上的证据。”该太太一听,马上放下尊脸,噔噔噔噔,跺脚而去,技师朋友在她背后咕哝曰:“死女人,死女人。”其实能怪她死女人哉,谁不是如此如此。西崽办理工程招标,土产便永远抵挡不住洋产。不要说东西啦,就是学者专家,洋产的就比土产的值钱,美国野鸡博士就比中国国立大学堂博士有分量。盖在西崽眼里,中国乃一殖民地而已,怎能不唯洋是观,唯奴是表乎?

委托行不过是一个小型展览,洋的玩意儿吃香,你明白哉?

不过话又说回来,土产的玩意儿,有时候也实在叫人怨声载道。

即以衣料而言，假英国货当然使雇主失望，而真的英国货，穿起来却硬是漂亮无比。西服最重要的地方是两肩和两条裤缝，挺不挺，帅不帅，就看两肩塌不塌，两缝直不直。如果英国货穿了两天，肩也没啦，缝也没啦，恐怕就是奴性再深的仕女，都会望望然而去。吾友白景瑞先生想当年就有过这么一段，他爱国心切，刚做了一套台湾自产衣料的西服，迫不及待，当场就在西装店里换上，果然容光焕发，四肢服帖，女朋友在侧，直看的她芳心大悦。可是回家途中，遇到一场小雨，好容易挤上公共汽车，车上早已满坑满谷，无可奈何，他阁下只好站在那里，举手拉着横梁。于是乎，到了终站之后，他下不来啦，盖该西服经过雨淋，变了形啦，一干之后，大缩特缩，其硬如铁，他的尊臂一动都不能动矣。后来还是女朋友和几位乘客帮忙，把他弄了下来，可是新西服已不成样子。如此本国货，还有啥脸提倡耶。

近一百年来，中国同胞呈现两种现象，一曰肤浅，一曰麻木。政坛如此，努力传染的结果，以致文坛也如此，商坛也如此。没有真实本领，而只是以“唬”治天下，以“混”过日子。不要说百年大计，有两年大计的，就是圣人矣。好比衬衫吧，中国产的衬衫好不好是另外一个问题，但它袖子之长，实在使人痛不欲生，没有一个中国人有那么长手臂的，不知为啥一定非做出那么长的袖子不可。如果为了省布，还有话可说，长袖反而费布，就没话可说矣。商人花钱，消费者不便，天下有这种肤浅麻木的生意哉。

吾友蔡高琛先生，现在新加坡做事，前些日子寄来一件衬衫相赠，大小恰恰合适，袖子到腕即止，没有搭到手指上。难道他们是新兴国家，没有五千年悠久历史文化的缘故哉。中国货不但衬衫别扭，有名的摇头灯泡，也使人跟着它的摇头而摇头，摇头还不算，有时候还装不进，不是灯泡不合适，就是灯头不合适，反正不合适定啦；而插头易脱易熔，开关易断易坏，更是混账到姥姥家，不可思议。柏杨夫人前些时写信到美国，叫女儿寄根针来，我就大发雷霆，简直太不像话，五千年文明古国，“四强之一”，连针线都不会做，真是丢人太甚。可是等针寄来之后，不得不表示泄气，以赎前愆。盖美国针确实比中国针好,不断、不弯、不锈,而且锐利无比。昨天天寒,老妻装订棉被,在十斤重的棉被上,上下穿孔,挥针如飞。而过去我总是听她吼曰:"老头,断啦,去巷口给我买一根。"一会儿又吼曰:"老头,弯啦,扎了我的手,快把红药水拿来。"

然而,问题也就发生在这里,正因为自产的东西不行,我们才提倡。正因为洋货高级,我们才抵制——药品可是例外,盖救命要紧。如果土货超过洋货,就用不着费那么大的劲矣。一个人的爱国心正在这上面受到考验,曾亲眼看到许多日本朋友,在台湾买东西,一定买日本造的,他们都是商人,既非宣传,也非做作,浓烈而根深的爱国心使他们成了习惯,这种民族,非居人下者,吾不禁凛然也。

(柏老按:这是六十年代现象。七十年代末期,衬衫袖子已经改短,电灯泡也不再摇头,西服衣料,更可媲美东西两洋,对此项进步,额手称庆。)

27.《玉匣记》

世界上越是弱者,忌讳越多;越有缺点,越怕别人说他有缺点。所以和尚最怕听人骂秃驴;害杨梅大疮的朋友,最怕听人说花柳。我有一位同事,便是如此这般,有一天,他正在那里埋头苦读报上的花柳病广告,我曰:"老弟,你是不是用上啦。"他气得脖子发粗,怒曰:"你怎么知道我看花柳广告?以小人之心,度君子之腹,度了不算,还要血口喷人。"把我顶得下不了台,可是第二天我却在某性病医院门前遇见他,刚从里面钻出来,探头探脑,恰和我碰个正着。呜呼,我这才恍然大悟,他当时为啥连脖子都粗了也。盖做了亏心之事,或理屈之事,怕的就是小鬼叫门,不幸有个倒霉分子经过,忽咚一声,滑了一跤,他在房里立刻就吓了一跳,战战兢兢,出门一看,原来不是小鬼,那岂不是故意捣乱?自然非抓而揍之不可。如果他立的正行的正,不要说有人在门口滑了一跤,便是谁弄个原子弹轰一下,都没有关系。君不见监狱里的死囚乎?凡死囚散步时,从没有把手背到身后的,盖那模样和"绑赴刑场,执行枪决"差不多,越是有资格被枪毙的人,越是讲究,偶尔不小心,把手往身后背了一下,就会立刻咒天骂地,以祛不祥。如果仅只是个小偷,或仅只是个扒手,他就不在乎背手不背手矣。

中国有一本书,曰《玉匣记》,专门为弱者所设的书也,上面讲的乃是忌讳之学,上午八时,神在正南;上午九时,神在正北;入灶时,神在锅底;如厕时,神在茅坑。简直处处有神,地地有鬼,俗云:"看了《玉匣记》,不敢放个屁。"这和大圣人孔丘先生的见解,有暗合之妙,孔丘先生曰:"邦有道,危言危行;邦无道,危行言逊。"《玉匣记》就是告诉你应该如何去危行言逊。中国五千年优美文化,竟孕育出来这部大著,可知五千年可怜小民,过的是啥日子也。目前《玉匣记》当然不再流行,谁都不会相信撒尿时要先拣好方位——十时撒尿,向东撒之,十一时撒尿,向北撒之。不过,不管《玉匣记》这本大作存在不存在,只要中国同胞和中国的官老爷一天神经衰弱,《玉匣记》的精神就一天不死。

凡事都要取个吉利,皇帝也不例外,从前宋王朝第十任皇帝赵构先生流亡临安,路上问两位篙工姓啥名啥,一曰"赵立",一曰"毕胜",合起来乃是"赵立毕胜",赵构先生龙心大喜,认为一定可以中兴。(堂堂宋王朝政权竟复兴在两位篙工的名字上,你说要不要打喷嚏吧!)后来跑到萧山,有人在路旁晋见,问是谁?答曰:"宗室赵不衰。"赵构先生一听,心里更是舒服,看情形那两位篙工和这位本家,有钱可拿,有官可做的也。如果赵不衰先生叫的是"赵性王",念出来成"赵姓亡",可能会被认为触了霉头,乱棒打出。赵鼎先生当宰相时,会稽名士钱唐休先生请见,赵鼎先生一看,一肚子不高兴曰:"钱唐真个要休乎?"硬是不见,钱先生可谓无妄之灾,所谓"中兴"的皇帝和宰相,都有《玉匣记》精神,既怕人滑跤,又怕人放屁,整天提心吊胆,苦兮兮得很也。

故吉利祥瑞的事,必须年年有之,和处处有之。上星期柏杨先生一位朋友的小儿子结婚,正在热闹哄哄之时,新娘手里的玻璃杯,不知道怎么搞的,滑到地下,跌个粉碎。当时老派人物甚多,大家面面相觑,不知如何是好,我乃开口曰:"碎碎(岁岁)平安!"众乃大悦。嗟乎,柏老真有资格当宰相矣。从前晋王朝第一任皇帝司马炎先生,前去算卦,算算能传几代,摸出的数字竟是"一"焉,你说扫兴不扫兴吧。司马炎先生脸上像刚挨过鞋底,群臣没有一个人敢说话,只侍中裴楷先生,有柏杨先生之才,乃曰:"臣闻天得一以清,地得一以宁,侯王得一,以为天下贞。"司马炎先生这才大乐。裴楷先生之能有得官做,而且开府仪同三司,靠的就是这一段非常得体的话,盖这种解释必须迅速,迅速者表示前已有之,是你想起,不是你杜撰也;更必须其词振振,振振者表示理直气壮,明明是马屁,偏偏以忠贞的态度出之,他虽不舒服不可得也。这门学问,实在是博大精深,有志之士,不可不察。

所谓弱者,具体的说,就是胆怯心虚。有一个笑话颇值得欣赏。有某士子,进京赶考,由长工挑着铺盖,该长工大概是一个懒散之人,没有把铺盖绑牢,走了几步,一下子就掉下来,长工回头一看曰:"怎么搞的,落了地啦。"士子听了,以"落地"和"落第"同音,颇感闷气。走着走着,又掉下来,长工又曰:"怎么,又落了地啦。"士子忍无可忍,乃劝之曰:"以后铺盖如果再掉,你不要说'落地',说'及地'(及第)行不行?"长工点头答应,于是又走,走了几步,铺盖又掉,长工果然称之为及地,士子以苗头甚好,及第有望,十分满意。想不到这样"及地"了几次之后,该长工忽然发愤图强,放下担子,用绳子左捆一道,右捆一道,把铺盖结结实实捆住。士子大惑不解,问他干啥,长工曰:"真他妈的烦,我叫他越想及地,越不能及地。"

这个故事里的男主角士子先生,当时气昏了没有,书上没有说明,恐怕虽不昏也差不到哪里去。这种《玉匣记》气质不但是弱者的可怜相,也是斲丧民族灵性的一把巨斧。我于二十世纪十一年代在法国时，常坐电车，有几次都遇到奇怪现象，车正走着，乘客们忽然纷纷脱帽，我还以为他们在竞选“美发男人”，故意亮其油头粉脸哩。原来一辆柩车经过，不仅车上的人，就是路上的人，也都脱帽致哀。呜呼，如果换了中国同胞，包管会有人吐一口唾沫，开骂曰：“真叫倒霉，出门碰见死人。”盖洋大人站的是人性立场，中国圣崽则叫人站的是《玉匣记》立场也。不了解这种立场的朋友，便似乎要糟。柏杨先生有一位同乡，是保险公司的经纪人，有一天面青眼肿地跑到我府上，我以为他捅了马蜂窝，原来非也，他听说某一家刚办过喜事，乃去兜揽人寿保险，向喜气洋洋的新郎曰：“你如果不幸，你太太可拿到多少多少万。”在他之意，该新郎有责任也有义务为妻子保险，可是新郎一听，你竟来咒我死呀，不饱他以老拳，饱谁以老拳乎？一番正正当当的好意善意，因当事人崇拜《玉匣记》，便成了恶意毒意矣。

很多当官的朋友，都来路不正，那就是说，他们差不多都是用不尊严的手段，取得尊严的地位，故越是大家伙，越像一只狗鼻子，敏感万倍。最恐怖的文字狱，就是因此而兴。秃驴皇帝朱元璋先生，有一天读《孟子》，读到《离娄篇》，孟轲先生曰：“君之视臣如手足，则臣视君如腹心；君之视臣如犬马，则臣视君如国人；君之视臣如土芥，则臣视君如寇仇。”朱元璋先生勃然大怒，盖他之意，只可我负天下人，天下人却不可负我，孟轲先生说的，乃严重的思想问题，不是鼓励反抗精神乎？还圣人个啥？乃下令把孟轲先生的牌位迁出文庙，不准他再吃冷猪肉。后来虽仍迁了回去，但真是危矣危矣。自此以后，朱元璋先生发现连圣人都不可靠，乃一天比一天紧张，不要说有人在门口跌跤放屁，就是有人在门口蹑手蹑脚经过，他都心胆俱裂。

28. 君子和小人

中国事之所以糟,糟在太多人作圣人状。李耳先生曰:"圣人不死,大盗不止。"幼时不知其意,曾以鼻嗤之,而今渐渐悟出一点道理。盖"圣人"这种东西,实在稀少。中国拥有五千年历史,人口加将起来的总数,准吓你一跳,但出了几个圣人乎哉?孔丘先生一人而已,连孟轲先生都是"亚圣"。亚者,二流货也。但我们的社会却是鼓励人希圣希贤的,等于赶鸭子上架,五千年只不过赶上了一个鸭子,便大喜若狂,自以为孔丘先生可上,人人可上,把中国人一个个赶得疯疯癫癫,灵性全失,真是一大悲剧。要是当初没有孔丘先生,说不定中国的文化到了今天,更会光芒万丈。现在形势既然成了这个样子,叹气也没有用,只希望别再有圣人出笼啦,也别再教青年人希圣希贤啦,能教他们做一个好好的人——一个有优点也有缺点,更有自尊的人,就可以啦。圣人那玩意儿,千万搞不得。

我想,教育的目标最好能简化一点,把人培养成一个人,不要培养成一头猪,不要培养成一条狗,也不要培养成一匹狼,更不要培养成一个圣人。一旦想当圣人,或是被人希望当圣人,那就非花样百出不可。孔丘先生的若干代孙孔德成先生把女儿嫁给洋人,中国同胞大哗,柏杨先生也是大哗者之一,盖把他看成圣人之故。如果把他看成普通人,他女儿想嫁谁就嫁谁,谁都没有理由乱叫,也不会有人乱叫,这是圣人害了他。不过人间任何一件事都是利弊相连的,孔德成固有嫁女儿受攻击之弊,却也有他的好处,那就是,他可以不愁吃不愁穿地优哉游哉活下去,且到处坐首席而吃油大,致训词而讲儒学,叫人羡慕之至。

用小民纳税的钱,养活孔丘先生的子子孙孙,这就是当圣人的好处。根据现在现象的分析,生物学应该重新写过,门德尔有三个遗传定律,而圣人不与焉,盖后天获得的东西都不遗传。以柏杨先生为例,因看女人看得入迷,一不小心,头上碰了一个大包,此包准不遗传。我想这道理连三岁小孩子都明白,唯一的例外却是圣人。父圣人焉,儿子亦圣人;孙圣人焉,玄孙亦圣人。你说他不是天生的圣人坯,则他是个啥坯乎?怪不得有很多道貌岸然,要作圣人状也。

问题是,这种圣人的染色体天下只有一家,孟轲先生的学问也很大,道德也很高,而孔丘先生为了做官,坐轮船而乘飞机,走遍世界,见了权便要钻。如论及国家大义,他更有点差劲。在鲁国被逐以后,不去朝拜周天子,却周游列国,向洋人投效,幸亏没人用他,否则有朝一日,带兵灭鲁,冷猪肉还能吃乎。大概做官的心太急太躁,在陈国被人包围,几乎饿死,险哉。

起码孟轲先生没有闹过桃色新闻,孔丘先生却为了一个漂亮女人吃过瘪。《论语》有"子见南子"。南子,美人也,孔丘先生见了她,不知道搞了名堂没有,归来后身轻如燕,神色有异。被仲由先生看出苗头,问了一句,做贼的人,心情都虚,孔先生当时面红耳赤,赌起咒来曰:"天厌之,天厌之。"天厌之者,译成白话,便是:"叫他不得好死。"情急至此,可见事态严重。我们毫不反对圣人谈恋爱,不过照有些人看法,圣人都是一块木头,没有爱,亦没有欲焉。幸亏孔丘先生有后代,否则准有人一口咬定他因过度的正人君子,连性都付阙如。

然而,孟轲先生仍吃不香,孟家的子孙现在跟普通小民没有分别。我们不得不建议,圣人之代代相传,以及强迫纳税人供养圣人的优美传统,应列为"中华民国"奇景之一,以便洋大人观光游览。

提起圣人,肝肠寸断,孔丘先生之后,孟轲先生拼命地干,前已言之,他虽没有惹起过公愤,被群众包围,几乎饿死;也没有跟漂亮的女人纠缠不清,闹得向学生赌咒。但他仍赶不上孔丘先生,盖天下最厉害的是得风气之先,当天下各国都在讲强兵利甲之际,只孔丘先生一人唱反调,虽当时被目为疯子,跑断了腿也没弄到一官半职,但其学生把他的言论记录下来,过了些时,皇帝王爷之类,发现他的那一套对统治阶级有百利而无一害,乃有两汉王朝第七任皇帝刘彻先生罢黜百家,独尊儒术之举。从此孔丘先生才算上了台盘,子子孙孙,吃着不尽。

孟轲先生混了一辈子,不过二流圣人,其他人更不说矣。孟轲先生以下又数千年,出了一个三流圣人朱熹先生,此公"圣"到什么程度,用不着多说,十九世纪后出生的中国人,恐怕都吃过他的苦头。年轻朋友如果不信,不妨去买一本他阁下批注的《诗经》看看,其奴性和无天良,即令不把你气死,也能把你气疯。

这里有他阁下的一则风流故事——

台州名女人严蕊女士,有才思而通书,风冠一时,和台州太守唐与正先生恩恩爱爱。后来唐公调走,圣人朱熹先生和唐公有宿怨,又气严蕊对自己冷冰冰的,看到眼里,计出心头。乃一个小报告打到中央政府,说唐先生"挟妓狎游"。接着把严女士逮捕,苦刑拷打,叫她承认。她知道一承认唐与正先生便会完蛋,于是"坚不吐实"。圣人嫌衙役打得太轻,还亲自动手,严蕊女士着实有点骨气,仍不肯招供。朱公更气,把她押到会稽,一面坐牢,一面逼她卖淫。

眼看着大狱将兴,幸亏宋王朝皇帝不个个都是混蛋,宋孝宗拿着朱熹先生的奏章询问大臣,某人(惜忘其名字矣,但可查得出来)对曰:"秀才捻酸耳。"皇帝大笑,派岳商卿先生当巡回法官(提典刑狱),把严女士当堂释放。严蕊女士以词谢之曰:"不是爱风尘,只被前缘误。花落花开自有时,总赖东君主。　去也终须去,住也如何住。若得山花插满头,莫问奴归处。"

呜呼,我们说这段故事,为的是敲一声锣,让大家看看圣人的嘴脸?——圣人者,关起门来是一套,训话写文章时又是一套的动物也。中国的圣人似乎比任何一国的圣人的血都凉。五千年历史上,没有不和权势结合的圣人,连孔丘先生都得皇帝封什么文宣王,和什么至圣先师之后,才能闯出腕儿。朱熹先生等而下之,又怎能不靠他的官威,搞一个妓女乎?朱熹先生尚且如此,其他千千万万的道貌岸然,还有啥可说的。

孔丘先生最伟大的贡献似乎在于他发明了“君子”、“小人”的名词,几千年下来,这种分类之法,如火如荼,连诸葛亮先生都受其影响,在《出师表》上,还要皇帝远小人而亲君子。真不知道孔丘先生当初发明这玩意儿时,是何心理状态,这种一刀两断的搞法,不是有点毛病,绝发明不出来也。如果这种分法合理,不妨请几个武功高强的人到市政府帮忙,把中国人的身份证上,加以注明,某也君子,某也小人,然后通知三作牌在大街上检查,看见“小人”字样者,一律干掉,则所剩下来的全是“君子”,岂不天下太平乎哉?

人性是统一的,而人格则不然。有时圣人,有时禽兽;有时君子,有时小人。在某一事上是圣人,在另一事上是禽兽;某一时刻是君子,在另一时刻则是小人。孔丘先生鼓吹的二分法,被权势利用,把中国糟蹋了两千年。如果不肯多想一想,而且还对肯多想一想的朋友暴跳如雷,我看大家迟早都要唱一出砸锅戏也。

凤凰集

提 要

《凤凰集》用较大篇幅比较了中外的典狱制度，借对日本的吉田石松案及法国德雷福斯案昭雪过程的分析，及中国古代“七世夫妻”的传说，指明正义力量的伟大及无畏精神的可贵。

序

柏杨先生的杂文已经出笼数辑,现在《凤凰集》又出笼矣,收集在这本小册子里的《梁祝》电影有关评论,在报上陆续发表的时候,天地震动,河山变色。柏杨先生大概真有点像若干读者先生所发现的,要恶贯满盈。当大家都如疯如狂,一面倒地猛捧其角,我却往上硬碰,这一碰就糟,从前左拉先生为了德雷福斯冤狱,和全法国舆论碰,碰得焦头烂额。如今柏杨先生为了一个狗屁《梁祝》,和全台湾捧潮派碰,不但焦头烂额,还几乎摔破饭碗兼吃官司。盖我这一碰,碰进了帽子铺,帽子之多,三天都说不完,计有"汉奸"帽子、"卖国贼"帽子、"行同禽兽"帽子、"专门打击海外忠贞艺人"帽子、"挑拨海内外感情"帽子、"侮辱学人专家"帽子。头昏眼花,戴不胜戴。

有人说柏杨先生写《半票问题》,曾受到可怕的压力,以致不得不言未尽而中断,我发誓绝对没有啥可怕的压力,而是我自动自发不再写啦,盖再写也登不出来啦,与其被杀声震天地腰斩,不如识时务者为俊杰,于中断了三天之后,自己英勇结束,老脸比较光彩得多矣。所以仍收在《凤凰集》中者,为的是摇尾乞怜,以求正人君子高抬贵手,实在是敌不住番天印矣。如蒙俯允,我就想办法捉一只凤凰送上,借表祥瑞,以便阁下英勇地继续飞帽。

是为序。

1963 年 8 月于台北柏府

1. 警政新猷

俗云:“有志不在年高。”同样的,有志亦不在内行外行,天下再复杂的事,遇到肯用心的朋友,都会变得简单明了。大概是气数使然,有些中国同胞似乎都有一个特征,就是颟顸而横蛮,所谓眼前欢而地头蛇是也。一旦权势在手,最初几天,天老爷还是老大,他是老二;过了几天,他就成了老大,天老爷却成了老二矣。干警察的朋友往往冒出这种嘴脸,小民固然叫苦连天,便是警察朋友本身,也没啥收获。问题是,历届警察首长却一直视若无睹,是何故哉?说来无啥奥秘,自私心作祟和权力中毒,使之头昏脑涨,脑涨头昏也。

台湾省警务处现任处长张国疆先生最初就职时,说实在的,一度使人紧张,盖大家含着眼泪,伸长脖子,天天盼,夜夜盼,好容易把前任处长郭永先生盼的卷了铺盖,却又来了一位和郭永先生同行的朋友。呜呼,以军尚可治政,当然可以治警。但小民们心头固直跳也,不知道再搞下去,还有啥更奇异的场面出现。然而,前已言之,有志不在内行外行,张国疆先生自到任后,一连串警政措施,和从前都不一样,而尤以最近两件事,使我们大为震惊,一曰:“宁可不破案,也不准刑求。”二曰:“警察唯检察官之命是听,不得喧宾夺主,擅自行事。”

张国疆先生说不准刑求,并不是说从前没有人说过不准刑求,从前当然有人说过,而且说过的家伙多啦,但都没有说到痒处。记者前去访问时,该家伙信口开河,油腔滑调,连他自己都不知道说的是啥。而张国疆先生则深入而中肯,报载他在台湾省议会上答复质询时,曾曰:“警察宁破不了案,也不准刑讯。”这是上帝特别赋给他的一种高贵灵性。柏杨先生府上曾一连串被窃被盗,报到台北市第四分局,他们一听说柏老受了损失,真是上天有眼,不禁大喜,自然捉不住小偷,追不回失物,我自然也怨声载道。但我宁可永不破案,也不愿他们随便抓一个可疑的朋友,把他打得屎尿满地。即令把我丢的东西全部打出来,我也认为那比不破案更为可耻。古圣先贤专门喜欢在文字上用工夫,发明了"无枉无纵"四个大字,这四个大字说来容易,做起来恐怕难上加难,反而成为暴戾分子的借口,而把"无纵"放到第一位,成了破案第一,修理至上。柏杨先生举起巨手赞成张国疆先生的主张。呜呼,宁可错杀一百,不肯错放一人,是狗彘主义的干法,凡是人类,都不应允许自己变成狗彘也。我们希望的是:宁可错放一百,万勿错杀一人。人民垂泪跪恳愿望,张国疆先生抢先言之,仅只有此一念,便可成佛。

第二件事做的更为感人,盖宁可不破案,也不准修理,是技术上的痛切改进,而张国疆先生顷又正式以公文规定办理刑事案件时,要受检察官的节制,则是观念上和本质上的痛切改进。该项公文说得明白:警察人员虽然兼有司法警察官或司法警察身份,自有责任协助侦查犯罪,但无论如何,警察机关乃是辅助机关。按道理说侦查犯罪这项工作,应由检察官主持才好。可是道理是一回事,实行又是一回事。警察机关办理刑事案件,往往以包饭的姿态出现,大展抱负,把天下当作己任,从头包办到尾,非弄个水落石出,真相大白,不肯移送法院。如果不能水落石出,真相大白,便使出手段,灌凉水,上老虎凳,拳打脚踢,疲劳轰炸,全部修理学出笼。盖一则面子有关,二则也觉得没有尽到职责。

而今有正式命令矫正这种毛病,这不仅是张国疆先生个人的贡献,也是台湾警政史上最具有革新意义的一页。盖到处都是一朝权在手,便把令来行的朋友;只讲力量,不讲是非,只有傻瓜才把已经吞到嘴里的巧克力糖吐出来。若换了柏杨先生当警务处长,除非太阳从西边出来,我决不会把包办伙食的差事和平出让。张国疆先生能在这一点上有此严正的措施,有此恢宏的胸襟,看起来不是每一个官都叫人失望。

除了上述两件大事,柏杨先生还听说点别的。新闻界很流传一件有关张国疆先生大魄力的消息,说他自接任处长之后,便聘请律师,吩咐他的部下,如果有新闻记者胆敢乱发消息,或诽谤,或诬陷,就马上提出控告。这件事是不是真的,我们不知道。从前曾经有过警察轰轰烈烈告记者的事,好像是真的,可是后来每件案子都虎头蛇尾,不了了之,又好像不是真的。我倒十分愿意这件事是真的,盖警察固不能随便整小民,记者也不能随便整警察。目前警察受了委屈,似乎只有两条路好走,一是算啦算啦,老子忍下你的鸟气,只要我有的官做,受点气算屁,啥攻击啥指责我都不在乎。一是气得暴跳如雷,七窍生烟,甚至大病一场。正派的心灰意懒,不太正派的则和小流氓接接头,看看能不能揍他一顿,或捅他一刀。

反正是无论如何,警察受了欺负,或受了侮辱,而不能公平光明地伸雪,是国家的羞辱,也是社会的定时炸弹。小民们对警察一向一视同仁,偶尔有个警察告小民,真能把人的牙都笑掉,遂养成双方面的冷战和仇视。柏杨先生誓死拥护请律师告状的政策,过去那些政清讼简的时代,只能适合农业社会,工商业社会如果再用那种腐败的老脑筋去赞扬息讼,真是杀人不见血的凶手。既有争执,就需要有人替他解决;既有纠纷,就得分辨是非。一味粉饰太平,是做官的干法,不是做事的干法,读者先生以为如何乎哉!

2. 吉田石松五十年

台北《联合报》登载了一篇该报驻日本特派员司马桑敦先生的东京通讯,标题是《吉田石松五十年冤狱平雪记》,是一篇最最有意义和最最有价值的报导,中国人不可不仔细拜读。谁要是不仔细拜读,谁就陋得很也。盖吉田石松先生的遭遇,是一种求生意志的搏斗,也是一种争取自由和自尊的搏斗。一个民族的气质,是不是力争上游,是不是一直在向慕真和善,抑是自甘堕落,择恶固执,死不回头。在对冤狱的处理上,可充分地表达出来。埃塞俄比亚焉,沙特阿拉伯焉,以及其他什么什么国焉,他们历史上有没有冤狱,我们不知道,但当一个中国人,对冤狱该是最最内行,最最熟悉;见也见得多,看也看得多,受也受得多矣。文明之国,发生了冤狱,举国震动,初之时有人挺身而出为之辩护,结尾时有人代表政府向他道歉。只有堂堂中华民族,因有五千年传统文化之故,冤狱一起,恐怕所有的亲戚朋友都把头往脖子里缩,不要说没人敢挺身而出,似乎是连逃都恐怕逃得不远。

柏杨先生早就想写一本书,曰《中国冤狱史》,把中国的冤狱,从头到尾,一一记载。一旦此书问世,包管使你心花怒放,盖思一思想一想,中国冤狱之巨之多,好比驴毛,无妄之灾竟罩到别人头上,而没有罩到自己头上,你能不笑得人仰马翻乎?这当然是以后的话,读者先生如果福气冲天,总有一天可以拜读。现在我们先介绍一下吉田石松先生的奇遇,以开眼界。司马桑敦先生报导得甚为详尽,我们只能摘录。为的是人生以服务为目的,万一阁下是一个懒人,可免乱翻之苦,此亦柏杨先生的德政,不可不知。

话说 1913 年 8 月 13 日,日本名古屋市野轮村一条乡村道路上,一个农夫户田先生,被人打死。第二天,凶手北河芳平(二十六岁)被捕,他供称和另一凶手海田庄太郎(二十二岁)一同向被害人下手。于是第三天,海田庄太郎也被捕,可是他却一推六二五,啥也木宰羊。经过一番审讯,他才承认他确实和北河芳平合伙,但他只不过是一个帮凶,只在很远的地方把风,并没有动刀杀人,杀人的是北河芳平和另外一个叫“老石”的家伙。而老石是何人?海田庄太郎不知也,只知道老石操大阪口音,如此这般,审问了若干次,他终于指供,老石即是冤狱案的男主角吉田石松先生。贼咬一口,入骨三分,吉田石松先生的霉运乃隆重临头。

任何冤狱都有耀眼欲炫的犯罪证据。俗云“无风不起浪”,既有浪矣,必然有风,即令没有风,也会有别的原因,或许是一场地震。反正一定有点看起来确凿万分的证据,才能埋葬一个表面上万恶不赦而实际上清白无辜的可怜虫。吉田石松先生亦然,他和凶手北河芳平,同在一家玻璃厂做事,而且他一件白衬衫上有几点血迹,经法医检验,其中一点是人血。这还不算,他的一只洞箫上,也有血迹(是不是人血,未加检验)。呜呼,累累的物证,和科学的化验,是构成该冤狱最有力的两大要件。这时虽有人证明吉田石松先生在犯罪的当时,远在二十公里外的地方看朋友,但抵抗不住物证和科学化验,法官拒绝采信。

“血”是物证,化验出来该血是人血,则是科学。这还不算,最后又冒出了个人证,那就是最先被捕的北河芳平先生,也跟着翻了供,他原来说只是他和海田庄太郎先生共同干的,现在他却说事实上吉田石松先生是主犯,他们不过受他指使罢啦。吉田石松先生第一审被判死刑,第二审改判无期徒刑,第三审被最高法院驳回上诉,遂以无期徒刑定谳。先被送到小管监狱,再被送到秋田监狱。日本报上称他为日本的基度山,盖他自进监狱的那一天,便开始呼冤,像当初的基度山伯爵一样,他拒绝穿囚衣,拒绝服役,他自信是一个清白无辜的人,不肯接受不合理的和不清白的法律制裁。冤狱的精彩就在于此,中国文字构造,有十分微妙之处,“冤”字上面为一宝盖,下面为一“兔”字,一个兔朋友被猎狗赶得走投无路,发现前面有一个洞穴,前去投奔,谁知道远看是一个洞穴,近看却忽然不是一个洞穴,而成了一个“宀”,既躲不进去,只好被猎狗抓住,带到主子面前献功。吉田石松先生被“物证”“人证”以及什么“科学证”,紧紧相逼,方以为法律可以保护他,想不到法律忽然不是洞穴,而成了一个宝盖,不但没有保护他,反而翻过来咬他一口。嗟夫,乌贼人物眼光中,一个人既被判了罪,当然是犯了法,判罪就是犯罪的证据。吉田石松先生判了无期徒刑,不是犯法是啥?而他竟敢乱喊冤枉,不肯服气,想以一手遮天下人的耳目呀,法律岂可饶他。于是狱吏的毒打,难友的虐待,仅有正式记录的,就有五十余次,其他零零星星的苦头,更屈指难数。就这样的,他在监牢中度过了二十二年。入狱时他三十四岁,假释出狱时,已是一个五十六岁的老汉。鸣呼,二十二年,说起来很轻松,写起来也很容易,但要是在监牢中度过,便是流的眼泪,恐怕都能铸成一个自由人像矣。

吉田石松先生于 1935 年 3 月,假释出狱,出狱后第一个行动,便是找那两个家伙弄个明白,这行动立刻获得采访刑事新闻的记者们支持,那些记者中有现在《东京新闻》担任主笔的池田辰二先生,有案发时当新闻记者的青山与平先生。他们帮助吉田石松先生于出狱后的第二个月,在神户找到了真凶手之一的北河芳平(他和海田庄太郎,于五年前,即 1930 年假释出狱)。两人一对面,北河芳平天良发现,当场写了一张谢罪书,承认自己无端瞎攀。接着同年(1935)的 12 月,在琦玉县又找到另一个真凶手海田庄太郎,海田庄太郎同样天良发现,也写了一张谢罪书,他希望"过去的都过去",不要再提啦。

但吉田石松先生不甘法律的屈辱,仍于 1937 年 11 月,检同两张凶手亲笔的谢罪书,请求名古屋高等法院重审。事到如今,任何人都会以为冤狱可以昭雪矣,却想不到,那请求书在法院的档案中,一摆就是七年,七年后,才答复他——答复他的不是为他昭雪,而是认为谢罪书可能是在威胁下写成,不足为凭,拒绝重新审判。吉田石松先生接到这种决定,曾在法院门口,放声大哭。

然而吉田石松先生仍不气馁,又经过了漫长的四年,他的冤狱虽未得到法院承认,却得到广大的人民承认。1952 年 6 月,他的同村村民为他发动了一个呼冤签署运动,向宇都宫法务局请愿,宇都宫法务局把全案转移到东京法务局,一搁又是四年。到了 1955 年 6 月,才算开第一次调查庭,当堂与真凶手之一北河芳平对质。北河芳平当初固然写了谢罪书,可是事到临头,他却变了卦,不肯承认诬陷,硬说当时确实有一个貌似吉田石松的主凶。这供词对吉田石松先生非常不利,而另一个凶手海田庄太郎又中风不语,不能出庭。吉田石松先生只好败下阵来。

在这次对质后不久，北河芳平竟一病而死，事情更陷绝望。但吉田石松先生仍奋斗不止。1957年、1959年、1960年，他仍一再向最高法院和名古屋法院提出重审要求，而每一次都被批驳，当他最后一次听到最高法院又批驳了他的请求时，他跑到法务省，打算向法务大臣（司法部长）提出请求。法务省守卫赶他走，他就跪在地上，紧抓住地毡，不肯起来。当正此时，被法务省检察官安信治夫先生看见，问明原因，深感同情，乃予以援助，把他送到日本律师联盟人权拥护委员会。呜呼，吉田石松先生幸亏遇到了安信治夫先生，如果遇到的是怕事的官崽，一听麻烦那么多，早脚底抹油，开溜了矣。

于是吉田石松先生渐渐出头有日，日本律师联盟主席团山田先生，根据保障人权基本观念，正式要求重审。又经过两年的曲折，到了1963年1月，终于开重审法庭，检察官坚持原判，但律师联盟提出的反证，足使该地头蛇张口结舌。到了2月28日，法庭终于宣判吉田石松先生无罪。首席推事小林俊三先生认为最足凭信的凶手北河芳平在第一次供词里，并没有提到吉田石松；他之后来翻供，只不过虚拟了一个人物，企图减轻罪责，既然拉出一个实在的，自然顺水推舟了矣。而且那一滴人血并未鉴定出就是被害人的血，而伤口是重器所击，吉田石松先生的洞箫能算重器乎？

小林俊三先生在宣判之后，有一段感人肺腑的话，他曰：“在本庭上，我们对被告，不，毋宁应该称为对吉田老先生，除了替我们的前辈在先生身上所犯的过失表示歉意外，我们更对先生半世纪以来，为了自己的无辜，所持有的崇高态度，与不屈不挠的奋斗精神，表示深厚的敬意。先生的精神力与生命力，确令我们心折。我们在这里谨祝先生余生多福。”

任何冤狱都是一个悲剧，吉田石松先生三十四岁入狱，宣判无罪的那一天已八十三岁。幸亏他的寿命够长，能熬到真相大白。然而，更重要的是，也幸亏有那么一个允许他伸雪的社会环境。不信的话，换个地方试试，便是天下人，包括法官在内，都认为是冤枉的，都没办法也。小林俊三先生所说的那一段话，是高贵灵魂的言语，知道认错，而且敢于表示他的这种知道。

3. 世界最大冤狱之一

吉田石松先生的奇遇介绍已毕。虽然奇冤已雪，但我们心头仍万分沉重，盖自由自尊固可恢复，青春却一去永逝，任何方法都不能使它再现。报上刊登吉田石松先生听到宣判无罪时的欢呼照片，八十多岁的老人，张开大口，露着秃秃的牙床，使人叹息。首席推事小林俊三说的那一段话，坦诚地指出他前辈的错误，也使人叹息。我建议日本政府应把那些前辈的尊名大姓，一一记载下来，刻到石碑之上，置诸街头，以便万人撒尿，才能赎其罪于万一。

中国是出产冤狱最多的国家，以后我们如果有机会，当再介绍。从吉田石松先生的案件，使我们想起一件世界上（不包括中国）最大的另一桩冤狱。夫冤狱的形式有二，一曰法律性的冤狱，像吉田石松先生受的是。一曰政治性的冤狱，像发生在中国历史上的岳飞先生，和我们现在介绍的德雷福斯先生受的是。德雷福斯先生的冤狱要比吉田石松先生的冤狱，可怕千倍，起初大家错误地认为他是叛徒，后来虽然发现他不是叛徒，但是择恶而固执的结果，上自国务总理，下至全国人民，仍故意地认为他是叛徒。为的是要完成一个理想，那就是"政府永远是对的"理想。而德雷福斯先生遂因之陷于万劫不复之境。而德雷福斯案，也随之震惊世界。百年之后，当我们报告此案时，仍不禁为之酸鼻，尤其是当一个中国人，恐怕会有更多的感慨。

话说 1894 年 7 月 20 日，德国驻法国武官斯瓦兹 · 柯本上校，接见一位客人，该客人说他自愿当德国的间谍。他之所以如此干，因为妻子害病，需要钱用，他说他在法国陆军中有最理想的联系，为了表示他不是瞎说，立刻就掏出一份情报送上。呜呼，天下有这么简单的事乎？纵是再大的傻瓜都不会购买这种冒冒失失突如其来的情报。何况，怎么知道那家伙不是法国的反间谍哉？斯上校乃拒绝看他的文件，并且请他走路，该家伙吃了没趣，悻悻而去。

可是两天之后，该家伙又来啦，这时斯上校已奉到命令，不妨与他磋商。该家伙说他是埃斯特哈齐伯爵，现任少校，统率一营法军驻防罗汶。他交出文件，要求每月支取二千法郎卖国费。斯上校则告诉他不能按月计算，只能按件计算。于是，三星期后，埃伯爵交出一份法国炮兵一旦奉令动员应行注意事项的密令。同年（1894）的9月1日，又交出几种文件，他本来要把一份专供收件人点收用的清单，一同送出的，可是不晓得因为啥，临时竟然遗漏。于是，这一张“清单”遂成为一项使整个世界都闻名的文件。过了两天，伊伯爵邮寄这份“清单”，被法国反间谍破获。这一破获像一个晴天霹雳，揭露了法国历史上空前的一桩丑闻，使法国朝野上下，分裂为壁垒森严，互相仇恨的两个集团，达十二年之久，也是我们所报导的德雷福斯先生空前奇冤的开端。

原来，在埃伯爵和斯上校交往之前很久很久，法国当局便发现秘密情报总是外泄，法德法意接壤地带的军事地图，也总是失踪，怎么查都查不出线索。那时德法关系紧张，法国政府当然坐卧不安，就更进一步加强检查德国武官的个人函件，于是乎检查到一封信，这是“亚历山得林”写的，信上曰：“兹随函奉上恶棍D留在我这里，嘱为转交的第十二幅尼斯区域详细地图，我告诉他你无意再和他联络，他说其中一定有误会之处，他将尽其所能使你满意。”经过分析，发现“亚历山得林”，乃驻法国的意大利武官用的一个假名，但“恶棍D”是谁？没人知道。接着埃伯爵补寄的那张“清单”被查出来，但仍不知“恶棍D”是何许人。那份清单使法国参谋本部第二局反间谍事务主持人桑德赫尔上校，吓了一大跳。盖一看就可看出该清单出自参谋本部人员之手，因清单后有一段附言曰：“最后一项文件得来不易，我只有保存该项文件数天的权力，因此你必须记下那些你认为重要的内容，而将原件保留，候我亲自取回，我现在要去参加演习啦。”

这里要说明的,埃斯特哈齐伯爵不是一个化名,而是一个真实的人物,他是匈牙利贵族的后裔,在进入法军之前,曾先后在意大利和教皇军队中服过役,并且很有点功勋。加入法军之后,参加过1870年普法战争,得过英勇勋章。按说他应该没有问题。所以反间谍主持人桑德赫尔上校,根本不疑心他。然而,埃伯爵在其他方面的秽行劣迹,却是上下皆知。他跟一个法国贵族联姻,没有多久,就把妻子的嫁妆花光,但他始终不能脱离经济困境,除了伯爵官衔和军职外,他还兼任一家来历不明的金融公司董事,和一家高级娼寮的股东。

桑德赫尔上校既不疑心真正的主犯,他就开始在那些无辜的,但却是倒霉的家伙们头上下手。因清单上有"参加演习"字样,于是,到了最后,他找到了德雷福斯先生,盖德先生是一个与其他军事部门保有密切联系的炮兵官员。尤其妙的是,德雷福斯姓名的第一个字母是D。更尤其妙的是,德雷福斯是一个犹太人。好啦,这就够啦。

我们常形容说,一个人再倒霉,总不致被乌鸦把屎拉到头上。其实那还是倒霉的程度不够,如果够的话,真会拉到头上。德雷福斯先生便硬是被一泡乌鸦屎拉到头上的也。盖德雷福斯先生是法国参谋本部唯一的一个犹太裔官员,他头脑冷静,不屈不挠,才识卓越,毫无二心地努力工作。1859年出生于亚尔萨斯,是一家生意兴隆的织造厂老板的儿子;十九岁时进入法国著名的依可尔军校,获有"大胆骑士"和"英勇剑客"的美名,但同学们却不喜欢他,那些同学都是大官巨公的子弟,他们认为德雷福斯是一个讨厌的家伙。

毕业后,他和法国犹太裔的一个高贵富有家庭出身的露茜小姐结婚。三年中,他们生有一子一女,是一个美满而幸福的家庭。然而,因为他是犹太人,又因为他有一个D开头的姓,就注定该家庭马上就要粉碎。

德雷福斯先生于1893年被派到参谋本部当见习官,当时正是法国反犹太反得最厉害的时候,大多数参谋官员对于竟派一个犹太家伙到法国军事核心来,都大惊失色。反间谍主持人桑德赫尔上校尤其反对得厉害。可是所有的调查,对德雷福斯先生都挑不出一点毛病，所以当“清单”案爆发时，德雷福斯先生已服务了一年。

在桑德赫尔上校主持下，有关德雷福斯先生的档案全部取出，他日常写的字迹摆在“清单”旁边。桑德赫尔上校和主管军事运输的费伯上校，两个自以为英明的官崽加以仔细比较，比较的结果，发现两者竟然一模一样。乃把这点发现，报告顶头上司。接着一连串的字迹再鉴定，鉴定的结果是啥，用不着说啦。于是项目呈报到陆军部长梅西耶将军办公室。梅西耶将军一瞧，精神大为紧张，立刻和杜蒲总理举行秘密会议。两个老头知道，这是一件爆炸性的案件，势将影响到政府的前途，如果贸然宣布破获一件间谍巨案，那岂不是承认参谋本部有若干松懈之处，才使间谍可大干特干乎哉？必须等到把全案弄得更清楚才能发表，两个老家伙乃决定秘密进行。

在逮捕德雷福斯先生之前，为了慎重，又请来了法兰西国家银行字迹专家，作最后鉴定，想不到该专家没有读过《做官大学堂》，不知道迎合上司旨意，竟指出“清单”的写者是另一个人。桑德赫尔上校看啦，大为跳高，幸亏巴黎警署另一个著名的犯罪学家贝帝荣博士，坚定地指出二者确是同一人的手笔。呜呼，我们在这里要请所有的读者先生记住“贝帝荣”的名字，他真是一个乌贼博士，如果他真正相信他的科学，他的科学未免太差劲，博士的头衔不知道是用多少钱买来的；如果他只是一脸忠贞，那就更糟，杀人不动刀，连乌贼都不如也。

接着又查出德雷福斯先生那一年并没有参加过演习，不但德先生一个没有参加过，所有的见习官都没有参加过。可是参加不参加没有关系，反正清单是他写的就行啦。另外又查出“清单”的语气带着浓厚的德国味道，而德雷福斯先生写的则是无疵的地道法文。这更没有关系，他可能故意那样，反正清单是他写的，仅口气不符，管他娘的也。于是乎，逮捕令下。

逮捕德雷福斯先生的那一幕是典型的人生闹剧，一个忽然间落到野猪群里的朋友，其境况都是一样的。被逮捕者傻里傻气，还不知道干啥。逮捕者则嬉笑之，狞笑之，嘲笑之，玩弄之，蹂躏之。越是低级情操,表现得越是野猪嘴脸,古今中外,都是如此,德雷福斯先生当然跳不出那个圈子。在逮捕行动中最突出的,是部员帕蒂少校,德雷福斯先生奉命出席参谋本部总长办公室举行的见习官总检查,时间是1894年10月15日晚9时,规定穿便服。

4. 一错到底

德雷福斯先生到达参谋本部时,发现并没有别的见习官,而只有帕蒂少校在场。帕蒂说他因手伤不能握笔,要德雷福斯代他写一封信,德雷福斯当然答应了,于是,帕蒂开始口授,信里夹杂着"清单"上若干词句。他一面口授,一面注意德雷福斯的反应,不时提醒之曰:"喂,留心啦,这封信重要得很。"清单上的字句大批出现,而德雷福斯竟然仍没有一点震惊,态度神色如常,字迹工整如故。帕蒂勃然大怒,想不到该无赖竟如此顽强阴狠。索性连字迹也不看啦,跳起来大吼曰:"我用法律的名义逮捕你,你以卖国罪被控。"德雷福斯也跳起来大吼曰:"把你认为我犯罪的证据拿给我看。"帕蒂曰:"证据多得很。"德雷福斯先生的噩运乃正式开始,他被拘禁在谢许米迪监狱。帕蒂接着赶到德雷福斯的住宅,警告德太太露茜女士不得泄漏,除了威胁外,还卑鄙地利用露茜女士的爱国心。他说,消息一旦泄漏,战争可能爆发。事后有人评论说,她当时承诺保守秘密是一项错误,因为法国到底是民主国家,当陆军当局还没有完全确定德雷福斯是有罪时,舆论的力量可能使他恢复自由。

德雷福斯先生被关入牢房之后,陆军部长梅西耶将军亲自主持侦查,却一无所获。忽然警察局有报告曰,德雷福斯先生是一个赌徒,经常在可疑的酒吧出现。梅西耶将军大喜若狂,可是再经详查,却是另一个德雷福斯。警察局长也亲自考查他的平生,但找不出任何奸诈之处。逮捕德雷福斯的帕蒂少校是参谋本部的字迹专家,他命令德雷福斯利用各种不同姿势写"清单",坐着写焉,站着写焉,爬到地下写焉,吊到梁上写焉,闭着一只眼睛写焉,以及用其他各式各样的姿势写焉,他相信一定会写的和清单上相同,结果大失所望。

最后,实在是找不到德雷福斯先生犯罪的证据,按说应该把他释放了吧。可是,问题就发生在这里,虽在民主国家,因事关军事叛国重罪,有错抓的,没有错放的,终于有一天,一家反犹太最力的 La Libre Parole 报刊载了一段消息,要求军方说明缄默的原因。呜呼,当德雷福斯先生初被捕时,透露消息固可助他恢复自由,但此时透露消息,却对他不利,因扣押的时间太久,如德雷福斯先生不是叛徒,参谋本部必须交出真正的叛徒也。当局乃不得不一错到底。于是,四十八小时内,"德雷福斯是卖国贼"的新闻,成为头号标题,大部分报纸都认为:"陆军部长办公室是一个藏垢纳污,肮脏不堪的所在。"这种新闻界的风暴使政府大为震动,连夜举行内阁会议;会议中决定,为了维护政府的"威信",决不释放德雷福斯,即令证据不足,可以再继续地找,必须肯定他的罪名,提付审判,否则内阁必会垮台。德雷福斯先生乃在政治的理由下牺牲。

当德雷福斯叛国案公开时,德太太露茜女士拍一个电报到亚尔萨斯德家,德的堂兄马蒂厄先生,立刻赶到巴黎,要求帕蒂少校准许他到监狱去探望他的堂弟。同时以荣誉保证曰:如果他堂弟承认有罪,他将把手枪交给他,迫他当场自杀。可是帕蒂少校根本不信任叛徒的家属,他拒绝了这个高尚的请求。

同年(1894)12 月 4 日,检察官杜米惟里先生,以"清单"字迹为证据,正式以卖国罪控告德雷福斯先生,这简直是一个大笑话,今天的字迹专家固然很容易地鉴定出来那不是德雷福斯的手笔,即令当时的字迹鉴定技能比较粗浅,但专家们的意见也不一致,该巨大的卖国案,在一开始便像一篓活鳝鱼,滑溜不定,捉摸不清。然而这当然是事后如此看法,在当时不但不是一个大笑话,反而严肃慎重得要命。检察官杜米惟里先生也深知案子的弱点,他发现要把法国人弄昏,不能靠他提出的证据,而必须靠他的口才,于是他把德雷福斯先生形容为一个:“作案子不留下任何线索的超级罪犯,他缜密的程度,甚至在犯罪的当儿,连字迹也加以捏造。”这种攻击,有煽动蠢血沸腾的力量,但仔细研究起来,原来德雷福斯先生犯罪,竟然是根本没有证据的。此时驻法国的意大利武官潘里查地先生生怕被牵连上,特地拍一个密电回罗马:“假如D上尉与你没有来往,为避免报纸抨击,应加否认。”法国立刻破获了该项密电,该密电明显的表示该案真正的主角D仍逍遥法外,可是帕蒂少校有择恶固执的精神,盖D如果尚逍遥法外,那么德雷福斯先生岂不冤枉了乎,闹将起来,如何下得了台?乃大笔一挥,改之曰:“D已被捕,业采取防范措施,密使已经警告。”

可是,问题来啦,按法国刑事法典第一〇一条:“所有证明被告犯罪的文件,必须交由被告过目。”在辩护律师仔细推敲下,帕蒂少校的“文艺创作”,怎能站得住耶?检察官乃警告曰:“如果把它提出堂上作证,等于自己挖个陷阱自己跳。”但外界的压力与日俱增,新闻界已把德雷福斯案过分渲染,一家报纸在社论中曰:“德雷福斯是一个足以毁灭法国人民,出卖法国领土为宗旨的国际犹太组织的密探。”另两家报纸更成功地发掘出来德雷福斯和一件爱情纠纷,曰:“德雷福斯有一个爱人在威尼斯,那个贵族出身的意大利美女诱他卖国。”天下任何冤狱都有其抵挡不住怀疑的漏洞,但也有其天花乱坠,看起来很公正,实际上却是恶毒阴狠的攻讦。于是,有三四家报纸在还没有弄清楚是怎么回事之前,竟要求马上把德雷福斯先生枪决。法国人像发了疯似地呐喊,风暴一天比一天扩大,但德雷福斯先生的罪状仍无法确定。如果无法确定德雷福斯先生的罪状,陆军部长梅西耶将军就得滚蛋,内阁也可能总辞。尤其严重的是,整个参谋本部的官员都可能撤换。大家为了维护自己的饭碗,自然而然地一个个都确信德雷福斯是有罪的,而对他大加愤怒。

5. 人性侮辱

为了应付这种危机，桑德赫尔上校提出一个丧尽天良的建议，那就是一方面请法庭采信第二局的档案作为证据，一方面却把那个档案列为机密，不准被告检视。盖被告过于阴险，他当庭把它撕毁了怎么办？梅西耶将军一时不敢决定，恐怕一旦等到热潮过去，法国人冷静下来，对这种一眼便可看出毛病的安全措施将如何评论？如果在野党据以提出攻击，那问题就更大啦。可是报上频频说话，La Libre Parole 12 月 15 日，得意洋洋宣布曰："德雷福斯将由军事法庭审判。梅西耶将军大无畏的爱国精神，终于战胜黑暗中作梗的敌人。"叛徒的模型已定，冤狱的条件已备，事情一发不可收拾。

德家聘请的是当时司法界最享盛誉的老律师德芒热先生，他这一生中从不接受使他声誉受到丝毫损害的案件，他告诉德氏家属曰："假如我发现德雷福斯的清白有任何可疑之处，我就拒绝为他辩护，而且我将立刻成为他的第一个审判官。"呜呼，可怜的德芒热先生，他想不到因他的公正立场，却被蠢血沸腾的民众，认为他竟为一个叛徒辩护，而使他门可罗雀，成为被人唾弃的人物。

1894 年 12 月 19 日，德雷福斯案在一幢建筑于十八世纪的宫殿内举行，德雷福斯先生被押上法堂，他神色自若，充满自信，说话仍一如往昔，坚定谨慎，不流露任何感情。可是在乌贼分子看来，事到如今他还如此镇静，不是伪装是啥。审判在秘密气氛下进行，可是德雷福斯先生仍侃侃为自己分辩，分辩到最后，军方视察员皮卡尔先生报告梅西耶将军曰："德雷福斯是无罪的，法庭可能宣判他无罪。"梅西耶将军吓了一跳，他和桑德赫尔上校乃在第二局档案中搜集数据，拼凑成一件漫长的备忘录，包括种种使人入罪的奇妙批注，当然更包括帕蒂少校那一个"文艺创作"。备忘录中特别指出德雷福斯先生曾在遗失一件弹药秘密公式的中央炸药厂服务过(事实上那文件是德氏到该厂之前遗失的),该备忘录简直是德雷福斯先生的一篇犯罪传记。

最精彩的还是一个名叫亨利的少校,他活像一个电影明星,他没有受过良好教育,在参谋本部是低微的一员,因而成为真正卖国贼埃斯特哈齐伯爵的助手。他向法庭上说,某一无可置疑的可靠方面,早在3月初,即曾警告过他说,参谋本部里有一个卖国贼。他说到激昂处,突然指着德雷福斯,大吼曰:"他就是那卖国贼。"该表演叫人惊心动魄,德雷福斯先生和他的辩护律师按刑法第一〇一条规定,同声要求说出那个警告者的名字,亨利少校严加拒绝。最鲜的还是那个审判长莫理尔上校,他告诉亨利少校曰:"你用不着说出那个警告者的名字,只要你以荣誉担保,有人确曾告诉你德雷福斯是卖国贼就行啦。"一脸忠贞的人,别的没有,荣誉倒是有的。于是,亨利少校举手在十字架上,以震撼法庭的声音曰:"我宣誓。"

审判到第四天(1894年12月22日),辩论终结,当审判长退庭分析主文时,帕蒂少校走上去,把梅西耶将军的那份备忘录递给他。

交给审判长的那份"备忘录",上面的附注根本站不住脚,不但不合逻辑,也互相矛盾。可是,在乌贼群的眼光中,权力高于一切,那是梅西耶将军亲自注释的,而梅西耶官做到将军兼部长,这就够啦,官和权能使不合逻辑的合逻辑,能使矛盾的不矛盾。即令一个并不精明的律师,都可以把它全部推翻;但因为是秘密审判的缘故,庭上根本没有律师,有的话也全是梅西耶将军的部下。于是,到了最后,审判长莫里尔上校宣读判决书,那是全体法官所一致通过的主文。曰:"德雷福斯上尉有卖国罪,撤销军职,递解出境,终身流放。"当宣读判决时,才允许被告的律师德芒热先生上堂,就在像狗屁一样庄严的法庭上,所有的人都听到该老头律师的哭声。

然而更可怕的场面还在后面,梅西耶将军因德雷福斯先生一直不肯认罪,几乎使他垮台,大发雷霆,所以他一定要好好地加以报复,乃于1895年1月5日，特别举行了一件褫夺德雷福斯先生军职的公开仪式，也就是侮辱仪式。该仪式在依可尔广场举行，观众人山人海，巴黎人和从外地赶来的人，都要看看卖国贼的嘴脸，他们蠢血沸腾，狂热地喊曰："处死这个叛徒。"巴黎卫戍部队每一大队派出一小队参加该项仪式。一切都像戏台上的动作，号声口令声响过之后，一个身体高大的卫队中士，率领四名士兵，手持军刀，簇拥着德雷福斯先生步入广场中心。当他们走到达抱斯将军面前停步时，全场才静下来。那位将军拔出指挥刀，大声吼曰："德雷福斯，你不配带军刀，我以法国人民名义贬黜你。"噫，这句话如果改为"我以乌贼名义贬黜你"，就更合实际矣。

德雷福斯先生以立正的姿势恭听命令，哀呼曰："兄弟们，一个无辜者被贬黜，法兰西万岁！"这种连心都要碎了的呼声，得来的是啥？群众反而认为他故意做作，在最后关头还要作绝望挣扎，天下还有比卖国贼高呼祖国万岁，更要叫人笑掉大牙的耶？群众愤怒吼曰："处死他，处死他。"在喧闹声中，那个高大的中士，跑到德雷福斯身边，先把他的上尉肩章摘下，再把裤子上显示参谋官员身份的红带撕掉，最后把德先生的军刀解下，折为两段。再最后，德雷福斯被押着在一排崭新制服的士兵行列前面走过。德雷福斯先生仍以一个参谋官员检阅部队的步伐行进，但他羞愧激愤，每隔一个相当时间，就举起双手，抬起他那因内心痛苦而快要疯了的头部，呼曰："我是清白的，法兰西万岁。"这真是对人性的一个最大侮辱，也真是对法律的一个最大讽刺。柏杨先生敢和你打一块钱的赌，当时最舒服的恐怕要算埃斯特哈齐伯爵和亨利少校啦。

在这个侮辱仪式后的六星期后，德雷福斯先生解往魔鬼岛。

6. 活被埋葬

魔鬼岛是一个恶名远播的小岛,位于南美洲边缘,孤悬在大西洋之中,距祖国法兰西万里之遥,专门收容放逐的罪犯。德雷福斯先生本来用不着去那里的,因梅西耶将军(将他娘的军),为了证明军事法庭判决是公平的,特派帕蒂少校向德雷福斯先生建议,只要他认罪,他就可以不去那个可怕的地方,而且还可以自己种一个菜圃,他的太太孩子也可以和他同住。帕蒂少校柔声软语曰:"其实你并不用承认故意卖国,只要说自己一时神经错乱,或者说自己一时疏忽就行啦。"但德雷福斯先生不甘自诬,他的答复是写一封信给梅西耶将军,答谢他的关爱,他说他唯一的希望是政府应继续搜查罪犯,使案情大白于天下。呜呼,德雷福斯先生,他到那一天为止,仍以为堂堂部长,堂堂将军,一定英明正直,忠心为国,明察秋毫。这种观念永远是小人物的悲哀,他再也不知道梅西耶将军早已知道他是无辜的,只不过为了自己当官,却要把他毁灭成一团血肉。梅西耶将军接到他的那封信,在意料中的暴跳如雷,他下令把德雷福斯先生立刻送到魔鬼岛,予以最严重的虐待,以为执迷不悟者戒。

当德雷福斯先生被押经罗琪车站时,疯狂的、被煽动蠢血沸腾的群众,拥到他的车厢,准备把他打死。梅西耶将军倒是巴不得群众把他打死的,因那样才能真正地灭口。但德雷福斯先生的气质要比柏杨先生高多啦,他不但不恨那些暴民,反而完全同情他们,在当时写给太太露茜女士的信上曰:"我现在是那个应受该项待遇的无耻恶棍的替身,只要我是在代替那个卖国贼,我除了同情人民的举动外,别无其他办法。"

德雷福斯先生身戴锁链,终于到了魔鬼岛,监禁当局所采取的种种措施,不但不近情,也不近理。德先生关在一幢被石墙围绕着的石屋里,门窗都被钉死,在石屋的一间小起居室中,有一个每隔两小时就换班的警卫。他们奉有严令,连德雷福斯先生面对着海坐一会都不行,盖怕他:“在耀眼欲盲的强烈阳光下,给德国人打信号。”德雷福斯先生请求做工,上级更不允许,该卖国贼如果煽动其他罪犯,也叛起国来,将如何是好?他妻子露茜女士请求和丈夫同时放逐,当时的法律有此规定,可是法律是法律,政治是政治,法律遇到政治,总是大败,该项请求立被拒绝。同时对于被疑心有问题的,或对案情似乎有暗示的函件,统被没收。德雷福斯先生一天有一小时的散步,当他在戒备森严下散步时,不准和任何人谈话,负责监视的卫兵也不准回答他任何问题。盖该叛徒险恶过人,可能利用无关紧要的谈话传递卖国消息。这一切都是梅西耶将军和帕蒂少校两个乌贼人物的杰作,他们如此这般,为的是要使德雷福斯先生忍受不住彻骨的痛苦而屈服认罪。

德雷福斯先生仍然保持他一贯的严肃神情,但他的脑神经开始作痛,每当大风暴搅动大海,巨浪攻击孤岛时,他就在那种巨响的掩护下,捧头大呼。他不愿别人听见他的呼喊,所以他经常期待着风暴的来临。

从此,德雷福斯先生和他的间谍案,被埋葬在寂静的坟墓里,世界上冉没有人知道他。

德雷福斯先生被放逐到魔鬼岛,整整的十八个月,逐渐被人忘记。可是,忽然有一天,当局对于德先生的防范工作,却来一个紧急加强,好像要发生啥极大事故似的,所有从外界寄来的函件和包裹,统被没收,监视他的哨兵本来是一名的,也增加到两名。他们的责任是:把德雷福斯先生每一个动作和每一个表情,都提出报告,并且在围墙外面再加筑一道围墙,在第二道围墙建成之前,德雷福斯先生每晚都被两副铁链锁住。原来德雷福斯先生的堂兄马蒂厄先生知道,沉寂无闻是他堂弟冤狱的最大帮凶,必须打破该项沉寂。经过一位朋友的帮助,于是乎,英国的一家报纸,突然刊登一项消息,说德雷福斯先生已逃出了魔鬼岛。该消息经其他报纸转载,尤其是《巴黎公报》,不但转载,而且还乱开簧腔,描写德雷福斯先生逃走的经过,像真的一样,这一下子政府的部长者流慌了手脚。

马蒂厄先生这么一闹,除了加给他堂弟更大痛苦外,毫无收获。但他堂弟的间谍案却重新成为新闻,而且在参谋本部内部露出了曙光。那是在一切都告绝望后的第十五个月,也就是1896年3月,一张明信片辗转地落到参谋本部第二局之手,是德国武官斯瓦兹·柯本先生女朋友写的,叫柯本先生代为转寄,不知道什么缘故,阴差阳错,却落到第二局之手。明信片的内容平淡无奇,但语调亲密,而收信人则是埃斯特哈齐伯爵。噫,怪啦,第二局局长皮卡尔中校困惑曰:“埃斯特哈齐为啥请德国大使馆收转函件?”而埃先生又是一位私生活声名狼藉的家伙。随即派人钉梢。这一番钉梢,钉出问题来啦。三个月后,埃斯特哈齐伯爵犯了一个错误,也或许是亨利少校没有警告他已被监视,也或许是见钱眼开,搞昏了头。就在钉梢钉得正紧,他这个真正的卖国贼阁下,却写了一份申请书,请求调职参谋。该申请书送到皮卡尔中校办公室,皮卡尔中校一瞧,字迹眼熟得很呀,头上像中了巨棒一样,一直走到保险箱,从德雷福斯案卷里取出“清单”,加以比较,立刻他就喘不过气来。马上再召见犯罪学专家贝帝荣先生,这位乌贼博士鉴定了一番后,也不得不肯定地曰:“这就是写清单的那个人。”

皮卡尔中校曾在古尔军事学校当过教官,教过德雷福斯先生。他根本不喜欢德雷福斯,对德雷福斯过人的智慧也没啥印象。但他觉得他有义务使冤狱平反,使真正的叛徒清除,宁冒事业上的危险,也得达到这个目的。但他的这种正义行动却招来参谋本部大小官崽一致地抨击和敌视。到了后来,弄得他丢甲弃盔,官也垮啦,前途也完啦,最后还被关到监狱里,差点送掉老命。

7. 可怕的黑幕

皮卡尔中校发现了真相之后,他的第一个行动就是报告顶头上司贡斯将军,我们这些可怜的小民一定会想,贡斯将军在获知该项重大发展时,即令不欢喜若狂,也会大吃一惊,盖只要他稍微有一点天良,有一点人性,或稍微有一点对国家、对荣誉的责任感,他都会重视这个新的线索。可是,贡斯将军却是“做官大学堂”的高材生,他听了皮卡尔中校的报告后,冷冷曰:“德雷福斯的案子已经结束,你应把两件案子分开。”这种话能使人活活气死,皮卡尔中校简直不相信该屁话竟出于“将军”之口。他反复说明,要求对德雷福斯重新审理,贡斯将军大怒曰:“你为啥对那个犹太人特别关怀?”皮卡尔中校曰:“他是无辜的。”贡斯将军曰:“就我而论,凡是部长和参谋总长告诉我说是真的,就是真的。只要你闭口不言,没有人能找出什么东西。”贡斯先生官做到将军,大概全凭这种“驯服学”和“听话学”,老板说粉笔是黑的,就是黑的,老板说屎是香的,就是香的;老板说岳飞是汉奸,就是汉奸。呜呼,这不是一位将军,而是一位老乌贼矣。问题是老乌贼却有的是权,小民们便没有办法。皮卡尔中校发昏之余,厉声曰:“你说的一套令人憎恶,我现在还不知道准备怎样进行,但是我绝不会把这项秘密带进我的坟墓。”

贡斯将军能做到将军,自然有他的一套,他英明盖世,岂在乎一个小小中校的恐吓。不久之后,他就派皮卡尔中校前往东部边境,调查情报机构的工作情形。之后,又派他去意大利边境调查。之后,再派他去非洲阿尔及利亚调查。之后,更派他去突尼斯。每派一地,都附一封赞扬他工作成绩优越的函件。皮卡尔中校就这样地被放逐在外,不能回巴黎。也就是说,不能回第二局翻德雷福斯的档案。而就在皮卡尔中校不在局的期间，贡斯将军竟派埃斯特哈齐的助手亨利少校代理，这真是一项可怕的措施，把敌人间谍放在自己的军事心脏。于是，所有寄到第二局给皮卡尔中校的信，亨利少校都一一偷拆，而且努力收集有关皮卡尔中校的各种资料入卷，没有什么数据时，他就瞎编。最后贡斯将军下令把皮卡尔中校派到边境，他希望能有一颗流弹把皮卡尔打死，那就天下太平啦。

然而皮卡尔中校是法兰西民族的灵魂，他明知道他遭遇的是什么，却为了正义，而和一系列的乌贼"将军"斗争，他把一封呈给总统的信交给他的律师黎波斯先生，预定在他死的那一天予以呈递，信上把他发现真正卖国贼的经过，全部写出。他的结论是：一、埃斯特哈齐是德国雇用的间谍。二、那些认为德雷福斯的罪行，全是埃斯特哈齐的罪行。三、德雷福斯案处理的经过，马虎潦草，从头到尾蔑视国家法律。

勒布卢瓦先生虽然是一个有名的律师，但也被这个可怕的黑幕吓得大为紧张，为了安全和争取助力，除了皮卡尔中校的名字外，他有计划地将内容向外界泄露。首先和参院副议长吉斯勒先生接触，吉斯勒先生不敢接受该大胆律师的消息，但因他与德家有深厚友谊的关系，在私下谈话里，他认为德雷福斯先生是冤枉的。这种私下的表示终于传了出来，一些蠢血沸腾的议员和报纸，乃迅速反击，加以百般辱骂。不过，也正因为这番辱骂，埃斯特哈齐伯爵的尊名大姓，始行公开。

于是乎，埃斯特哈齐伯爵越来越心神不安，不但消息使他心惊肉跳，而且他也察觉到有人在怀疑他。到了后来，法国最大的报纸 Le Latin 把那张"清单"的真迹翻版刊载，他更吓得屁尿直流。跑到德国大使馆找他的主子斯瓦兹 · 柯本先生，告诉他不好啦，他们之间的秘密已被人发现，最近将由某一个著名的议员出面揭发。埃斯特哈齐伯爵要柯本先生去找德雷福斯先生的太太，告诉她丈夫确确实实是一个卖国贼，叫她不要再闹。呜呼，这个手段可以说毒辣到顶点，也卑鄙到顶点。但德国是一个伟大的国度，日耳曼民族的气质顶天立地,斯瓦兹·柯本先生虽然重视埃斯特哈齐伯爵的情报,但他也轻视埃斯特哈齐伯爵那种出卖祖国的人格。因之,对埃斯特哈齐的建议,严加拒绝。埃斯特哈齐伯爵山穷水尽,就要起无赖,他曰:他要在德国大使馆内自杀,斯瓦兹·柯本先生大骂他混蛋。埃斯特哈齐伯爵老羞成怒,说要把柯本先生和某夫人之间的暧昧关系公开,柯本先生的答复是,按铃叫了一个仆人,把埃斯特哈齐伯爵拳打脚踢,连请带赶的轰出使馆大门。呜呼,卖国卖到这种下场,真是没啥意思。

柯本先生立刻把这事呈报柏林,埃斯特哈齐伯爵传奇性的和空前鲁莽的行动,连德国佬都为之好笑,乃决定在案发前把柯本先生调开巴黎是非之地。柯本先生临走时,他做了一件间谍人员为保持自尊身份所能做到的事,在向法国总统辞行的时候,他以日耳曼军人最高荣誉保证说,他和德雷福斯先生没有任何关系。

可是,当埃斯特哈齐伯爵嫌疑日增的当儿,乌贼人物帕蒂少校又出面啦,他代表参谋本部(好家伙)向埃斯特哈齐伯爵保证,叫他放心,全案都在他掌握之中。为了保障该卖国贼,就由亨利少校不断伪造不利于德雷福斯先生的新证据。那时桑德赫尔上校翘了辫子(便宜了这个恶棍),亨利少校乃故意让人知道他在桑德赫尔上校保险柜里找到一宗秘密案卷,在那个案卷里,至少有七封信是德雷福斯先生亲手写给德皇的,而且神龙活现的说,其中有一封信的边缘上,还载有德皇写给德国大使的批注曰:“该无赖的需求越来越多,但必须予以满足。”如此这般的安排布置,利用耳语,小民要想不相信,都不可得。

不过,这些话都是冤狱平反时和平反后,在法庭和报纸上透露出来的内幕,当时固一切都是隐秘的,所有的阴谋都在暗中进行。但纸包不住火,在德雷福斯先生判刑三年之后,他的堂兄马蒂厄先生在一个偶然的机会中,看到那个“清单”的真迹,乃正式控告埃斯特哈齐伯爵。——读者先生们请不要以为德雷福斯先生因此一状而得到昭雪,马上就可结束。如果那么简单,该冤狱就不惊人矣。

8.《我控诉》

马蒂厄先生能够知道真正卖国贼是谁,靠一个偶然的机会。他为了营救堂弟,曾出售一种呼吁小册子,小册子上印有“清单”的翻版。有一个证券经纪商卡斯特罗先生,无意中买了一本,他和埃斯特哈齐伯爵有过来往,手里还有埃斯特哈齐伯爵写给他的信。所以,他马上就认出来笔迹,急忙把那些信拿给马蒂厄先生,马蒂厄先生万分感激的抱着他狂吻。1897年11月15日,马蒂厄先生正式控告埃斯特哈齐伯爵。

按照法国的法律,对马蒂厄先生的控告,非召开调查庭不可。参谋本部的官崽想用压力撤销该案,可是埃斯特哈齐伯爵却十分伟大,他反对用压力撤销,他说他的令誉不能容忍丝毫玷污,因而坚决要求对马蒂厄先生的该项控诉,加以彻底调查。呜呼,在一些蠢血沸腾的群众眼中,还有比这更神圣更庄严的举动乎哉?全国新闻界一夜间把埃斯特哈齐伯爵捧得腾云驾雾。只有极小的一部分属于革新派的报纸,对埃斯特哈齐伯爵不利,Le Figaro 报指出清单上的一句“我现在正在参加演习”,德雷福斯先生当时并没有参加演习,而埃斯特哈齐伯爵却正躬逢其盛。该报还把“清单”和埃斯特哈齐伯爵的字迹制版,并排刊出,让读者自己比较。于是乎反德的报纸被迫分为两大阵营,一个阵营咬定牙关,硬说“清单”根本不像埃斯特哈齐伯爵的笔迹;一个阵营则承认像倒很像,但他们有“可靠的情报”,说那是德雷福斯先生模仿埃斯特哈齐伯爵的笔迹。

呜呼,即令证据确凿,胜利也是站在埃斯特哈齐伯爵这一边的,他大部分时间都消磨在各大报社里,提供国际犹太组织如何计划破坏法国陆军的使人瞪眼的情报,他把自己形容为一个光芒四射的正人君子;有坚强的意志,而且极端重视个人名誉。报馆里的人以及社会人士,再加上参谋本部的大小官崽,都被他搞得晕头转向,他的每一个字每一句话,都使人啧啧称赞,都被认为可以永垂后世。全法国都匍匐在他的脚下,任他蹂躏。

法庭终于开庭,当埃斯特哈齐伯爵被带进法庭时,法官特别声明说,埃斯特哈齐伯爵不是来受审的。盖他的清白,早已经证实确定啦。法官又特别声明说,这次审判不是要判埃斯特哈齐伯爵的罪,而是要表彰他的无辜。换句话说,审判的不是被告,而是原告,天下之事,真是越来越他妈的怪。所以在法庭上,埃斯特哈齐伯爵乃是一个镇静的证人,他几次地高声喊曰:“凡我所说的,都和我的清白一样确实。”(哎哟!)这又是对人性的一个更重大侮辱,睁着大眼扯谎。他作此狮子吼时,肚子里快乐了没有,我们不知道,但他如果想到那些官崽和报纸竟被他装到裤裆里随意玩弄,一定会笑得肠胃都痛。

最山摇地动的场面发生在法庭判决埃斯特哈齐伯爵无罪之时,埃斯特哈齐伯爵步出法庭,千万群众夹道欢呼,声震屋瓦,那种热烈和疯狂,好像埃斯特哈齐伯爵是一个刚征服了德国的荣归英雄。军官焉,记者焉,以及每一个在场的男女老幼,一个个蠢泪齐流,一拥而前,把埃斯特哈齐伯爵抬起来,通过巴黎大道,沿途高呼曰:“埃斯特哈齐万岁!法国陆军万岁!”游行直到深夜,噫。

在表彰埃斯特哈齐伯爵的审判中,真正倒霉的却是皮卡尔中校,他奉到命令从非洲赶回巴黎作证,想一想便可想出他的狼狈和他的勇气。他是参谋本部第二局局长,现在却指证一个信誉清白的军官埃斯特哈齐伯爵是卖国贼,也就等于间接控告他的顶头上司,而硬替众人皆曰该杀的德雷福斯先生洗刷。如果他的阴谋得逞,下自参谋,上至陆军部长,都得卷铺盖走路,这种切身之痛,使皮卡尔中校被恨入骨髓,全体同僚和所有长官,都把他视作大逆不道的眼中之钉。但皮卡尔中校并无畏惧,他以那明信片为证,支持马蒂厄先生的指控。惜哉,他是在秘密法庭上陈述,埃斯特哈齐伯爵一口咬定那明信片是伪造的,他所说的既与他的清白一样真确,当然非是伪造的不可。于是,皮卡尔中校不但帮不上忙,反而以泄露军机罪被捕,囚禁在瓦勒连要塞。

不但皮卡尔中校因这一状倒了霉,远在五千公里外魔鬼岛上的德雷福斯先生,也因这一状跟着倒霉。监视他的卫兵增加到十三人,另外还特地为他建筑了一座监视海面行动的碉堡,顶上装着大炮,用以防备德国军舰前来救人。读者先生读到这里,千万别背皮发麻,要知道这种煞有介事的干法,并不是梅西耶将军和帕蒂少校真的相信德雷福斯先生是间谍,而是"要错就错到底"的一意孤行心理,用种种手段,使世人相信德雷福斯先生确实有点问题,这一套,中国人最为清楚。

然而,马蒂厄先生的败诉,皮卡尔中校的被囚,官崽群的大喜若狂,看起来正义的力量被埋葬,却想不到,也正是德案的转折点。整个欧洲都为法国叹息,曾经领导西方文明走上自由大道的法国,已完全失去理智。有一位青年朋友克雷蒙梭先生(他就是后来有名的老虎总理)撰文曰:"历史上,从不缺乏反抗残暴专制势力的勇敢之士,但是向舆论挑战的人,必须具有更大无畏的英勇侠义精神。"于是,法国大文豪左拉先生挺身而出,那是1898年1月13日,他在克雷蒙梭先生主办的Lacrore报上,发表了那篇名垂千古的《我控诉》。左拉先生和德雷福斯先生素不相识,但他为他辩护。呜呼,这种侠义行为,在我们古老的中国,恐怕有点叫人好不可笑,那不是"自讨苦吃""管闲事"是啥?柏杨先生曾看到有些官崽动不动就"铁肩担道义",结果道义越担越少,而自己的官却越担越大。像左拉先生这种把他的名誉、前途、身家性命都孤注一掷的干法,铁肩担道义的朋友一定不为。

左拉先生以一天两夜的时间,写成了《我控诉》,以其无比的睿智,揭发德案的欺诈、混乱,和矛盾的黑幕,以锐利的笔锋指出参谋本部如何铸成大错,以及如何为了掩饰该大错而终至于沉沦于欺骗诈伪的血腥深渊。该文结尾时,他曰:"我控诉审理德雷福斯案的第一届军事法庭,根据秘密证词判定被告有罪,而又不让被告获悉证词内容的行为，侵犯了人民的基本权利。我控诉审理埃斯特哈齐的第二届军事法庭，借命令来掩护不法情事，和明知被告有罪，又故作无罪的宣判，构成严重的渎职，侵犯司法尊严。”他又曰：“我在这里所采取的行动，是专为加速真理和正义的爆炸，让他们来抓我上法庭吧，只要敢在光天化日下举行公开审判，我在等待。”

9. 三封信

呜呼，这真是洋作家的干法，如果换了中国作家，刀锯在前，有哪个敢出面，又有哪个肯出面乎？法国虽有德雷福斯先生的冤狱，但因它终于平反的缘故，并不失其光荣。而法国作家，才是真正作家，他们努力的目标是真正的真善美，而不是津贴或做官。左拉先生以他的荣誉和“前途”作孤注，去为一个漠不相关的卖国贼打抱不平，在中国社会，是谓之“傻”，是谓之“蠢”，是谓之“不识时务”。

左拉《我控诉》刊出后，该报当天就销了三十多万份，接到来自法国国内和国外的支持电报三万多封。然而，在参谋本部乌贼群指使运用下，蠢血沸腾的群众根本不肯睁眼仔细瞧瞧原文，各地反而开始捣毁犹太人的商店，公开焚毁《我控诉》的抽印本，更有些群众捧着脖子上拴着绞绳的左拉先生的塑像游行。全国绝大部分报纸都要求对声名狼藉的左拉先生，处以严厉的处罚。法国内阁真是束手无策，如果用“诽谤”的罪名控告左拉先生，就势必得重审德雷福斯先生，因被告有权证明他的言论是事实。可是不采取行动，又着实下不了台。酝酿到最后，乃避重就轻，左拉先生在控诉中，不是有一项控诉第二军事法庭“奉命开脱埃斯特哈齐”乎，好吧，就告这一点吧，因只有这一点才不至于涉及德雷福斯。

1898 年 2 月 7 日，左拉先生出庭受审，受审的时间是十五天，该伟大的作家在随时都有暴动可能的群众围绕下，郑重地警告法庭，受审者不是他的本人，也不是德雷福斯，而是法兰西共和国。他在答辩结束时，沉重地曰："德雷福斯是无辜的，我以我的生命、荣誉，以及我对法国文学的贡献，和我所得到的一切来担保，我发誓，如果他不是无辜的，让上帝夺去我的一切。德雷福斯是清白的。"

当时，虽然听众人山人海，可是大家鸦雀无声，德雷福斯案似乎要重新审判，但一个伟大的作家敌不住参谋本部的威望（"威望"两字真是一个恶鬼，既害人又害己），没有人相信那些国防脊骨，军队精英的军官们，竟会卑鄙到说谎和伪造文书的地步。而参谋本部也马上发出严重恐吓，如果法庭判决左拉无罪，他们就全体辞职。任何事情一发展到这种意气用事的镜头，便成了一窝刚下了崽子的饿狼，啥理性都没有啦。于是不管左拉先生理大冲天，一群法官仍判决左拉先生有罪，处以有期徒刑一年，罚金三千法郎。

这一下子全法国真是普天同庆，薄海欢腾，各党各派都竞夸自己胜利。但国外的反应却恰恰相反，对左拉先生的判罪，全世界一致表示沮丧和惊愕。英国报纸反应说，该项判决是一种"野蛮""残酷"，认为法国的道德衰落，是西方世界没落的恶兆。事到如今，读者先生一定以为外国这种批评一定可以使法国的当权派回头了吧，呜呼，国外的责难不但不能使当权派冷静回头，反而更加蠢血沸腾，更加坚持己见。对任何忠告呼吁，都嗤之以鼻，这种地头蛇气质，读者先生不会陌生的也。

案情发展到这种地步，皮卡尔中校下了狱，左拉先生判了罪，乌贼群大获全胜，看样子德雷福斯先生要在魔鬼岛囚禁一辈子矣。可是，该两位引起的浪潮，在官方来说已经结束，但在民间却刚开始。至少有一百种不同的小册子争辩德雷福斯先生有罪或无罪，科学家们几乎全体支持改革派，而教习和作家们则有的支持改革派，有的支持乌贼群。改革派都是些青年朋友，便是向女孩子求婚时，都要先打听一下女方家长对德雷福斯案的看法和观点。法国有一支北冰洋探险队，被困在冰山上一个冬天，与外界失去联络，当春天把他们救出的时候,他们向拯救者第一句话就是问:“德雷福斯怎么样啦？释放了乎?”

终于乌贼首领人物,梅西耶将军调了职,由加瓦扬将军接任陆军部长。他和梅西耶将军不一样,梅西耶将军是明知德雷福斯先生没有罪,为了做官,硬诬赖他有罪的,故一切审讯都在“秘密”下进行。而加瓦扬将军则是真正的相信德雷福斯先生有罪。为啥他如此相信？并不是他有直接的证据,而是他有间接的证据,第一,他知道确实有一个国际犹太人组织的存在。第二,他坚信参谋本部的忠诚可靠。不管他这些证据能不能成立,而是他既然相信德雷福斯先生是有罪的,在全法国为德雷福斯先生闹得人仰马翻时,他就决心一劳永逸地把重要秘密文件,公开宣布,用以塞改革派的嘴。

德雷福斯案卷里(本来薄薄数张,现已成了一大捆),全是亨利少校搀加进去的种种杰作。就文件论案情,德雷福斯先生实在是一个货真价实的卖国贼。加瓦扬将军乃在其中挑拣了三封最最重要的信件,在该三封最最重要信件之中,有一封是驻法国的意大利武官潘尼查地先生写的,信上还提到德雷福斯先生的名字。加瓦扬将军乃在议会中宣布,他将宣读该三封信,盖该三封信可以明确地、终结地、而且永远地证实德雷福斯的罪行,并可以结束国人的争吵。

呜呼,德雷福斯案因此一宣读而冒出曙光。加瓦扬将军终于在议会中宣读一遍,报纸上加以刊载,乌贼群气焰大张,可是皮卡尔先生——已经不是中校啦,他在左拉案作证的结果,官方认为他“严重的渎职”,关了几个月,被强迫退休。他读了那三封信后,立即采取行动,他知道他的这项新行动,可能再把他带进牢狱,甚至还要更糟,但他仍上书给佩里耶总理曰:“一直到现在,我仍然觉得不能任意举述那些证明德雷福斯犯卖国罪的秘密文件中的内容。陆军部长在国会中举出了其中的三封信,我认为我有义务使你知道,那三封信中,有两封信和德雷福斯案无关,而第三封信是假的。”

致命的证据竟是如此,德雷福斯先生之能够生还,真是得感谢皮卡尔先生的义薄云天。

10. 无法无天的判决

皮卡尔先生这一状把主凶和帮凶告的"大蛋小蛋落玉盘",佩里耶总理下令调查。任何事情,一经公开,是非真伪,自会得到判断,调查之下,发现该信竟真是假的,由两封信巧妙拼凑粘贴而成。加瓦扬将军听了之后,目瞪口呆,马上召见亨利少校,亨利少校坚决否认有啥鬼把戏。但经过一个小时的盘问,他承认只不过把两封信有些地方重新排列一下而已,并没有虚构内容。可是,又经过一个小时的盘问,他退了一步曰:"我的长官深感苦恼,为了使他们安心,我就对我自己曰:'让我加上一句,好使我们都有坚强的根据。'我这样做,是为国家利益。"连卖国贼都扛着"为了国家利益"的招牌,可知该招牌的奇妙作用。可是到了最后,亨利少校不得不承认,全部文件都是伪造的——除了签名。加瓦扬将军是一个真正的将军,没有为了"威信"什么之类的鬼话去发疯乱掩乱盖,他下令逮捕亨利少校。于是乎,到了第二天,即是 1898 年 8 月 30 日,一清早,人们发现可敬的亨利少校已经呜呼哀哉,他用刀片割断了他自己的喉管。

这是一个爆炸的新闻,参谋总长皮斯地福将军,另外还有一位皮流斯将军,引咎自责,立即辞职(他们也是两位了不起的人物,换了有些"将军",宁可窝里烂,都不肯开步走)。而那一位也是可敬的"说的话和他的清白一样真实"的埃斯特哈齐伯爵,一听亨利少校丧了老命,便脚底抹油,丢下妻子儿女,只身逃到伦敦。然而,鸭子虽死,嘴仍是硬的,他仍坚持他之所以卖国,是奉了那个已死的老头桑德赫尔上校生前的命令,为的是要换取更大更重要的情报。

事到如今,德雷福斯案不得不重新审判,佩里耶总理透过一位朋友,劝告马蒂厄先生再行上诉,而德芒热律师——该律师本来业务兴旺,可是自从为德雷福斯先生辩护以来,成了门可罗雀,他再度起而担任德雷福斯先生的律师。不过,案情仍不能急转直下,乌贼群的力量仍大。盖乌贼人物最大的特征是死不认错,一意孤行,即令亨利少校自杀,埃斯特哈齐伯爵逃亡,都不能抵挡他们反对德雷福斯先生。所以马蒂厄先生上诉之后,又酝酿了漫长的九个月之久,高等上诉法院才开庭审判。但读者先生仍不要高兴得太快,认为这一下德雷福斯先生总该无罪了吧?那还差得远哩,连上帝都想不到,这一次审判的结果,德雷福斯先生仍然有罪不误,由此我们可见平反该冤狱的惨烈。

审判在瑞里举行,全法国人都知道德雷福斯的姓氏,却没有几个见过他的本人。德雷福斯先生乘斯法克斯号巡洋舰回国,他对他再受审判和全世界都仍记得他这件事,大为吃惊。盖外界发生的种种,他都木宰羊。他那年才三十九岁,可是已满头白发,瘦弱得像一个老头,双眼无神,脸皮跟一幅硝制不良的皮革一样,浑身只剩下一把枯骨,在场的人看到他的样子,无不摇头叹息。

这一次审判的结果,德雷福斯先生仍然以卖国罪被判了十年有期徒刑。呜呼,这就叫人痛哭,盖梅西耶将军的势力仍大,他那优美的姿态给人留下深刻的印象,同时他采取的仍是秘密战术,不让被告了解他到底因何被控,而且他的证词暗示他所说的还只是事实的一部分,其他部分不能外泄,外泄了就不利法国。他说德国皇帝曾命驻法大使提出战争的威胁,在那些使人焦灼的日子中,救国要紧,有时候自然顾不得啥法律啦。(该乌贼的原文非常文艺腔,曰:“对法律条文的顾忌,自然没有在比较缓和的危机中,那么需要和迫切。”)

瑞里军事法庭可能公正,但他们面临的不是德雷福斯先生卖了国没有的问题,而是将军说谎乎,抑上尉说谎乎的问题。结果当然将军是干屎橛,虽然很臭,却是很硬。而上尉自然非说谎不可。德雷福斯先生终于不得不再度判罪,真是地位低啦,人格也低啦。

这项无法理解的判决,立刻触怒了全世界,从美国到欧洲,示威群众包围法国使领馆,到处举行大规模的集会,要求抵制野蛮国家。

各处同声指斥曰:“受谴责的不是德雷福斯,而是法兰西共和国。”而国内的反应也在酝酿,佩里耶总理乃下令特赦。直到那一天,德雷福斯先生在可怖的魔鬼岛,已度过了可怖的五年,他于1899年9月19日接受特赦出狱,为了乌贼群的势力仍大,他全家迁往瑞士。

然而,案子仍不能算了结,特赦不等于没有卖国,出狱也不等于没有罪。克雷蒙梭先生自始至终都表示反对接受特赦,盖接受特赦无异承认在法国法庭上得不到正义;皮卡尔先生更加以斥责;只有马蒂厄先生没有表示反对,他除了为正义而奋斗,还同时为了他的堂弟,他堂弟的健康日坏,再不能忍受苦监的折磨矣。但他的奋斗并不因他堂弟的出狱而中止,非把德雷福斯这个姓氏洗刷的清清白白不可。毅力是成功的最主要因素,他和六十年后的日本吉田石松先生一样,不是为了自由,而是为了荣誉,继续不断地,向各方挖掘有关资料。

真是皇天见怜,马蒂厄先生不久就结识了一位已经退休了的,曾在瑞里军事法庭上投票赞成判德雷福斯先生无罪的法官,才获知该法庭审判详情,而且了解梅西耶将军的那一套老把戏——使被告无法看到作为证据的证件。这种黑幕在我们现在当然了如指掌,可是当时却是一项高度机密,有赖该良心的法官透露,和马蒂厄先生的揭发。于是,马蒂厄先生再度申请重审。

11. 伟大的政府

马蒂厄先生请求重审的呈文于1904年送到高等上诉法院,这一个请求不但震动了政府,也震动了全国,盖大家面临着的竟是堂堂将军恶毒诬陷一个部下的镜头。于是从呈文送到高等上诉法院那一天起,直到1906年7月止,整整两年半时间,法庭传讯了一批又一批的证人,翻阅了又翻阅过去的档案——包括1894年第一届军事法庭的档案,1898年第二届(瑞里)军事法庭的档案,左拉诽谤法庭的档案,证明埃斯特哈齐伯爵清白法庭的档案。左查右查,上诉法院终于在1906年的7月12日,下令撤销对德雷福斯先生的判决,正式指出过去有罪的判决是一种错误。同时还宣布曰:因为没有任何文件证明德雷福斯先生犯过罪,所以根本用不着什么重审。该一判决结束了十二年漫长岁月的冤狱。这场可怖的冤狱平反后,高潮出现于1906年的一天下午,读者先生如果不是白痴,或如果不像柏杨先生这么记忆不好的话,一定会记得巴黎那个依可尔广场,十二年前,德雷福斯先生以卖国贼的身份在该广场受到褫夺军籍的无比羞辱。而十二年后(呜呼,人已老矣),当判决无罪公文到达那一刻,德雷福斯先生于下午一时半,再度到达该广场,一声号令之下,两队士兵排成长方队形,由一位上尉陪同,全副武装,走到吉兰准将面前停住。号音连响四遍,吉兰将军拔出指挥刀,宣布曰:"我以法兰西共和国总统的名义和他赋给我的权力,封赠你,德雷福斯队长,为佩戴荣誉勋章的武士。"宣告毕,把指挥刀在德雷福斯先生的肩膀上拍了三次,接着为德先生佩上勋章,亲吻德先生的双颊。

而最后一遍号音响矣,德雷福斯先生屏息立正,目送军队退出,忽然间有一个小男孩跑过来拥抱他,亲他,吻他,那是他的儿子皮重,德雷福斯先生这时才滴下他十二年来第一次悲欢交加的眼泪。于是,在他堂哥马蒂厄先生陪伴下,坐一辆敞篷马车,离开广场。奇迹就在这个时候再度出现,估计至少有二十万群众,聚集在街头,向德雷福斯先生致歉并致敬,高呼"德雷福斯万岁,正义万岁"。现在是法国人民赎罪的时候矣。

且看看以后的事,作为结尾。

法国政府"为了解除良心上的束缚",国会一致通过恢复皮卡尔先生的军籍,提升德雷福斯先生为少校,还颁给他一座国会的奖章,作为"对于一个曾经忍受无比痛苦的军人的适当补偿"。同时擢升皮卡尔先生为准将。皮卡尔准将于1908年出任克雷蒙梭内阁的陆军部长。而德雷福斯先生则以后参加过第一次世界大战。

至于那位“忠贞而清白”的埃斯特哈齐伯爵，他用了佛里蒙伯爵的化名，在伦敦贫民窟中，度过其“忠贞而清白”的晚年。

12. 天下奇案

日本的吉田石松冤狱，法国的德雷福斯冤狱，我们介绍已毕，从两个冤狱，可以看出一点，那就是他们冤的过程，冤的程度，和昭雪平反的过程和结果，好像“两曲只应外国有”，在中国固不容易找得出来。一个国家之有冤狱不算羞辱，有冤狱而得不到昭雪，才算羞辱。中国的冤狱多如牛毛，据柏杨先生考察，五千年来，所有的冤狱中，平反的不多，而且得靠政治上的力量。只有一个例外，那就是清王朝末年小白菜女士和杨乃武先生的冤狱焉，市面上有专书介绍，读者先生如果心肠够硬，不妨买一本看看。该案结果是平反了的，但被告胜利得很惨，一直到平反之后，仍黑云密布，鲜血淋淋。小白菜案和德雷福斯案差不多发生在同一个时间，不过一个在中国，一个在法国。但他们的遭遇却各有千秋，德雷福斯先生出狱时得到他应得的荣耀，而小白菜杨乃武则经多少年的苦狱和苦刑，已不成人形矣。

要说中国冤狱平反的不多，似乎也不见得，戏台上便有的是奇冤得伸的故事，最叫人得意的是《法门寺》，宋巧姣小姐遇到了刘瑾先生，阴差阳错，乱七八糟地捉住了真凶。那一出戏人人都应一看，它暴露出中国官场上的麻劲和浑劲，做坏事是理所当然，做好事则往往是挤出来的。据考古学家说，刘瑾先生一辈子就只做了那么一件“人”事。呜呼，由此可以看出国情，盖中国冤狱的平反，不是靠法律，不是靠证据，而完全是靠权势或运气，这是唯一的华洋不同之点，不知对乎不对乎也。

中国最早的冤狱，直到今天都没有昭雪，也没有一个人敢问一声，打个抱不平的，恐怕是公元前五世纪鲁大夫少正卯先生之案。少正卯先生是怎么样一个人，我们不知道，我们所知道的全是孔丘先生和他徒子徒孙们的一面之词。孔丘先生一辈子都没有掌过权，后来有一天，官星高照，当了鲁国的宰相（摄相事），上台后第一件事（也是最末一件事），便是逮捕少正卯先生，不经审讯，立即斩首。不要说他们两位还有同事之谊，即令素昧平生，下此毒手，也未免太绝（宰相和大夫差不了太多，不过一个有胡搞之权，一个没有而已）。孔丘先生宣布少正卯先生的罪状是："心逆而险，行僻而坚，言伪而辩，记丑而博，顺非而泽。"头脑不清的人读了这些，说不定还以为孔丘先生在讲哲学哩，彻头彻尾，一片抽象指摘，不要说没有犯罪的证据，而且连罪名都没有举出来。在德雷福斯案里，被控的是卖国罪，在小白菜案子里，她被控的是杀夫灭尸罪，固然都是伪造的，但总算还有一个伪造的证据和罪名。而少正卯先生犯了啥罪？却连个伪造的罪名都没有，就糊糊涂涂断送残生，他妻子儿女的哭声，千载以下，都听得见也。

因为孔丘先生后来威不可当的缘故，历史上对少正卯先生的冤狱，谁都不敢开口。我们看不到少正卯先生的答辩之词，可能孔丘先生和他有点女人红包之类的纠纷，杀之以灭口，否则何必杀得那么急吼吼耶？怪哉，即令孔丘先生对他的指摘是真的，也不过在道德上有欠缺，在做人上有欠缺，在友情上有欠缺，并没有犯了啥法律条文。如果这也算罪大恶极，五句真言的帽子满天飞，我看世界上没有几个人能活得下去。

我想少先生是天下最倒霉的家伙，不但倒加三级的霉，而且倒血淋淋的霉。吉田石松先生的对手不过是两个无赖，德雷福斯先生的对手不过是两个将军加一群乌贼，连小白菜女士和杨乃武先生的对手也不过是一批颟顸官崽。呜呼，即令再大的冤狱，如明王朝朱元璋先生的大屠杀，如清王朝的文字狱，对手顶多是皇帝，得罪了皇帝，除了杀头，当然别无他法。不过等到该皇帝死掉，势力消失，后世却有人敢为之昭雪。但是,对手一旦是一个圣人,那就糟了糕啦。德雷福斯案子,法国人一度面临着一个大的困惑和抉择:“是将军混蛋乎,抑上尉混蛋乎?”结果当然是上尉混蛋。少正卯一案,中国人也面临着同样的一个大的困惑和抉择:“是圣人混蛋乎,抑被圣人杀之的那个家伙混蛋乎?”我想用不着研究,可知答案是啥,当然是那个被圣人杀之的家伙混蛋也。孔丘先生戴到少正卯先生头上的帽子,似乎戴到谁头上都非常合适,便是戴到孔丘先生自己的头上,也天衣无缝。真是有权整人的朋友有福啦,幸亏孔丘先生当鲁国宰相不过三个月,便被一脚踢走,如果当上三年五载,恐怕成了杀人不眨眼的魔王矣。

少正卯案是我国最早的冤狱,而周亚夫案则是我国最妙的冤狱。呜呼,世人对岳飞先生倒霉的经过,人人皆知。对周亚夫先生倒霉的经过,似乎知道的人不多,然而,一说出来,便可比较。

周亚夫先生的奇冤虽世人不太注意,但他在细柳营的那一段,却连小学生课本上都有的,恐怕是无人不晓也。公元前158年,匈奴汗国大举向中原进攻,汉文帝刘恒先生派刘礼驻防坝上,徐厉驻防棘门,周亚夫驻防细柳。刘恒先生为了表示与士兵同甘苦的美德,亲自前往劳军。到了坝上、棘门两地,将领们一看,衣食父母来啦,何敢怠慢,自然倾巢而出,恭迎于道,刘恒先生好不快活。可是后来到了细柳,却碰了钉子,军士们一个个披盔戴甲,手执武器,弓上弦,刀出鞘,杀气腾腾,戒备森严,刘恒先生的卫队进不了防地。卫队曰:“皇帝来啦。”都尉(大概是一个校官)曰:“军中只听将军的命令。”一会刘恒先生驾到,仍进不去。没有办法,只好差一个人先行通报,这时候周亚夫先生才传令大开营门,营门军士告诉皇帝的卫士曰:“将军规定,营地不准跑马。”刘恒先生只好慢慢地走,到了中军,周亚夫先生没有下跪,仅只作了一个揖曰:“介胄之士不拜,请以军礼见。”刘恒先生只好“式车”,式车者,用手按一下车厢前的栏杆,弯一下腰,表示还礼的姿势也。群臣无不吃惊,刘恒先生曰:“嗟乎,此真将军矣,坝上棘门,如儿戏耳,他们的将军可以袭击而活捉之。至于亚夫,岂可碰也。”称赞者久之。

史书上虽然强调皇帝的称赞，但称赞归称赞，心里的疙瘩归心里的疙瘩。俺老子是皇帝，你都不买账，固然可以打败匈奴，但一旦翻脸，你的部下只知道有将令，不知道有诏书，我岂不也受不住乎哉。周亚夫先生最大的缺点是没有读过柏杨先生的做官经，想当年如果他送我一点银子，我把秘诀告诉了他，他在细柳营时早也照样表示皇帝第一矣。惜哉，他不能适应时代的要求，而终于兴起大狱。于是乎，若干年后，有那么一天，周亚夫先生的儿子为他买葬时的衣服，被人告变，继任刘恒先生皇帝的刘启先生，乃决心杀他。逮捕下狱后，法官问曰：“你为啥反乎？”周亚夫先生曰：“我儿子买的都是葬器，怎么叫反耶？”你要是该法官，也会张口结舌，可是该法官却有的说的，他曰：“你就是不地上反，也要地下反呀。”

噫，该法官的姓名不详，否则真应送他一面锦旗，上写曰“油煎小薄饼”，盖没有一个人，不喜欢油煎小薄饼的也。他比孔丘先生厉害得多，孔丘先生瞎编了一套哲学讲义，该油煎小薄饼则简单明了，单刀直入，其智力商数定在五百以上。他明知周亚夫先生不叛变，但他却肯定周亚夫先生死了后，会在阴曹地府叛变，这正是千百年后所谓“思想犯”的老祖宗。夫文明国家，胡思乱想不算犯罪，好比，柏杨先生隔壁有一位如花似玉，我连看她一眼都没有，可是按照该油煎小薄饼的理论，恐怕我就会以强奸罪定谳。有权的人有福啦。你这一辈子虽没杀人，可是你下一辈子却要杀人呀，如此这般一推，可怜的小民，危险万状。

其实，分析起来，中国的冤狱，可别之为两类，一类曰狗腿型冤狱，一类曰狗头型冤狱，小白菜女士和杨乃武先生的冤狱，法门寺宋巧姣小姐的冤狱，皆是狗腿型的冤狱，上面还有青天在焉，只要有办法穿过林林总总的狗腿，还有伸雪的一日。如果是狗头型的冤狱，则虽是孙悟空先生再世，都无法度也，盖狗头并不是不知道你冤，他之非整你不可，有他政治上或感情上的原因，该油煎小薄饼法官看起来，狰狞凶猛，实际上他不过是一条狗腿，狗头要他杀周亚夫，他就是不说那几句话，结果仍要动刀。

然而狗头是谁乎哉，在周亚夫先生一案，狗头是当时的皇帝刘启先生，前已言之，周亚夫先生不懂做官之道，虽然带兵打仗，削平了七国，保得刘启先生悠悠忽忽当皇帝，可是他最喜欢说逆耳的话，刘启先生干这个他也劝，干那个他也劝，劝来劝去，劝得天怒人怨。周亚夫先生初打官司时，法官还不敢油煎小薄饼，刘启先生听啦，骂曰："我再也不用他啦。"意思是叫法官安心猛整，这时候法官才叫他地下反也。

13. 不至于脱裤子

报上载台中市警察局大破鸭蛋教，使人心花怒放。但这年头的一些新闻，如果不是不着边际，便是过于夸张。台中市警察局只不过破了一个"坛"，"坛"者，小小支部分部，基层组织的一个细胞而已。只不过活捉了一个坛主，其他的善男信女，没有逮住一个。他们每逢初一、十五，一定聚会，"大破"的那一天，是清明节的特种参拜，距"十五"不过三天，如果不急着贪功，稍微忍耐，不难一网打尽。报上虽然喧喧嚷嚷，我看，如果不对该坛主修理一番，他来一个满口木宰羊，仍无可奈何也。

世人对鸭蛋教之所以兴趣盎然，莫过于听说凡是鸭蛋教的教友，不分男女，聚会时都要脱掉裤子。呜呼，这真是臭男人的一大喜讯，不要说每年只缴两百元便可，就是每一次缴两百元都有人干。不过柏杨先生颇为怀疑脱裤镜头，该传说可能受世人对白莲教传说的影响。白莲教是不是像官府宣传上说的那么乱七八糟，似乎也疑云重重。有一点要注意的是，中国民间力量，只有以孔丘先生为主的儒家，和官府始终结合，受到当权者的利用和保护。佛家和道家有时运气来啦，皇帝喜之，就兴旺一阵。有时运气跑啦，皇帝恶之，便倒霉一阵。只有白莲教彻底的是民间搞出的玩意儿，始终和专制腐败的官府对抗，也因其对抗而遭到无情的压迫，挨骂挨诬，自然在意料之中。现在所有的数据全是官府的一面之词，白莲教本身的自我解说已无片字，遂不得不被侮辱得不值一钱。而最叫人激赏的，莫过于说他们的头目专门玩弄年轻貌美的女孩子。不要说对白莲教如此血口喷人，想当年对基督教、天主教，又何尝不是如此血口喷人哉？老妻从小就信上帝，祷告起来，口舌之熟练，如连珠炮焉。当初说媒时，我的父母便曾经反对，盖大家言之凿凿，凡是信洋教的人，生下第一个孩子都要煮熟了献给洋和尚。而尤其糟的是，我的叔祖痛苦万状地告曰，信洋教的没有一个是处女，盖他老人家亲耳听见洋和尚说，一旦入教，便把身子献给上帝，任凭摆布啦。

其实不但中国如此，耶稣教初兴时，在欧洲遭到的困难，尤有过之，主要的原因是人们对它的内容不太了解，因而有种种揣测之词，亦有种种恶意的破坏之词。呜呼，都说鸭蛋教脱裤子，却有谁见过乎？又有谁拍了照片什么之类的证据乎？不过人云亦云，你那么说焉，他那么说焉，大家都那么说焉，于是乎我也那么说焉。鸭蛋教虽不脱裤子，不可得矣。

我说这些，不是保证鸭蛋教不脱裤子，而是推测他们不至于脱裤子。任何一个人，都有宗教情感，从生下来便希望有一个无上权威，而且是聪明正直的主宰，把自己的前途交给他，由他安排。

我们说任何人都有宗教情感，敢打一块钱的赌，没有一个例外。有些家伙像无神论朋友，自以为啥神都不信，在他们的眼中看起来，谁要是信神谁就是混蛋，宗教和他们简直没份。但要是仔细一研究，毛病便冒了出来，盖他们虽不信“神”，却信“无神”，为了保护他的信仰，也就是为了保护他的“无神”，不惜跟你打架。柏杨先生年轻时，看见小伙子们三更半夜跑到庙里，把神像打得粉碎，有的被父老捉住，当场一顿臭揍，但他还是信“无神”不误，有些人被揍得哎呀哎呀乱叫，仍拒绝向菩萨低头。

所以我们可以说,人类是一种具有宗教情感的动物,这种情感是高贵的情感,便是再糟糕的宗教,都具有这种本质,否则便不是宗教矣。世界上似乎只有下流的帮会党派,而不会有下流的宗教。说它愚昧可以,说它一入教便脱裤子,仅仅在逻辑上便讲不通。

我不是为鸭蛋教辩护,而是说任何一个人的罪和罚,都不应超过他应得的。不说他们脱裤子,照样可以严加取缔。盖据我所知,该教的内容和做法,实在有点抱歉,其荒唐的程度,能使人油然而生饱之以老拳的正义之怒。我有一位忘年之交的小朋友焉,年才四十,追求现在仍在台湾省公路局做事的某某小姐。该小姐芳龄三十,似乎应列入老处女之类,我当时就警告该朋友必有问题,盖台湾目前,男多女少,女孩子三十而无偶,一定有点黑幕。但该朋友大概是走投无路,也大概是自以为相当聪明,不听我老人家之言,仍继续猛追,追到后来,两人花前月下,倒也卿卿我我。有一次我和老妻看夜戏归来,见他们一对在马路上闲逛,边走边谈,手还挽着手哩,心中大喜,以为马上就有老酒可喝。

想不到一天,该朋友气喘如牛地叹曰:"吹啦,吹啦。"问以何故,半天不语,而面色铁青,好像刚被三作牌打了一顿板子。严诘之下,噫,原来该小姐是一个虔诚的教徒,她信的是啥教,他不晓得,但她虔诚的程度,却不像话。他们恋爱到最后,该小姐严肃而神秘地咬其耳朵告曰:她不是一个普通的凡人,而是一个仙女。朋友说到这里,我曰:"小子,你别吓唬我。"朋友曰:"谁吓唬你?你要心脏不好,我就不说。"我表示我心脏甚好,朋友又曰:"你还得发下滔天大誓,相信我说的。"我只好发下滔天大誓。呜呼,当该小姐说她是仙女下凡时,朋友还以为她是在幽她的默,发她的嗲哩,后来才发现不是那么回事。盖该小姐的教主在她入教时,便用通天眼看出她不同凡品,乃玉皇大帝第九位女儿(玉皇大帝的女儿何其多耶?),因偶尔动了凡心,被贬到下界,转生为该小姐。虽然她在转生时喝了迷魂之汤,迷失了本性,记不得往事,但教主的通天眼却看出了她的原身,固云霞缭绕,面如桃花,发如瀑布,赤足立于莲花之上的娇娃也。

该小姐既是仙女下凡,则意义就重大啦。她当初因动凡心而被贬谪,可见凡心是一场大罪,岂可再犯?而且想当年在天堂之上,交的男朋友都是云来雾去的神祇,父皇大人还看不上眼,柏杨先生的朋友,乃一既小又穷的公务员,标准凡夫俗子,便是瞎了眼,都不能如此糟蹋自己。为了查明此事,教主还驾着梦遁,亲自到天堂去了一趟,领玉皇大帝的特旨,告知该小姐曰:"你爹说啦,他不赞成你在地上的婚事,如果你守身如玉,一心向道,到时候他老人家会接你回家。"朋友一听,天下竟有如此缺德带冒烟之事,就要求找教主面谈。小姐还算开通,经过一番请示之后,教主答应可以姑予接见。于是乎,一个月后的某一天晚上,朋友被小姐领着,诚惶诚恐,到了台北县三重埔一个曲曲折折的地方,教主很是洋派,和他握手,朋友把他和小姐的恋爱经过,报告一遍,请求教主玉成良缘。教主当时很表同情,即问曰:"你信啥教?"朋友曰:"我信基督教。"教主曰:"那更好办,这样好啦,明天我就请耶稣来谈谈,请他去向玉皇大帝讲情,谅没有问题也。"朋友只好撤退。回家后一夜没有睡好,一想起教主和耶稣先生促膝长谈的镜头,就汗流浃背。到了第三天,一对情人再往,教主曰:"我已跟耶稣谈过啦,他说他今天就去找玉皇大帝,他们每月初二,都同坛参天,到初三才有消息,你初四来。"朋友曰:"你说啥,老板,耶稣和玉皇大帝同坛参天?"教主曰:"在一块的还有孔丘、牟迦、穆罕默德、张天师哩。"朋友曰:"有没有姑婆奶乎?"教主想了半天曰:"可能有,但不太清楚。"当然他不太清楚,姑婆奶者,敝朋友邻居家那位老祖母也。月之初四,朋友和小姐再度往谒,教主一见,正色曰:"没法度,没法度,玉皇大帝不肯。"然后告该小姐曰:"你要是不听你爹的话,要长恶疮而死,死后入十八层地狱。"朋友曰:"你不叫她结婚,叫她干啥?"教主曰:"我没有不叫她结婚,玉皇大帝不叫她结婚。"朋友曰:"不管是谁,难道叫她当一辈子女光棍乎?"教主曰:"她每天都要念经,来坛参拜。"

事情就是如此荒唐,朋友气得七窍生烟,问我何法。呜呼,我有何法哉,如果换了柏杨先生,我当时就声明我是玉皇大帝的老祖宗,把教主一顿臭揍,谁叫他管俺孙女的闲事呀。

然而,问题是,小姐"回家"心切,朋友遂结不成婚。柏杨先生写的这些,以我伟大的声誉作保,千真万确,该小姐仍在公路局做事,打听一下,便知我的话字字都有来历。呜呼,一个宗教如果精彩到可以随时跟耶稣先生面对面喝一盅,就成了帮会,虽不脱裤,仍十分抱歉。我这不是反对宗教自由,而是说,一旦神秘莫测,不敢公开或不愿公开,不要说它是宗教,纵是其他别的东西,一定有其脓血交集的毛病。

14. 一部电影

最近《梁山伯祝英台》的电影着实轰动,听说有人已看到五遍六遍,电影一开演,台下便跟着大唱,使得看第一次的观众,啥都听不见,真是热闹非凡。这部电影我虽没有参观过,但仅从热情观众口中,已知道它实在高级不到哪里。首先的是,歌剧似乎只宜于舞台,而不宜于电影,本来是悲惨气氛的,开口一唱便把悲惨气氛唱得无影无踪。从前有一部《南太平洋》,把人看得叫苦连天,现在出现了《梁山伯祝英台》,报上说该片在香港卖座奇惨,只有在台湾捞了一笔,岂真的台湾观众都是半票观众欤?老妻便单枪独马看了两遍,看到伤心地方,还呜呜哭哩,回家后又跟着收音机哼,真是不可思议。

第二是,女扮男装。男扮女装的时代已经过去啦,也就是说梅兰芳时代已经过去啦,而《梁》片好像是绍兴戏大搬家,跟台语片是歌仔戏大搬家一样。绍兴戏最大的特征是女扮男装,在非绍兴戏的观众看来,新鲜固然新鲜,久了岂不有点腻乎?戏剧是最接近人生的一种艺术,女人和女人调情,等于男人和男人调情,人们会有一种不真实和肉麻兮兮的感觉,我真疑心观众怎么受得了也。

还有一点是,歌词似乎不太精练,本来可以写得很美的,却连

“梁兄哥”一类的字眼都出了笼，似乎粗心大意。有一天老妻忽然喊了我一声“柏兄哥”，算哪一国的干法耶？这还不在话下。听说“楼台会”那一段，梁山伯先生访祝英台女士，一去就登堂入室，哇啦哇啦唱了起来。不要说四世纪东晋时代，风气未开，便是二十世纪的今天台北，男孩子能一头钻到已订过婚的女孩子的闺房，又哭又喊哉？如果梁山伯先生在客厅中稍停，老头和他谈过话之后，惜之爱之，怜他来迟一步，不能当他的女婿，让他们同学二人作最后一次相会，则不但对风俗习惯有了交代，而且也更增加悲剧气氛。这种漏洞，中国片中多的是，叫人着急。

我想如果正正派派地拍《梁》片，不要乱唱，不要女扮男装，用大大方方的手法表演，不要用低级趣味去取悦观众。梁祝乃是中国的罗密欧和朱丽叶，可能成为一部既赚钱而又有价值的巨片。因为事实上，梁山伯祝英台那时年龄都在十五六岁左右（听说电影上有读“饱食终日”的镜头，完全是取闹的干法，七八岁才念“饱食终日”哩，梁祝那时是去听讲学，犹如大学堂研究生，早已不念“弟弟来，妹妹来”矣），对男女的观念，不可能如此呆板，梁山伯先生如果真的如此呆板，这种木瓜还有啥可取的。所以，如果能再作合理的修订，当更有深度，更感人也。

上面谈《梁山伯祝英台》，实在是弄错了主题，盖有许多读者先生和女士，来信者有之，面询者有之。以为柏杨先生一定会知道有关梁祝二人七世夫妻的故事，似乎有加以报导的义务，乃以《梁》片作为引子。想不到一引就引了一天，此笔真如闭眼驰马，不知道跑到哪里去啦。

现在言归正传，七世夫妻者，是中国流行最广的民间传说，这种传说所以流行得最广，可说明一点，那就是充分反映五千年来人们对恋爱自由，和对婚姻自主的憧憬，以及对父母之命、媒妁之言的一种悲凉反抗。不过这种憧憬终归幻灭，反抗也无不失败。可怕的儒家礼教社会，专门吞食不肯屈膝的青年。同时这七世夫妻的遭遇，也是对当权的统治阶级一种无情的讽刺。像秦王朝始皇帝嬴政先生，固至神至圣,功业彪炳,却影响到小儿女的爱情生活。这些地方,整个故事中随时都呈现出来。

话说,有那么一年的七月七日,玉皇大帝在天宫大宴群臣,吃喝玩乐,好不热闹。玉皇大帝一时兴起,命金童玉女向众神敬酒,二人敬酒敬到南极仙翁面前,一不小心,琉璃杯掉到阶前,打得粉碎;玉女看见金童那股吓坏了的模样,为了安慰他,乃向他微微一笑。糟啦,糟啦,这真是有史以来代价最大的一笑,不但笑爆了玉皇大帝,也笑出了七世夫妻。当时玉皇大帝曰:“此地是堂堂天宫,岂可动乱凡心,贬你们下界投生,七世苦苦相恋,却不得成婚。”玉皇大帝虽然混蛋,但因他是玉皇大帝的缘故,权力所在,谁也无法反抗,乃由太白金星领旨,把两个倒霉的孩子贬到红尘。

七世夫妻不是每一世都像梁山伯祝英台这么轰动世界,大多数只不过在人间留下一个泡沫。第一世金童万杞梁,玉女孟姜女,这一世是有名的,孟姜女哭倒长城。第二世金童梁山伯,玉女祝英台,这一世更为有名,二人在杭州读书,梁山伯害相思病翘了辫子。第三世金童郭建中,玉女王月英,因买胭脂认识,郭建中也是害相思病翘了辫子。第四世金童王士友,玉女钱玉莲,这一世最苦,父母指腹联姻,夫妻不但没有婚配,连一面都没有见,便死掉啦。第五世金童商琳,玉女秦雪梅,这一世也是了不起的一世,秦雪梅吊孝守节,留名人间。第六世金童韦燕春,玉女贾玉珍,这一世以“蓝桥会”震动天下,二人在蓝桥幽会时,大水忽至,韦燕春竟遭淹毙。第七世金童李奎元,玉女刘瑞莲,彩楼择配,双双葬身火窟。

15. 第一世

现在,且说第一世。

话说秦王朝自并吞六国,表面上天下太平,实际上民心不服,危机暗酿,且北方的匈奴汗国强大异常,屡次南侵,把始皇帝嬴政先生,搞得心乱如麻,乃大发民夫,修筑万里长城,这且按下不表。表的是苏州城西善街,有一位财主(员外)万德成先生,夫人金氏,原来在楚王国当官,楚王国亡后,做一个守分守己的小民,但对楚王国的孤臣孽子,仍暗中予以救助,以图光复。就在太白金星领着金童玉女投胎人间的那一天,夫人金氏,生了一子,取名万杞梁。而玉女则投生在松江府华亭县的孟员外家(即现在江苏省松江县西的平原村,古名华亭谷。三国时代东吴帝国大将陆逊先生的住宅在此。陆机被杀之前,曾叹曰:“华亭鹤唳,可复闻乎?”就是孟姜女故乡这个华亭)。孟员外孟德隆先生,夫人陈氏,老头老太太一生行善,没有儿子,忽然生下一个女儿,那时虽没有选中国小姐那回事,可是也够快乐的矣,乃把邻居姜员外请到家中,拜托曰:“怕我女长大不易,想寄个干名与你抚养,老兄意下如何?”姜员外也是膝下犹虚,一听大喜,立刻收过来当干女儿,取名为孟姜女。盖乡下人有一种迷信,唯恐怕孩子养不大,多认几个福气冲天的义父,阎王小鬼一瞧,后台一个比一个硬,本来想锁拿归案的,也姑且放过。此乃“后台学”在阴间的运用,不可不知者也。

转眼过了十五六年,嬴政先生忽然接到一道密告,说楚王国遗民有个姓万的图谋不轨,不禁大惊,乃下令江南一带,凡是姓万的,一律逮捕,宁可冤枉一万,不可漏网一个。这消息传到苏州,像投下原子弹一样,哭声震野,大乱特乱,万杞梁先生在万分紧急中,从狗洞中爬出,落荒而逃,这一逃逃到了华亭地界,看见有一个花园,便溜进去稍作休息。那正是孟家花园,孟姜女小姐正在池畔看鱼,一不小心,把香扇掉到水里,急得跺脚,连忙喊她的丫环,只听扑通一声,万杞梁先生已跳下去捞上来啦。孟小姐对他由感生爱,相谈之下,更由敬生怜,两个人一见倾心,不必细表。老头老太婆看万先生也是一表人才,当下就答应二人的婚事。

事情就发生在洞房花烛的那天晚上,宾客已退,更鼓已起,二人手携着手,正要共入罗帷,想不到公差临门,把万杞梁先生一把抓住,吼曰:“姓万的一律发配北边,修筑长城,你怎的在此偷享艳福?”孟员外夫妇哭曰:“贤婿,你到长城,今生难得会面,小女与你生生分离,叫我们二老和女儿倚靠何人?”万杞梁先生曰:“岳父不必悲伤,我们并未成婚,日后仍可再招佳婿。”言毕又对孟姜女曰:“小姐,幸而未成婚配,我去之后,你可另嫁才郎,不要念我。”干这种事的公差,天生的只会修理兼要钱,岂能了解人生至情,锁链一抖,牵拖而去。万杞梁先生是一个文弱书生,戴着刑具,从江苏省到山海关,已经不成人形,到了山海关又要做苦工,更怎么受得了乎?就一病不起,那时修长城的工人死亡很多,每天都有几百几千,谁还埋谁?死了的人就把尸首往长城里一填,当作泥土使用,万杞梁先生自然也免不了这种命运。

16. 第二世

孟姜女小姐自万杞梁先生被捕之后,忽然得了一梦,梦见万杞梁先生浑身鲜血,站立床前,唤曰:“小姐,我已身死,尸首葬在长城之内,好不苦也。”孟姜女霍然惊醒,放声大哭,乃辞别父母,亲往探夫。从松江北上,千里迢迢,秦王朝时代,没有汽车火车,全靠步行。一个孤女,带着一个老家人,走了三四个月,好容易走到山海关。可是长城万里,工人如蚁,她去哪里找丈夫乎?而且每天都有死亡,又有谁记得死的是谁,又埋葬何处乎?孟姜女哭哭啼啼,找了几天,毫无结果。第七天晚上,却做了一梦,梦见万杞梁先生告她曰:“小姐,我葬在第二城楼西边三尺之处。”孟姜女还要问话,又霍然而醒。

第二天,孟姜女小姐备了香烛纸帛,按照梦里指示,找到第二城楼。呜呼,长城有普通城垣的两倍高和三倍宽,砖也比普通城垣的砖更大更巨,以米汤面浆灌砌,坚硬如铁,顺着山势蜿蜒,雄壮伟丽,看不出竟包括着千千万万悲剧。孟姜女小姐就在城下设奠,俯地痛哭,一连哭了三天三夜,哭得山海关悲云惨雾,官民人等,齐来劝解,也劝不住。哭到第三天黄昏,只听轰隆一声,长城崩裂,万杞梁先生的尸首赫然出现,虽然时隔半载,可是因北方苦寒,尸体没有毁坏。

孟姜女小姐埋葬了丈夫之后,因她年轻貌美,又因哭夫的事轰动全城,当下有贪官赵禄先生,要霸占她为妻,否则就要告她破坏国防工程,移送有关治安单位法办。孟姜女迫不得已,只好假装答应,就在结婚大典上,以头撞柱而亡。现在孟姜女庙还在山海关北约五公里小毛山的山坡上,据说就是当年她自杀殉夫的地方。

第一世夫妻之后,第二世夫妻就是目前最热闹的梁山伯祝英台。金童玉女第二次投胎为人,以赎他们在玉皇大帝面前一笑之罪。第二世夫妻的故事更家喻户晓,无人不知。昨天老妻还不放心我的学问,戒我少开簧腔,否则露出马脚,岂不坏了一世英名。其实顾虑是多余的,故事终是故事,不是考据,民间传说者,你怎么传,我怎么说,没有一定之谱也。《梁》片上演的情节,和通俗的说法大致相符,梁山伯先生是浙江省会稽县人,祝英台小姐是浙江省上虞县人,马文才先生是浙江省鄞县人。第一世是公元前三世纪秦王朝时代,第二世已是公元后四世纪东晋王朝时代矣。祝英台小姐女扮男装,往杭州游学(等于现在的留学,早已超过念"子曰"的年龄),结识了典型的书呆子梁山伯先生,同学了三年,没有破绽,但二人感情异常要好。祝英台先行回家,梁山伯大概要读博士学位,于祝英台走了之后,又在书院苦念了三年,这一下子不但没有念出"颜如玉",反而失掉了"颜如玉",经过漫长的三年,祝英台早已许配给马文才先生矣。

梁山伯先生并不是一听说祝英台小姐不能嫁他,马上就吐血而死,天下没有那么多应景的血可吐,而是他后来还当了一任鄞县县长,死在县长任上,葬在城西。梁先生死了后的第二年,祝英台小姐才出嫁,彩舟经过坟前,忽然狂风大作,巨浪滔天,眼看要翻,船上的人一个个面无人色。祝小姐知道梁山伯阴魂不散,乃上岸哭祭,而这时候梁山伯的坟墓忽然裂开,竟双双埋葬。其他的故事,去看看电影,或去听听台湾的歌仔戏,便可知道啦。

17. 第三世

话说公元后八世纪唐王朝第十二任皇帝李适先生自即位以来,风不调,雨不顺,国不泰,民不安。朝中有一个大官郭三义先生,乃郭子仪先生的后代,夫人黄氏,十分贤惠,因见国事日非,乃退休告老,卜居浙江杭州。本来没有孩子的,想不到一到杭州,竟老蚌生珠,生了一个男孩,取名郭建中。这位郭建中先生的前身,就是万杞梁和梁山伯,再生到世,注定要做悲剧主角。郭三义先生年迈苍苍,忽然有了儿子,自然爱得要命,不到四岁,就送他上学。六岁时四书五经,都能朗朗上口。八岁时已能作诗作赋,成了一位有名的神童。这样一直到了二十岁,老头眼看在世之日无多,急于要含饴弄孙,就开始为儿子物色妻子,可是媒人跑断了门限,不是高不成,就是低不就,没有一家合适。有一天,父子二人,上山进香,一个老和尚向他们问讯,展开慧目,知道他是金童转世,不能在阳世婚配,乃告郭老头曰:"令郎生得天庭饱满,地阁方圆,乃是大富大贵之相,但有一事,大人如果见恕,贫僧方可直言。"郭老头曰:"敬请指教。"老和尚曰:"令郎固属异相,但鼻准不平,眉下有痕,不能主寿,如不严加管教,恐有意外之变。"父子二人大吃一惊,称谢而去。

同在杭州城内,也有一户告老退休人家,乃官拜翰林的王人和先生,夫人李氏,家境比郭家差得多啦,偏又祸不单行,王人和先生到了五十岁时,得病而亡,留下母女二人,十分孤苦。后来就在钱塘街上租了一间铺面,开了一家胭脂店,专卖从日本美国走私来的化妆品,由女儿王月英小姐亲自临柜。那时不比现在,现在到处都是女店员,而且一个个老气横秋,不堪入目。那时风气未开,一个妙龄少女竟站上了柜台，用不了多久，王家胭脂店的声名，已全城皆知。有那么一天，郭建中先生在书房读书，读得四肢无力，就拿了一把白扇，到街上游玩，一走就走到了钱塘街，又一走就走到了王家胭脂店，神差鬼使，使他看见了王月英。王小姐是玉女转世，自然三围适度，漂亮非凡，把他看得目瞪口呆。就假装要买胭脂，上前搭讪，于是乎如此如此，这般这般，其中情节，凡是追过女孩子的朋友都有那种经验，用不着再说啦。反正下一个节目便是私订终身。她非他不嫁，他非她不娶。

可是那年头尚不是自由恋爱时代，两个人私自往来，见面顶多不过眉目传情，和趁没人注意，说两句调情的话，既不能又吻又摸，更是提心吊胆，吓得要死。这样过了很久，终于有那么一天黄昏，郭先生又悄悄往访王小姐，那时还没有夜市，店门早已半掩，而老太太又串门去啦，这不是妙不可言是啥。郭先生一踪而入，和王小姐拥抱在一起，演出电影上的镜头，郎有心，妾有意，一切都没有问题矣。想不到二人正要表演的时候，忽然有人敲门，其声如雷。原来是卖货郎的毛胡子来添货啦，王小姐无可奈何，只好开门应付，本想三言两语把他打发，偏偏毛胡子天生厌物，啰啰嗦嗦，一会儿嫌这货色不好，一会儿又嫌那货色太贵，挑剔不停。据说那位毛胡子是太白金星变化的，故意破坏他们的好事。呜呼，不管他是不是太白金星，天下这种不知趣的厌物多矣，非痛打五十大板，不能消心头之恨。

好容易把毛胡子打发走，正要继续努力，老太太却适时回来，这就啥都别说啦。

家里既然不行，郭建中先生和王月英小姐，乃改变战略，约定某天晚上，在杭州城外土地庙里相会。届时王老太婆对女儿曰："我今天要到你姨母家中走走，回来很晚，小心看守门户。"王小姐听了大喜，这真是天作之合，于是梳妆打扮，涂上口红，穿上最漂亮的高跟鞋，锁上大门，一个人悄悄出城，到了土地庙。土地庙是一个荒凉的庵祠，风吹雨打，神像已朽烂不堪，王月英跪下祷告曰："神明在上，信女月英，只因和迷死脱郭誓死相爱，约定佳期，务请保佑我们成为夫妇，他日定重修庙宇，再装金身。"祷告已毕，独坐台阶，等候意中人出现。可是左等右等,连鬼影子都不见一个。等到三更时分,大风突起,月色无光,飞沙走石,狼哭鬼号,王月英吓得浑身发抖,只好脱下一双绣鞋,放在神台前面,伤心曰:“郭郎,郭郎,想不到你竟失约,好事多磨,恐怕后会无期矣。”说罢,踉踉跄跄,回到家里,又羞又恨,即发起高烧,昏倒在床。

郭建中先生是不是黄了牛乎?当然没有。盖那一天晚上,他父亲大宴宾客,介绍和父执辈认识,他是重要角色之一,自必须殷勤招待。一群老头在筵席上发起酒疯,整整闹了四五个小时,把他急得满头大汗。好容易熬到三更,一群酒鬼告退,郭建中三步并作两步,赶到土地庙,王月英已先一分钟走了矣。郭建中在土地庙找了一会,找到王月英的绣鞋,拿到手里,知道是自己误约,不禁大恸。只听喀嚓一声,一根旗杆,被狂风吹断,倒将下来,他急忙躲闪,却已打中肩头,跌倒在地,疼痛难忍,吐出几口鲜血,不省人事。约摸半个时辰,才悠悠转醒,叹曰:“亲爱的,打铃,是我误事,累你含羞而回,我真该死,是天罚我也。”低头回家,也生起大病。

郭建中先生一病不打紧,老头郭三义先生可急得跳脚,请医、问神、吃药、烧香,狼狈万状,过了半月,眼看不行啦。郭建中乃把父母请到床前曰:“孩儿恐怕不久人世矣,只因半年之前,结识一女,名唤王月英,二人私订终身,约定土地庙相会,因侍宴去迟,她已先走,孩儿败兴回转,不料行至途中,忽然得病,命在旦夕。”言毕双眼一翻,气绝而死。郭建中先生死后,阴魂不散,飘飘荡荡,径去找王月英。王月英自土地庙回来,病情一直沉重,那一天正在迷迷糊糊,看见郭建中在云端向她招手,她大叫曰:“郭郎,慢走,等我一步。”又对母亲曰:“女儿今有金钗一支,折为两段,一半留给母亲,一半女儿带走,以便死后和母亲相会,作为凭证。”话刚说罢,即行断气。

女儿身死,丢下那个孤苦老太婆,何人奉养,下场如何,不得而知。但郭建中先生的父母却是看破红尘,双双出家修道。郭王二人阴魂在空中相遇,化为金童玉女,同升天堂,准备四次下凡,做第四世可怜夫妻。

18. 第四世

转眼到了十二世纪宋王朝，山西省洪洞县丰荣村，有一个富翁王正道先生，夫人周氏。同村中又有一位富翁钱士珍先生，夫人江氏。有一次两个老头在一起摆龙门阵，王正道先生曰："我太太已怀孕数月，不知是男是女。"钱士珍先生曰："这倒巧极，我太太也怀孕啦。我想与你指腹为婚，他日如果全是男孩，就结拜金兰之好。如果全是女孩，就结拜义姊义妹。如果是一男一女，就成为夫妇，兄台意下如何？"钱士珍先生曰："一言为定，驷马难追。"到了十月怀胎期满，王正道夫人生下了一个男孩，取名王士友，钱士珍夫人则生下了一个女孩，取名钱玉莲。他们都是有钱的人，不比现在的公教人员，生了孩子就像生了债，自然笑口大开。

然而天有不测风云，人有旦夕祸福，等到钱玉莲长到八九岁时，钱老头的夫人江女士忽然身亡，钱老头悲哀万分，不在话下。王正道先生天天前来陪伴，可是再好的朋友不如再坏的老伴，何况钱家有的是钱，有钱的男人要想单身下去，虽在宋王朝时代，男女社交并不公开，也十分困难。现在女孩子们看准了一个有钱的家伙，就亲自下手，从前则是拜托媒人下手。无论是谁下手吧，反正到了后来，钱士珍先生终于娶了第二任太太。第二任太太王珊女士，进得门来，最初几个月，努力表现，颇得上下一致好评。几个月过后，晚娘脸出笼，把钱玉莲小姐看成眼中之钉，瞒着钱老头，对她百般虐待。钱老头怎能不知，可是脖子已经伸到索子里，也无可奈何，只有叹气分儿，积郁成疾。就在钱玉莲十八岁那一年，一命呜呼。这一下子，王珊女士更凶焰万丈，注定了非发生悲剧不可。

就在钱老头一命呜呼之后，王士友先生上京考试。当时的京城是河南省开封县，从洪洞到开封，要越过高插天际的太行山脉，路上辛苦，不用说啦。到了开封，但见三街六市，人烟稠密，好不热闹，主仆二人就在招商店住下。住到第二天晚上，三更时分，忽听有人在外敲门，来者是一位年轻的少妇，一身缟素，生得如花似玉，漂亮非凡。于是乎，一个万人称赞的"拒女私奔"的镜头出现，这种镜头，乃过去读书人日夜寤寐以求之的。从前的知识分子和现代的打狗脱一样，潜意识里都以为天下美女，没有一个对他不倾心，没有一个见了他不打算和他私奔的。而也只在这个时候，才能表现自己的道德学问。王士友先生何能例外乎，经过一番唇舌，王先生拿出圣人嘴脸，那少妇知难而退。但他的这一点德行，已由小鬼上报天庭，在生死簿上给他记上大大的一功。因此之故，三场考罢，高中了头名状元。上殿朝见皇帝，当时的皇帝是赵恒先生，一看王士友先生长相不错，特降旨留他在京为官。他无可奈何，只好留下，就派家人先行回山西老家报信，其实早已有探马报了信矣。王员外夫妇一听说儿子中了头名状元，比听说儿子入了美国籍还要高兴，因为高兴过度的缘故，一口气喘不上来，忽咚一声，栽倒在地，双双一命归阴。柏杨先生顺便奉劝一些老朋友，如果贵儿女拿了你的红包之钱，在美国得了马死脱或打狗脱，成了学者专家，或真的成了美国的公民，千万少安毋躁，以免也步王员外后尘，连累老朋友为你组治丧委员会也。

王士友先生在朝正在当官，忽然接到噩耗。次日上朝，奏报皇帝，赵恒先生曰："你父母双亡，我的御心甚悯，命你回乡料理丧事，安葬已毕，克日回京，另建状元府与你守孝。"王士友先生乃星夜赶回山西原籍，身穿麻衣，守孝一月，因有君命在身，不能多停，临回京时，写了一封信给他的未婚妻钱玉莲小姐，信上说，等他三年孝服期满，再回乡完婚。

钱王二家本是同村，钱玉莲小姐早就知道王士友先生回来奔丧，心中暗喜，以为他可以把她迎娶过去，谁晓得左盼右盼，盼了一个多月，音信全无，再一打听，王先生已摆驾走啦。王先生那一封信也始终没有到她手里，一则那个时代，女孩子一辈子大门不出，二门不迈，不可能和外界直接通讯。二则钱小姐的继母王珊女士已有周密计划,要拔去钱小姐这个眼中钉,信经过她手,自然撕得粉碎。

王珊女士自从丈夫钱士珍先生死后,不嫁吧,空帏难守;嫁吧,又舍不得钱家的莫大家产,乃生出一个两全其美的妙法,和邻居一个游手好闲的家伙胡毛毛先生,勾搭成奸,密来暗往,好不快活。他们采取的政策是,对钱玉莲小姐百般虐待,叫她受不下去时,自尽死亡。呜呼,如换了现代的女孩子,早已一状告到法院,或是和男朋友一走了之。可是宋王朝年间,前妻的儿女,只有受苦的一条路,小小年纪,遭到非人待遇,一切都按预定进度发展。最后一次打骂之后,钱玉莲小姐半夜跑到江边,跪在地上祷告曰:“父母在上,阴灵有知,前来接你女儿。”又祝曰:“士友郎君,姻缘本是前定,你在京城,怎知我的苦楚也。”言毕,抱着一块石头,投江而死。

且说在开封当官的王士友先生,有一天早朝回府,忽然迎面扑来一阵阴风,阴风中隐隐约约,一个女孩子向他招手,不禁打了一个寒战,回府之后,躺到床上昏迷不醒,又见那女孩前来哭曰:“我是你妻钱玉莲,被继母奸夫逼迫,投江而死,尸首在十棵柳树下,求夫君为我伸冤。”以后的情节可以想象得出来,皇帝先生派他为钦差大臣,回山西专查此案。王士友先生到了洪洞县,会同当地军警法院以及各有关治安机关,一直找到十棵柳树,果然看见钱玉莲小姐的尸首,面色如生,身上全是鞭伤烙痕,怀中还揣着婚书和绝命书。王士友先生下令把继母奸夫抓了过来,修理了一顿,然后斩首示众,终于为未婚妻报了大仇。可是王士友先生因思念过度,愧恨交加,也一病不起。

这是金童玉女的第四世,也是最可怜的一世,一对心里爱得奇紧的男女,一生中竟连一面都未见过,玉皇大帝未免太恶毒了一点也。

19. 第五世

金童玉女第四世生在十二世纪宋王朝，第五世则到了十五世纪明王朝，大概天上一日，地下一年，耽误了时间。这一世的佳话，在黄河流域诸省，相当流传，甚至比孟姜女、梁山伯还要出名，河南梆子戏里便有整本的《秦雪梅吊孝》，能把观众看得泪流满面，捶胸打跌。原来明王朝初年，有一位宰相秦童先生，夫人汪氏。另有一位户部侍郎（类似现在内政部副部长）商荣先生，夫人孙氏。秦童先生生有一女秦雪梅小姐，商荣先生生有一子商琳先生。用不着说明，读者先生一定知道他们就是那对倒霉的金童玉女。秦太师和商大人，当着满朝文武百官，割下彩衫为证，将秦雪梅许配给商琳，为的是商家财富吓人，不但有数不完的美钞，还有数不完的黄金，这种亲戚，非弄得满朝文武都出头证明，便有拴不住的危险。

想不到新皇帝登极，老家伙统统退休，秦商二家都是浙江杭州人氏，秦家住在北门，商家住在太平街，相隔只二公里之遥。雇了舟车回家，安享余年。可是商家运气不好，数年之中，连遭几次大火，所有的美钞黄金，以及巴西的橡园，美国的农场，统通赔光，成了个一贫如洗。那时没有什么义务教育，商琳只好辍学在家，商老头乃想曰："秦太师是琳儿的岳父，何不送到他府上读书，强似在家挨饿受冻也。"主意既定，父子二人，前往投奔，这一场"岳婿会"，真使天下所有的穷人都得吃巴拉松。秦太师眼看商家父子衣服褴褛，知道没啥前途，虚情假意一番，商老头吞吞吐吐表示要商琳在他家寄食攻读，秦童先生心中老大不快，乃曰："你儿子在我这里没关系啦，不过为了不伤我们之间的感情，须答应三事：一是你儿子在我这里读书，伙食费由你负担。二是如果不受教训，立刻赶走。三是不可对外言是我的女婿。”商老头听啦，大怒曰：“当初你当着满朝文武和我商家结亲，何等诚恳，如今难得你说出这话。”秦太师曰：“我现在也是诚恳得很呀，老哥如果觉得有碍，尽可打道回府。”正在吵闹，后堂汪氏夫人得知，乃把秦太师唤了进去，质之曰：“当初把女儿许配商家，是你做主，如今他家变穷，竟不相认，天下哪有如此禽兽？你若不留下女婿，我就代他伸冤，到京城告上一状。”秦太师曰：“夫人有所不知，我秦某顶天立地，铁肩担道义，岂是嫌贫爱富之人。只因商琳长得鬼头鬼脑，不像人样，恐怕耽误女儿终身。”汪氏曰：“你那一套，我全懂得，别耍花样。”秦太师只好硬着头皮答应。

从此商琳就在秦府读书，不过秦太师老谋深算，岂肯罢休，他为商琳请了一位伴读——名义上是伴读，实际的任务是负责引诱商琳去游玩荒唐。商琳那一年也不过十八九岁，正是贪玩年龄，怎能不跟着乱跑。呜呼，一个是有计划地安排陷阱，一个是茫然无知的敦厚少年，他还以为遇到知己的朋友哩。这消息终于传到汪夫人和秦雪梅小姐耳朵，母女二人，心如火焚，秦小姐决定自告奋勇去书房亲自规劝。糟啦，她不规劝，倒还罢了，她一规劝，规劝出麻烦来矣。

话说秦雪梅小姐悄悄前往书房探访她的未婚夫，若是换了现在，以宰相女儿之尊，留学美法德日，一定各色花样都懂，说不定人未到，声先到，早喊一声“打铃”了矣。可是此一时也，彼一时也，秦雪梅到了书房一看，一个人影都没有，乃坐到书案之前，随手翻了一下案头书籍，幸亏没有柏杨先生《倚梦闲话》之类的不正经大作，而都是英文的焉，法文的焉，日文的焉，尤其完全是理工方面巨著的焉，芳心暗暗欢喜，又翻看了几篇文章，亦复字字珠玑，就更乐不可支，这一下子终身有靠啦。

秦雪梅正在看得津津有味，不防商琳先生驾到，一个是美貌佳人，一个是读书公子，二人又有夫妻名分，三言两语，就谈得非常投机。然后又聊聊学问，更是又敬又爱。再然后眉目传情，公子固神魂出窍，佳人也樱口咬巾。于是乎，恰到好处，秦宰相破门而入，呜呼，天老爷帮了他的忙，商琳劣迹昭彰，再也无法抵赖。秦宰相跳高曰：

“好一个人面兽心的小畜生，以怨报德，引诱相门之女。还不滚蛋，更待何时？从此亲事一刀两断，再不许登我家门，否则打断狗腿，无谓言之不预也。”秦雪梅小姐一见父亲进门，早拔腿而逃，剩下商琳先生，又羞又愧，又气又恼，只好背起小小行李，徒步回家。途中想起辜负父母养育之恩，心如刀割，一阵昏眩，死在自己家门之外。

商琳先生死后，天下最高兴的莫过于秦童先生矣，可是秦雪梅小姐却哭曰：“商公子，分明是我害死了你。我们虽未成婚，但你是我夫主，为妻的要前去焚化纸帛，以尽寸心。”好啦，未婚妻祭吊未婚夫，自盘古立天地，都没有听说过，秦府内免不了又是一番大闹，把秦宰相闹得天昏地暗，只好答应女儿前去，但约法三章，一曰不许穿孝，二曰不许哭出声音，三曰由母亲陪同，快去快回。秦雪梅小姐胸有成竹，当然一一答应不误。到了商家，秦小姐当堂脱下红衫，露出孝服，抱着商琳的尸首，哭得死去活来。这正是《秦雪梅吊孝》一剧的高潮。秦小姐边哭边诉，一字一泪，梆子戏唱到这里，戏院里能哭成一片。

秦雪梅祭吊已毕，便对母亲曰：“女儿今日已到商家，情愿守节终身，不愿回去。”汪夫人慌了手脚曰：“我儿不肯回去，叫为娘有何言语，对你父讲？”秦雪梅曰：“那么母亲就在我家居住，粗茶淡饭，总是有的。”把汪夫人气得发昏第十一。到了七七出殡，合家痛哭，秦雪梅小姐乘人不备，对灵牌一头撞去，血流如注，一命归天。

20. 第六世

到了十六世纪明王朝中叶，洛阳地方有一个秀才韦懋先生，夫人陆氏，二人广行善事，直到晚年，方得一子，取名韦燕春，小家庭倒也过得其乐融融。想不到韦老头到了六十三岁那年，害了一场最时髦的砍杀尔，躺床不起。自知不久人世，乃把陆氏唤到床前曰："太平庄上张秉德，是我知友，为人疏财仗义，日后你们母子，万一度日艰难，不妨前去请他周济。"言毕瞑目。

自韦秀才死后，生活一天一天困难，有一天，陆女士想到丈夫临终遗言，便带了燕春，前往太平庄投奔张秉德先生。张先生一看陆氏母子一身孝服，大吃一惊，等到说明原委，不觉掉下泪来。噫，如换了道德重整会会员，恐怕早就曰："我要出席一个会议。"鞠躬而溜之矣。张秉德先生虽然不是会员，也没有著书鼓吹铁肩担道义，但他答曰："大嫂只管放心，我和韦兄不是外人，你们母子，倘有不时之需，都由我负责，请嫂嫂先拿回五十两纹银，燕春可留在我家塾房读书。"五十两纹银在明王朝中叶的购买力，可以吃上三年，不要说陆氏母子喜不自胜，便是柏杨先生写到这里，也喜不自胜。

从此韦燕春就在张家家塾攻读，读的无非是英文理化当行课程。他白天在学，晚上回家。有一天下学之后，天色还早，几个同学到野外游玩。玩了半天，同伴陆续走掉，只剩下韦燕春一人，一直找到天黑，都找不到归途，这才知道因贪玩之故，迷失了方向，不觉发慌，心想这一次非被老虎吃掉不可。正在又怕又急，只见东南角上，一道红光，原来是一个古庙，庙里一个人都没有，韦燕春悄悄走过天井，只见大殿之上，坐着一个老和尚，正在念经。他上前施一礼曰："学生迷失路途，敬请收留。"老和尚含笑起立，领他走到后面廊房，端出几样菜蔬，看韦燕春吃啦，叹曰："阿弥陀佛，生生死死，都是一定，贫僧虽然得知，却也无法。"韦燕春问曰："老和尚，你唧唧哝哝说啥？"老和尚曰："公子，回去好好念书，他日长大，好作国家栋梁之材。但我嘱咐三事于你，你应禀告你母，可助你渡过难关。第一，遇黑即止，晚上不可出来。第二，遇桥即止，不可经过桥下。第三，遇女即止，婚事要由母亲做主，自己不到二十岁，不可跟人自由恋爱。"韦燕春曰："谨遵教诲，但不知此地距我家多远？"老和尚曰："现在更深，不必多问，明天早上，再送你回去。"韦燕春大喜，上了蒲团，呼呼大睡。老和尚叹曰："此子来历不凡，着实可怜，我若度他升天，免受淹毙之苦，又怕玉皇大帝不容，只好仍送他回家也。”

第二天早上，二人醒来，老和尚心仍不死，又嘱咐曰：“昨晚之言，切记切记。”韦燕春满口答应，二人走了一段，老和尚曰：“哎哟，你身后有虎！”韦燕春慌忙回身，老和尚已经不见，再仔细一看，已到了自己家门。

又过了几天，老师回家，私塾放假，韦燕春先生闲来无事，到郊外游玩。时正深秋，分外凉爽，他信步走到一个山坡，只见一只麋鹿被一个猎人赶得狂奔逃命，一直跑到韦燕春面前，伏在地下，悲惨号叫。韦燕春曰：“旁边有一座短墙，你可躲在短墙之内，待我救你。”那麋鹿点了三下头，乃躲到短墙之后。一会儿工夫，猎人已至，问曰：“公子，可看见一头麋鹿，顺这条路上逃走？”韦燕春曰：“看是看见啦，想你年轻力壮，可做很多经营，何必打猎杀生？”猎人曰：“公子有所不知，小人李修，并非干这一行，乃是俺娘有病，只想喝鹿奶，要捉住挤些奶去，如果要打死它，早就打死它了矣。”韦燕春曰：“原来你是孝子。”乃唤曰：“麋鹿麋鹿，请走出来，给他点乳去，医治老母之病。”那麋鹿像是通灵一样，跳了出来，任凭猎人取奶。

这一件好事做过之后，转眼秋去冬来，冬去春至，到了第二年清明节日，韦燕春先生备了鲜花帛纸，到父亲墓前致祭。郊外男男女女，或身着重孝，或哀容满面，手提纸锭，纷纷上坟。忽然间从路那边来一位老头，身后跟着一位二八姣娘，该姣娘三围既好，面庞又美，简直漂亮得不像话，只听哗啦一声，原来韦燕春看得呆啦，双手一松，所有的东西撒了一地。

那姣娘是何许人耶？乃孟姜女、祝英台以及秦雪梅转世投胎，第六世贾玉珍小姐是也。贾小姐父亲贾敬文先生是洛阳贾容村人氏，膝下仅此一女，爱若掌上明珠，一心一意要想给她选一个像柏杨先生这样的好人佳婿，以便养老送终，显亲扬名。所以虽然是一个女孩子，却是四书五经，数学理化，无一不读，老两口再也想不到她会去自由恋爱。呜呼，金童玉女，好像顽铁见了吸铁石，马上吸将起来。那时男女社交虽不公开，不能上前哈啰曰：“小姐，你在哪个学堂呀？”

但你既看我顺眼,我也看你顺眼,虽有吃人的礼教,也拦不住神圣的爱情。于是乎,终于发展到有那么一天,二人约定蓝桥相会。那时如果有咖啡馆或旅馆,便不会发生惨剧矣。到了那一天,韦燕春先生向母亲撒了一个谎,来到蓝桥。桥下是一条枯干的河沟,平常无水,路静人稀,真是情侣们颠三倒四的好地方,他就坐在桥下等候。

一直等到三更时分,忽然大雨倾盆,刹那间只听得上游万马奔腾,波浪滔天,山洪暴发,大水汹涌而至,韦燕春躲避不及,竟被淹死,临死时双手抱着桥柱,不肯放松。而贾玉珍小姐怎么搞的乎?她在闺房之中,也心如焚火,好容易等到雨停,踏着泥泞,寻往蓝桥,却人迹不见,心中又惊又疑。走到桥边往下一望,看见有人在下抱着桥柱,乃唤曰:"韦郎,韦郎,我来了也。"不见答应,走到跟前,定睛一瞧,只见他面色苍白,七孔流血,已死去多时。贾小姐抱尸哭曰:"是我赴约来迟,害你丧生。"乃解下衣带,就在桥头自缢。这已是第六世不得结为夫妻矣。

21. 第七世

金童玉女,从公元前三世纪秦王朝时投生起,一直投生到公元后十六世纪明王朝中叶,差不多拖了两千年之久,两千年之久顶多只能用眼睛干望,而不能成为夫妻,真是气死人也。第七世夫妻出现在十七世纪明末清初,只因天下大乱,有一位李自心先生,夫人杨氏,逃难到江苏省金坛县,就在新河镇落户。距新河镇半里,有一座山,名叫孤鹫山,上有八节长春之草,四时不谢之花。李自心先生初到该处,人生地疏,十分寂寞,天天游山玩景,打发时间。有一天信步走到孤鹫山,山峰好像一只巨鹫,山下有石碑,石碑上写得明白,山峰上本来有两只鹫的,某年某月,忽然飞去一鹫,只剩下一个,所以才叫孤鹫,乃当地名胜。李先生左顾右盼，甚觉心旷神怡，循着山径，走着走着，忽然看见一个山洞，有一群乌鸦喜鹊，飞绕洞口，哇啦哇啦干叫，李自心先生心里想曰："此处不是人迹罕到之处，飞鸟盘旋不去，必有缘故，让我进去瞧瞧。"进得洞来一瞧，里面躺着一个婴儿，在那里呼呼大睡，急忙抱起，只见怀揣一张纸条，上写曰："罪妇张氏，因遗腹生子，不能见谅夫族，无奈抛弃山间，如蒙仁人君子携回抚养，当结草衔环，以报大德。"

这个弃儿就是蓝桥淹死的韦燕春转生。李自心先生把他抱回后，起名李奎元，雇了一位乳母，细心抚养。光阴似箭，日月如梭，有话即长，无话就短，转眼李奎元已长大成人。有一天，杨氏曰："儿呀，为娘有话，要对你说，你父亲本是河南人氏，只因闯王造反，逃难到此，如今快二十年矣，而天下仍是大乱，我们年纪已老，生前恐难见太平盛世，你母舅无后，他日也要你养老送终。"李奎元曰："母舅名字叫啥，现在何处？"杨氏曰："他叫杨砚卿，大概仍在洛阳教书。"李奎元曰："既然如此，待我去洛阳接他来金坛和我们同住，岂不甚好。"杨氏大喜。

李奎元先生到洛阳找杨砚卿。洛阳乃有名古都，人口千万，谁会知道一个无名小卒乎？探听了两月之久，也没有探听出啥名堂。有一天李奎元先生用罢早饭，照例出门，走到一条街口，见墙上贴着一张大大的布告，写着十个大字曰："奉旨彩楼相婿，抛球择配。"原来洛阳王家滩，有一位刘家政先生，做过明王朝宰相，生有一女，名叫刘瑞莲，长得沉鱼落雁，闭花羞月，诗词歌赋，以及英美法日各国之文，无一不通。可是，也正因为才貌双全，更难找到如意丈夫，一拖便是几年，刘老头便和夫人商议曰："若将女儿随便婚配，岂不误了她的终身。依我之见，不如盖一座彩楼，求天做主，夫人意下如何？"这种择婿的办法属于混蛋加三级，历史上到底有没有这回事，考据学家真应该考据考据，何以民间尽都是些有关彩楼抛球的传说耶？像王宝钏小姐，便是因一球打中了薛平贵先生而名垂千古。大概可怜的小民自造奇想，用以过过跟千金小姐结婚的瘾也。

到了抛彩球的那天，李奎元先生去啦，只见那彩楼高有数丈，两旁各筑一个小门，当中供着圣旨，楼角有两个龙凤鸳鸯旗，迎风招展，气象万千。台下还有很多三作牌，维持会场秩序。盖彩球抛将下来，被打中的当然如醉如狂，可是没有打中的人，心中不平，会一拥而上，大抢特抢。呜呼，那时的人如果有现代涂改爱国奖券的脑筋，便不必动武了矣，事先打听清楚，弄个假彩球揣到怀里，打中则罢，打不中就掏将出来，硬说打中，闹他一闹，即令娶不了小姐，依目前最流行的折衷主义，官司打将起来，娶一个相府的丫头，总是没有问题的也。

闲言不提。且说台下人山人海，喧嚣沸腾，到了中午，只听三声炮响，一位千娇百媚的小姐，在前呼后拥中，上了彩楼。向圣旨拈香叩拜已毕，有个官员来到台前对众言曰："尔等士子听了，今有刘大人小姐刘瑞莲，奉旨择配。条例具在，请看明白，凡已结过婚的，快快退出，否则立打四十大板，留过外洋的朋友可站第一排，进过大学堂的朋友可站第二排，高中高职学堂的朋友请站稍后，初中和小学堂程度的朋友，请站两旁。"言罢，台下乱了一阵，退出的退出，没有退出的，各就各的位置。隔了一会，刘小姐起立，手捧彩球，暗中祷告曰："信女刘瑞莲，只为婚姻大事，恳求神明做主。"祷告已毕，站在台前，就要抛球。台下像滚水泼老鼠般乱闹起来，刘小姐定一下神，向空中一扔，绣球左飘右荡，不偏不倚，打中了第七世男主角李奎元。

刘老头见李奎元先生一表人才，询问家事，十分欢喜，摆驾回府。府中早已张灯结彩，锣鼓喧天，当下刘老头吩咐把姑爷留在西厢安歇，住了三朝期满，选定黄道吉日，举行结婚典礼。这其中过节，用不着细表啦。反正是到了那一天，夜深人静，入了洞房，红烛高烧，罗帐低垂。呜呼，新式夫妇，双方已经互相了解得不像话，再来个形式，有啥可喜的？只有旧式夫妇，若柏杨先生和柏杨夫人，想当年结婚之时，虽然风气已开，但也不过遥遥见过两面，远远吹过口哨而已，一旦成了夫妻，现在搞自由恋爱的年轻朋友们，想都想不到那种情调也。

过了三更半夜，新郎新娘，含情脉脉，正要宽衣解带，效鱼水之欢，啊呀不好，只见红光冲天，大火逼门，原来那些没有被打中的小伙子，听说中球的竟是一个外乡人，肺都要气炸啦，乃约定入洞房的那一天，放火去烧相府，以泄不平。这种主意到底是流氓出的，抑是太白金星在暗中捣的鬼，考据家没有交代，我们也不必乱猜。反正是一把大火的结果，刘老头夫妇、刘瑞莲小姐、李奎元先生，统通死在火窟。等消防队将火扑灭，在一片瓦砾焦土中寻找，只见新婚夫妻衣裳未脱，紧紧抱在一起。至于那些放火的不良少年，他们的爸爸都是奇大的官崽之故，况且事主已死，以今测古，当然没事。

李奎元、刘瑞莲死后，阴魂仍化为金童玉女，升天见玉皇大帝复命，经过两千年的奇怪苦难，终于了结一桩公案。

22. 两种血腥手段

七世夫妻介绍已毕，这一段闲话可以结束矣，不过由七世夫妻，可以看出婚姻自由的重要。中国五千年历史，二十世纪以前的漫长日子，婚姻向来是凭父母之命和媒妁之言的。有些圣崽常曰："古时候的婚姻是先结婚后恋爱，现在的婚姻是先恋爱后结婚，故古时夫妻都可白头偕老，现在结婚反而成了恋爱的坟墓。"说这种话的，其屁股一定奇肿，盖五千年来的阴魂有知，定饶不了他。现代婚姻，合则留不合则散，顶多只有凄凉味，没有血腥味。而从前的婚姻却是血腥扑鼻，靠下列两种血腥手段以维持之的焉。

一曰小老婆的制度。现代丈夫对太太不满意，除非离婚，简直如狗皮膏药，毫无办法。可是从前的丈夫却办法大啦，可以娶一个小老婆，娶一个小老婆仍不满意时，还可以娶十个二十个。结发妻子扔到乡间老宅，十年二十年不通音问。社会上不但不以为非，反而羡慕得连口水都流出来。尤其是当皇帝的家伙，小老婆多如牛毛，三千四千漂亮的少女都希望和他上床。柏杨先生此生最大的愿望就是当一下皇帝，别的不说，仅美女如云，就够晕陶陶的也。

所以从前的混账男人有福啦,他根本用不着怕始乱终弃的罪名,也不必打啥离婚官司,只要高兴,就可以把女人当猪仔一样买之囚之,想不到这种情形到今天还有人称赞,该圣崽的屁股不奇肿,谁的屁股奇肿乎?

二曰女人椎心泣血的屈服。柏杨先生小时,乡下一个亲戚嫁女,因我长得很是英俊,特派随轿前往。亲戚仅嫁妆就送了一百四十大箱,每个箱子四角放着四个一两重的金元宝,一路吹吹打打,娘家人无不扬眉吐气。可是拜过天地之后,新郎不知跑到哪里去啦,等到三更半夜,他才回房,一进门就向新娘要钥匙,打开箱子,取了四个金元宝而去。一会儿回来,又打开第二个箱子。天快亮时,他赌博已输去四十两矣。新娘哭了一夜,第二天,新郎回房,上去就给新娘一个耳光,骂她哭啥哭。呜呼,如果换了现代,新娘早掉头而去,一状告进法院,婚姻成了坟墓,成了悲剧矣。可是那个时代,新娘只有忍耐,没有三年,家产全光,她怀抱婴儿,沿街乞讨,娘家想接她回家,丈夫就要金元宝,最初是一月一锭,后来涨到一天一锭,新娘不愿母亲为她破家,乃到外县流浪,不知所终。圣崽者流一定认为她们的婚姻爱情,巩固而神圣得很哩。

从前的婚姻基础,建筑在男人无限权威和女人无限屈服上,所以稍微有点灵性的男女,对传统的办法都有一种恐惧,而希望自己选择。七世夫妻当然不会是神鬼转世,但小民不敢反抗圣崽的礼教,只好把过错推向冥冥中无法还手的玉皇大帝。

甚至连玉皇大帝也不敢推,而把第一因归罪于金童玉女自己——打碎了一个酒杯和嫣然一笑。仅只打碎了一个酒杯和嫣然一笑,竟受了七世的活罪,死了七次非命,那处罚未免过分,可是民间对暴君的凶残干法,却没有半点谴责,这固是小民敦厚,也是小民无知。

以梁山伯祝英台为主的七世夫妻传说,每一个传说都可以成为一部感人的小说和戏剧,每一世的主旨都在强调争取婚姻自由,和对黑暗社会的反抗。私订终身是时俗所不许的,约会幽会更是下流。然而处在强大压力之下,不私订终身,不约会幽会,有别的啥办法乎哉？圣崽们每每张牙舞爪，指责青年离经叛道，呜呼，他们搞成那种非离非叛便不能活下去的局面，却又不准别人离叛，真是天下第一等王八蛋。

若干年前，我的朋友有一位女儿，跟一个幸运的年轻人恋爱，老头老太婆怒发冲冠，父母们所有的绝招统通施展出来，打之骂之，讥之讽之，囚之禁之，再加上喋喋不休地到处宣传。半年之后，女儿和那家伙私奔。老头叫我帮忙寻找，柏杨先生也是好事之徒，乃左打听右打听，终于打听出地址。该老头一见女儿，气就更大，抓住就是一顿臭揍，一面揍一面理直气壮曰："我非打死你不可，你向我发了多少誓不同他来往，原来放屁。"女儿哭曰："我当初不发誓不行呀，我不发誓你就一直打我呀。"我乃拍老头之肩曰："老哥息怒，听我一言。看样子是你逼她反抗你欺骗你，不是她存心要反抗你欺骗你也。她如果不欺骗你不反抗你，你就不抬贵手，她能嫁给心爱的人乎？"老头脖现青筋，大叫我滚，我乃使个眼色，两个年轻人越窗而逃，剩下他阁下一位，在气喘如牛。

吃人的礼教像魔鬼的天罗地网，反抗它的人——凡是敢于反抗礼教的人，多少都有点独立思考能力，和有点大无畏的倔强精神。倒霉的被礼教吞噬，成了悲剧，幸运的也会头破血出。民间最崇拜的七世夫妻，他们都是被迫而起，用自己的终身幸福和生命，向恶势力挑战，恶势力不仅指社会上那些不相干的人，也包括自己的父母。他们在极强大的桎梏之中，去欺骗父亲母亲，为了爱情和自由，做出即令现代也叫卫道之士瞪眼的事，而这些事在民间却被歌颂，被赞扬；为他们哭泣，为他们落泪也。这里可以看出圣崽和平常人的分别，圣崽维护礼教（因为他就是礼教），正常人则反对。圣崽崇拜君父（因为他就是君父），正常人则研究研究。圣崽服从权威（因为他就是权威），正常人则唾弃。圣崽希望别人受了迫害都埋在心里以便他继续摆布，正常人则怒吼而起反抗。圣崽真是中国第一等恶毒虫豸，一天不除，国家一天没有前途。

然而，因为很多小民的灵性都被酱得奄奄一息的缘故，连七世夫妻的故事,也都显得单调无味。梁山伯祝英台可以说是脍炙人口,可是同窗三年,有没有曲折缠绵,有趣有味的情节哉?啥也没有,唯一有的是祝小姐回家时路上那一段调情。若孟姜女小姐的许婚,若刘瑞莲小姐彩楼择配,若男女二人一见面就要上床,乡村观众的口味未免可以和台北观众的口味相比。如果能有曹雪芹先生那样伟大的作家写之,一定是另一部伟大作品。柏杨先生介绍七世夫妻,还算努力艺术化了一番,如果照原来传说一点不改地忠实报导,包管你兴趣全消。

23. 血泪的反抗

从七世夫妻故事上,可以发现一个问题,七对男女,因反抗礼教和圣崽的迫害而弄到惨死下场,没有人敢追溯它的第一因,是谁逼他们非如彼不可乎哉?私奔固是丑事,是谁逼他们非私奔不可乎哉?私订终身固为时俗所不许,又是谁逼他们非私订终身不可乎哉?要说没有追溯,似乎也不公平,不过追溯的结果,官崽反而没有责任,政府更没有责任,有责任的却是看不见摸不着的玉皇大帝,连罪恶都有神仙代为顶缸。

中国历史上最大的冤狱,莫过于岳飞先生之狱,而小民只敢责备秦桧先生。在那种专制时代,秦桧先生只不过一个宰相,他的权力不来自国会选民,而来自皇帝赵构。赵构先生如果不想杀岳飞,秦桧能单枪独马杀之乎?岳飞冤狱的第一因在赵构身上,而赵构为啥非杀岳飞不可耶?他怕把“二圣”弄回来之后,他的皇位不保,有些人说他是多虑,其实他一点都不多虑。三百年后的明王朝皇帝朱祁镇先生,被瓦拉部落活捉,其情形和赵佶、赵桓被金帝国活捉一样,朱祁镇的弟弟朱祁钰当了皇帝,千方百计把朱祁镇弄回来,朱祁镇不但没有感谢，反而翻脸无情，来一个“夺门之变”，把朱祁钰挤垮。赵构如果不杀岳飞，而把赵佶、赵桓迎还，谁敢写保票“夺门之变”不提早三百年演出？我们说岳飞冤狱的第一因在专制政府，亦可以也。可是世人只敢责备秦桧，不敢责备赵构，因赵构是皇帝，责备他准大祸临头，故只好找软柿子捏也。呜呼，秦桧先生充其量不过一个心狠手辣的马屁精而已，为了做官，啥坏良心的事都干得出来，说他帮凶尚可，叫他完全负杀岳飞的责任，便与事实不符。柏杨先生早就想建议西湖上秦桧先生夫妇的跪像，应该取消，而改成赵构先生的跪像。此建议目前虽行不通，将来总有一天行得通也。

小民的愤怒只敢到秦桧为止，不敢再往上溯。大概日子久啦，觉得秦桧官拜宰相，属于位尊而多金者流，也不敢得罪，七世夫妻那种归罪于因果报应的办法乃出了笼。君看过《精忠岳传》乎？岳飞先生前世乃是一只大鹏鸟（故别号“鹏举”），不知道怎么搞的，得罪了海里的鱼鳖虾蚧。于是那些鱼鳖虾蚧，分别转生为秦桧焉，转生为秦桧的夫人王氏焉，转生为完颜兀术焉，如此这般，岳飞被杀，既跟赵构先生无关，也跟秦桧先生无关，而是玉皇大帝的旨意，叫他们到人间了却一场是非恩怨。小民一听，既然如此，怨恨之气，就自然大减。

在这里也可以看出一点毛病，中国历史上当皇帝的家伙，如果一个个研究起来，够八十分的不过少数，其他的不是白痴，就是流氓，不是凶暴的禽兽，就是昏庸的无赖，顶多有一点赵构先生那种小聪明。可是民间的传说，却无一不是天子圣明。《精忠岳传》是一例，君不妨再看看《水浒传》，《水浒传》亦是一例也。

《水浒传》上一百零八条好汉，以林冲先生起端，以宋江先生为首，把宋王朝政府搞了个狼狈不堪。看过《水浒传》的朋友都知道，那一百零八条好汉，每一人都是被官崽逼成反叛的。若林冲先生，他除了“反”，还有别的办法乎哉？黑暗无比的官府，切断了他所有的路——前进的路和后退的路，而只给他留下反叛的路。林冲先生如果老老实实，像官崽和圣崽所瞪眼呐喊的，静候法律解决，他那美丽惹人的娇妻早成了别人的小老婆，他自己也早执行枪决，褫夺公权终身了矣。

然而,问题就出在这里,明明是官逼民反,却不敢归罪于官,而只敢归罪于因果报应。《水浒传·楔子》上写得明明白白,一百零八条好汉,也就是那批被官逼疯逼死、逼反逼叛的可怜朋友,乃阴间一百零八条妖魔,被人放了出来,投胎凡尘,扰乱天下。呜呼,民怨沸腾,不是官的责任,反而成了上天注定的和神的责任,这种学说是典型的当权派的学说,如果他们那些人天生注定地要扰乱天下,官崽有啥办法哉。等于赵构先生杀岳飞先生,如果赵构先生前世是一只乌龟,被岳飞先生啄瞎了眼,吃了肠肚,则这一世不过报那一箭之仇而已,和抗敌不抗敌无关,和"二圣"还不还也无关。每一件奇冤都有神话替他顶缸,悲夫。

天下是不是有因果报应这回事,言人人殊,大多数人都认为有的,不过这种结论好像不太科学。有些人固然自食其果,种瓜得瓜,种豆得豆。但有些人却硬是没有食到其果,种的是瓜,得的是豆;种的是豆,却得的是瓜。偶尔有个家伙半路栽了一个斤斗,马上有人叹曰:"上帝的磨子虽是慢的,却是一直地在磨。"以表示善有善报,恶有恶报,不是不报,时候未到。其实即以柏杨先生而论,年轻时种种恶形恶状,早应天打雷劈,何以今天仍老来甚健,活得很好,而且因写杂文之故,自以为成了文豪乎?同样道理,那些现在在巴西焉,在美国焉,不时回国鼓励民心士气的正人君子,早都得害上大麻疯,倒毙在地狱门口。

事实上个人的因果报应绝不可靠,但却铁定地报应在社会上,大家都努力自掘坟墓,虽然有些掘墓最力的朋友相机去巴西买了橡园,安安闲闲过日子,但大多数人却是被推进去,被活埋了也。即令天下有的是因果报应,似乎也不是中国小民心目中所流行的那种因果报应——天生注定要演出悲剧的那种因果报应,一世二世以至七世都惨死的那种因果报应。更不是鱼鳖虾蚧公报私仇,亡人之国并杀戮千千万万善良男女的那种因果报应。同样的,官逼民反就是官逼民反,不能用别的东西来搪塞,否则的话,穆万森先生杀了依铭女士,一定是上辈子依铭女士杀过穆万森先生矣。这种逻辑一成立,事事均有别人顶缸,不敢把罪归到凶手身上,成了凡是既成事实都是合理的现象,那才真正的是有权有势的朋友们的天下,小民无噍类了也。

24. 且走着瞧

《梁山伯祝英台》的电影轰动一时,然而历史上轰动一时的玩意儿多啦,并不一定就可永恒,它只不过在半票观众面前有票房价值,并没有艺术价值也。柏杨先生自从写了短短一文,略加批评,就接到不少读者先生的信,有的大斥大骂,有的婉转解释,有的则因我不看中国电影而说我是卖国贼。关于卖国贼,实在不敢当,盖我即令想卖国,十块钱卖一斤,有谁要乎哉?盖卖国贼也不简单,有资格的才能卖,你我小民,卖不动也。至于说我不爱国,则为该二三流电影效命,拉低中国艺术水平,使国际间以为该电影就代表中国,就是中国人灵性的和艺术的最高造诣,才真正的是不爱国。从前宋玉先生对楚王曰:"有人在郢京唱歌,唱的是下里巴人,跟着唱的好几千人。后来他又唱阳春白雪,就不行啦,跟着唱的不过数十人。"有些读者先生曰:"难道那么多人都说好,还不是定论乎?"当然不是定论,便是再加上一千倍的人都说好,下里巴还是下里巴。如果说有人看便好,则《梁山伯祝英台》在香港便没有人看,赔得要上吊,岂不糟到了底。艺术不是民主政治,人多者胜;也不是官崽政治,官大者胜。不是说洋大人看了哭,便是拿破仑先生也跟着哭,便是尼禄皇帝用汽油桶代替眼泪瓶,票房价值也不等于艺术价值。

柏府最近新请了一位下女小姐,非常能干,而且欢喜看书,初来时一见柏府到处是书,芳心大悦,可是看了一本又一本,都只翻了几页就货归原处。问她为啥,她打哈欠曰:"没啥可看。"不但托尔斯泰先生、曹雪芹先生、纪德先生没啥可看,便是柏杨先生的《倚梦闲话》,她也觉得不堪入目。我又介绍几本特价小说,她还是看不下去。可是忽然有一天,发现她埋头苦读,连饭都顾不得煮,一面烧菜,一面手不释卷,口中还啧啧称赞曰:“真好,真好。”不由大惊,过去一瞧,原来是柏杨夫人从大陆来时带的一本唱书,石印小册,书名曰《雷公子投亲》,盖老妻上过学堂,在乡下为一些目不识丁的村妇闲来念念的玩意儿也。

“下里巴人”焉,《雷公子投亲》焉,《梁山伯祝英台》焉,大概五十步和百步之差。有一位先生曰:“照你说来,柏杨夫人也是该片影迷,她的欣赏水平岂不也低级?”噫,要是低级的话,不论是谁,如果柏杨先生努力推荐《雷公子投亲》,也是低级。看《雷公子投亲》的朋友,便是再多,其官便是再大,即令扼住柏杨先生的脖子,都不能说《雷公子投亲》是中国古典文学的名著。可是,据说太太小姐们硬是喜欢女扮男装的调调,该电影自然非好不可,所有的读者先生来信都没有提过“梁兄哥”,大概和女扮男装一样,各有口味。

问题是,柏杨先生似乎顶撞的人太多,有一个朋友太太瘪嘴曰:“柏老,我们低级,看你多高级呀。”实际的情形大概不在于该电影好不好,而在于高级不高级,柏杨先生严重地伤害了半票观众的自尊心矣。三十年前的《渔光曲》,十年前的《热烘烘的太阳往上爬》,均曾风靡一时,而今安在哉。不妨心平气和,慢慢走着瞧可也,盖有艺术价值的必然永恒,必然持久,而只有票房价值的,恐怕过了几天你便再想不起来啦。

25. 抓抓心里奇痒

男扮女装和女扮男装,有其社会的必然性,也有其群众心理基础。柏杨先生曾说,梅兰芳先生的时代已过去啦,偏偏有些学问甚大的人说没有过去。这成了硬抬杠,不是艺术讨论,我们就谈不出啥名堂。但任何一种现象都是社会的产物,那就值得研究。

英国有句俗话曰:“巴力门除了使男女变性外,无所不能。”这固强调了巴力门(指议会)能,但也反证出性别的严重。最近虽有医生可以动手术变性,不过成绩如何,还不知道,即令变性成功,也无碍性的固定性和稳定性。一个人生下来是男,这一辈子都得是男,别打歪主意变成多情少女,嫁个百万富翁享福。一个人生下来是女,也是上天注定要穿一辈子的高跟鞋,袅袅婷婷,别动脑筋去踢足球。迄今天为止,社会一直仍是以男性为中心,所以女人希望变成男人的多,而男人希望变成女人的少。君读过《三国演义》乎?诸葛亮先生率大军北伐,他的对手司马懿先生一看来头不对,仗既打不过,乃学了龟缩奇法,任你叫骂,俺就是不出手。诸葛亮先生遂送了一套女人的衣服给司马懿先生,曰:“你要是大丈夫,就出兵较量。要不出兵,你就是女人,不妨涂上口红,穿上高跟鞋,扭给我看。”他以为司马懿先生受不了那种羞辱,非拍案而起,大干不可。想不到司马懿先生真有一套,说俺是女人俺就是女人,涂口红就涂口红,穿高跟鞋就穿高跟鞋,反正我就是不打仗。

呜呼,如果司马懿和诸葛亮是两位女士,而不是两位先生,诸葛亮女士气恼不过,送给司马懿女士一套西服,一条领带,她会以为那是一种羞辱乎哉?我们常看见女人穿着男人穿的西服裤子街上乱跑,没有一个人认为有啥不对。可是如果柏杨先生穿上旗袍,在马路上猛晃,恐怕要被警察局请去修理修理。故历史上男扮女装的不多,只有一位《水浒传》上的李逵先生,为了捉拿强盗,扮成新娘。另外还有一部电影,名《热情如火》,两个男主角为了逃命,也扮成舞女。除此之外,便只有梅兰芳先生矣。

我们在这里不谈梅兰芳先生的演技和他成功的经过,而只谈一件事,那就是他不本本分分地当一个男人,而忽然扭扭捏捏,学起女人,是啥缘故哉?即令有人给柏杨先生一块钱,叫我走路时摇屁股,说话时轻歪玉颈，我都不干。非我不爱钱，而是受不了那股麻劲。但梅兰芳先生却乐于为之，是他不知耻乎？抑有神经病乎？或是天生地喜欢那调门乎？恐怕都不是，而是社会有那种需要，他不过像开国皇帝们一样，应运而生。盖清末时候，政治虽然腐败，但却有一种规矩比现在严格，那就是无论大小官崽，绝不可以上酒家，更不可去北投，换句话说，不许嫖妓。一旦被人告发和妓女有来往，那就垮了个铁定。于是正人君子乃走法令的夹缝，不准我玩妓女？没有关系，我玩玩“相公”，总没啥可说了吧。这里的“相公”不是梁山伯先生那种“相公”；也有叫“相姑”的，指的是年轻貌美的男子，人见人爱的娈童也。

除了玩相公的风气，促使男女在外表上趋向混淆外，还有戏剧，对变性也有贡献。别看梅兰芳先生现在成了艺术大家，齐如山先生靠着他的余势，在台湾还吃了十几年。可是当初他的社会地位，比柏杨先生高不了多少。不要说清末民初，便是他当了明星的朋友，仍和正统的社会格格不入。以“杀奸夫”闻名于世的魏平澳先生，岳父母当初反对他，就因为他是演员，后来发现他真是一个好女婿，才大喜欢而特喜欢。现在尚是如此，清末民初时更不用说啦，“戏子”仅比“妓女”高一丁点，跟“相公”差不太多。这不是柏杨先生好揭底牌，最近因对《梁山伯祝英台》电影表示了一点意见，触怒了大批半票观众，这年头以少得罪人为妙，自不愿再廾罪影剧先生，但却不得不从这里谈起，然后才能了解，为啥有女扮男装和男扮女装的怪现象也。

现在连大学堂都有专门科系研究戏剧，不但可以在中国学，还可以耀武扬威去外洋学，真是三十年风水轮流转，当时万料不到。盖当时“戏子”的地位根本见不得人，学戏的只限于走投无路，穷苦人家的男孩子。第一，有钱人家很少学焉。第二，女孩子很少学焉。我们特别注重第二项，女孩子学戏的既然那么少，戏里的女角，只好由臭男人担任矣。记得想当年，学堂里演新剧（“话剧”是抗战后才改的名字），啥都不缺，就是缺女角，后来为了逼真，负责教习决定去别的女学堂借调。剧社里一听有女学生要来，马上紧张万状，你也要当主角,我也要当主角。其中一个差役,有和老妈子拉手的节目,为此我和一位任姓的同学,就打了一架,结果胜利属我,在东来顺请他吃了顿羊肉泡馍。后来女学堂知道了我们大闹的情形,怕好心不得好报,严予拒绝,使我白赔了十九大文,冤哉枉也。

那时的现象是,男学堂演戏,男扮女装;女学堂演戏,女扮男装。有些小子扮起女装来,真他妈的像,十指尖尖,柔若无骨,年轻时又没有胡子,脸蛋又白又嫩,简直比真正的女孩子,还要精彩。有些王公大臣看到眼里,就动起了脑筋,闹了不少绯语艳闻。和这相反的,有些女孩子扮起男装,也别有一种风味,凡是扮男装的女孩子,通常都不会很漂亮,可是她却有一股劲焉。风流潇洒,白面书生,正是一般人心目中落难公子的那种类型,这里面的学问就太大啦,真正喜欢女扮男装的人,不是臭男人焉,而是太太小姐焉,主要的还是一些有钱有闲的太太,饱食终日,无所用心,看着自己的丈夫又老又俗——即令又帅又雅,也有点腻啦,最好换一换口味。这不是说该太太要红杏出墙,女人红杏出墙比男人红杏出墙困难万倍,受道德的拘束,和对冒险的恐惧,往往不能出之,也不敢出之。但心里痒痒的坐卧不安,一旦发现一个女扮男装的同性朋友,和那种人交往,既没有良心上的责备,也没有头破血流的危险,却可以满足心头的寂寞,抓抓心里那种奇痒。呜呼!有百利而无一害,怎不大喜若狂,看上一两千遍以崇拜之乎?越是有影响力的太太,越是喜欢这个调调。犹如越是有钱有势的王公大臣,越喜欢男扮女装的调调一样也。

26. 变态性心理

女人如果喜欢女扮男装的女人,是变态的性心理在那里作怪。盖从基本上讲,女人和男人最大的不同是:男人可以和男人和平共存,甚至可以成为刎颈之交,像秦琼先生那样,为朋友两肋插刀,死都不含糊。而女人和女人便不同矣,别看两位女人——或两位太太焉,或两位小姐焉,或两个老太婆焉,或两个女孩子焉,勾肩搭背,双双对对,你摸摸我的头发,我搂搂你的腰肢,亲热之状,好像可以手携手上断头台。可是内心固脆弱得要命,一旦分别,少者三个月,多则一年,便陌如路人矣。再见面即令仍又搂又抱,可是那份感情,必须从头培养。呜呼!男人间的感情可以累积,女人间的感情却很难累积也。

所以说在潜意识上,女人最大的敌人不是色狼,不是浪子,更不是那些因强暴罪判无期徒刑的家伙。女人真正的敌人乃是另外的一个女人,甚至是天下所有的女人。当一个女人,从小便对其他女人敌视,长大了更觉得别的女人实在讨厌。如果别的女人长得比她美丽,穿得比她漂亮,她的气就更大更凶。柏杨先生有时候多看别的如花似玉两眼,柏杨夫人就悲痛欲绝,恨不得天下所有六十分以上的女孩子都死光,只剩下她老太婆一人,便安全了矣。我这种解释有点肤浅,实际上当然不这么简单,夫女人者,乃天生的喜欢男人的动物,她们整天打扮得花枝招展,又烫发又穿高跟鞋,又袒胸露背,有些圣崽喟然叹曰:“真是男人浩劫,怎能抵挡这么多诱惑乎!”其实,女人们奇装异服,固在诱惑男人,但那不过只是一种副作用,其真正的目的却是和别的女人较量较量,比一比苗头。你不是穿三寸的高跟鞋乎?我穿三寸半的;你不是穿三寸半的乎?我宁可爬着走,也要穿四寸的焉。你不是穿露背的游泳衣乎?我穿露肚子的;好啦,你穿露肚子的,我就弄个半透明的穿之(读者先生不要紧张,我敢赌一块钱,将来准有全透明的游泳衣出现,够你心跳的矣)。你的旗袍开衩开到膝盖,我就开到大腿;等到人人都开到大腿,就会有个小姐开衩到屁股。反正得和别的女人不一样,才算不枉投胎人世一场。至于男人对她如何看法,统通抛到脑后。

以柏杨夫人而言,一个女人到了她这种年龄,早就应该改邪归正,安安分分啦。可是她猛赶时髦,非买三寸半的高跟鞋不可,任我苦苦开导,她仍一意孤行,买了一双,塞了很多棉花到里面。悲夫,你见过三寸金莲穿三寸半高跟鞋的奇景乎？她穿的结果是，跌了一个大斤斗，而我花了两百四十元给她看腿。她穿那玩意儿并非要想引诱谁，以老妻的风姿，不要说穿高跟鞋，便是满身贴钞票都没人看。可是她却和隔壁那个该死的老太婆斗气，该老太婆走都走不动啦，还穿三寸高跟鞋，有邻如此，怎能不出祸事？

女人最大的敌人是女人，则一个女人忽然被其他女人欢喜得不可开交，其中必有毛病。有一点要特别提请注意的，凡是以学识和人格为主的女科学家、女政治家、女文学家，以及女音乐家等等，都不可能受到这种性质的欢喜。试想哪个太太小姐仰慕居里夫人，或仰慕吴健雄女士，仰慕到若疯若狂的程度，大家凑份子请她来台湾，你家住几天，我家住几天乎？但对于女戏子则不然矣，世界上唯一受全体女人欢喜的只有女戏子。在柏杨先生家乡，为了和女戏子结拜干姐妹，结拜义母女，而搞得倾家荡产，固多的是，举起例子，三天都举不完。

女人们和女戏子交结，除了安全感和性心理上获得满足外，还有一种好处，那就是，凡戏子也者（现在曰“明星”），她们干的那个行业，在本质上非常需要感情上的群众，而不需要理智上和艺术上的群众。演员最大的危险不是有人批评，而是没有人崇拜，而如何才能把群众搞得蠢血沸腾，为她打架都干？最妙的方法，必须走群众路线，别看她有时候表面上高贵若仙，一旦遇到真有力量捧她的大爷大奶，她就会比热麦芽糖都软。从前女戏子到了一个新的码头，第一件事便是拜干妈。想当年柏杨先生也当过几年地头蛇，戏班子来演戏时，女主角一定带着一份厚礼，见了老妻就磕头，叫“娘”叫定啦。这一叫的学问大矣，一则免得柏杨先生动歪脑筋，二则她施出浑身解数，把老太婆搞得晕晕陶陶。从此之后，不要说演戏，就是杀了人，都会叫我出头顶缸。

太太群所以欢喜女戏子，正因为女戏子有一套别人望尘莫及的温柔体贴工夫，能使一批半老徐娘，心花怒放，虽孝子贤孙，都不易也。从前河南省督军万选才先生的太太害病在床，汗出不止，她的干女儿小白凤嫌手帕太重,就用舌头舔掉她脸上身上的汗珠,万太太怎能不感激零涕耶。于是,努力代她往外推销红票,每张十元(当时十元,是结结实实银做的,足够中等之家吃两个月)。于是小白凤天天去舔汗,万太太的副官则天天出门推销红票,相互辉映,皆大快活。如果换了女科学家、女音乐家,肯为她舔汗乎?

而且三代之下,无不好名者。前天柏杨先生去看电影,电影院门口美女如云,正瞧得眼花缭乱,一位摄影记者告曰:“那一位就是中国小姐。”一看果然不错,就悄悄挤到她身边,暗示该记者拍一张照,为的是将来向朋友吹牛曰:“你看,我和中国小姐合照的照片!噫,你连中国小姐都不知道?她就是中国小姐呀。”无论是谁都会肃然起敬,刮目相待,我就飘飘然矣。可是该记者弄不清我的意思,我一比再比,被该中国小姐发现一个脏老头在她身旁挤来挤去不老实,拂袖而去,使我终身遗憾。噫,老夫尚且如此,太太小姐不问可知。万一有那么一天,伊丽莎白·泰勒女士到了台湾,住在柏府,老妻陪她上街,路人大震曰:“她就是迷死伊呀。”你说老妻的脸上光彩不光彩吧。

结论曰:女人敌视天下所有的女人,唯不敌视女戏子、女演员、女明星,但那种肉麻麻之爱,和艺术无关。演梁山伯的女扮男装那位凌波女士,如果来到台湾,阔太太阔小姐一定最为疯狂,你如不信,拭目以待可也。

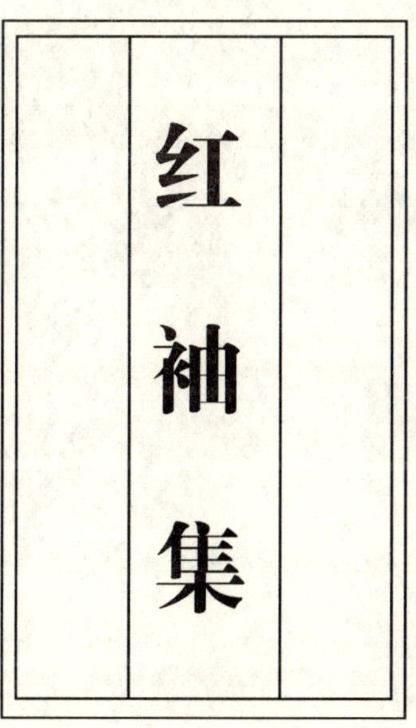
红袖集

提　要

《红袖集》为柏杨响应读者来函所提有关爱情、婚姻诸多疑难杂症而写的，全书主题从离婚的是非、父母反对儿女交往对象的对策，乃至女人难解、门当户对的观念、怕老、嫉妒、老处女等，大体来说不脱男女范畴，因而以“红袖”为名，是《玉雕集》、《堡垒集》的延续。

序

《倚梦闲话》《玉雕集》和《堡垒集》，性质相近，出版以来，据说世界文坛，都忽然震动。后来柏杨先生又在台北一家小馆，请了几桌文坛巨子，即席拜托他们自动自发写点书评捧场。有人天良已泯，山珍海味好像吃到狗肚子里，竟一字没写。有人则不好意思，就一面怨声载道，一面交卷。经大家这么一搞，似乎文坛就有更震动之象。于是读者先生乃纷纷中计，买书的买书，起敬的起敬，很多人还向我来信，问东问西，我就洋洋自得，写得更为凶猛。这本集子收集的，就是 1963 年 5 月至 10 月间，在台北《自立晚报》上所发表的这一类的大作。

按道理说，此集应该称之为《玉雕堡垒综合续集》的，但那样称法，似乎破坏了命名的划一性，乃定名为《红袖集》，盖"红袖添香""满楼红袖招""红袖莫相扶"，种种红袖，当然都是太太小姐的红袖。不过年头不对，女人们变得连领子都没有啦，更何况袖子乎？却是臭男人学洋派，七十岁还穿大红香港衫。但此集学问，却因此较之过去各集，更大更巨。呜呼，巍峨中华，竟出了个柏杨先生，为天地立生命，为小民通茅塞，为往圣继绝学，为万世开太平。中国同胞，真是艳福不浅也。

是为序。

1963 年 12 月于台北柏府

1. 驴子问题

柏杨先生杂文，自问世以来，似乎洛阳纸贵，举世刮目，不但紫气东来，据说连麒麟都要出现，以示空前绝后。呜呼，柏杨先生对自己的捧场，已经作了最大努力，有目共睹，用不着再拼命擂大鼓矣，读者先生晓得是怎么回事就行啦。夫《倚梦闲话》，乃台北《自立晚报》上一杂文专栏，过去每天七百字时有之，每天一千七百字时亦有之，现在则是一天一千字，为了稿费，或为了纸短情长，经常的每天都多一二百字，不过总不太离谱，盖地盘有限，写得太长，挤掉或挤短别人的大作，不但别人大怒，编辑老爷亦大怒也。

柏杨先生每天早上，起床之后，梳洗更衣已毕，老妻端上香茗一杯，我就俨然而坐，然后老妻出去买菜，小孙女就高声问曰："床玩？身玩？"床玩者，上床玩也；身玩者，上我的身玩也。于是她爬到我老人家背上，骑到我老人家肩上，一手揪发，一手蒙眼，和我捉起迷藏。如换了那些没有前途的作家，早就束手无策。可是柏杨先生天纵英明，气冲斗牛，泰山崩于前都不眨眼，何况小小女孩乎？她在头上一面乱搞，我就在纸上一面乱写，吾友马克·吐温先生曰："一个人只有在讲演时不用大脑。"形容那些台上分子信口开河，不知所云。其实我以为有些大号作家，在写作时也是不用大脑的，柏杨先生便是一例。头被抓得前仰后合，口中还不断学马叫、学狗叫以娱之，简直不知道写的是啥。可是写好之后，修理一番，篇篇都是盖世文献，这正是我的伟大之处，特此猛嚷，世人不可不知也。

不过，智者千虑，必有一失，如此谈论问题，难免挂万漏一，或者没有抓住要点，或者言不尽意。这不是说我的学问不够大，连亚里士多德先生都有聪明一世，糊涂一时的时候，柏杨先生自不便例外。所以经常接到读者先生来信，有的提出具体问题，要求答复；有的告以纠纷始末，恭请代为策划；有的则义正词严，大加谴责；有的大概急于表演点啥，下笔便破口大骂。我对之还是老规矩，凡是我看着不舒服的信，统统登记在案，以便机会一来，再作报复。凡是请教的信，则摘录记载，因许多问题的性质是相近的，可以集中在一块研究，不但省时，也可以省精力也。现在且分门别类，大放厥词，敬请拜而读焉。

一

来信提出问题，不外家庭、婚姻、爱情。关于这一方面，报上有信箱，杂志有专刊，到处可以获得帮助。不过家庭、婚姻和爱情的变化，实在太大，而又因为每人的个性都不是一样的缘故，同样内容，同样方案，适合张先生李小姐的，未必适合王先生赵小姐；适合周先生周太太的，未必适合孙先生孙太太。每一个人或每一个问题都是独立的，简直除了自己领悟外，非靠天老爷摆驾下凡不可。但问题是：天老爷不可能随时摆驾下凡，亲自为亿万众生解决每一个困难。它只要给我们原则就行啦，就在原则的实践上，看出人的智慧。

一个人的悲剧，往往是个性造成，一个家庭的悲剧，更往往是个性的产物。一位少妇来信要跟我面谈她的婚姻烦恼，我复信训之曰："如果是丈夫找你的麻烦，你要忍耐。如果是你找丈夫的麻烦，你要冷静。"后来没有再接到来信，大概发现我并没啥了不起。不过，脑筋沸腾，只能使自己痛苦，不能使自己幸福也。

二

前些时有对中年夫妇，已有一个孩子矣，只不过为了应不应买一套沙发，吵起架来，竟写下了离婚之书，盖上手印，男的搬出，一走了之。柏杨先生闻讯，自告奋勇，前往调解。男的一看，以为女的派出大使，架子就更大啦。女的一看，以为男的派出说客，架子也同样猛往外端。男的努力宣传女的不是人,女的也努力宣传男的连禽兽都不如。做丈夫的非要妻子牺牲尊严才肯回家,做妻子的也非要丈夫牺牲尊严才肯允他回家,怎么开导,都不成功。

我鸣金收兵时,忽然想起了一段《伊索寓言》,寓言上曰,有一个农夫赶一头驴子进城,走到山径上,一边是绝壁,一边是悬崖,农夫恐怕驴子掉下去,就请它靠里面走,驴先生硬是不肯,非靠外面走不可。农夫打它,它也不听。拉它,它反而大肆踢腾。僵持到最后,驴子脚下一滑,跌下万丈深谷,粉身碎骨。满头大汗的农夫叹曰:“你胜利啦。”呜呼,有些人天生的驴先生性格,在婚姻纠纷中,大获胜利,一辈子往肚子里流泪。这么惨重的代价,只不过当初不肯往里面靠一靠而已,真是天下绝大的混蛋也。所以柏杨先生对于有些弃夫弃妇,根本就不同情。如果一言一行,都在硬逼对方下手,能怪对方遵照办理乎?

上述夫妇后来的结果如何,不问可知,家庭间多的是这种无聊的是非。其实只要丈夫赔赔礼,或者妻子抱着丈夫鼻涕一把泪一把,啥事都可解决,却非弄得家败人散不可,叫人跺脚。

三

然而这不是说连自己人格都不要啦,关于这一点,《堡垒集》上似乎言之甚详,前面说的那位太太就凶凶地指着柏杨先生的鼻子曰:“我自父母生下到现在,从没有受过谁的气。”我曰:“你说这话好大胆,当一个人,天生是要受气的,不受甲的气,就得受乙的气,你不受丈夫的气,难道丈夫应受你的气乎?他也是父母生的也,如果真的谁的气都不受,造成弃妇之果,就只好自己受自己的气矣。”她勃然大怒,下令逐客,我就像《伊索寓言》上那个农夫一样,叹曰:“你胜利啦!”拔腿而逃。盖夫妇间的纠纷,和朋友间的纠纷不同,往往并不涉及什么人格。我曾见过一个漂亮的太太当众打她丈夫一个耳光,其声清脆可闻,丈夫提出严重抗议,太太曰:“你天生就是叫我打的。”那做丈夫的难道便没有人格，便被人看不起乎？很多人还羡慕他有人管教哩。

每一个不想使家庭破碎，不想使婚姻破裂的丈夫太太，每一个不想使爱情砸锅的先生小姐，都应熟读该篇《伊索寓言》。要知道，大获全胜日，也就是粉身碎骨时。另外还有一对夫妇，丈夫告我曰："她不先向我低头，我不理她。"我曰："你真是一条好汉，将来历史上准写一笔曰，某某先生，一怒而妻子惧，何等光彩。"他不言语，盖知理屈，但仍驴子如故，个性使然，木法度也。而他的太太也是同样的驴子性格，我也曾告之曰："你阁下走到路上，别人指你的脊梁而言曰，她真了不起，每次跟丈夫吵架，都占上风。你的人格真尊贵也。"她虽知不对，却不能改，自尊和人格真是被误解透了顶。驴子的个性一定造成堕崖的悲剧，看它咆哮时那股奇劲，谁都阻挡不住，此悲剧所以天天都会发生也。

四

在这里，柏杨先生再提醒来信的读者女士或虽没有来信却有麻烦的读者女士注意，即令再忙，也要看一遍《聊斋》上的《恒娘》。我不是鼓励说，如果丈夫要杀你也要那么待他，而是说，夫妻间的纠纷，起因往往都很微小，微小虽然微小，却硬是越微小越严重。君听说过原子核子之类的武器乎？原子核子，固是小玩意儿，其威力都大得要命。

我们不厌其烦地再强调一次，无论男女——且以太太为例，她必须随时保持警觉。我有一位离了婚的朋友，他追述他们新婚之夜时的奇景，新娘坐在床沿上，把绣花鞋脱下，然后一手一只，鞋面相对，扑扑扑扑，拍了个够，不但灰尘四扬，而且恶形恶状，使他倒尽了胃口，一直到离了婚十年之久，都不能忘。另一位朋友也是如此，他太太每逢笑时，一定把下巴向外猛突，下齿剧烈地越过上齿，该朋友宁愿家破人散，都忍不下去。丈夫们也是同一道理，有一位颇有点名气的女人,一想起她丈夫吃过饭之后那种剔牙的英姿,身上就满起鸡皮疙瘩。该丈夫也是有地位的家伙,大概为国为民太过宣劳,牙缝奇宽,而且坏了一半;每次饭毕,他就一手拿牙签,一手掩嘴巴,在口腔里面,大掏特掏,掏到得意之处,还以舌尖吮其烂洞,啧啧作声;尤其精彩的是,他还不时抽出牙签,把牙秽捏到指上,举到鼻端嗅之;她一再警告,他都不在乎,只嘻嘻一笑:“这点小事,有啥关系?”是呀,有啥关系?不过离婚罢啦。不过我要声明的是,读者先生不要以为他一嗅牙秽,她就卷铺盖;而是他不断嗅牙秽,她心中那个厌恶种子也就不断地滋长,终于觉得自己是苦命的焉,羞辱的焉,被糟蹋了的焉;没有机会则罢,有机会放洋出国,远走高飞,遂一刀两断。

五

驴子问题,是一个重要症结。贵阁下读过司马迁先生的《史记》乎,想当年楚汉大战,刘邦先生被项羽先生的大军团团围住,急得发疯,使者入告曰:韩信先生已打下齐国,请求暂时代理齐王。刘邦先生一听,火气上升,骂曰:“老子望眼欲穿,你不来救,还要当王,当你妈的王。”张良先生急忙在桌子下面踢了他一脚,刘邦先生被踢之后,恍然大悟,立即改口曰:“大丈夫要当王就当真王,代理干啥?”事后问张良先生为啥踢他,张良先生曰:“你能不叫韩信当王乎?顺水推舟,他还会来救你,不委曲求全,他不理你,自己硬当上啦,请问阁下,你有啥法?”

呜呼,我说这故事是佩服刘邦先生了不起,假如换了《伊索寓言》上的驴先生,恐怕准跳起来大吼曰:“为啥踢我?你吃里扒外呀。”当悟不悟,便是再热络的爱情,再坚固的家庭,再美满的婚姻,都危险万状。

2. 且看《恒娘》

柏杨先生在《堡垒集》中，曾努力推荐《聊斋》上的《恒娘》，昨前两天，我又再努力加以介绍，那是一篇了不起的大作，无论男女，无论已婚未婚，无论婚姻有纠纷无纠纷，都应详细拜读。可是读者先生中有的来信说《聊斋》太贵，买不起。"买不起"者，不长进之词，一个人如果专门买廉价小说和神怪小说去看，那不是读书，而是堕落；廉价小说和神怪小说不会给人帮助，只会坑人。我的意思是，如果连买一本有用的书都心痛得三天睡不着觉，则不买可也。天下没有廉价的事，知识价值亦然，舍不得寥寥几文钱，则只好装到葫芦里过日子。

但也有些读者先生——特别是女士，乱吃豆腐，来信说买是买啦，看是看啦，可是看不懂，因《聊斋》上的文言文太过于深奥，请柏杨先生把它译成白话发表，存心给柏杨先生头上戴高帽，叫人好不舒服。不过要是译成目前流行的大作家们用的白话，我才有未逮；但要随我的笔胡译，则可以效劳。写文章的目的至少是使人看得懂，文言文终有其末日，这也是一种好现象也。

文曰——

洪大业先生，都中（北京）人，妻朱女士，漂亮绝伦，夫妇之间，自非常恩爱。可是后来洪大业先生却又娶了一位婢女宝带小姐为妾，宝带小姐并不美，但洪爱她入骨。（柏杨先生按曰："这一点很重要，丈夫姘上的野女人，往往不比太太好。太太姘上的野男人，也往往不比丈夫好。）朱女士气得死去活来，感情遂告破裂。洪大业先生虽然还没有公然在宝带小姐的房间过夜，但朱女士的压力越大，打闹吵骂越厉害，洪大业先生越是跟朱女士疏远，而越爱宝带。（按曰：打闹吵骂，只能使形势变得更恶劣，不能使形势变好，切记切记。）

后来搬家,邻居布商狄先生,狄先生的太太恒娘女士,过来探望。恒娘女士约三十余岁,中等姿色,但言语很甜,朱很喜欢她。第二天,朱去狄家答拜,发现狄家也有一位侍妾,年约二十余,美貌非凡。可是住了半年,洪家天天又打又吵,狄家却平平安安,狄先生虽有年轻美丽的侍妾,反而爱半老恒娘爱得要命,侍妾仅维持一个名义而已。朱心中大疑,乃问恒娘曰:"我以为丈夫贪野食,只因她是野食也,所以恨不得自己不是他堂堂正正的妻子,而也是他的野食。而今才知道不然,你有啥办法乎?可不可以教教我,我愿作你的学生。"(按曰:世人如果都能像朱女士那样的虚心,悲剧一定要少得多矣。)

恒娘曰:"噫,这是你自己的过错,怎能怪男人乎?(按曰:天下男女都应牢记此言勿误,任何弃妇弃夫都是不承认自己有错的动物,不信的话,可以找几个谈谈。)你天天从早到晚,和他打闹吵骂,是逼他不爱你而去爱别的女人也,你越打闹吵骂,他越对你离心,越对你厌恶。(按曰:应加双圈。)好啦,你快回去,回去后千万不要管他,他就是自己送上门,也不要他挨你,一个月后,当再为你设计。"朱言听计从,回家后,把宝带小姐打扮得漂漂亮亮,使之陪丈夫睡觉。丈夫的一饮一食,也都使宝带小姐伺候。洪大业先生不好意思,偶尔想和朱亲近,朱却严拒。于是全家上下,都称朱女士真是贤慧。(按曰:眼看丈夫和别的女人睡觉反而鼓励,没有伟大的动心忍性办不到。)

如此这般,过了一个月,朱再去拜见恒娘,恒娘喜曰:"对啦,对啦。你现在开始做另一件事,回去以后,不要做任何化妆,也不要穿干净整齐的衣服,也不要抹粉涂口红,更不要洗脸漱口。只穿破鞋破裙,杂在下人群里操作,一个月后,我再为你设计。"朱回家后,果然改穿最坏最烂的衣服,不但不华丽,而且上面全是补丁,又故意把它弄得奇脏,整天埋头在墙角纺纱纺线,啥事都不问,可怜兮兮,好像一个女奴。洪大业先生心里不忍,(按曰:就是要他不忍。)命宝带小姐去帮她的忙,朱不肯接受,一定把她打发走。

如此这般,又过了一个月,再去拜见恒娘。恒娘大喜曰:"孺子真可教也。后天是清明节,我假装约你上阳明山看樱花,你应该换上最美的和最好的衣服,玻璃丝袜、三角裤、旗袍、高跟鞋,都焕然一新,早一点来找我。”第二天,朱女士梳妆打扮之后,再见恒娘,恒娘曰:“成啦!”乃领到啥啥女子理发厅,洗之烫之,又用外国之油,秀发光光亮亮,可以映出影子。袖口已不太时髦,乃领到啥啥女子成衣店,拆之改之。高跟鞋的样子也落伍啦,乃领她到啥啥女子皮鞋公司,买了一双尖尖的焉、削削的焉,和三寸半高跟的焉。

如此这般,搞了一天,临别时,恒娘女士叫朱喝了点酒,(按曰:妙。)嘱曰:“回去后,只和你丈夫见一面,就马上关门闭户,上床就寝。他要进来,千万不要给他开,至少使他叫个三四晚上,才允许他进来一次,半月后,我再为你设计。”朱盛装而回,雍容华贵,俨然天仙化人。洪大业先生看了又看,口水都要滴出来,态度不知不觉和平常大不一样。朱略微跟他敷衍了几句,假装疲倦,天还没有黑,就回房闭门高眠矣。不久,洪果然前来敲门,朱婉拒不开,敲了半天,也没有敲出名堂。第二天晚上,如法炮制,洪又来缠,朱仍婉拒不开。第三天,洪大肆埋怨,朱曰:“我单独睡觉已成了习惯,最怕麻烦。”洪一看苗头不对,乃提高警觉,太阳刚偏西,还没有黑下来,他就到朱的房间里坐着不走,那一晚上的风流韵事,不必细表。事后还要朱答应他明天晚上再来,朱自然不肯,谈判复谈判,双方乃约定,以三天为度,每隔三天,准他进房一次,洪大喜过望。

如此这般,又过了半月,朱再去拜见恒娘,恒娘听了她的报告后,曰:“从此你可以抓住那臭男人矣。不过,你虽然很美,却谈不到甜,以你漂亮的面貌和苗条的身材,只要再有点媚劲嗲劲,连西施都不是你的对手,何况等而下之的野女人烂女人乎?”

恒娘乃叫朱飞一个媚眼,曰:“不对劲,外眼皮有问题。”又叫朱作一个微笑,曰:“也不对劲,左颊有问题。”乃自己做出样子,眼睛半开半闭,惺忪若玛丽莲·梦露,再轻俏娇笑,微露玉齿,使朱模仿,朱做了数十次,总算大致差不多。恒娘曰:“这才叫‘女人’,(按曰:女人不甜,而俨然关西大汉,就叫人反胃矣!)宜对镜练习,奥妙无穷。”朱回家后,照着恒娘的指教,刻意学习。洪大业先生看见,心跳如捣,魂飞天外,唯恐怕晚上关门,拒绝他进去,乃一点都不离开她的房间,足不出户,推都推不走,赶也赶不出。

最奇妙的是,朱对宝带小姐反而更好,每有宴会应酬,一定唤她来共坐相陪,(按曰:两位女人并肩而坐,面貌的美不美,气质的高或低,显得清清楚楚。)朱越是善待宝带,而洪越是瞧宝带差劲,不等到吃完就把她打发走。朱更进一步把洪骗到宝带房中,从外边将门锁住,洪竟不肯和她霉克拉夫。(按曰:这种贤慧举动,不但收买人心,制造舆论,而且堵住敌人的嘴,真是第一等高手。)呜呼,事情发展到此,有其必然的结果矣。宝带小姐蠢血沸腾,恨死了洪大业,不但心里恨他,还到处宣传他的劣迹,骂他不是人,(按曰:此乃天下所有太太们的拿手好戏,这种好戏如果叫座,还有天理乎?)终于传到洪大业先生耳朵,他怒火冲天,毫不客气地就揍了她一顿。宝带小姐得宠惯啦,被夫冷落,已经愤懑,如今竟又挨了打,更是又羞又忿,索性不再打扮,衣服也不讲究,脸上也不化妆,头发蓬松如鬼,看起来简直不像人矣。(按曰:女人一到这种田地,真是糟啦,糟啦。)

有一天,恒娘问朱曰:“我的这一套,如何?”朱曰:“妙是妙极,可是我只知道照办,不知道原理。你比如说,先拒绝他,为啥?”恒娘曰:“你没有听说过乎,人都喜新厌旧,珍惜难得的,而看不起轻易到手的。丈夫偷偷摸摸去胡搞,不是因为她长得比你漂亮,而是感觉到她比你新鲜,而又难以到手的缘故。你使他去尽情胡搞,等于吃饭,吃得饱啦,便是山珍海味都难以下咽,何况粗茶淡饭乎?”朱曰:“故意糟蹋自己,而又突然炫耀,又是为啥?”恒娘曰:“不常和他见面,好像久别。突然焕然一新,乍睹艳妆,则有突破之感。好像穷小子一下子吃到肥肉,自然不吃高粱米矣。偏偏你又大端架子,不肯轻易叫他吃到口。野女人反而成了容易到手之物,此之为以妻为妾,以家为野之法也。”朱感激不已,二人遂成为挚友。

全文翻译已毕,书上有“异史氏”的按语,不可不录。异史氏曰:“买珠者不贵珠而贵椟,新旧难易之情,千古不能破其惑,而变憎为爱之术,遂得以行乎其间矣。乃知容身固宠,皆有心传也。”

呜呼,《恒娘》之篇,便是这个心传,愿天下所有年轻的男女朋友,以及年长的男女朋友,都三读四读。运用之妙,存乎一心,则《聊斋》的作者蒲松龄先生功德无量也矣。

3. 被踢后的表情

我们在这里要声明的,《恒娘》之篇,并不专供女士们参考。对妻子而言,丈夫们就是男性恒娘。为了爱情的持续和婚姻的美满,妻子固要取悦丈夫,丈夫也要取悦妻子。至于如何取悦,乃一种高级的艺术。前天看报,有一篇正大光明的文章,严肃地说,夫妻间相处,应该靠一个诚字,而不应靠手段。我不知道"手段"在该文中作啥解释。不过柏杨先生拉着嗓门猛喊的是,无论夫妻也好,父母子女也好,朋友也好,仅靠一个诚字是不够的,而且是杀人不见血的,似乎必须有点别的东西才行,那就是"艺术"。太太卧病在床,丈夫也头痛欲裂,太太问曰:"你头痛乎?"丈夫曰:"不,刚才有一点不舒服,现在已经好啦。"你说他诚乎不诚乎?妻子明明累得要死,丈夫一回家,就脱衣下手,努力帮忙,妻子自谦曰:"我不累。"你说她诚乎不诚乎?夫妻二人,一个来自天南,一个来自地北,各人有各人生长环境和教养个性,等于两个在旋转盘里的鸡蛋,如果各随己意,你诚于中而形于外,我也诚于中而形于外,那就非碰个稀烂不可。

问题在于前面说的张良先生踢的那一脚,挨踢的幸亏是刘邦先生,他恍然大悟。挨踢的如果是驴子先生,他准跳起来大骂张先生反调分子,私通外国。这年头最大的特质是,刘邦先生太少,而驴子先生太多。政治上如此,社会上如此,家庭男女之间,也是如此。柏杨先生自以为《堡垒集》一旦问世,必有人获益匪浅,甚至可以普度众生,根绝悲剧,使每一对情侣和每一对夫妇,都恩爱逾恒,千年不衰。

谁晓得大谬不然，我这个英明盖世的张良先生，虽然不断在桌子底下猛踢，可是好像只有一位是刘邦先生，拍案而起，回头是岸。剩下则是无不又咆又哮，又冷笑又嗤鼻，好像我不应该踢他，而应该去踢韩信一样。柏杨先生虽然学问冲天，可是对刘邦先生有办法，对驴子先生没办法也。

我踢的那一位刘邦先生，是五十年的老朋友矣，光绪末年会试时，同住一号。他最小的一个女儿今年才二十有一，和一个什么招待所的领工恋爱，该领工年已五十，会几句英文，也会几句日文，更会跳各种之舞。老头给她介绍了好多男孩子，有大学毕业的焉，有专科毕业的焉，有留学外洋的焉，有教习的焉，有科长的焉。但女儿一律不肯接受，老头气个半死。其中老头最中意的是一位大学毕业生，属同一个县份，在原籍中，两家相距二十华里。可是女孩子硬是不喜欢他，闹得惊天动地。老头虚怀若谷，特来向我请教。柏杨先生虽日理万机，但仍抽暇加以指点，听他控告他女儿已毕，我曰："你揍了女儿乎？"他曰："没有。"我喝曰："好老头，你敢在我面前说谎。"他面红耳赤曰："只打了一顿。"我曰："你已经搞成一盆糨糊矣，事情一发展到父亲打女儿的程度，便非烂不可。你鼓励她，她不见得嫁给他，你一打她，她算嫁他嫁定啦，你真是天下最大混蛋之一也。"

老头曰："我为她好，她怎么不知道？"我曰："你的毛病出在不读历史，历史上哪一个忠臣不是为了皇帝好乎？而皇帝偏偏杀了他。幸亏你为她好的是你的女儿，她不过恨你不听你，如果你为他好的是一个皇帝，他不灭你的满门才怪也。"老头听了直翻白眼。呜呼，爱情这玩意儿神妙之极，做父亲的也好，做母亲的也好，如果能记得当年自己年轻时那段荒唐，做子女的便有福得多矣。

男女一旦相爱，真是元曲上说的：蒸不烂煮不熟槌不扁炒不爆，响当当一粒铜豌豆；锄不断斫不下解不开顿不脱，慢腾腾千层锦套头。打也打不破，骂也骂不碎。你越施压力，她越爱他，你越反对，她越坚持。你越气得跳高，她的热血也越沸腾，也越觉得苦海茫茫。爸爸是老顽固，妈妈不了解我。于是只剩下那臭男人听她哭诉，成了她人生唯一知己矣。柏杨先生正在目中无人,高谈阔论,另一位朋友的女孩子从遥远的屏东,抱着娃儿来访,还给我带来一篓木瓜。真是巧极了矣,该女孩十年之前,也曾有过精彩节目,她在读大学堂一年级时,爱上一位赵先生,赵先生好不好是另外一个问题,主要的是她父母反对。女孩子天生的温柔敦厚,本来爱不爱都可以的,经父母一反对,她就非爱不行,父母有一分反对,他们之间就增加一分爱情。有一天老头一怒之下,把她关将起来,打了个遍体鳞伤,她却不哭,不但不哭,反而觑了个空,越窗而逃,被老头发现,尾追着她,看她干啥,原来她去打电话给男朋友哩,她在电话上却哭啦,一面哭一面曰:“他们打我,你放心,不要急,我会收拾一点东西跑到你那里,越打我我越爱你。”老头听啦,当时就昏倒在电话亭旁。我听到消息,前往开导,算是他祖宗有福,听了我的道理,恍然大悟,不但不再打骂,老头还买了一份厚礼,去探望赵老先生,而两个老家伙一见如故,颇谈得来,于是请男方父子来吃饭啦,两家大小一起看电影啦,叫他们尽情去玩啦,满口答应他们想啥时候订婚就可以啥时候订婚啦,种种高等场面,全部出笼。于是乎,忽然有一天,该女孩子不知道怎么搞的,不再爱他啦。作怪的是,经过一番交往,老头老太婆反而觉得赵先生年轻有为,真是一个好女婿。为了这事,又是一场风波。后来该女孩终于跟一位钱先生结了婚,怀中抱的娃儿,就是钱先生的儿子。我曾问曰:“阿囡,你当初不是发誓爱赵爱到底,死都不变心,看他啥都是好的乎?”她赧然曰:“当初爸妈逼我时,我觉得只有他那里才有温暖。等爸妈不逼啦,我们大大方方往返,竟逐渐讨厌他起来,说也说不出到底什么原因,反正我不喜欢他。当初如果爸妈再逼我,我真会死,我们早谈好啦,一齐去死。”

既有柏杨先生的理论,又有该侄女的活生生榜样。吾友被我这么一踢,顿时大彻大悟曰:“我要改变战略。”再三道谢而去。

4. 隔离破坏爱情

在我们这个时代,似乎已经不是秦汉那个大局面的时代,大多数人都是被踢而怒的。有的挨了踢暴跳如雷;有的挨了踢闷闷不乐;有的挨了踢更是一意孤行,别别苗头;有的挨了踢反而嫌你比他聪明,对你不得不下毒手;有的挨了踢仍麻木不仁,颇不以为然。呜呼,读者先生一定记得,五年之前,有一位大学堂女生为了争取婚姻自由而自杀的新闻,该女孩子是某大学堂的高材生,和一个也是大学生的男孩子恋爱,恋得水深火热,不可开交。她是独生女儿,父母爱她不用说矣,而且有一套培植她的计划,这计划当然脱不了时代的特质,那就是大学堂毕业后,送她到美国,然后嫁给一个学理工的打狗脱或妈死脱,以便能多挣几个钱,生活过得优裕一点。想不到她偏偏爱上一个对中国文学有兴趣的毛头小子,其前途了不起是一个中文教习或一个穷作家而已。父母一听,尊头立刻大啦,先是加以劝说,继则拳脚交加。柏杨先生有一天前往串门,看不见该女孩,问之,她正在房里哭哩,我自告奋勇前去开导,根据哲学科学以及天文地理学,告诉她"有福不知道享"的道理。我曰:"这年头有些女孩子只要能去美国,脱裤子都干,你何其傻也。"又告诉她去美国的种种好处,我曰:"轻者能以学者专家身份回国讲学,重则回国后至少可以干个次长部长,你就是次长部长夫人矣。"想不到说了半天,她仍执迷不悟,也不言语,眼睛中充满了瞧不起老前辈之情。我就只好转而训她的父母曰:"爱情如皮球,你越压它,它越往上弹,叫它平静的唯一方法是抽回你的指头。贤侄女性烈如火,不作反击,是心里拿定了主意,我看放开心胸,让她去自己发展吧,你们如再逼她,恐怕有生命危险。"老头老太婆被我这一踢,火气更大,一齐作驴子吼曰:"她死啦倒好,我宁愿看她死，也不能让她嫁给那小子。”好啦，学期还没有结束她就服下大量安眠药，真的死了矣，而且上了报矣。老头老太婆抱着尸首，儿啊儿啊哭得声嘶力竭，一面哭还一面曰：“儿啊，你无论嫁给谁，爸爸妈妈都同意呀。”旁观者无不下泪，连老经验的记者先生也跟着酸鼻。可是柏杨先生不然，连忙向其道贺曰：“二位英勇地逼死女儿，心满意足，大获全胜，恭喜恭喜。”前几天我还去他家，冷冷清清，像一座千年废墟，我曰：“我叫人送来一个银盾，怎么还没有送来？”二老一愣，我曰：“上款写曰：‘驴先生暨驴夫人惠存’，中间四个大字曰：‘战果辉煌’，以纪念二位逼死女儿的优秀成绩。”结果被轰出来，但我心中固甚乐也。

柏杨先生从前不大佩服刘邦先生，因他杀功臣杀得太惨太绝，但最近逐渐佩服啦，仅他被张良先生猛踢一脚而仍欣然接纳，那种悟性和度量，所有的鸭子屎人物都得上吊。女大学生的父母，标准的驴子也，你看他举头四望，在悬崖上顾盼自雄的英姿，别人劝他，他还“干你娘”哩。《恒娘》之篇虽写了百年之久，《堡垒集》虽然也出版了五六个月，而只遇到一位刘邦先生，死硬派仍然死硬派，你有啥法？

压力不能毁灭爱情，只有隔离才能毁灭爱情。有些老家伙说，我把我女儿关起来关了那么久，怎么越关爱情越炽乎？如果硬是把她关之，那仍属于压力，无怪叫不了座也。只有隔离，才有可能使爱情变质；盖不要说一对情侣，就是一对夫妇，离开得太远太久，都没人敢打包票。我有一位朋友，他太太是再婚夫人，前夫去美国镀金，她在台北就和后夫恋起爱来，而把她前夫一脚踢之。有一次我向朋友曰：“你能不能相机问一下你太太，她还想起想不起前夫的恩爱？”他曰：“问啦，问啦，早问啦，她对过去特别顶尖的事，还记得一点。普普通通的生活情趣，已忘光了矣，甚至前夫是个啥样子，都模模糊糊。”柏杨先生曾作过广泛调查，不仅妻子对前夫如此，丈夫对前妻也是如此。时日可以办到炸弹都办不到的事，对爱情尤其如此。

破坏爱情的有效武器是隔离，而不是压力，压力只能成全爱情。十年前有一位女立法委员的女儿嫁给一个记者，老太婆勃然大怒，立将女儿送到美国“读书”，结果双方拉倒。如果加以隔离而爱情依然如故，那才是真爱情，此所以天下真爱情少，狗男女多也。一个人如果想测验对方的爱情是真是假，只要分别个三年五载就可以啦，我说分别三年五载，不是说你去美国住在白宫天天和肯尼迪先生握手，那敢保证没有问题。但假如你去远地打工，而且渐渐没有消息，或有消息全是穷苦潦倒，则一切都可明白了也。

问题是，我们对爱情不能如此苛求。如此苛求，不但活着没意思，连死了也都没意思。柏杨先生并不赞成人人都为爱情去跳日月潭，而是告诫天下为父母的，如果儿女们反对干涉她的或他的婚姻，假如你还有一份爱心，千万不要使用压力，最好的是忍气吞声，含垢忍辱，好像刚挨了修理学。上策是带着儿女一走了之；中策是装傻装蠢，和儿女站到一条站线；下策才是打闹吵骂，天翻地覆。如果用尽了心机，带着儿女周游了世界一周，又跟百万富翁焉，公爵伯爵焉，等等人物，跳过舞而又看过戏，三年于兹，仍然爱原来那个家伙，则这爱情是真的，算那个家伙祖坟冒烟。如果爱时爱得不可开交，分别三天，眼界大开，噫，英俊的焉，有钱的焉，官大的焉，琳琅满目，芳心大动，后悔当初不该和那穷小子荒唐，届时便是父母揍她，她也不会再回头，冤家自解了也。

英国女王伊丽莎白二世在没有跟爱丁堡公爵结婚前，老王夫妇便特地带她到世界各地，使她有机会和各国的王族够帅的青年接触，以便选择，但她还是选择了爱丁堡公爵，这个办法，可供有惑之士参考。

5. 人怕伤心

有些读者先生，尤其是太太小姐，来信请教夫妇情侣间吵架问题,并各把自己吵架的经过见告,叫我为她拿点主意。我觉得个别拿主意太危险,因为一旦吵架,为了争取同情,无不努力宣传对方不是人。第三者听了一面之词,不上当者几希。柏杨先生向来不听一面之词,有一位太太把她丈夫骂得猪狗不如,我曰:"你竟嫁给一个猪狗不如的人,也够混蛋的啦!"我说这话不是平均主义,叫二人二一添作五,而是说天下事大多数不会一方全对,而另一方全错,往往是一方错得少,另一方错得多也。

夫妻间经常地吵吵闹闹,只要不涉及到基本问题——丈夫有烂女人,妻子有野男人等等,那就是说,只要不动摇到基础,就不太严重。而且吵闹好像一块砂布,可把两个人的棱角磨圆磨滑,使两个人能够更和谐地相处。好比说,妻子一看见丈夫把臭袜子扔到她梳妆台上,就像蝎子螫了一样,又哭又号,丈夫一瞧,知道毛病在此,以后就小心翼翼。丈夫正躺在沙发上睡午觉,被妻子唤醒上床去睡,丈夫一跳而起,拉开嗓子放警报,妻子一瞧,嘿,这么难伺候,以后便是他睡到桌子上她也不再开腔。如此这般,靠着吵闹才能彼此摸透脾气。一个十年都不吵一次架的家庭,那一对男女,如果不是麻木不仁,便是一切都放到心里,喜怒不形于色,待机而动,可怕得很。

然而骂架有骂架的艺术,有上等骂架的焉,曰:"你受过教育没有?"曰:"你的头脑怎么那样不清楚?"曰:"架子上的书都念到狗肚子去啦。"有中等骂架的焉,曰:"你混蛋加三级。"曰:"你是个神经病,羊痫风,流氓,地痞。"曰:"狼心狗肺,算我瞎了眼。"有下等骂架的焉,曰:"干你娘。"曰:"操你妈。"曰:"下三滥女人。"曰:"你死,你死,老娘豁出这条老命。"

骂架也是一个测验器,从口没遮拦上,可看出一个人的教养和气质。我们乡下,亲兄弟相骂,还"丢你妈"哩,你说危险不危险乎?夫妻间吵闹到不可开交时,互相对骂,必须有其一定的限度,和适合自己的身份,总不能伤害对方的父母,也不能太过于伤害对方的自尊,否则准糟。有一天我在朋友家串门,那位太太骂她丈夫的母亲是老不死的母猪,竟生下他这种瘟生儿子。丈夫不客气地揍了她一顿,这一揍揍出了事,她大闹特闹,找人评理,我也是评理人之一,我曰:“你真有福,丈夫不过揍你一顿,换了柏杨先生,至少揍你十顿。”

圣人云:“人怕伤心,树怕剥皮。”盖树一经剥皮,准活不了。人一伤心,心上的创痕最难治愈。我看见很多做丈夫的,一旦事业上失败,或一旦名誉上受损,做妻子的立刻看他不起。从前苏秦先生周游列国,狼狈回来,那副模样,妻大人理都不理。呜呼,他们既是恩爱夫妇,苏先生既满负创伤而归,我们想苏太太一定会跑上去抱之吻之,安之慰之,才够柔情蜜意,可惜她不但没有柔情蜜意,反而一脸无聊的势利相,真叫人气短也。二十年前,我和一个朋友的太太谈到这一段,她那时还是新婚,视丈夫为英雄人物,乃大肆抨击苏太太混蛋,曰:“要是我先生垮了台,我一定会好好待他,鼓励他,比平常更爱他。”我当时就肃然起敬。想不到1950年年底,她丈夫开西药店赔了账,店铺倒闭,债主盈门,该丈夫被搞得晕头转向。一个人到了倒霉时候,往往动辄得咎,喝凉水都会塞牙,那位太太一瞧丈夫玩不转啦,芳心大怒,遂把他贬得一文不值,经常吼之曰:“你那一套如果行,怎么会失败呀?”把丈夫四五十年的奋斗历史,一笔抹杀,而且还出笼些使人落泪的话,说他先天的有愚昧血统,加上他后天的观念不正确,不但不是当初眼中英雄,简直连狗熊都不如也。尤其使一个丈夫难过的是,妻子往往瞪目问曰:“你活了半辈子,怎么没有一个朋友?”结果做丈夫的抬不起头,在家庭里没有地位。如果他是一个软骨头,甘心听太太呵责,甘心吃软饭则罢,如果稍微有点骨气,稍微有点自尊,忍无可忍,便只有卷起小行李一走了之。

这一类的伤害,女人们往往不知道它的严重,大概太太小姐不靠朋友也能照样活下去的缘故,对“朋友”的了解,和男人多少有点不同。柏杨先生五年前在某公司被老板赶走,失业数月之久,几乎饿死,柏府上门可罗雀。老妻有一天正色曰:“老头,我瞧你这一辈子,好像没有什么朋友。”我愕然曰:“怎的没有?”她曰:“起码你没有得力的朋友,否则怎么失业这么久,竟没人帮你一把。”我听了之后,老泪纵横,盖一个男人最怕的是没有朋友,更最怕说他没有朋友。不过,问题是,丈夫幸而有了朋友,妻子一旦看那些朋友稍不顺眼,就又把他们当成“狐群狗党”,也会同样闹得不太愉快。而在丈夫失意时仍如此责备,则不仅仅不太愉快而已,恐怕还非砸锅不可也。

美国小说家霍桑先生,原来在一家银行当小职员,有一天顶头上司赫然震怒,把他开除大吉,他垂头丧气回到家里,告诉妻大人原委。如果换了柏杨夫人,她准拉着嗓子直叫:“你怎么啦?叫我们一家大小喝西北风呀,我的命好苦呀。”可是霍桑夫人不然,她悄悄拿出一份银行存折曰:“打铃,我知道你不适合坐冷板凳,那太委屈了你,你有天才可以成为一个作家,所以若干年来,我省吃俭用积蓄了一点钱,足够我们全家两年之用,你无后顾之虑,可以安心写稿矣。”霍桑先生第一部作品《红字》,轰动世界,皆夫人之功也。呜呼,这个例子还不够活生生的乎?太太们千万不宜以成败论丈夫,否则准出社会新闻。

6. 龟缩哲学

《堡垒集》谈的全是恋爱和婚姻,对不对只有天老爷晓得。读者张雅民先生据以灌我米汤,说我对女人一定很有研究,很有了解,建议我最好具体而简要地列出一个表来,或者像《论语》一样弄出若干条语录,使臭男人背而诵之,以便游刃有余,大战女人党。呜呼,听了之后好不舒服,不过真的这样的话,岂不成了相面学乎?相面学上常有精彩言论,某女人头发干而且枯,谓之贱。某女人走路时一跳一跳,也谓之贱。某女人胖胖焉,白白焉,谓之贵。某女人眼大而有神,且稳重大方,就更贵得不像话。这种综合分析,属于专门学问,非同小可。问题是,相面学考一百分,也不见得了解女人。故不敢贸贸然乱写,以免坏了柏杨先生的名头也。

女人会不会了解男人,我们不知道,有时候我和老妻吵架,她就嚎曰:“我最了解你,你吃了三天饱饭,就伟大起来,要打老婆啦。”她这一嚎颇不简单,要不是她这一嚎,我早就开揍,经她一嚎,为了表示她在无理取闹,就暂时按兵不动。可是,说柏杨夫人了解柏杨先生某种劣根性则可,说女人了解男人则不可。我隔壁住着一对夫妇,也是经常吵架,有一次还来一个铁公鸡,闹到派出所,男的曰:“我本来想不起来揍她的,她却直着嗓子说我要揍她,我一想揍就揍吧。”男女间的关系千变万化,要想了解,颇不容易。因为了解困难,所以有些有识之士,乃索性发明了“只需要爱,不需要了解”的龟缩哲学。

这种龟缩哲学,实在是一种不得已哲学,任何一个人如果没有经过长夜痛哭,或者是没有超过五十岁甚至没有超过六十岁,他对异性就不可能了解。六十岁以前(当然不是这么刻板肯定,无论你赞成不赞成,请别在这上打笔墨官司),别看他口头上把女孩子恭维得像仙子、像仙女、像他的娘,其心中固和性不可分,因为有性的冲动,他对女人的看法就无法正当和正确。小伙子们一旦到了求偶年龄,只要有一个女孩子向他笑一笑,他就指天发誓曰:“就是她啦,她就是我梦寐以求的那个女孩子啦。”我侄女在恋爱期间,一位姓王的男朋友给她信上曰:“我寻觅了十年,终于寻觅到我理想中的倩影。”过了几天,我侄女把他一脚踢开,他就追我侄女的女同学,至该女同学的信上,也是曰:“我寻觅了十年,终于寻觅到我理想中的倩影。”女同学拿给侄女看,侄女拿给我看,说女同学要写信骂他。我劝她不必,盖臭男人永远是如此这般,这个女孩固然很好,那个女孩也不错,连他自己都不知道他干的是啥,怎能知道女人干的是啥耶。

《堡垒集》上已一再言之,爱情最不可恃,更没有永恒,所以有家庭的成立,以拘之束之。张先生对此提出强烈的反对,所举理由,均一一拜读,大致都说得很对。但你是站在维护社会治安,维持家庭安全的观点,而我是站在分析爱情是啥的观点。我们的看法不但不冲突,而且相辅相成。你顾虑到我的看法如果得到公认,乱臣贼子岂不都得到借口,甩妻的甩妻,抛夫的抛夫,还成个啥世界乎?这种逻辑,是一种"狗头逻辑",请勿以为柏杨先生口出恶言,有此误会,便不够朋友矣。盖狗头逻辑者,推的是歪理也。我们都知道狗是人类最忠实的朋友,向人类认同,而狗和狗之间却很少友谊。于是有人曰:狗连它的同类都不能好好相处,它对它的同类都不能忠心耿耿,对人类还能忠心耿耿乎?如此这般一推理,便非肯定地认为狗对人类绝不会忠心耿耿不可。该逻辑便是狗头逻辑,不对劲得很。

我们以为把爱情加以分析,将更能稳定社会和家庭,也更能保护儿女。盖夫妇双方如果认清了爱情是多变的和不是永恒的,才能戒慎恐惧,男的不至于自认为是特权阶级,对妻子天天打之骂之,不当人子。女的也不至于认为这一下结了婚啦,双挂了号啦,我可以悠悠闲闲坐吃一辈子啦。各人都努力使对方喜悦,那个家庭自然是个兴隆的家庭。

常常有些臭男人脸色铁青地质问把他一脚踢的女朋友曰:"你说过一定嫁我,怎么变了心?"女朋友说过虽是说过,但她照样理直气壮曰:"我那时爱你,可是我现在不爱你啦。"男的更气曰:"你从前曾跪在耶稣像前发誓永远爱我呀。"女朋友失声曰:"我从前是那样发誓过,可是那时我还不太懂事呀。"(或是"那时我受了你的骗呀。")呜呼,如果那个男人知道爱情不是永恒的,要它永恒只有不断地培养,他可能不致沦落到被一脚踢,而于被踢后又去丢人现眼。

7. 比了解上帝都难

依柏杨先生高见,要了解女人,比了解上帝都难。凡是有过紧张恋爱镜头的臭男人,都一定有此痛苦之感。我们平常是以推理去判断女人的,好比说,她既然花了那么多钱做了一件旗袍,当然要天天穿之,可是她偏偏只穿了一次就挂在那里让它生尘,问她为啥,她也说不出理由，如果非问不可，她会淡淡地曰："我不喜欢它啦。"盖女人只是一个单纯感情动物，而不是推理动物，她每个时候说的话都是真的，过去她说永远爱你，她确实是要永远爱你。现在她说不爱你啦，也确实是不爱你啦，没有啥惊天动地说出来人人点头的道理，而只是靠她们的直觉。呜呼，女人们的直觉固然不见得可靠，但可靠的时候却也颇多。臭男人用推理推不出来的东西，她们能用直觉感觉出来，于是，臭男人爱上一个太太小姐时，那太太小姐马上就知道他在打自己的主意。而太太小姐爱上一个臭男人时，那臭男人可能一辈子都不知道。写到这里，不由得为臭男人深感悲哀。谨顺便提出紧急呼吁，凡是爱上柏杨先生的女士，要表示就请快点表示，莫待我翘了辫子，你便后悔莫及也。

女人们的话并不全不可靠，有些走极端的朋友，每每曰：女人都有外交官的气质，当她们说"是"的时候，一定是"不是"，说"不是"的时候，一定是"是"。有一则故事，一个乡巴佬进城，别人告之曰："城里人都是坏蛋，说话只可相信一半，才不致吃亏。"乡巴佬为了不致吃亏起见，乃切记该言。买布时老板说八元一尺，他还价四元；吃面时堂倌说十元一碗，他还价五元。闹了一阵之后，劝架的把他救出重围，乡巴佬问曰："老哥贵姓？"劝架的曰："敝姓陆。"乡巴佬曰："原来你姓三。"又问曰："你有几个太太？"陆先生曰："一个。"乡巴佬恍然曰："原来你们是两个人合娶的。"我想我们不能如此看法，如果这么简单明了，女人的行为也就没啥可稀奇的啦。

不过太太小姐们很多行事，绝不能全凭她们口中的一面之词去判断，男人们吃亏就吃亏在好推理上，对学问用得上推理，可是对女人推理的话，无不封杀。抗战时候，我的一个朋友便因推理而把妻大人推得无影无踪。有一天他带了他最最要好的朋友回家，太太凭第一印象便表示意见曰："这家伙贼头贼脑，一股流氓相，讨厌得要死，你以后别把他带回来。"朋友听啦，不禁大笑，说她莫名其妙。因为是知己朋友，当然会带他回来，而太太讨厌他，自是贞节的保障。可是，没有过三个月，该朋友的笑声仍在耳际，而太太和那个"贼头贼脑,一股流氓相,讨厌得要死”的家伙私奔他娘的啦,害得丈夫头戴绿帽,东找西找。柏杨先生路见不平,拔刀相助,也帮着找,最后好不容易把该太太找到,揍了一顿(我的朋友还算好汉,恐怕有些人还舍不得揍哩)。揍了一顿之后,咆哮曰:“你说你讨厌死他,怎么又爱上他啦?”女人要是推理动物,此时一定哑口无言,可是该太太固振振有词也,你猜她说啥,她鼻涕一把泪一把曰:“我告诉过你不要把他带到我们家呀!”

事情到了这步田地,该朋友苦口婆心,加以开导,揭那家伙的底牌,说他过去玩弄的女人已有八个之多,若北平的赵丽丽小姐,若上海的钱真真小姐,若纽约的孙玲玲小姐,到了最后,在广州时,还把一位李倩倩小姐分尸,吃了五年官司。一些臭男人的看法,以为只要一揭该家伙“玩弄女人”的底牌,他的恋爱准垮。呜呼,柏杨先生敢跟你打一块钱的赌,再厉害的底牌她都不会在乎。果然,该朋友辛苦了半天舌头,太太叹口气曰:“别说啦,别说啦,我统统知道,我第一眼就看出他不是好东西,告诉你不要带他来,是你硬要带他来的呀。现在事已至此,说也没用,大概是我前生欠了他的债,跟他是跟定啦,你们二位回去吧。”怪哉,女人对过去模糊不清,对将来也同样模糊不清也。

还有一个人人皆知的例子,那就是电影明星叶枫女士露的那一手。她在猛追李南辉先生的时候,一提起另外也是演电影的男明星张扬先生,就满脸不屑,说他“死相”,看起来她对张扬先生厌恶到了顶尖,无法挽救矣。那时候柏老如果预言她会嫁给张扬先生,准有顺调分子,向治安机关打我的小报告,说我思想有问题。可是搞来搞去,她硬是嫁了张扬先生。这种不按逻辑的干法,岂不叫喜欢推理的臭男人目瞪口呆。看情形是,对于女人,只有不推理的一途,才能豁然贯通。君有没有打情骂俏过乎?你拧漂亮小姐一把,她曰“讨厌”,非真讨厌也,其词若有憾焉,其心乃窃喜之也。朋友太太说该家伙贼头贼脑,非真贼头贼脑也,其词好像骂之,其心乃窃爱之也。叶枫女士说张扬先生那副死相,非真那副死相也,其词若甚恶之,其心乃窃慕之也。在《堡垒集》上似乎也曾举过一例，一个太太告诉她的丈夫曰：“对门老王，他常常看我。”丈夫曰：“理他作啥。”太太曰：“我今天对你说，你不在意，以后被他看上啦，却不与我相干。”你以为这是笑话乎？这不是笑话，该太太如果决心被看上，对门老王怎能不看上乎。

所以说再好的朋友，都不宜留在家里长住。盖从前的富贵之家，全是深宅大院，太太小姐，不出二门，男宾男友，不进内宅，就是住上三月五月，甚至三年五年，有啥关系哉？而今不行了啦，都市中再大的房子都不能和从前相比，而妇女又社交公开，你可闭着眼睛想想那是一种啥精彩的场面，丈夫上班去啦，留下热情而又寂寞的太太小姐，难免到客厅里和朋友聊聊，该朋友虽然找不到工作，但固风流潇洒，谈吐不俗之士也。太太小姐喜欢音乐，偏偏他会弹钢琴、拉提琴、唱两下子焉。太太小姐喜欢跳舞，偏偏他会伦巴、吉里巴，以及扭扭探戈焉。太太小姐喜欢文艺，偏偏他是一个大作家焉。太太小姐喜欢看电影，偏偏他啥电影都懂，连萝卜太辣都认识焉。太太小姐正苦手中无钱，偏偏他和当铺老板有交情焉。如此这般，不出问题者，恐怕真得神仙保佑，而且小神仙还保佑不住。这一类事发生得太多矣，而且为凶杀案主要来源之一，唯一防止办法不在自己的道德高，而在别惹火上身，你说对不对乎？

8. 真正的不顾一切

依潜力的大小和爆发力的强度来说，男人不过只是一个男人，而女人则不然。每一个女人都像是一颗核子弹，不发挥潜力则罢，一旦发挥起来，能把全世界人的眼珠都吓得爆出来。在此严重建议臭男人，千万别看不起女人，尤其是做丈夫的，千万别自命不凡，看不起妻大人。呜呼，当妻大人发现自己丈夫没有出息的时候，该臭男人往往铁定的要没有出息到底，即令菩萨下凡，都木法度。然而，当丈夫发现妻大人没有出息的时候，她可能真的没有出息，但也可能并不是真的没有出息，而会突然爆炸起来，发出的辐射能，能把臭男人烧得焦头烂额。

美国有一位在非洲研究土著语言的某夫人，惜忘其名字矣，柏杨先生看过她的传记。她初结婚之时，年方二十有一，丈夫是个中年商人，两人恩爱得不像话，她年轻漂亮，对吃喝玩乐，内行无比，跳舞、划船、溜冰、滑雪、游泳，以及各样之赌，无一不精，丈夫也捧着她玩，当他们乘船去欧洲度蜜月时，她沉醉在奇异的爱情之中，除了玩，就是睡，醒来的时候就计划明天怎么消遣。她在学堂时向不用功，见了书本就头痛欲裂，此时更不用说啦，真是一个典型幸福而又万人称羡的阔少奶也，假设不是碰到一位黑脸的家伙，她一定这样平平凡凡，浑浑噩噩过一辈子。

可是，天老爷偏偏使她碰上那黑脸家伙。该黑脸家伙是研究非洲同胞语言的书呆子，书呆子和阔少奶相遇的结果，阔少奶忽然对非洲语言发生兴趣，她的语言天才和对语言爱好的潜力，使她像核子一样，轰的一声，把丈夫炸得晕头转向。到了欧洲后，她就要求丈夫陪她去非洲，从此以非洲为家，过了三十几年，有极伟大的贡献，但他们夫妻间恩爱还是如初，而且生了两子。

所以对女人还是多作保留为妙，有些臭男人往往大声疾呼曰："我不顾一切啦，我啥也不要啦。"但他心里到底还是有点东西，在牵肠挂肚，若他的名誉焉，若他的儿女焉，若他的那一位爱他入骨的美丽情人焉，若他的万贯家财焉。所以臭男人追求女人时发下的滔天大誓："我只要你，全世界都可抛弃。"恐怕很难那么干净利落。而女人则不然矣，太太小姐一旦钻进了牛角尖，你就是用钳子都拔不出。当她决定不顾一切的时候，那才是真正的不顾一切，当她决定啥都可以牺牲的时候，那才是真正的牺牲，不但连丈夫可以牺牲，连父母也可以牺牲，甚至连儿女都可以牺牲，至于名誉焉，金钱焉，前途焉，算个狗屁哉。前已言之，男人只不过是一个男人，而女人则是一个核子弹，一旦轰然一声，男人便休了矣。所好的是，男人天生奇贱，动不动就宣言不顾一切啦，拼啦。而太太小姐则非到万不得已，才不顾一切，有些女人甚至一辈子都没有一次不顾一切，否则天下早大乱啦。

说了这么几天，结论曰，我们对女人的了解是："我们对女人无法了解。"大人先生同意乎？不同意乎？

对"门当户对"的看法，柏杨先生并不是闭着尊眼对传统的玩意儿一律反对，更不是闭着尊眼对洋大人的那一套也一律反对。对的我们赞成，错的我们才反对也。有一位读者先生来信，厉声指摘我"哗众取宠"，呜呼，我若哗众取宠，还能写半票观众乎？搞政治的朋友用得着哗众取宠，而稿费是定了的，"众"和"宠"只能使人升官，不能使人升稿费也。

首先我要说的是，男女间的婚姻最好门当户对，这种门当户对，不是说男的老爹当部长，女的老爹一定要当大使，那是权势金钱上的门当户对。我们指的是气质上的，生活方式上的，知识水平上的，和性格上的门当户对。娶太太也好，嫁丈夫也好，跟请乳娘一样，不能专看她的表面，还要看她的血液。有些乳娘白白胖胖，乳水充足，但她却潜伏着梅毒麻风之类的病菌，你说糟不糟吧。童话书上常有公主嫁给农夫，或王子娶了牧羊女孩子一类的故事，廉价小说书上也常有千金小姐爱上她的三轮车夫、佃农，或白万富翁爱上卖香烟姑娘的故事，这种"爱情无界限"的鼓吹，我当然赞成，但我怀疑他们结婚以后的幸福。

除了英国女王，普通来说，女孩子结婚之后，差不多都要放弃她过去所有的朋友，尤其是要放弃她过去所有的男性朋友。也就是说，她要从结婚的那一天起，重新做人，在她丈夫的天地里生活。《堡垒集》里，曾经举过一个例子，一位大学堂女教习嫁给她的男学生，男学生的同学到她家，叫她"老师"乎？抑叫她"嫂夫人"乎？女教习的同事到她家中，叫她丈夫"老哥"乎？抑"某同学"乎？仅只称呼一项，便生出如此大的困扰，使他们提心吊胆，不能好好过日子，其他更可推想而知矣。

不限于童话和廉价小说,电影上尤其多的是门不当户不对的婚姻。有一个电影,忘记其名字矣,家财万贯,身为博士的女主角,拼命追一个泥瓦匠,该泥瓦匠在修窗台时,她看见了他的胳膊,就爱上了他,而他只不过受过小学教育,自顾形惭,不敢接受,但挡不住她的凌厉攻势,而终于被俘。最后一段是他们游山焉,游水焉,滑雪焉,打高尔夫球焉,终于大开结婚舞会,在深吻中闭幕。光棍朋友最喜欢看该片,看得晕晕陶陶,巴不得一走出电影院,就也有一位小姐看上自己的胳膊。

但戏剧终归是戏剧,当一个穷泥瓦匠,他怎的游泳、滑雪、打高尔夫球,样样都精通哉?结婚舞会上,乐队为了要丢那小子的人,忽然奏起亚马逊河某部落的一种特别舞曲,宾客们都大瞪其眼,女主角是会那种舞步的,想不到该新郎竟然也会,在众人惊慕的注视下,夫妻二人,笑脸相偎,翩翩起舞。呜呼,如果那不是一场电影,而是一个真实的人生,该泥瓦匠准呆若木鸡,女主角的脸上恐怕也不会有那种多骄傲的笑容也。

9. 爱情是有条件的

门当户对的意义,前已言之,不是金钱上的相对,也不是权势上的相对,更不是社会地位的相对。《堡垒集》上曾经说过,恋爱往往是有条件的,只有少不更事的男女,或别有用心的男女才高喊恋爱没有条件。呜呼,夫无论男的爱女的,女的爱男的,都是爱对方的优点。她爱他强壮焉,会琴棋书画焉,有前途焉;他爱她苗条焉,伶俐焉,漂亮得不像话焉。这些优点便是条件矣。问题是,世俗上所谓的条件,往往指的是金钱、权势和地位。因此稍微有点灵性的男女都以谈金钱权势地位为羞。如果对一个女孩子曰:“你最好嫁给他,他有的是学问。”她准眉开眼笑。如果曰:“你最好嫁给他,他有的是银子。”那才叫表错了情也。一些如虎似狼的女士,或贫苦家庭出身的小姐,往往直率地提出选偶条件,非钱不可,不过这种提出,也只限于三五友好在一起的时候。我有一位远房孙女,便曾对我声明,只要是有钱的,便是混蛋加三级都嫁,以她的美貌(柏氏门中,男均英俊,女均美貌,读者先生,不可不知),后来果然钓上了一个老金龟,如今孩子都念中学堂矣。但普通情形,女士们都会表示蔑视身外之物。最常见的莫过于新闻记者访问电影明星,问她选丈夫的条件,她可能说一大堆,而独不会言钱,盖一谈钱,就肮脏啦。

但电影明星没有一个嫁给穷光蛋的,不嫁给老板,就嫁给导演,再不然就嫁给有同等分量的男明星,只有这些人才门当户对。有一个女明星和男导演结婚后大谈曰:“我们因日常生活在一起,而产生爱情。”这是屁话,天下竟没有一个女明星嫁给干摄影的朋友,或干场记的朋友,他们也是日常生活在一起的,却产生不了情,何故乎哉?她奉承老板、奉承导演,可以成名,可以多主演几部片子,可以多几个特写镜头,爱情自然猛往外冒,她奉承摄影师、场记,有啥好处也?

任何幸福夫妻,一定门当户对,这不是说两个年轻男女一定要先弄清楚对方的身世,再谈恋爱,而是相埒的男女自然而然地容易结合。女孩子如果家住洋楼,拥有汽车,今天去维也纳参加夏令营,明天去奥斯陆滑雪,恐怕一个送报为生的报贩很难追到手(小说上和电影上可能追到手,此小说和电影之坑死人也),即令追到手,你说他们怎么过日子哉?床头黄金尽,壮士无颜色,做丈夫的如果在经济上不能供应妻子,该丈夫在家庭中就直不起脊梁。做丈夫的如果不能成为妻子的荣耀,妻子就会感到很大的羞辱,严重地影响婚姻。我有一位朋友,娶妻的条件有三,一曰漂亮,二曰漂亮,三曰漂亮。还好,皇天不负苦心人,娶了一位漂亮的,可是该妻子却是一个山窝土豹子,客人来访,想见见新娘,打死都不肯出来,一再拜托,化妆化了两个小时,手臂上戴了一串金镯(不叫她戴,她认为丢人,便不肯出来),穿着十八世纪秃头高跟鞋,一瘸一瘸(因她过去从未穿过,故不得不瘸)。客人问她曰:“嫂夫人好。”她以小手帕掩其芳口,嘻嘻嘻嘻,又把腰扭成海军用的那种钢索,坐在沙发上,一面拉衣襟,一面歪脖子,笑个不停,庸俗交加,使人恨不得上去踢她两脚。呜呼,如果妻子携夫出席国宴,报贩丈夫也来上这一套,他们能白头偕老哉?前些时高雄一位下女小姐,因某美籍华人不带她去美国而自杀,吃亏在她没有弄懂门当户对的重要。

反对门当户对是一回事,但它确确实实存在,又是一回事。

有人为天下做父母的喊屈,盖无论《堡垒集》也好,“七世夫妻”也好,几乎全是支持男女间的私情而反对老头老太太的,则老头老太太养儿育女,辛辛苦苦一辈子,真是太没意思矣。父母无不爱其儿女,爱死爱活的结果,竟爱出仇人来啦,也未免迹近残酷。嗟夫,明明知道那是一个火坑,不让儿女去跳,儿女非跳不可,爸爸妈妈一把拉住,不但不讨好,反而群起而攻之,落得一个“老顽固”的封号,岂不太寒心乎?生孩子养孩子真是傻瓜,不如根本不生不养也。

以上感叹颇有道理,柏杨先生暨夫人,也是身为父母之人,有时想想,不但生儿育女没意思,简直人生都没意思。在所有的动物中,以人类的婴儿期最长,不但婴儿期最长,需要父母抚养的时间也最长。贵阁下没有看见狗乎,狗先生的寿命虽只十五年,但它的婴儿期不过三个月,需要狗妈妈(爸爸早溜之乎也,真是奇妙的制度)抚养的时间,不过一个月,过了这个期限,狗儿子便可自立。人类的寿命平均七十岁,而有些人到了四十岁还在读博士读硕士读学士,花爹娘的钱,淘爹娘的气。小狗生下来,狗妈妈用舌头舐了舐,便不再看它,人妈妈却紧张万状,不但人妈妈紧张,人爸爸也紧张,不但人爸爸紧张,简直凡是相识的人几乎无不紧张,这样一直要紧张到两年,孩子才能下地走路,以后的日子不用说啦。如果依照着狗先生的抚养期和自立期,则人类至少应该活三百岁才对也。

父母对子女既如此的诚惶诚恐,自然产生两种浓厚的欲望,一种是占有,一种是希望孩子快乐。这两种心理缠在一起,势必干涉到婚姻上来。干涉的结果,有的大获全胜,儿女听了父母的安排。有的则栽了斤斗,儿女来一个阵前起义。我想人类中最大的惊骇,莫过于父母忽然发现一向被控制在手,百依百顺的爱子爱女,轰然叛变。那股震撼力能把老头老太太震撼得肠断魂销,尤其再背上"老顽固"的招牌,就简直非大口吐血,伸腿瞪眼不可。

柏杨先生不是在每一种为争取婚姻自由而反抗父母的行动中,都谴责父母老顽固;而是说,一个人终有一天要掌握自己生命之舵,父母跟不了一辈子,也代掌不了一辈子,一般人总是希望儿女们结了婚之后再去掌,何不退一步让他们早几天掌也。还是我们说过的话,儿女自己选择的婚姻,固有坏的,也有好的;父母代为选择的婚姻,固有好的,也有坏的。亲爱的父母忽然成了老顽固,在父母本身,固然伤心,在当叛逆的儿女而言,又何尝愿意也。我想这是一个观念问题。我有一个朋友的女儿,便是如此这般出了事,有一天我去拜访,老头正在大发雷霆,质问他女儿曰:"你为了那野小子,连爸爸妈妈都不要啦。"女儿在一旁噘着嘴不响,我插嘴曰:"兄台,她不过要嫁那野小子而已,并没有和那野小子串通,来分你的尸呀,怎么能说她要野小子不要二老乎?"盖父母和丈夫不是对立的两个仇敌,有甲就没有乙,有乙就没有甲,而是可以和平共存的至亲,何必一定拿出一刀两断的二分法,让儿女选择乎?儿女虽然和烂女人野小子逃之夭夭,其心仍爱父母得很也。这种观念不弄清,父母的地位永远飘飘荡荡。

有人曰:"天下父母真是可怜。"我再重复一遍,柏杨先生同意这种看法,但这似乎涉及到人性问题。呜呼,人的爱是下倾的,故父母爱子女一定超过子女爱父母,老头老太太思一思想一想,他们对父母爱的多乎,对子女爱的多乎?如果自己爱子女超过爱父母,那就不必指望自己的子女例外。我这不是为非孝论找哲学根据,拜托圣崽朋友千万莫暗下毒手,而是说明这是一种生物的现象,做父母的应了解这是上帝的旨意,恍然大悟,不去作非分的要求,自然心平气和,快快乐乐。因时代在变,不能适应这种变,岂但可怜兮兮而已。好比说,从前马车时代，你一招手，它就停下，任你上之下之。而如今火车时代，你招十次手它也不停，你如果勃然大怒，去拉它硬停，它能把你摔得头破血流。古时儿女婚姻，天经地义由父母包办，你不包办，让儿女去自由恋爱，准是混账兼王八蛋。而如今流行的是自由恋爱，你仍保留着三皇五帝夏商周的脑筋，怎么得了哉？又好像从前养儿养女是为了防老，如今啥都防不住矣。常听有些人以大义灭亲的姿态，喊曰："我养儿育女是为国家培养第二代。"这是无可奈何的说法，否则老头老太太岂不更为可怜。但这种无可奈何的说法，正需要我们学习也。

10. 不作非分的要求

在父母和儿女纠纷中，我们并不总是谴责父母，但我们却总是谴责父母所用的管教方法和诱导方法，也总是谴责老一辈对晚一辈婚姻上所抱的那种落伍而不切实际的观念。孩子们违背父母，当然该打，但孩子终是孩子，如果饱经沧桑的父母都顽强得像一个干屎橛，怎能单独责备少不更事的儿女也干屎橛哉？老头老太太一听说儿女叛变，气得两眼发黑。要知道儿女叛变，尤其是女儿叛变母亲，如果不也到了两眼发黑的地步，绝不会付诸行动。凡是做父母的，都必须认清女儿叛变母亲的重大意义，那就是说她已到了走投无路的最后关头。盖有些父母在对儿女的争执中，总是想大获全胜，这种观念，使儿女面临着"屈服"和"叛变"的抉择。

凡是在儿女婚姻上栽了斤斗，闹得父不父，子不子，母不母，女不女，断绝了亲情，搞得满城风雨，那些老头老太太，固然可怜兮兮，但如果仔细研究，往往是他们都有一种十分强烈的个性，宁可玉碎，都不愿瓦全，想用绝对的权威控制儿女。想不到儿女们也具有老头老太太的尊贵遗传,也有十分强烈的个性,也宁可玉碎,都不愿瓦全。等于两个坚硬的火车头,轰然相碰,自然惊天动地。

幸好的是,大多数老头老太太在过了一段时间后,对当初不共戴天的儿女,都能回心转意。这种例子多啦,我有一位朋友,就是和岳父母大人搞得日月无光,山河变色,太太经常思父母而哭泣,我劝她曰:"放心,不出五年,准和好如初。"后来不过三年,就恢复常态,盖父母子女间的关系,是棒打不开的也,时间可以办到连炸弹都办不到的事,何况亲情似海乎。不过,老头老太太一见该混蛋女婿,仍然有气,真是木法度,恐怕仍需要更长时间,和更重要的表现也。

一个人的修养和他的灵性,从他对太太的态度上可以看得出来,俗谚曰:"下等人打老婆,中等人吓老婆,上等人怕老婆。"贩夫走卒,或者类似贩夫走卒的狗屎型人物,一旦勃然大怒,伸手抓住太太头发,先是一阵"干你娘""龟儿子",接着就拳打脚踢,太太呼天抢地,儿女口瞪目呆,真是所向无敌。不过下等人打太太的原因,差不多都不可告人。柏杨先生隔壁有一位鱼贩,此公卖鱼的钱还不够他赌的,那一天他在家把太太打得赤脚而逃,大家上前劝架,问他们为的是啥,该鱼贩指其太太被打肿的脸吼曰:"你敢讲,我扼死你。"大家劝了半天,也劝不出啥名堂。后来过了很久,才辗转听说,该鱼贩输得发急,非叫太太把一条贴身的珊瑚项链卖掉不可,但那贴身项链是太太祖传,已有一千多年可以查考的历史,她预备女儿出嫁时再传给女儿的。丈夫软讨不行,便拿出修理学手段,以为千言万语不如一顿皮鞭,真是他妈的也。

这并不是说太太神圣不可侵犯,必要时揍她一顿,似乎也情有可原(有些头脑不清的太太,包括柏杨夫人在内,仗着丈夫天生善良,不敢揍她,竟气焰嚣张,真能气死人),但一个人如果以打老婆为荣,或打上了瘾,一言不合,就开锣上场,那种人准没有什么了不起,不要说文化不多,灵性不多,恐怕连驴性都不多乎也。三国时蜀汉帝国有一位狗娘养的刘琰先生,其妻胡女士,美貌佳人,有一次进宫朝拜太后,住了一个多月才回来。这一个多月刘琰先生当然不是滋味,尤其是一想起来皇帝刘禅先生有点不老实，糟啦糟啦，绿帽子压死人啦，就问他太太跟刘禅先生睡过觉没有，太太说没有，没有也不行，乃叫卫士用鞋底猛打她的粉脸，打得她花容如猪，打过不算，还驱逐出境。呜呼，这个故事的结尾非常理想，经人告发之后，刘禅先生一听，这还了得，鞋非用刑之器，脸非受刑之地，简直岂有此理，乃把刘琰先生绳捆索绑到马场町，砍掉他的尊头，用以作为打老婆的纪念。这故事太太小姐听啦，一定笑得口都合不住。刘琰先生虽然位居高官，不过多识几个字，多结一点机缘，其在本质上，固跟前面那个鱼贩是一路货。盖即令是太太混蛋，离婚可也；一定非打一顿不过瘾，自己动手打一顿可也，而令外人用鞋底打自己妻子的脸，实在是王八蛋带冒烟。本来打太太有啥滔天大罪乎，因他想得出打脸奇法，才落得斩首奇遇，可以说妙哉妙哉。如果现在法律上有一条，规定一个人一生中打太太不得超过三次，超过三次者处三十年以上有期徒刑，或打太太不得超过其屁股，更不得超过三老拳，当太太的有惊无险，自然心旷神怡，对齐家治国平天下，一定有很大的帮助也。

11. 怕老会

日本人以打老婆闻名于世，实在是最顶尖的国耻，比把九州岛割给埃塞俄比亚都要严重。听说最近他们也在痛改前非，老一辈的虽然照打不误，年青一代的已文明得多矣，不过似乎还没有进展到怕的阶段，那需要更高级的文化和更高级的灵性，不是一朝一夕可办到的也。

中国怕老婆的故事可以说多如牛毛，看起来上等人似乎颇众。我想，有组织怕老婆会的必要，会长一席，好像非隋文帝杨坚先生莫属，他有一天被太太独孤女士逼得走投无路，竟自己骑了一匹马，皇帝也不干啦，往深山里跑，要跳日月潭，以了残生。杨坚先生政治上的成就如何，我们不知道，只知道怕老婆会中，他真应该得瓷像奖。至于为啥要瓷像，而不要别的质料像？盖瓷做的东西容易买到，坏啦丢啦，可以马上买个补充，不致再触妻怒。如果换了个金的银的，万一在公共汽车上被贼先生扒了去，怎么交代乎哉。

杨坚先生的伟大处，是他虽然贵为可以乱杀人的皇帝，却并没有翻脸无情，把太太杀掉。要知道皇帝丈夫杀皇后太太的，历史上比比皆是，杨坚先生宁可乱跑，都不蛮干，才是标准的上等人，可得怕老婆会的超级瓷像奖。凡是太太小姐，均宜供奉他阁下的玉照，而使丈夫焉，情人焉，天天朝之拜之，以便潜移默化。君又看过京戏《专诸刺王僚》乎？专诸先生何等的英雄，天不怕地不怕，一言不合，拔剑而起，在他眼中，千万人不如一个屁，可是只要他太太叫他一声，就俯首帖耳，狼狈而还。伍子胥先生嘲之曰："老哥，你连太太都敌不过。"专诸先生曰："我只屈于一人之下。"呜呼，这也是一个瓷像奖人物。幸亏他有此一怕，才成为一个可爱的朋友，如果连太太也挨他的刀子，便成不了英雄，而是狗熊矣。

名见经传的怕老会人物，写三天都写不完，柏杨先生一旦发财，一定盖一座"怕老庙"，供奉怕界古圣先圣，以及现时代怕界专家学人。杨坚先生当然坐在首席，专诸先生坐在杨坚先生一旁，然后像陈季常先生、王偃先生、房玄龄先生、沈存中先生、陈觉先生，以及一时想不起来的各形各色瓷像奖人士，一律陪侍左右；庙中有香炉祭坛，以便热恋中的男士，在女朋友耳提面命之余，前去膜拜发誓。则对中国悠久的文化历史，当有伟大贡献。盖怕老婆的风气必须深入民间，才能构成一种优秀的文化力量。从前有一个县官，到差伊始，招待各界领袖饮宴，酒过三巡，菜过五味，县官问曰："听说贵处的人都怕老婆，果有此乎？"大家哄然否认，有的还拍胸打跌，说是有人造谣中伤，县官曰："既然如此，也不必分辩，我已请各位太太在后堂观看，凡是怕太太的，请到南厢，凡是不怕太太的，就站着不动可也。"

众人一听太太驾临，就一窝蜂拥到南厢，而只有一个人坐在那里动也不动，县官大惊曰："兄台真是大丈夫。"那人曰："不是这么说，今天临出门时，太太吩咐我，人多的地方不要去。"另一个故事也是民间的，一群怕老婆朋友，在一起互相诉苦，觉得壮志不伸，枉为男子，乃定期集会，决定组织"抗老会"。抗老会者，抵抗老婆压制委员会也。大家深知团结就是力量，一旦全国怕同志空前大结合，何物老婆，敢不低头乎？会议开始之时，发言者非常踊跃，一个个慷慨激昂，勇不可当，对会长一职，竞争尤烈，盖会长必须有先烈的精神，才能领导群伦。想不到各位太太已经探知她们的丈夫在阴谋叛乱，大为震怒，各执扫把竹竿，浩浩荡荡，杀奔会场，怕同志吓得魂飞天外，轰然一声，落荒而逃，只有一个人仍在原位置上正襟危坐，一脸大义凛然的神态，大家由衷敬佩，一致叹曰："会长一职，非此公莫属。"然而，到跟前一瞧，他的会长当不成啦，原来他肝胆俱裂，已死翘翘啦。

民间故事都是提炼的精华，具有代表性，不是架空的玩意儿，所以才能有强大的吸引力而普遍流传。盖架空的玩意儿，可能轰动一时，不可能持久不衰。正因为社会上有怕老婆的事实，而这些事实又是大家所熟悉，所允许的，甚至是所赞扬的，它才能越演变越具体，集合若干个真实故事而创造演绎出另一个崭新的故事。我们当然不相信一个人会谨遵太太之命到那种程度，在县官的监视下都不敢往人多的地方去，但如果他怕太太的话，他太太吩咐他不可去北投乱搞，遇到朋友非拖他去北投不可时，他一定严重考虑。我们同样也不相信一见太太驾到，就一命归天，但一个为非作歹的怕同志，一旦在风月现场被太太捉住，偏偏腿上又坐着一位如花似玉，他如果再有点心脏之病，结果恐怕很难说也。

苏东坡先生认为，怕同志最恐惧的，是太太的咆哮，嘲陈季常先生诗曰："龙丘居士亦可怜，谈空说玄夜不眠，忽闻河东狮子吼，拄杖落手心茫然。"狮子吼实在是怕同志的致命之伤，不管你有没有宾客，不管你是不是正在休息，不管你何时何地，该老娘振臂一呼，说干就干，说闹就闹。苏东坡先生一定在陈家吃过陈太太的亏，说不定酒酣耳热，言不及义，被陈太太听见，出到堂前，把一批狐群狗党，乱棒打出，苏先生可能也挨了几下。然而挨了几下，还算幸运人物，有一位太太曾把丈夫的那些酒肉朋友邀到家里，盛宴招待，第二天一个个拉肚子拉得坐在马桶上下不来。盖她较之陈季常夫人更高一筹，连一声都没有吼，只不过在菜里拌了一点巴豆，就够他们消受的矣。做该太太的丈夫那位仁兄，恐怕更有资格进怕老庙，得瓷像奖也。

12. 怕的原因

明王朝有位谢在杭先生，对怕老婆很有研究，尝分析其原因，那就是说，堂堂大丈夫，对娇妻竟畏之惧之，是何道理哉。据说有一位顶尖的大将军，怕老婆怕得要命，简直活不下去，他的部下建议曰："夫人所以敢乱打乱骂者，闺房之内，不知道你的虎威也，最好选择一天，集合大小三军，口令下来，全军震动，不怕她不胆战心惊。"大将军一听，妙哉妙哉。于是有那么一天，校场上千军万马，杀气腾腾，三番接官号后，又来十二响接官炮，弄得天摇地动，煞有介事，官太太被炮声轰得冒了火，下轿后大怒曰："你把老娘抬来干啥？"大将军急忙禀曰："没啥没啥，特请夫人看操。"谢在杭先生便据此研究其中消息，为何能把堂堂大丈夫整得如此之惨哉。他指出有三个原因，曰："贫贱相守，艰难备尝，一见天日，不复相制，一也。枕席恩深，山河盟重，转爱成畏，积溺成迷，二也。齐大非偶，阿堵生威，太阿倒持，令非己出，三也。"如果不掉文，简单明了，单刀直入的说法，则是：穷光蛋起家的怕太太，有美貌妻子的怕太太，妻子有钱有势的怕太太，此谓之三怕。

穷苦起家的丈夫，靠太太艰苦支持，一旦富贵荣华，旧恩旧情，一齐爆发，遇到有啥争执，自会油然而兴"算啦算啦，让她让她"之念，遂不得不由让之、躲之、避之，终于怕之矣。前些时看到诗人胥端甫先生一文,写的是他同乡四川军阀邓锡侯先生惧内故事。原来邓先生的爹卖沙罐为业,从这个村卖到那个村,大家都叫他为“邓沙罐”,当然穷苦不堪。邓锡侯先生任自卫队队长,换了别人,既当了队长,在县里俨然人物,八面威风,还上进个啥?可是他却仍想去保定军校深造,一些酒肉朋友,全体响应,并告曰:“你不妨起一个‘会’,我们都算一份,则不但旅费有着,连妻子都可安顿矣。”邓先生和太太乃摆了一桌盛宴,可是到时候竟没有一个驾临,一直等到中午,仅他上私塾时一位老师前来,睹状曰:“你不是起会乎,人安在哉?”邓锡侯先生不禁泪下。老师曰:“没有关系,我自己帮你几两银子,另外有一位朋友,也可借你一点。”如此这般,才算进了保定讲武学堂,读书期间所有的费用,全靠妻大人为人纺麻织布,以戋戋之数,汇到保定。后来邓锡侯先生干起高官,有“水晶猴子”之称,水晶猴子者,伶俐奸猾,狡不可测也。他阁下天不怕地不怕,就是怕太太,太太一脸麻子,能干万状。有一次,军阀们在重庆举行军事会议,打算即席把邓锡侯先生处决,妻大人闻知,立即率领手枪营及步兵骑兵各一团,围住会场,把邓救出。有一次帮闲分子建议邓锡侯先生娶一个小老婆,妻大人闻知,跑到他司令部骂曰:“你干军长啦,嫌老娘无用啦,要讨小老婆,还记得老娘纺麻洗衣,为你筹学费乎?”还作脱裤子状曰:“你来试试,看老娘有用没有用?”把邓先生吓得抱头鼠窜。呜呼,这一怕怕得有道义,有灵性,在怕老庙中,应居贵宾之席。

另一种原因是太太漂亮非凡,做丈夫的爱她爱得排山倒海,天昏地暗。最初不忍拂她的意,以后逐渐不敢拂她的意,也不能拂她的意,终于成了善良的风俗习惯,根本就没有想到拂她的意矣。她说啥就是啥,她说买旗袍就买旗袍,她说姓王的那家伙混蛋,他就和姓王的那家伙绝交,她说股票比房地产好,他就投资股票,她要他一下班就回家,他就是腿被汽车压断也要爬回来。盖爱美是人类的天性,人类文化追求的最高目标是啥乎?曰“真善美”,“美”占第三,也是真和善的总结。它不但包括内在的美,也包括外在的美。一个臭男人娶了一位天仙美女,真是三生有幸,他怎能不当作活宝乎?凡是美丽的小姐，追求她的人一定多如鱼虾，而偏偏选中了我，那种艰苦的胜利，有时等于脱一层皮，怎能不爱之惜之，畏之怕之乎？更主要的是，有美丽太太的丈夫们，通常都有一种知遇之感，无事时对着镜子端详，自己看自己的模样，貌不惊人，言不压众，她能嫁我，是看得起我，杀身以报都干，何况仅只不过做做她的牛马，听听她的呵责哉？

老夫少妻的婚姻，老丈夫怕年轻太太，往往就是美的力量。即令百万富翁，虽然有钱，可是想自己已经这么一大把年纪矣，如花似玉竟然仍爱我不误，便是受点委屈，又有啥不能忍的？不要说挨打受气，就是弄顶绿帽子戴戴，也没啥了不起。君没有读过一则故事乎？有一位美丽绝伦的太太正和情人幽会，被丈夫当场捉住，勃然大怒，把她送官，怎么哭都不行。太太曰："你一定要送，我也没法，但允我打扮打扮如何？"丈夫一想，打扮打扮，也是应该。一小时后，该少妇款步而出，跪到他面前，嗲声嗲气地泣曰："你真忍心把妻子送官乎？"老头一看，她杏脸桃腮，杨柳细腰，不禁叹曰："起来吧，起来吧，一顶绿帽子压不死人。"

这则民间流行的故事大概有其所本。南北朝时，高欢先生的弟弟高琛先生和他太太之一的小尔朱女士勾搭上手，有一天二人正在霉克拉夫，被高欢先生撞个正着，立刻怒发冲冠，取过大棍，把高琛先生痛打了一顿，打得该"赵郡公"僵卧在地，第二天就蒙主宠召。高欢先生打罢弟弟，又要打太太，可是这一次却下不得手矣，小尔朱女士跪到膝前，又哭又求，把高老爷哭得手足发软。他虽然没有叹曰："一顶绿帽子压不死人。"但他却叹了点别的，曰："你要求生，马上离开此地。"小尔朱女士只好收拾细软，狼狈出宫。亲弟弟不可恕，而不贞的太太可恕，是美丽在作怪。

怕老婆的人并不是每一个都能忍受绿帽子，有的怕同志一听说太太有了外遇，便拔刀而起。但一个人如果连绿帽子都可接受，则大多数是美丽的力量使然。

13. 非怕不行

和高欢先生媲美的，还有唐中宗李哲先生，在怕老婆历史上，李哲先生青出于蓝而更胜于蓝。他的太太韦皇后和武三思先生通奸，李哲先生根本不在乎，韦女士和武先生二人挤在床上打扑克牌（史书上说他们打的是“双陆”，“双陆”是啥，已无人知矣，反正是一种该时代最流行的博戏也），一面打牌一面当然也摸摸拧拧，李哲先生不但没有像高欢先生那样小家子气用大棍打之，反而替他们管理筹码。这里面的道理大啦，固然是韦女士长得漂亮——凡是当皇后的，大概都是美女，即令丑不堪言的贾南风女士，也不见得会差劲到哪里去。李哲先生固是爱韦女士的美，同时也是感韦女士的恩。盖李哲先生被废的那个阶段，屡次都要自杀，韦女士劝他曰：“祸福无常，顶多不过一死，何必自己去找哉？”李哲先生一想，有点学问呀，后来当了皇帝，感念旧情，就特别优容，虽弄出来绿帽子，既然已经积溺成迷，也就大大方方地戴到头上。

谢在杭先生的第三项曰：“齐大非偶，阿堵生威，太阿倒持，令非己出。”阿堵者，钱也，黄金美钞股票也，美国的房产也，巴西的橡园也，瑞士的别墅也。一旦做丈夫的没有这些，而做妻子的却反过来拥有这些，包管人仰马翻。盖有了钱就等于有了威，所谓虎生风，风从虎是也。男女青年在恋爱时，常有一种现象，男的失业啦，或是正在念书，穷得冒烟，而女的或做事焉，或父母有钱焉，经常对他接济，或买什么书啦，或买什么衣服啦，或买什么笔墨纸砚啦，甚至直接把钞票塞到他腰包里。那份柔情蜜意，真叫该小子认为天下第一等艳福。该小姐也不会认为自己功德无量，而看他不起，反而以他肯接受自己的接济和帮助为荣哩。

问题是,情调是情调,生活是生活;恋爱是恋爱,结婚是结婚。一个小伙子偶尔靠小姐接济接济,固美哉美哉,但如果一头栽到该小姐怀里,投靠终身,便美哉不起来啦。也真是奇怪,好像天生的是女人嫁男人,而男人娶女人。妻子吃丈夫,喝丈夫,花丈夫,眉飞色舞,理直气壮,丈夫说一句:“少做一件旗袍吧!”她马上就恐吓他要和他离婚,或讥讽他连太太都养不起。而一旦丈夫吃妻子,喝妻子,花妻子,便抬不起尊头。于是,一个可怜兮兮的妻子,在暴君丈夫脚下,虽然很苦,但总可以苟延残喘。如果反了过来,一个可怜兮兮的丈夫,在暴君妻子脚下,恐怕连一天都不能活,即令不被轰出去,他也不会有丝毫家庭地位,他不怕行乎?从前南北朝宋废帝刘义符先生,有一个妹妹山阴公主,她问哥哥曰:“我和你虽男女有别,但都是老爹的儿女,为啥你后宫有美女数百,而我只驸马一人,事之不平,一至于此。”刘女士的论点,有其千古不磨真理,把刘义符先生问得口服心服,乃下令为她选置面首三十人。面首者,漂亮而强壮的年轻小伙子也。呜呼,那位头戴三十顶绿帽的驸马爷,姓名可惜不传,但其在怕老会中有超级地位,当无问题。

娶公主做太太是每个臭男人最高级的愿望,盖娶了公主,官也有啦,钱也有啦,权也有啦,势也有啦,社会地位更是有啦,真妙不可言。然而,除非自己的老爹也是皇帝,普通小民娶了公主,滋味恐怕不见得十分好受。不要说小民,即令老爹是宰相,官够大了吧,但在公主眼中看起来,宰相也好,巷口那个补破鞋的皮匠也好,见了她爸爸都得磕头如捣蒜,固同是一丘之貉也。曾国藩先生有言曰:“嫁女当胜似我家,娶媳当不如我家。”这是“门当户对”最具体的说明,盖女儿嫁了出去,丈夫是一位英俊青年,肯尼迪总统见了他都笑嘻嘻拍肩膀,而该丈夫学问又大得要命,仅研究臭虫就有十本巨著,得了八次诺贝尔奖金,出门不是坐飞机就是坐汽车,家里用的茶杯都镶着金刚钻,而且又爱她爱得紧,她自然安安分分和那小子过一辈子。如果娶了一位公主,问题就大啦,你有的那些玩意儿她都有,而她有的那些玩意儿你却没有,你说你的官大,她家再低级的官都比你大;你说你有钱,她家一颗珠子就超过你的全部家产,不要说不敢把她当媳妇当太太派用场,诚如唱本上说的:“下床只有君臣礼,上床才有夫妻情。”有妻如此,非怕不可。

君看过京戏《打金枝》乎,郭子仪先生的儿子郭暧先生,洪福齐天,娶了公主。公主到了郭家,不要说向公公郭子仪先生磕头,她不叫公公郭子仪先生向她磕头,已算很民主啦。郭暧先生一直忍在心里,到了有一天,是郭子仪先生的生日,郭暧先生叫她去拜寿。公主心里想,俺爹是皇帝,你爹算老几?郭暧先生年轻气盛,就把她揍了一顿,还开骂曰:“你以为你爹是皇帝乎?俺爹根本瞧不起啥皇帝,要瞧得起,早就干啦。”夫妻吵嘴本来没啥,然而如果妻大人是公主,情况就严重了矣。郭太太受了委屈,回到宫来,向皇帝爸爸哭哭啼啼,告了御状。郭子仪先生得到消息,吓得魂飞天外,就把郭暧先生绑将起来,晋见皇帝,自请处分。幸亏皇帝老头还算明白,大事化小,小事化无,如果遇到了糊涂蛋或是遇到了暴戾成性的英明分子,好小子,你敢打我女儿,岂非瞧不起咱家乎,离婚算啦。公主离婚,非同小可,普通情形下,至少该丈夫要走下坡路,严重的恐怕还要绑赴刑场。呜呼,夫妻本是一样大小,亲家本也是敌体,如果一边高一边低,低的一头,也就是做丈夫的那一头,整天兢兢业业,那股劲恐怕不太好受。故历史上凡是娶那些齐大非偶的朋友,很少有啥出息,有些驸马爷连大门都不敢出,有些驸马爷面对太太,如临深渊,如履薄冰。其中一个家伙,惜忘其名字矣,太太晚上去厕所,都要抱之前往;太太害病,吐出的青痰,都要含到嘴里嚼之;有一次回家稍晚,太太以梳子照他脸上摔去,摔得鲜血直流,因未得太太命令,连用手摸一下都不敢,一直到它在脸上结了痂,才允许洗去。父母兄弟都为他抱不平,他曰:“你们懂啥,公主贵为天子之女,是衣食父母,岂可与较也。”怕老婆怕到这种程度,我们可称之为“男妓型”的怕,属怕老会中的另一格。

14. 葡萄架倒啦

谢在杭先生更一步的分析曰：

"愚不肖之畏妇，怵于威也。贤智之畏妇，溺于爱也。贫贱之畏妇，仰余沫以自给也。富贵之畏妇，惮勃谿而苟安也。丑妇之见畏，操家柄也。少妇之见畏，惑床笫也。有子而畏，势之所挟也。无子而畏，威之所劫也。"

这真是怕同志百态。呆瓜固然怕老婆，聪明之士也怕老婆，穷小子怕老婆，百万富翁也怕老婆。太太漂亮的固然怕之，太太丑陋不堪的也怕之。年轻的太太怕之，年老的太太也怕之。真是普天之下，莫非怕土，率海之滨，莫非怕臣，无往而不怕焉。李宗吾先生的《怕经》上云："夫怕，天之经也，地之义也，民之行也，五刑之属三千，而罪莫大于不怕。"李宗吾先生的《怕经》全文，载于《怪马集》，读者先生不妨一瞧。盖李宗吾先生的意见是：妻大人有过，低声下气，用温柔的声调和婉转的措辞去规劝，规劝不行，就痛苦万分；规劝到第三遍而妻大人仍然不听，则立刻泪如泉涌，放声大哭。妻大人勃然动怒，把自己打得头破血出，仍不敢有一点埋怨。不但不敢有一点埋怨，反而起敬起畏。李宗吾先生又隆重指出曰：君子之服侍妻大人也，无微不至，那份诚心爱意，看也看不见，听也听不着。进得家门，妻大人不叫坐，便不敢擅坐，妻大人不叫退，更不敢擅自开溜。

一个男人弄到这种地步，不是一朝一夕之功。每一对夫妇都有他们的蜜月，在蜜月期中，卿卿我我，恩恩爱爱，谁也不会怕谁，可是日子一久，妻大人摸透了丈夫的脾气，事情便不好办矣。冰冻三尺，尚非一日之寒，怕老婆是何等的大事，更需要有悠久的传统文化，一步一步走入绝境也。不过，谢在杭先生的分析，虽然详矣尽矣，但仍遗漏一点，柏杨先生特为之补充曰："官崽之畏妇，恐揭底牌也。"粗看起来，这和谢先生的"贫贱相守"雷同，实际上有大大的分别，如邓锡侯先生暨妻大人，他们尝的是正常的艰苦，如果他们尝的是非正常的艰苦，做丈夫的同样抬不起头。这种官崽之怕，乃官崽的专利品。君没有听说一个故事乎，有一个鸡毛官崽去见驴毛官崽，脸上左一道爪迹，右一道血痕，不成样子，驴毛官崽知道是他太太抓的，仍故意问曰："阁下脸上怎么搞的呀？"鸡毛官崽曰："昨晚在葡萄架下乘凉，葡萄架倒啦。"驴毛官崽笑曰："胡说八道，哪有那么巧的事？"只听后堂之内，传来太太一阵穷吼，乃变色曰："你走你的，我家葡萄架也要倒啦。"呜呼，为啥官崽们往往都怕老婆乎？这不关灵性，也不关当初艰难，很多官崽根本就是红包世家出身的也。盖官崽也者，差不多都是以不尊严的手段达到尊严的地位，天下只有一个人，知道他用的是啥不尊严的手段，该人就是他的妻大人焉。这种要命的底牌握在她手里，犹如唐僧先生握了孙悟空先生的紧箍咒，闹翻了咱们就抖将出来，便不能混矣，就是有原子弹作后盾，官崽恐怕都很难振起夫威。

15. 瞿耐庵先生

以不尊严的手段达到尊严的地位，如果仅是靠本身不尊严，好比说为了当一个部长，而去尝国务总理的大便，对怕老婆并没有太大影响；但如果是靠太太不尊严，那就不得不怕矣。说了半天，不如举例证明，请君看《官场现形记》第三十八回"丫姑爷乘龙充快婿，知客僧拉马作干娘"。说的是宝小姐当权的故事，宝小姐，湍总督的丫头也。湍总督本来打她的主意，她也颇愿意被打主意，可是想不到湍总督又娶了第十二房姨太太，把她给摆下啦，该丫头气得呼呼然，湍老头很觉抱歉，就把她收做干女儿，嫁给了戴世昌先生，贪赃枉法，买官卖爵,很有她的一套。买卖讲定之后,她进得衙门,就往于爹腿上一坐,不答应我就拧你,一直拧到老头答应为止,如此干法,当然炙手可热。要放洋的,要升官的,要调职的,要吃官司的,要竞选的,一拥而上,门口的小汽车排成长龙,而宝小姐的学问也就开始大起来。书上虽没有明白写出,但当个什么妇女团体的理监事,出出国,开开会,捐捐款,致致词,以今察古,固不在话下者也。于是,一个穷苦的小公务员瞿耐庵先生和他的太太,乃商量妙法,把她抓住。书上曰:

瞿耐庵想走这条门路,太太说:"自古道'做官做官',是要你们老爷自己做的,我们当太太的,只知道跟着老爷享福,别的事是不管的。"禁不住瞿耐庵左一揖右一恭,几乎要下跪。太太道:"我要同你讲好价钱,再去办这一回事。"瞿耐庵道:"听太太吩咐。"太太道:"你得了好事情,一年给我多少钱?"瞿耐庵道:"我同你又不分家,我的就是你的,你的就是我的,这又何用说在前头呢?"太太说:"不是这样说,等你有了事,我问你要钱,比抽你的筋都难,不如事先说明了好。"瞿耐庵道:"太太用钱,我何尝说过一个'不'字,没有亦是没法的事。"太太道:"我不晓得你得个什么差事,多少我不好说,你自己凭良心吧。"瞿耐庵想了半天,才说得一句:"一家一半。"太太不等说完,登时喝道:"什么一家一半,那一半你留着给谁用?"瞿耐庵连连赔笑道:"留着太太用,我替你收着。"太太道:"不用你费心,我自己会收的。"瞿耐庵道:"太太说的是,说的是。"连连屏气静息,不敢做声。太太说:"我替你办事情,是要花钱的,头一回一份礼是不能少的。你想要差使,以后还得时时刻刻去点缀。你现在已经穷得什么似的,哪里还有钱给我用?无非我这副老脸拿出去,向人家挪借,借不着,自己当当,这笔钱难道就不要还我吗?"瞿耐庵道:"应该还,应该还,既然太太如此说法,以后差使上来的钱,一齐归太太管,就是我要用钱,也在太太手里讨,你说可好不好?"当下商量一定,就托了一个庙里的和尚做了牵线。

在这种情形之下,他便注定了要怕老婆到底。

瞿太太巴结宝小姐,不是那么简单,官场蛆虫,千千万万,谁不愿纳入系统耶哉。呜呼,八仙过海,各显神通,谁的神通大,谁就有斩获。话说那么一天,宝小姐前呼后拥,在一位姐妹淘家里,吃醉了酒,恰巧瞿太太也在座,便过来替她捶背,替她装烟,又亲自扶她上轿(柏杨先生曰:“想当官的朋友注意啦!”),一直把宝小姐送回公馆。书上交代曰:

这一夜瞿太太也没有回家,就在宝小姐公馆里伺候了一夜。第二天宝小姐酒醒,很觉得过意不去(柏杨先生曰:“正要你过意不去。”),后来彼此熟了,见瞿太太常常如此,也就安之若素。瞿太太的脾气,再随和没有,连老妈子的气都肯受的,有些丫鬟,向她要东西不必说,空着还要拿她说笑取乐(柏杨先生曰:“自尊心不全毁,就不能做官。”),宝小姐见丫鬟们如此,她也和在里面,拿瞿太太开心。有一次也是宝小姐醉后,瞿太太过来,替她倒了一碗茶,接着又装了几袋水烟,宝小姐醉态可掬的,一手搂着瞿太太的颈项,说道:“我来世修修,修到有你这个女儿,我就开心死了。”瞿太太道:“我是巴不得做姑奶奶的女儿,只怕够不上。”宝小姐道:“别的都可以,倒是你是上了岁数的人,我只有这一点年纪,哪有你做我女儿的道理?”瞿太太道:“姑奶奶说哪里话来,常言说的好,有志不在年高,我哪一桩赶得上姑奶奶?只要姑奶奶肯收留我,就情愿拜在膝下,常常伺候你老人家。”(柏杨先生曰:“宝小姐才二十岁,瞿太太已五十岁矣,真是有志不在年高。”)此时宝小姐已有十分酒意,忘其所以,听了瞿太太的话,并不思量,便冲口而出道:“既然如此,你就给我磕个头,叫我一声娘罢,以后我疼你。”一句话直把瞿太太乐的要死(柏杨先生曰:“没有羞得要死,而竟乐得要死,这才是青年才俊。”),果真爬在地下,向宝小姐磕了一个头,叫了声“干娘”,宝小姐趁着酒盖着脸,便答应了一声,见她磕头,动也不动。

当日瞿太太伺候宝小姐睡觉后,立刻赶回家中……一进门就问:“薪水领到没有?”瞿耐庵道:“恰恰今日领到,因为太太未曾过目,所以不敢动用。”太太道:“好。”登时取了出来,一看整整七十块钱。太太便吩咐准备宴菜酒席两桌,下余的备办男女衣料四份,再配些别的礼物,一概明天候用(柏杨先生曰:“按当时的市价,七十块钱可买黄金四十两,一下子就搞光,真是干啥都得下本钱。”),瞿耐庵只有诺诺连声,不敢违拗。次日一早,准备停当。太太也早起梳洗,诸事齐备,便抬了酒席礼物,送到宝小姐公馆。这日宝小姐因为昨夜酒醉,人甚困乏,睡到十二点钟,方才起身。人报瞿太太到来,只见瞿太太身穿补褂,腰系红裙,她老爷是有花翎的,所以太太头上也插着一支四寸长的小花翎,扭扭捏捏走进宅门后面,两个抬手抬着礼物酒席。宝小姐忘记昨夜醉后之事,见了甚为诧异,见面之后,忙问所以。瞿太太笑而不言,但见她走到客堂,拿圈身椅,居中一摆,跟来的人随手把红毡铺下,瞿太太便说:“请你们大人,今天是干女儿特地过来,叩见干娘,是不用回避的了。”

书上续曰——

这时戴世昌正躲在房中,听了摸不着头路,宝小姐也觉茫然,倒是旁边的丫头老妈子记着,便把昨晚之事说出。宝小姐道:“醉后之言,何足为凭,我哪里好收瞿太太做干女儿?”刚刚跨出房门,想要推让,瞿太太已拜倒在地了,嘴里还说:“既然干爹不出来,朝上拜过,也是一样的。”

宝小姐当然不敢当,但绳子已套到她脖子上矣。

瞿太太说:“昨晚已蒙干娘收留,倘今天不算,叫我把脸搁到哪里去呢?”旁边一众丫头老妈,都凑趣说:“今天瞿太太来拜干娘,乃是出于一片至诚,太太倒是收了她的好,叫她心上快活,太太只要以后疼她就是了。”宝小姐无可奈何,只好老着脸皮,认了她做干女儿。后来戴世昌出来见过,宝小姐又把丫头老妈子底下人厨子,统统叫了上来,叩见瞿太太,大家也改口叫她瞿姑奶奶。

二十岁的女孩子拜五十岁的中年妇人为干娘,不算稀奇,而五十岁的中年妇人拜二十岁的女孩子为干娘,只官场才有这种特写镜头。

接着,当然是进一步地拜干娘的干老子湍总督和干娘湍总督的九姨太太。书上曰——

话说宝小姐带着瞿太太,也就跟手上轿而去,一霎时到得湍总督衙门,自然是一径到九姨太太房里。湍总督听了老妈的话,已晓得宝小姐收了一个干女儿,大家以为总是人家的小姐了。九姨太太急忙预备见面礼。正在闹着,人报宝小姐回来了,大家立起身看,都想见见这位小姐长得面貌如何。只见宝小姐走在头里,后面跟了一个脸上起皱纹的老婆婆,再细看看,头发也有几根白了,大家见了诧异,还当是那小姐的娘自己同来。只听宝小姐在院子里喊道:"干妈,我带个人来给你瞧瞧。"一头说,一头走进上房,吩咐老妈,把红毡铺地,宝小姐就拉瞿太太一把,说道:"你就在这里拜见外公外婆吧。"大家至此,方才明白。九姨太太只得出来,同她谦了一回,受了她一礼,让她寒暄了一回,瞿太太又把孝敬的礼物送上,九姨太太也送了五十块钱。

于是,画龙点睛,那么一天终于来临,书上曰——

瞿太太便趁空托宝小姐说:"不瞒干娘说,你女婿(柏杨先生曰:"这股麻劲如何?")自从弄这个官到省,就背了一身的空子,虽说过几个使,无奈省里花费大,所领的薪水,连开销都不够,现在官场的情形,只要有差使,无论大小,人家有事,总要找到你,又不如没有差事的好(柏杨先生曰:"他妈的!")。现在你女婿(柏杨先生曰:又是"你女婿!")就是吃了这个差事的亏,所以空子越发大了,不怕你老人家笑话,照这样子再当上两年,怕要弄得精打光呢。现在只求你老人家(二十岁的老人家)照顾我,你老人家不照顾我,更叫我找谁?"

是呀,更叫她找谁乎?宝小姐不得不大发慈悲,坐到湍总督怀里,撒娇撒痴,手拉老头的耳朵,结果瞿耐庵先生遂当了兴国县县长。呜呼,读者先生明鉴,瞿耐庵先生的官是如此得来的,他能不怕老婆乎?

16. 更为艰苦

瞿耐庵先生如此这般，现在再介绍冒得官先生，看他的官是怎么弄到手的，探本求源，可知其怕太太的缘故。冒先生的一套比瞿先生的一套来得更为艰苦，瞿先生似乎还有点傻福，只要把头缩到脖子里，任凭太太去不要脸，就有得官做，仍可以道貌岸然致训词。冒先生便大大的不同，一步一步，都要自己设计，而且本钱也下得更为庞大。呜呼，瞿先生和冒先生的光荣行径，柏杨先生本来要写一部"官崽学"，列专章以研究之的，如今竟在《怕老婆》文中胡乱引出，大材小用，糟蹋了粮食，可惜之极，读者先生应猛开茅塞，盖好的故事可以在多方面取得哲学启示，把瞿冒二位先生的表现，当作"官崽学"来研究，固然是无上妙品，当作"怕老学"研究，亦同样是无上妙品也。

话说冒得官先生用了种种方法，把太太女儿说服（柏杨先生按：说服女儿陪他的顶头上司睡觉不简单，有志之士，可看该书第三十回），决心献上女儿。找到了司令（统领）的副官（小戈什），送了几两银子的红包，就开口啦。书上曰

冒得官说："家里女孩子长得下得去，今年刚十七岁，常常去跳舞（原文是"常常站在大门口"），料想司令（统领）是见过的，听说司令（统领）还要娶位姨太太，我情愿把这个丫头孝敬了他（精彩！），但是这个媒人，我不好自己去做，所以要借重你老哥，代言一声，但是也不便说出是我的女儿，怕的是他老人家听了，不肯来的缘故。我们知己之谈，现在我的这个官职，在他手里，倘若他老人家不肯，我的官就要弄僵。如今且把他瞒住，等到生米煮成熟饭，他老人家也赖不到哪里去了，我的事也好说了。只要我官不垮，我们相会的日子长着哩。"副官（小戈什）得了他的银子，自然满口应允，但说一句道："你

倒会爬,索性做起他的小丈人来了,我们倒要称你一声好听的呀?”冒得官把脸一红道:“为了吃饭,也叫做没法,老哥你就去替我说,我此刻先回家里安排,预备他老人家今夜好光临。”副官(小戈什)道:“慢着,说不说由我,来不来由他,你且候我的信,再办事不迟。”冒得官道:“有你吹嘘,还怕事情不成功。”

这里副官(小戈什)果然暗底下替他报告司令(统领):“我们后门对过新搬来的一家人家,就是母女两个,听说都不是怎么正经,女儿今年十七岁,长得真是头挑人才。前时儿会见她,她娘说女儿大了,有什么对劲的媒人,替她做做,就是给人做小也愿意,亦不要什么身价。司令(统领)如果中意,包管一说就成,而且不消另外租公馆,等到晚上过去就是了。”一派话,说到天花乱坠。

书上续曰——

羊司令(统领)本是个好色之徒,在舞厅里时常出出进进(原文“在后门时常出出进进”),也见过这女孩子几面。如今听了副官(小戈什)的话,不禁动了垂涎之思,坐在那里半天不言语。副官是摸着脾气的,晓得已经有了意思,便说:“我此刻就去招呼她娘,司令(统领)晚上过去就是了。”说着,也就出来,去找冒得官。冒得官听了,非常之喜,便说:“家里都已交代好了,只等晚上,请他老人家赏光就是了。我在这里不便,先到别处躲过一夜,等明儿一早再回来。务必将此事拉拢成功,感德匪浅。”

却说司令(统领)向例,每天这顿晚饭从不在家吃的,托名在外应酬,其实是天天秦淮河鬼混。(柏杨先生曰:官场现象,千古一也。)这天到了下午,仍旧坐轿出门,先在船上打牌,又到钓鱼巷里吃酒,约莫应酬到十一点多钟,毕竟心上有事,便先吩咐打轿回去,副官(小戈什)心上明白(柏杨先生曰:每一个达官贵人,身边都需要有一个如此这般明白的人),预先叮嘱轿夫,叫他们把轿子一直抬到冒得官的公馆,打门进去,羊司令(统领)假装吃醉,跟了进来。此时冒家上下,都串通好的,当即把他领到小姐房中,众人一哄而出。司令

(统领)等房中无人,就上前同小姐勾搭。听说这一夜里,总共问了冒小姐不少话,冒小姐只是不答,同哑子一般。羊司令(统领)以为她是害羞,所以并不注意。

第二天一早,特写镜头演出。书上曰——

良宵易过,便是天明,羊司令(统领)正好睡着的时候,忽听得大门外有人敲门,打得震天价响,随后有人出来开门,听这来人分明是个男人声气。羊司令(统领)虽然是偷花的老手,到了此时,也不禁心中害怕起来,生怕是副官(小戈什)误听人言,以致落了他们的圈套。连忙一骨碌从床上爬起,察看动静,听了听,只听房间外面,有人低声说话。于是羊司令(统领)格外疑心,正想穿起长衣,轻轻拔去门闩,拿在手中,预备当作兵器,可以夺门而出。说时迟,那时快,羊司令(统领)在里面各事停当,走到门前,又侧着耳朵听了一听,谁知反无动静。于是心中更为惊疑不定,想要开门,一时又不敢去开,只得呆呆立在门内。约莫站了有两刻钟之久,冒小姐已披衣下床,此时冒小姐棠睡初醒,花容愈媚,羊司令(统领)越看越爱,不禁看出了神,忘其所以,轻轻说的一句是:"天还早得很,为什么不再睡一会儿?"冒小姐亦不理他,却不料这一问,早被门外一个人听见,用手指头,轻轻把门叩了两下,说道:"天还早得很,总座(统领)为什么不再睡一会儿?"羊司令(统领)一听门外有男人说话,这一吓非同小可。

书上续曰——

但是说话的声音很熟,一时想不起来是谁,怔在那里,半天喘不出气来。还是冒小姐爽快,连忙迈步走近门前,伸手将两扇门豁琅一声,拉了开来,说了声:"有话让你们当面讲。"羊司令(统领)起初,还当是小姐过来拉他的,却不料有此一番举动。房门开处,朝外一望,只见一个男人直僵僵的,朝着房门,跪着不动。那人低着头亦看不出面貌,羊司令(统领)满腹狐疑,更是摸不着头脑。正在两难的时候,幸亏门外跪的人,先开口道:"卑职在这里伺候司令(统领),难得司令(统领)赏脸,卑职感恩非浅。"说完这两句话,抬起头来,听司令

(统领)吩咐。羊司令(统领)仔细一看,认得他是冒得官,直弄得毫无主意,只听冒得官又说道:“丫头还不过来,帮我求求司令(统领)。”一言未了,他女儿也跪下来。羊司令(统领)至此,方才恍然大悟,见他们跪着不起,知道没有歹意,急忙的一手去拉冒得官,一手去拉小姐,嘴里说道:“你们这番好意,我都晓得,此刻我要回去,彼此心照就是了。”冒得官起来之后,又请一个安,说道:“全仗司令栽培。”其时脸水和点心,都已齐备。羊司令(统领)只揩了一把脸,立刻要走。冒得官父女两个,拉着抵死不放,定要司令(统领)吃过点心再去,羊司令(统领)无奈,只得每样夹了一点,吃了才走,冒得官又赶出门外,站过出班,方才进来。

好啦,冒得官先生真乃一个满腹经纶的官场人物,为了当官,千方百计送上自己的女儿,以供更大的官玩之,学问诚冲天也。有了女儿床上功夫,冒得官先生自然一帆风顺。过了几天,羊司令(统领)见了省长,竭力替他洗刷,省长大人自然听自己人的话。羊司令回司令部,随便找了一个借口,飞出一顶帽子,把冒得官先生的死敌朱得贵先生,予以免职,不但免了他的职,还要褫夺他的军籍,押解回乡。朱得贵先生这一下子才发现碰上了“后台学”加“床上术”,大势要完,就到处托人求情。冒得官先生是何等的手段,竟挺身而出曰:“我去替你求求。”见了司令鬼混了一阵,司令非但不革朱得贵的功名,并且还赏了他一封信,叫他到四川良大人标下去当差,一个好人全做在他自己身上,真是了不起了不起。呜呼,台北有一个杂志,曰《文坛》,已有相当历史。柏杨先生也打算办一个杂志,曰《官坛》,月出一次,专门研究做官之道,互切互磋,共勉共励,务期父以教子,师以教弟,长官以教僚属,老板以教伙计。噫,官崽之怕太太,固有其黑幕,而官崽如果怕起女儿,其情节似乎更不简单。

17. 古《妒律》

有了谢在杭先生的文章，诚所谓无往而不怕，无处而不怕，真是至矣大矣。看起来中华民族的灵性应该是高得很，中国妇女的地位也应该是高得很才对也。不过事实上未必尽然，是啥道理哉？这道理就太不可说啦。盖任何问题就怕不准提出，更怕不准公开，一经提出，再加上一经公开，准有点发现。我们可以分析每一个具有代表性的怕老婆实例，便不难找出答案。瞿耐庵先生和冒得官先生为啥怕老婆乎？老婆为了他做出不可告人之事，是小辫子抓到太太之手，胆敢反抗，她只要轻轻一抖，他就得来一个倒栽葱。若邓锡侯先生亦然，太太在他的司令部要脱裤试试，便是靠她手里的小辫子。

中国怕老婆的特征是，凡是怕老婆的人，多半都是由于对妻子的不贞和负心，再不然就是由于道德败坏，或人格破产。直截了当地说，往往不是由于爱她才怕她，而是由于怕她使自己丢人才怕她，其基本出发点固是自私的和兽欲的也。历史书上最著名的怕同志，很少可以跳出这个肮脏的范畴。五世纪南宋光禄大夫王偃先生，固知名之士，严冬的时候，他太太把他脱光，绑到院里大树上，绑了一夜，偏偏那一夜下了大雪，几乎活活冻死。他这种怕法，竞选怕老会会长，连杨坚先生都不是他的对手，可是你知道他太太是何许人乎？乃南朝宋皇帝刘裕先生的第二位女儿吴兴公主，夫妻间弄到这种一面倒的场面，早已没有了爱，而只有恨了矣。王偃先生的老祖宗王导先生也露过一手，有一天为了逃避太太，竟以宰相之尊，跳上牛车就跑，嫌牛跑得慢，还用手上的拂尘猛打牛先生的屁股。可是你知道他为啥如此紧张乎哉？原来他正在地下夫人家里欢宴，被太太打探出来消息，率领娘子军，直捣巢穴，才急得要发疯也。

中国怕老婆的行为，往往跟太太的“妒”相结合，这一结合，怕的价值就大大减低。盖丈夫之怕老婆，很少主动的由于内心的爱，而都是因为太太的“妒”，妒得他天昏地暗，心惊肉跳。但太太因何而“妒”耶？因丈夫不贞之故。如果做丈夫的守身如玉，不胡思乱想，太太便不会妒，太太不妒，丈夫便不会怕。而一个不怕老婆的社会固是死水社会也。嗟夫，一旦“妒”和“怕”成为因果，那就是说，一旦“怕”建筑在自己的不贞上，怕便不是真怕，而只是自私的畏惧，兽性的躲避，而不是对妻子的爱。

《两般秋雨庵笔记》上，曾转载广野居士先生撰的《妒律》，可惜文字太长，不能全录，姑且摘要抄若干条于后，请读者先生仔细观看，可发现丈夫之怕老婆的第一因，和老婆之妒的第一因也，文曰：

凡妇梳头临镜，从镜中见夫与婢目眺，遂生嗔毒骂，并及丈夫者，坐以断罪不以律例，打七十板，处有期徒刑一年半。

凡妇允夫宿妾，日间反复议明，及至更深，犹复令妾针纫，若或忘之者，坐以公事应行稽程律，打二十板。

凡妇有病在床，沉沉药饵，仍令腹婢，稽查丈夫与妾喁语等情，坐以纳交近侍官员律，打一百板，放逐三千里。

《妒律》续曰：

凡妇每见人之内眷，必苦劝不可令夫纳妾，娓娓不倦，坐以同僚代判文案律，打八十板，处有期徒刑二年。

凡妇每同婢妾触牌点韵，嘻笑一堂，忽闻主人声息，悉皆屏去，坐以脱漏户口律，打六十板，处有期徒刑一年。

凡妇值夫偶宿妾舍，便僵卧不起，只推有病，及再三安慰，不觉盈盈泪下。坐以户役不均律，打八十板，处有期徒刑二年。

凡妇容夫纳妾，限夫住妾所，止以一更为率，迟则怨望詈骂，坐以丁夫差遣不平律，打六十板。

凡妇无子，畏人清议，阳为娶妾，私禁冷室，不令丈夫见面，坐以田地荒芜律，打七十板，处有期徒刑一年半。

凡妇见妾生子，故将家业施舍僧尼，搬运母家，并与出嫁女，狼藉无度，坐以盗卖田宅律，打八十板，处有期徒刑二年。

凡妇闻亲戚朋友娶妾，即行毒骂，并自咒以及丈夫，坐以把持行市律，打八十板，处有期徒刑二年。

凡妇无子，恐夫买妾，强立己侄，或抱螟蛉，坐以斩人宗祀律，打一百板，刺配宁古塔，绝产没官，父母兄弟连坐。

凡妇归宁父母，必将丈夫爱妾，挈之同往，坐以拐带人口律，打七十板，处有期徒刑一年半。

凡妇故令陋婢，强夫枕席，以塞娶妾之念，坐以良贱为婚律，打七十板，处有期徒刑一年半。

凡妇使婢，年已长大，不令蓄发，恐丈夫见猎心喜，坐以嫁娶失时律，打七十板，处有期徒刑一年半。

凡妇年已衰迈，然脂粉翠钿，以固宠幸，坐以服饰违式律，打五十板。

凡妇蓄妾，原非得已，乃自夸贤德，冀人赞美，坐以现任官自立碑律，打一百板，处有期徒刑三年。

凡妇买妾入门，必使魇镇，或挂己裤于门首，或置棒槌于门限之内，种种不一，坐以禁止师巫邪说律，打一百板，放逐三千里。

凡妇因夫买妾，便设经堂，修斋礼忏，惟同僧尼来往，坐以左道惑众律，打一百板，放逐三千里。

凡妇每夜卧，必将床前暗置桌椅等物，周匝密布，以防夫有他适，坐以假宿卫人仪仗律，打一百板，处有期徒刑三年。

凡妇因夫夜起溲溺，不行通知，即疑其私婢，生嗔毒骂，坐以夜禁不严律，打五十板。

凡妇使用婢女，不许面粉鬓油，止令破衣敝履，克作夜不收，打听丈夫外事，坐以私渡关津律，打八十板，处有期徒刑二年。

凡妇见夫入妾房言语，即假借公事，突入冲散，坐以擅闯辕门律，打一百板；如仅只骚扰，未有大闹，依例减打五十板。

《妒律》又曰：

凡妇因夫偶饮妓家，遂令端跪床前，自仍假寝，更余不允发放，坐以告状不受理律，打一百板，处有期徒刑三年。

夫与妾寝，旦入妻房，妻乃托故启衅，需索首饰衣服，坐以因公科敛律，计赃从重论处，赃未入手者，打六十板。

凡妇因夫娶妾，假病卧床，不吃茶饭，其夫委曲劝解，仍忿言诟骂；及腹婢私进饮食则啖之，人至则复藏匿，坐以夤缘作弊律，打一百板，放逐三千里。

凡妇看戏（如今则看电影和看电视矣），见有演及妾妓者，则哓哓不止，并骂点戏之人，以及自己丈夫，坐以决罚不当律，打五十板。

凡妇多蓄婢女，每同夫对饮，不许婢立己后，恐美目之盼，向夫传情，坐以诱人犯法律，打一百板，放逐三千里。

凡妇不能容妾，反饰嗔作喜，以市贤名，愿称姐妹，无分大小；及妾入门，非禁即卖，坐以欺诈官私取财律，打八十板，处有期徒刑二年。

凡妇与夫小有间言，便呼兄唤弟，肆行强横，以压制夫妾，坐以假冒官兵律，打七十板，处有期徒刑一年半。

凡妇知妾有妊，故使劳力，以致堕胎，并令产中饮食失时，坐以窝盗杀人律，打一百板，处有期徒刑三年。

凡妇因事，与夫反目，即驾言宠妾，身投尼室，经宿不回，坐以背夫逃走律，打一百板，放逐三千里。

凡妇特令腹婢，私行窥探，互相谈论，以致妇之面色忽白忽青，微微冷笑，坐以窃盗不得财律，打五十板，免在玉脸上刺字。

凡妇闻妓女送夫扇巾等物，必搜寻裂碎，坐以毁弃器物，窃盗已行而不得财律，打四十板。

凡妇见婢垂髫，夫或属意，竟不谋之于夫，擅配家奴，坐以屏去人服食律，打八十板。

凡妇打骂婢妾，吼声震外，并骂及亲友者，坐以辱骂尊长律。被骂及的如为远亲，打二十板；近亲，打五十板；如是亲兄弟，打一百板；如是伯叔师友，打两百板。

凡妇毒打婢女,其夫一言劝解,便谓私婢,愈加鞭笞,坐以冤屈平民为盗律,打六十板,处有期徒刑一年。

凡妇举动恣肆,因夫稍违,即指称听信婢妾之言,哭诉妯娌,坐以越诉律,如污人名节,打一百板,发往烟瘴边区充军。

凡妇见夫有恙,便归罪婢妾,丑言播告众人,坐以假公营私律,打六十板,处有期徒刑一年。

凡妇置妾衾裯床笫,故令窄小,止堪一人独卧,坐以造作不如法律,打四十板。

18. 男人露出原形

看完了《妒律》,可探讨出中国人怕老婆的第一因。盖丈夫为啥怕太太乎?因太太妒。而太太又为啥妒乎?因丈夫明目张胆地不贞。臭男人明目张胆地不贞,不但毫不自愧,反而义愤填膺,痛斥太太吃醋,这种《妒律》,正是这种意识形态的产品。所以中国怕老婆的特质和洋大人怕老婆的特质不同,中国过去怕老婆的特质是,不是为了爱情而怕,而是为了面子和兽欲而怕,乃一种低级动物的怕,没有灵性而只有兽性的怕也。《红楼梦》上贾琏先生怕老婆怕得要命,可以说是大多数怕同志的代表,就是典型的古中国式之怕,以他那种庸俗下流的材料,连多浑虫那样的女人都去睡上一觉,我们真为王熙凤女士叫屈。世人却一面倒,说王熙凤女士太妒,考据家说,依作者曹雪芹先生当初手稿大纲,她的下场就是因她妒得过分而离了婚,被逐出大门。后来曹先生去世,续作者高鹗先生慈悲为怀,让她死了算啦。这真是一个圣崽密布的社会,看了《妒律》的朋友可揣想在那种情形下,当丈夫的即令再怕太太,贾琏即令再怕王熙凤,那怕也不能称为怕,当妻子的,只有一堆屈辱。

关于怕的文学著作,历代皆有,收集起来,可出一本专书。有人改韦应物先生《秋夜寄邱员外》诗曰:“罚君跪长夜,屈膝到明天,灯花看数落,良人仍未眠。”有人改张祜先生《何满子》诗曰:“三百六十日,幽居又满年。一声狮子吼,含情到床前。”有人改宋之问先生《渡汉江》诗曰:“外遇姻缘绝,三冬复一春。近床情更怯,不敢问夫人。”有人改金昌绪先生《春怨》诗曰:“抱起小娇儿,莫教床上啼。啼时惊妻梦,不敢坐窗西。”有人改孟浩然先生《春晓》诗曰:“阴阳不分晓,羡煞鸳鸯鸟。夜来妻骂声,泪落知多少。”又有人改程颢先生《春日偶成》诗曰:“云淡风轻近晓天,夫人罚跪在床边。时人不识余心苦,还说偷闲学拜年。”要注意的是,这些诗写起来很幽默,读起来也忍俊不住,可是想一想它的第一因,心头就十分沉重。

贵阁下看过《醒世姻缘》乎?这是中国空前的,也是唯一的一部以怕老婆为主题的巨著,字数比《红楼梦》还多,别的国家有没有这一类书,我不知道,而中国竟然有之,实是中国文化史上一件最大的光荣。作者蒲松龄先生用一百多万字去描绘一个怕老婆的故事,魄力之大,使人心惊。《醒世姻缘》男主角狄希陈先生,怕他太太薛素姐女士,怕得要命,薛女士用种种奇形怪状的方法打击他和打击他的父母朋友,尤其是对她的丈夫,一见就生气,有一次把熨斗里的炭火倒到狄先生的衣领里,几乎把他烧死。又有一次,用洗衣棒槌打了他六百下,几乎把他打死。作者蒲先生对“怕”字有一番说法,他在《引子》里发表言论曰:“君王之中,万一有桀纣的皇帝,我不出去做官,他也难为我不着。万一有瞽叟的父母,不过只在日里使我完廪,使我浚井,那夜间也有逃躲的时候。所以冤家相聚,亡论稠人中报复得他不畅快,即是那君臣父子兄弟朋友之间,也还报复得他不太痛快。唯有那夫妻之中,就如脖项上瘿袋一样,去了固要伤命,留着大是苦人。日间无处可逃,夜间更是难受。官府之法莫加,父母之威不济。兄弟不能相帮,乡里不能月旦。即被她骂死,也无一个来解纷。即被她打死,也无一个来劝开。你说要生,她偏要处置你死。你说要死,她偏要叫你生。将一把累世不磨的钝刀,在你颈上锯来锯去,叫你零敲碎受，这等报复，岂不胜如那阎王十八层阿鼻地狱？”

关于《醒世姻缘》，胡适之先生曾考证出来脱胎于《聊斋》上的《江城》，我们如果明白《江城》，便明白《醒世姻缘》，如果明白《醒世姻缘》，便明白上面那一段话的意义，以及中国怕老婆和怨偶之间，到底有啥关系。

《江城》的男主角高蕃先生，娶妻樊江城女士，他们可以说是自由恋爱的结合，婚后感情非常之好。可是樊江城女士的脾气绝大，翻脸不认人，说话尖酸刻薄，一天到晚哇啦哇啦吵个不停，高蕃先生以爱她之故，只有忍耐。老头老太太知道后，趁没人的时候，责备儿子没出息。想不到不责备还好，一责备反而更没出息矣，樊江城女士听说老头老太太和她对立，火上加油，破口大骂，高蕃先生看她太不像话，顶了几句嘴，樊江城女士更是发怒，把他打了出来，紧闭房门。高先生在门口唤了半天，无可奈何，只好在屋檐下躺了一夜。从那一天起，樊江城女士简直把丈夫当成仇人。最初高蕃先生长跪不起，还可以打动她的芳心，后来长跪不起也不行啦，就更不当人子矣。当然也经过反抗阶段，甚至也离过婚，但离了又结，实是天命有归，在劫难逃。且看书上如何写之——

高蕃脸上时常有抓破的血痕，父母明知道是他妻子抓的，只好隐忍不问。有一天，高蕃先生受不了太太的揍，跑到父亲家避难，其状好像一只被老鹰追捕的小鸟，父母正要问他是怎么回事，樊江城女士已尾追而至，就在公婆面前捉而捶之，捶罢，扬长而去。父母谓其子曰：“我们就是怕她打闹，才给你财产，叫你分居，你既然乐于和她在一起，何故逃乎？”高蕃先生被赶出来，四顾茫茫，没地方可去，父母怕他自杀，乃另外为他找了一间房子。又把樊江城女士的爸爸樊老头找来，使他教女。樊老头向女儿开谕万端，女儿不但不听，反而把老头顶撞得面无人色，跳高而去，发誓没有这种女儿。不久，樊老头樊老太太相继去世，樊江城女士心有余恨，竟不回家祭吊，每天唯有大吵大骂。

有一次樊江城女士用针遍刺高蕃先生的面颊，叫他爬到床下，而她却在床上呼呼大睡，睡醒了就骂，骂困了再睡，高蕃先生怕她像怕老虎，温柔乡变成为苦地狱矣。又有一次，高蕃先生的朋友王子雅先生来访，不知道利害，在座上大谈特谈女人，樊江城女士听啦，也不言语，只在汤里面放了一点巴豆，这就够啦，一会儿工夫，王先生去十几次厕所，眼看就要泻死，樊江城女士叫丫头问曰："迷死脱王，你还敢不敢口没遮拦?"王先生这才知道怪病之所来，呻吟哀恳，绿豆汤已准备好矣。从此朋友奔走相告，谁都不敢去他家串门。又有一次，高蕃先生和丫头讲话，江城大怒，把二人捆起来，用剪刀剪下两人肚子上的肉，而掉换补之。至于平时，高蕃先生更不能为人，动辄就是一顿皮鞭，又经常用脚把饼踏碎，摔到泥土里叫他捡起来吃。

蒲松龄先生的一本巨著和一篇短文，说出来怕的故事，也提出了解决怕的方法，但他的见解跳不出十八世纪他活着的那个时代。同样是夫妻，为啥有的恩恩爱爱，有的怕之如虎乎？蒲先生不在现实世界上寻求第一因，却到阴曹地府寻求第一因。恩恩爱爱者，依他的意见，是："前世中或是同心合意的朋友，或是恩爱相合的知己，或是义侠来报我之恩，或是负逋来偿我之债，或前生原是夫妻，或异世本是兄弟。"至于那些怕君子，如狄希陈先生和高蕃先生者流，蒲先生认为其原因是："前世中以强欺弱，弱者饮恨吞声；以众暴寡，寡者莫敢谁何；或设计以图财，或使奸而陷命，大怨大仇，势不能报，今世皆配为夫妇。"

照蒲先生的说法，一切都是"果"，现实社会上根本没有"因"。娶了一位母老虎，是上辈子欠了她的债，则我上辈子为啥欠了她的债乎？该"欠债"的因又是啥哉？难道又是上上一辈子她又欠了我的债乎？《聊斋》一文中，篇幅太短，叫人看啦，颇为同情男主角。可是由《江城》而《醒世姻缘》，字数增多，男主角的德行便露出来啦，薛素姐是一个争强好胜，有上进心的女士，而丈夫狄希陈先生却窝窝囊囊，她怎能不大失所望，又怎能不轻视他耶？狄希陈先生俗而不堪，这种人社会上为数颇多，说他坏吧，他绝对不坏，而且是一个毫无心计的好人。说他没有学识吧,他又是大学堂毕业生留学生,写起小文来,头头是道。可是他就是有点不对劲,严重地说,他就是差那么一窍半窍。柏杨先生家乡谚语曰:“宁和明白人打一架,不和糊涂人说句话。”盖即令只说一句话,都能气成哑巴。狄希陈先生连个秀才都考不取,还是请了枪手冒名顶替才考到手的,而枪手正是薛素姐女士的弟弟,她没有结婚前已瞧不起她的丈夫矣。

看了《醒世姻缘》和《江城》,使我们有更多的发现,中国许多怕老婆佳话和所谓怕老婆的痛苦,往往和怨偶不可分,像狄希陈先生和薛素姐女士,像高蕃先生和樊江城女士,他们固然是怕,但其程度已超过怕的界限,而成了痛恨矣。蒲松龄先生解决怨偶的方法是《江城》上所写的,由一位得道高僧,在阴曹地府,查出二人生前的身世,把孽债作一个总结,账既已经还清,乃用冷水一杯,喷到太太脸上,使她恍然大悟,革面洗心。但现社会对怨偶的解决之道,恐怕不能那么惬意,代替那位得道高僧的,恐怕是一位法官或一位公证人,为二人办理离婚手续,然后,将军不下马,各自奔前程。

严格说起来,中国的怕老婆比日本不怕老婆高级不到哪里去,中国之怕乃怨偶之恨,非爱情之怕也。

19. 怕的分类

“怕老婆”应该建立在爱的基础上,犹如儿女之怕母亲,那才是真正有灵性的怕。儿女考不上学校,不敢回家,怕娘亲责也;儿女在外打架打破了头,谎说被飞石击中,怕娘亲骂也;儿女害上了癌,假装只不过是一个善意的瘤,怕娘亲心痛也。犯人见了法官同样是怕,明明我杀了人,咬定牙关硬说没有,怕法官判他的罪焉;明明借债不还,反而七缠八缠,泪下如雨,怕法官没收他的财产焉。同是一怕,本质不同,气氛也因之而异。中国过去的怕老婆,几乎全是“犯人见官型”之怕,而很少“儿女见母型”之怕。犯人见官型之怕,乃生物本能之怕,连狗见了棒子都会怕。而“儿女见母型”之怕,便不然矣,丈夫有要事不回家吃午饭,打个电话通知,非怕太太闹,而是怕她坐在桌旁等也;丈夫出了远门,一天一封信,非怕太太吵,而是怕她寂寞也。丈夫下班回府,经常带一点化妆品或吃的小玩意儿,不是赎什么罪,而是使她快乐也;丈夫去了北投,妓女小姐既用手拉,又用脚钩,仍无动于衷,非怕太太暴跳如雷,而是怕伤她的心也。呜呼,有灵性的怕和“不忍”是相联的,兽性的怕才是“不敢”。幸好的是,年头渐变,过去的怕渐渐消失,现代化的怕渐渐多起来,这是我们中华民族的复兴契机。盖怕老婆并不简单,需要有真正的爱情作基础,更需要有幽默感和责任感,鸭子屎人物想怕还怕不成哩。

社会上现在流行一种观念,认为既然怕老婆的都是上流人物,打老婆的都是低级家伙,假怕老婆的现象乃应运而生。君没有见过半吊子狗乎,没人的地方固然大吃其屎,有人的地方却发誓没有吃过屎,听说别的狗吃屎,它还嗤之以鼻哩!此之谓“狗吃屎型”之怕,举目滔滔,数不胜数,社会上百态千态,于兹又多了一态。有些狗吃屎型人物,望之俨然,嘴里离不了太太长太太短,有时耸耸肩膀,有时歪歪尊嘴,有时伸伸舌头,一会儿曰:“这事不能让太太知道,知道要骂死我啦。”一会儿曰:“上次领的薪饷袋里少了五毛钱,太太疑心我用来给谁打电话,一直到今天都洗刷不清。”一会儿曰:“我在美国的时候,每走一个地方,都要为太太买一样纪念品。”一会儿又曰:“我们结婚二十年,一向只有她骂我的,我连顶过嘴都没有。”表演得好像真的一样。如果再有人在一旁敲边鼓,恭维他可当怕老会会长以顶杨坚先生的缺,他虽口中强烈抗议,但心里的快乐就大啦,若此时乘机向他借二百元,他准借五百元。无他,大家承认他怕太太,便等于承认他是高等人,不但学问大,道德也高。

问题在于,凡是真正的怕同志,大多数都不言其怕。而整天宣传他怕老婆的,我敢和你赌一块钱,恐怕未必。不但不怕,回到家里,往往还和阎王差不多,凶猛得很也。

假装怕老婆的朋友,其一举一动,都使人刮目相待。有一次,一位平常再熟悉不过的家伙,在餐桌上发表他的议论,或直截了当地说焉,或暗示侧示反射地说焉,表示他是如何如何地"怕"。他最初吹得还不太离谱,曰:"我领来的薪水全部交给太太。"后来越吹越远,曰:"我每天上班,同事都要看我的脸,看有没有被太太抓破。"接着又曰:"太太买东西,只要吩咐一声,就是借钱都得买给她,否则那股样子受不了也。"言毕还用他的罡气哈哈哈大笑三声,坐在他旁边的贤妻,受宠若惊之余,还以为他说别人哩。但当时全桌的太太们却不知内情,一律向她投以羡慕钦佩的眼光,当然也向该狗吃屎型啧啧赞称。柏杨夫人马上以肘猛捣我的前胸曰:"老头,你也学学人家。"归途中她还于心不甘,仍啰嗦曰:"人家这才叫恩爱夫妻。""你如果能有人家一半好,我也算不虚此一生。"说得我发急,只好掀他的底牌曰:"阿巴桑,且慢开口,我如果有该家伙的一半好,你就糟啦。"关于该狗吃屎型,柏杨先生在《堡垒集》中曾有介绍,他太太在马路上被汽车撞倒,他以为她死啦,当时大喜若狂,后来发现她竟没有死,在医院里就凶了她一顿,平常日子不问可知矣。

不过狗吃屎型比起明目张胆地不怕朋友,无论如何,仍是高上一级。盖狗吃屎型者,固深知怕是对的焉,文明的焉,可以提高自己身份的焉,只不过对太太不满意或不放心,提不起怕的兴趣,如果换了一位如花似玉或坚贞如铁,包管怕得很也。至于不怕的朋友,赤裸裸地暴露出他的兽性。君读过《啼笑姻缘》乎?刘德柱先生一怒之下,把他的太太沈凤兮女士用马鞭抽了个够,还不准她哭。她心身交痛,当然非哭不可,于是他不耐烦曰:"好啦好啦,我已经不生气啦,你还哭个啥?"呜呼,假怕的朋友固使人刮目相待,不怕的朋友更使人毛骨悚然,乃八格野鹿型焉。

刘德柱先生不过是小说上人物,臭男人还可以一推三拖,硬不认账,然而前面我们推荐的刘琰先生,叫卫士用鞋底打他太太的脸,该是真的了吧。这种八格野鹿,固多的是。历史名人桓范先生,别看足智多谋,有两下子,却毫无器量,当冀州州长时,一天和他的部下吕昭先生发生争执,声色俱厉,那股伟大劲一定很有可观。他太太看不下去,乃劝之曰:“从前你在徐州,不过一个偏将,打算杀掉州长,人人都说难以当你的长官。而今这个样子,是又难以当你的部下矣。”这句话正踩到桓范先生的痛脚,遂勃然大怒,照太太肚子上就是一刀,好啦,太太死啦不算,肚中怀的孩子也死啦。呜呼,一个女人一旦嫁给八格野鹿型,真是最大的不幸,虽有万亿美金,贵为女王皇后,都不能弥补倒霉于万一。

20. 所谓“事业第一”

中国真是一个历史悠久的国家,常有些义和团朋友,一谈起外国的东西,总说中国从前也照样有之。民主乎?中国古代多的是。飞弹乎?中国古代就更多啦。事关学问,尤其是事关爱国,我们不谈为宜。但有一点倒颇有兴趣,人类中无论啥花样,啥板眼,啥丢人砸锅的事,中国历史上都准有记录,一样不缺,仅只八格野鹿人物,便琳琅满目,可以编一本书,名曰“八格野鹿人物大辞典”,包管是一本畅销巨著。

历史上名将吴起先生,为了做官,能把太太杀掉,盖他的太太是齐国人,鲁国怕他受齐国人的影响而不肯给他官做,一急之下,刀光血影。噫,“事业”的诱惑大矣哉,我想吴太太和他过穷公务员生活时,一定天天盼望丈夫能找到一个好差事,二人即令没有爱,总也多少有点情,为了爱情杀之,还有可说,为了“事业”杀之,不知有啥可说也。和这干法同一气质的还有一位张巡先生。提起张巡先生,用不着加以介绍,一定人人起敬,该张先生乃第一等的忠臣,安禄山先生大军南下,他奉命把守睢阳时,把心爱的太太拉出杀掉,以飨将士。

张先生当然比吴先生高上一级，他固是为的公，吴先生不过为的私。但站在被杀的太太立场，公也好，私也好，结果一样，都是臭男人为了所谓“事业”，而被一刀两断。臭男人如果把妻子杀掉，终身不娶，还说得过去，事实上却又如何哉？吴起先生杀了太太，当了陆海空军总司令，少不得再娶一个如花似玉。（女人也真是怪物，我敢和你赌一块钱，照样有人愿意嫁他，因他有洋房有汽车，又是将军故也。）张巡先生如果不死，等到大乱已平，柏杨先生以小人之心度君子之腹，他能不也找一个如花似玉乎？于是我奉劝天下太太小姐，对“事业心”太重的臭男人，千万提高警觉，盖他一旦事业心高涨，啥可怕的事都做得出。尤其糟的是，他为了别的理由杀你，人们还责备他，而他为了“事业”杀你，不但没有人责备他，还一致鼓掌叫好哩。柏杨先生如果是一位小姐，我固不嫁吴起先生，张巡先生即令忠臣得再厉害，我崇拜他可以，嫁了他被他杀掉去当他成功的梯子，我绝不干。

忠臣尚且免不了入八格野鹿传，圣崽们更不用说啦。盖把太太杀掉，固是他妈的，即令不杀，八格野鹿仍是八格野鹿，同样也他妈的。汉朝有一位周泽先生，大官也，一年三百六十五天吃斋，不但不和太太同宿，而且还迁到别的房子居住。有一天害病在床，太太听说，心疼得不得了，前去探视，周泽先生如果稍微有一点人性，应该非常感动才对，但八格野鹿无论啥时候都是八格野鹿，他一见太太驾到，认为有渎他的圣斋，竟大翻其脸，叫卫士把她逮捕下狱。

和周泽先生异曲同工的，还有一位杜大中先生，此公可在八格野鹿传中，坐第一把交椅。周先生是文官，没有杀人的力量，最大的花样不过把太太逮捕送狱。而杜先生却是一个目不识丁的武夫，和《啼笑姻缘》上的刘德柱先生，同是一种类型的“将军”，其兽性使他表现得更为紧张，他的太太有错时，或虽没有错，而被他认为有错时，立刻就叫卫士拉到公堂之上打其屁股。他有一位爱妾（惜哉，姓名不传），长得美丽非凡，才华极高，大概至少也是大学堂毕业，杜大中先生的奏章表笺，都出自她手。一个粗汉，有妻若此，也真够啦。可是有一次该漂亮女士填词《临江仙》一首，其中有一句“彩凤随鸦”，越是有缺点的人,猜忌心也越大;而一知半解,更容易光火。杜大中先生接到小报告说那是骂他的,请人讲解了一遍,立刻暴跳如雷,八格野鹿型人物最大的特征是翻脸无情,下令把她的脖子活活打断。

另外还有一个故事,东晋末年将军(又是一个"将军")刘毅先生,意气骄横,杀人如麻。大概自知作孽太重,竟也吃起斋来,有一次吃斋吃得大病不起,太太去斋房看他,请他保重身体。史书上说,刘毅先生最喜风雅,平常和诗人名士来往,颇为卖弄,所以他的禽兽做法也多少有点不同,他不像杜大中先生那样动刀动枪,而是上了一个奏章,要求皇帝把他太太治罪,自请解斋。这种不近人情的举动,在他以为可以表示他正心诚意,大公无私,其实更显出他八格野鹿。

不仅官崽中有八格野鹿,将崽中有八格野鹿,便是圣人群中,也颇不乏八格野鹿焉。最有名的圣人曾参先生,就对太太露过一手,有一次他的太太为他的继母蒸梨没有蒸熟,他就翻了圣脸,把她赶了出去。呜呼,现代离婚,一声拜拜,男东女西,好像没那回事。三千年前根本没有离婚,而只有"出"有"休",那个可怜的女人为了一碗臭梨而被恩绝情断,曾圣人未免太恶毒矣。然而梨蒸不熟,还有个梨在,若东汉关内侯鲍永先生,他太太不过在婆婆面前骂了一声狗,他以君子之心,度小人之腹,认为太太对婆婆不敬,偏偏他的官是因他的孝得来的,这岂不影响他的前途乎?乃效法曾先生的办法,把太太也一脚踢。

官崽将崽八格野鹿起来,还有办法可以避免,圣崽一旦也八格野鹿,视老婆不值一屁,因他拥有千万人的赞美,就难对付矣。曾参先生焉,鲍永先生焉,人们不但不说他们八格野鹿,无情无义,反而说他们孝顺。两位可怜的太太,不知道是谁家娇生惯养的女儿,落到这种禽兽之手,只有含屈忍辱,长夜自泣。凭良心说,就是蒸梨蒸不熟,就是在婆婆面前骂了一声狗,和不孝固差得远啦。

21. 把妻子当破鞋

上面说的,固已经过分缺德,还有更缺德的玩意儿,也出自有名人士之手。东汉王朝的官姜诗先生,他娘喜欢喝江水,太太去汲,路上遇见台风(一定是台风,否则何其大也),不能马上回来,老太太急啦,发了两句牢骚,姜诗先生就抓住机会,把太太休掉,他阁下真是八格野鹿型的健者。而唐王朝李迥秀先生,似乎也在该型中数一数二,太太骂丫头,老娘疑神疑鬼,以为在骂自己,气得脸色发青,李先生不由分说,立刻也把妻子休掉。这种无情无义的干法,还有他的理论根据哩。李迥秀先生曰:"娶妻所以事姑,苟违颜色,何可留也。"另外还有一位南齐王朝的刘瓛先生,太太挂衣服时,一不小心,把墙上的灰尘弄了点到婆婆床上,该婆婆可能有爱洁之癖,也可能借题发挥,刘先生就也把妻大人赶出大门。

为了母亲而把妻子当作破鞋,说扔就扔,说甩就甩,已经够叫座的啦,而竟然还有为了兄弟,把他们妻子当作破鞋,说扔就扔,说甩就甩的哩。南北朝时想做大官想得发了狂的孙谦先生,他哥哥卧病在床,嫌做弟媳的伺候不周到,孙谦先生就立逐其妻,这是对兄。有一位陈平伯先生,他的弟弟其肥如猪,饱食终日,不事生产,嫂嫂说了他两句,丈夫也大怒,也立逐其妻,这是对弟。呜呼,这一类的事,历史书上记载辉煌,抄三年都写不完。下等人固然打老婆,而上等人又如此地凛凛然,说杀就杀,说剐就剐,说逮捕就逮捕,说入狱就入狱,说不要就叫她滚,不但不会背上恶名,反而振振有词,曰"孝"焉,曰"友"焉,曰"忠"焉,曰"义"焉,有权势的朋友真是有福啦,随心所欲,无往而不利。于是我们真怀疑中国文化中有没有怕老婆这回事,以及有没有纯真的爱情这回事也。

最近台北不是在上演《白蛇传》乎，男主角许仙先生如果参加竞选，准可成为八格野鹿型的阔大代表。白娘子一片痴情，爱许仙先生爱得魂都没啦，且看她分娩之后怎么对她的丫头青儿讲话，她曰："奴家自配婚许郎，虽只一载有余，却幸喜生下宁馨儿，以传许门之后，也不枉受许多折磨也。"书上有她的唱词曰："俺昔日觅有缘，遇见这潘郎面，俺须是打迭起蜂迷蝶，才能够美满姻缘。只道是飘飘阮郎误入天台院，全不想几番受颠连，到今朝腮边艳，只有俺兀的不喜盈盈也么哥，兀的不喜盈盈也么哥。"而许仙先生，你猜他当时正在干啥，他正在那里"此时不下毒手，更待何时"。像白娘子那样的太太，不要说她是一条蛇变的，即令是一条蟒变的，都应永爱不渝。如果嫌她非我族类，内心恐惧，溜之可也，为啥要用那么厉害的残酷手段乎？法海先生更是一个典型的凶僧，而社会上这种人多矣，法海型的凶僧越多，八格野鹿型的气焰也越嚣张，文化中的灵性也越小。中国似乎只有假怕老婆，而无真怕老婆，因怕老婆要先爱老婆也。中国文化缺少很多东西，怕老婆不过是其中之一焉。

22. 很难明白真相

读者陆玄先生来信，对闻名天下的"季常癖"提出抗议，说陈季常先生并不怕老婆，只因被苏东坡先生幽了一默，赠了一首七言诗，才弄得好事不出门，坏事传千里。看了苏东坡先生的诗，陈季常先生的太太好像把他管得奇紧，他平常在家宴客，如果仅只吃吃老酒，倒还罢了，如还要找些不三不四的歌女舞女酒家女以及政府登记有案的绿灯女或应召女，陈太太当然不客气起来，在后堂用棍子猛敲墙壁，一直把客人敲得坐立不宁，狼狈逃走为止。不过陈季常先生固不如此之窝囊也。陆玄先生曰，苏东坡先生另外还有一篇大作《方山子传》,就是写的陈季常先生。《方山子传》中的陈季常先生,却另有一番风光,不但家庭和睦,而且“妻子奴婢,皆有自得之色”。如果老爷怕太太,太太自得,尚有可说,“婢”也自得,就不简单矣。陆玄先生另举叶申乡先生的《本事词》上的记载,曰:“龙邱子(也是陈季常)自洛之蜀,载二侍女,戎装骏马,每至溪山佳处,则作数日留,见者疑为异人。后十年,筑室黄冈,独居习道,自号静庵居士。苏东坡先生因作《临江仙》赠之云:‘细马远驮双侍女,青巾玉带红缰。溪山好处便为家。谁知巴峡路,却见洛城花。　　西旋落英飞玉蕊,人间春日初斜。十年不见紫云车。龙邱新洞府,铅鼎养丹砂。’想其载侍姬而远游,亦非无故欤?”是以陈季常先生固风流倜傥,浪漫不羁,假如真怕老婆怕得要死,他敢带着两位美女,招摇过市哉?

陆玄先生高见甚佩,可能偶尔有一天,陈季常先生有大错犯在太太手里,给他来一个大闹特闹,又恰好被苏东坡先生看到眼里,乃吟诗一首,以资纪念。不过我想,无论啥事,都可考证,唯怕老婆似乎可放过一马,一个凶汉宁愿被人当作怕老会会长,他自己绝不会洗刷,也绝不会希望别人洗刷也。

不过无论从哪方面讲,陈季常先生都应感谢苏东坡先生,若非苏公,谁知道他是老几?然而喜欢调侃人的文坛朋友,固多的是,宋王朝大诗人姜夔先生便整了张仲远先生一下。张仲远先生,吴兴人,怕太太怕到顶尖,姜夔先生闲极无聊,乃作了一首艳词《百宜娇》,悄悄放到张仲远先生的口袋,词云:“看垂杨连苑,杜若吹沙,愁损未归眼。信马青楼去,重帘下,娉婷人妙飞燕。翠尊共款,听艳歌,郎竟先感。便携手,月地雪阶里,爱良夜微暖。　　无限风流消散,有暗藏弓履,偷寄香翰。明白闻津鼓,湘江上,催人还解春缆。乱红万点,怅断魂烟水遥远。又争似相携乘一舸,镇日相见。”结果是啥,可想而知,张仲远先生百口莫辩,脸上被妻大人抓得左一道右一道,半个月不能出门。这才是真正的怕,看起来陈季常先生只能在怕老会中当一名工友也。

23. 困惑不解

中国过去之怕老婆，大多数都是假怕老婆，柏杨先生常怀疑中国五千年传统文化里少点什么，于此似乎可以看出一点空隙。古圣先贤以及有权有钱的朋友，他们都是教人“敬”，而西洋基督教文化，则是教人“爱”。中国文化建筑在“敬”上，而西洋文化建筑在“爱”上。基督教《新约圣经》，全部道理，一个字可以包括，那就是“爱”，上帝和他的独生子耶稣先生所作所为，没有别的原因，只是为了爱。《约翰福音》三章十六节是全部《圣经》的精华，该节曰：“上帝爱世人，甚至把独生子赐给他们，叫一切信他的，不至灭亡，反得永生。”基督教教堂门口如果写标语的话，千篇一律都是写的这个金句，读者先生走路经过时，一看便知。上帝爱世人是第一因，因为上帝爱世人，所以世人也爱上帝，也爱君王、爱父母、爱兄弟、爱朋友、爱丈夫、爱妻子（这和中国圣人曾参先生以及他所总代表的观念，大不相同），不但爱自己爱的人，还要爱自己恨的人。保罗先生曾在《哥林多前书》强调，无论说啥干啥，如果没有爱，跟鸣的锣、响的钹一般，都不是灵性的。噫，即令怕老婆，如果没有爱，也和鸣的锣、响的钹一般，也不是灵性的也。

中国文化似乎都是拼命掇弄人起敬起畏，圣人书上，连篇累牍的不是发扬人的爱心，而是像酱缸一样，把灵性酱住——最大的工具是“礼教”。忽然间，柏杨先生想起一件事，姑且作为一例：对日抗战之前，也就是二十世纪三十年代之前，那时乡下还流行“点主”的古风。点主者，老爹或老娘死掉，牌位上写下死者的姓名和官衔，该文的第一个字是一个“主”字，可是怪哉怪哉，“主”字不写成“主”字，却写成“王”字，然后花钱送礼，“雇”一位（通俗地说，当然是“请”一位）

当地有财有势的土豪劣绅者流，道貌岸然，前去点主，用红笔（或朱砂笔）在“王”字上点上一点，使之成为“主”字。

为啥要把“王”字用红笔点上一点，使之成为“主”字乎？圣崽们当然有其道理，我们没工夫研究，但有一点却是值得一提的，像“点主”这么简单的玩意儿，不要说大官大商啦，仅只小康之家，就得动员十人八人，搞上三四个小时。被红包“雇”来点主的那家伙叫“点主官”，死了爹娘的儿子叫“孝子”。你看他们热闹吧，司仪在一旁恭立，光喊“跪”“叩首”“起”，“跪”“再叩首”“起”，都能把嗓子喊哑，而当孝子的更是可怜，披麻戴孝，一身超级重装备，被人拉着，一会跪下，一会磕头，一会起立，一会上香，东转西转，也不知道干的是啥，几个小时之后，在台上站的那个点主的家伙威风凛凛地手拿红包，下台而去，典礼才算结束。呜呼，死了爹娘，不让他去痛哭（事前严格交代，不准哭），反而使他大走台步，演一出戏，以便来宾们如孔丘先生者流在旁边看来，来一个“吊者大悦”。我想“吊者大悦”这句被万人赞扬的话实在可怕，吊者到死者家里，看见家徒四壁，停尸在床，孤儿寡妇扑到尸体上哭声震天，不但没有垂泪，反而大悦起来，还有一丝一毫人性乎？圣崽们红着脸解释曰：“吊者大悦不是悦家属的苦难，而是悦他们治丧合礼。”即令治丧合礼，点主点得鬼哭神号，心情应该更加沉痛才对，也不能大悦。但他硬是大悦啦，恭维点说，是“敬”礼超过“爱”人。老实点说，是狼心狗肺也。

《红楼梦》贾宝玉先生和贾政先生间的父子关系，读者先生不妨再看一遍，便可发现中国以“敬”为主的文化，把灵性酱成什么样子。贾宝玉先生结交戏子，调戏父婢，又把她逼死，老头知道之后，着实揍了他一顿。无论如何，孩子该打时是应该打一顿以警戒之的，可是贾母一听说儿子打孙子，像被蝎子螫了屁股一样，披头散发，跑到书房。贾政先生一瞧老娘气成那个样子，急忙跪下，老太太不问孙子做了啥事，也不问应该责打不应该责打，而只一味大哭大闹，一迭连声叫佣人打轿子回南京，把贾政先生急得除了磕头如捣蒜外，别无他法。呜呼，父子，至亲也，母子，更是至亲，但他们却被酱得成了一面倒，儿子见了父亲,像小民见了三作牌;而父亲见了儿子,也像圣人见了少正卯。贾宝玉先生有一天向林黛玉小姐发誓曰:"说实在的,我心里除了太太(娘)老爷(爹),第三个就是你啦。"柏杨先生颇疑心他说这话时是不是完全凭天地良心,贾宝玉先生和贾政先生在血统上是父子,在经济上是老头养娃儿,可是在感情上却稀薄得很,说贾宝玉先生怕他父亲,敬他父亲,还沾点边,说他爱他父亲,恐怕连边也不沾。敬也好,爱也好,都是一种感情,而感情是要培养出来的,即令父子母子天性,也需要培养。盖天性不过使其容易培养,不是说天性便可以不培养。没有培养的感情,比肥皂泡还要脆弱,宫廷中常发生儿子杀老爹(像杨广先生杀他爹杨坚先生),老爹杀儿子(像石虎先生杀他的儿子石宣先生),无他,他们身上不过套着父子的空壳,感情上固没有爱也。我有一位朋友,他父亲是一个一意孤行型的暴君,经常打他和他的母亲,有一次叫他们母子二人跪在大门口,整整跪了四个小时,观众如堵。有人看不过去,不免上前说两句劝解的话,那人讲一句,他父亲就用门闩打他母亲一下,以致没人敢再开口。后来该父亲恶贯满盈,死在田里。他们家颇有几文,自然大大出丧,柏杨先生往吊,该朋友在灵堂答拜之余,拉我去他房间里喝他祖传的女儿红,兴高采烈,笑声连天,我曰:"老伯刚亡,你这么搞法,不大适宜。"他曰:"不瞒吾兄,讲起来他是我父亲,我不得不在外表上做作做作,实际上我高兴得要命。"我回到家里,把朋友的话告诉塾师,塾师大怒曰:"畜生,畜生。"我愣了半天,不知道他骂老子是畜生乎,抑骂儿子是畜生乎?悲夫,中国的古圣先贤,似乎从来不知道培养爱,要说他们不知道爱,似乎也不见得,但他们不知道平等的爱,不知道两个独立人格的爱,却是真的。圣崽们的爱仿佛全是三作牌对小民的爱,似乎是五千年传统文化的一大特点。

24. 灵性被酱住

父子间的灵性被酱成那种样子，真是中国人的悲剧。不知道是谁发明的，“天下无不是的父母”，事实上天下大多数坏蛋都是身为父母的人也。父对子的绝对权威，和人格上的不平等，是中国五千年文化中最阴暗的一面。父子间还是如此，夫妻间更不用说啦，古圣先贤很少强调夫妻要相爱，总是强调夫妻要相敬，而以相敬为最值得赞扬和最值得羡慕的德行。历史书上最称道的，西汉有一位丞相朱博先生，他便很少见他太太的面，他在外头真的像书上说的研究学问？或是去找漂亮的小姐鬼混？恐怕谁也不敢肯定。三国时有一位顾悌先生，跟朱博先生有同样的毛病，也从不会晤太太。有一天他卧病在床，太太听说，前来看望，你猜他干啥，他竟急忙爬起来穿衣戴帽。这种非人性的行为，真是龟儿子兼狗娘养，一个人如果爱他的妻子，他能如此的八格野鹿乎？

最大的一个八格野鹿，我们可以推荐晋王朝的元勋何曾先生。何曾先生不但是国家的高级官员，古谓之开国大臣，今谓之开国元勋，而且以善吃闻名于世，每顿饭要吃掉一万钱——当时的一万钱，可买黄金十两，还嚷嚷没啥可吃的，简直连筷子都无法下。这种腐化透顶的人，对太太却颇为礼仪之邦。书上曰：何先生每年顶多和他的太太见三次面，见面时不要说没有拥抱接吻的镜头，连谈两句家常话的镜头都没有，两人均披挂整齐，何先生朝衣朝靴，何太太则凤冠霞帔，他敬她一杯酒，她也敬他一杯酒，应酬一番，便即告辞。比何曾先生更精彩的还有一位邢子才先生，他一连好几年都不进他太太住的院子，有一次偶尔进去，他太太养的狗一瞧，眼生眼生，哪里来的王八蛋，上去就咬了一口，几乎把他阁下咬死。

上述的一切，士林传为佳话，但我实在看不出有啥佳话可传的，盖中国传统的夫妻之间，爱根本不占地位，甚至被人轻视，而是相“敬”第一。呜呼，爱就是爱，做不得假，敬却毛病丛生，臭男人在敬的大旗掩护之下，像何曾先生露的一手一样，他告辞后，回去投奔他的美女窝，左拥右抱，好不快活，而何太太告辞后，回去后却继续她的冷冷清清。于是何曾先生只见太太一面，见面时为了避免被盘被问，或者也觉得无颜相对，乃故意弄出一套玄虚，“衣冠相见，再拜上酒”的礼教，不但塞太太的嘴，也塞天下人的嘴，那就是请你瞧呀请你看，我们可是相敬如宾也。如宾固然如宾，相敬固然相敬，但爱情何在乎耶？我想这毛病可能上溯到孔丘先生。孔丘先生是主张“食不语，寝不言”的，恩爱夫妻忙了一天，也分离思念了一天，晚上躺到床上，竟他妈的“不言”，一言就大逆不道，成了圣人的叛徒，那算啥哲学乎哉？便是一对哑巴夫妻，也要比画比画手势，交换交换意见，谈谈心中委屈，发泄发泄心中感想，怎能不做一声，大眼瞪小眼欤？如果孔丘先生本身做不到，则他的教训是假的。如果他本身硬是做到啦，我怀疑他和妻大人间的感情一定恶劣不堪，非是一对怨偶不可。孔丘先生看见太太就烦，这便如何是好？乃发明一种学说以掩护自己的罪行。影响所及，我国遂只有怨偶，而无怕老婆。怕老婆是爱，而怨偶则是敬的变态细胞，婚姻中的砍杀尔也。

25. 罪恶的眼睛

我们常听有人汪汪而言曰：“有爱情才有嫉妒。”呜呼，光棍朋友看见一位漂亮小姐挽着一个臭男人在马路上散步，顶多自叹命苦，生一阵暗气，骂声“他妈的”，足矣。如果那漂亮小姐是他的妻大人，或是他的女朋友，那就麻烦大啦，一股奇劲上冲，准大怒特怒，丑态毕露。无他,他爱她耳,如果他不爱她,她即令是自己的妻子,即令是自己的女朋友,他不但不会生气,恐怕还会大喜过望曰:“好啦好啦,这一下甩掉啦。”

真正的爱情,不一定有嫉妒,即令有爱情一定有嫉妒,它的逆定理也不见得成立,不能依葫芦画瓢曰:“有嫉妒才有爱情。”有些太太对她丈夫嫉妒得要命,却未必爱他也爱得要命。盖嫉妒是一种和爱情同样浓烈的感情,没有理智,不问是非。一个人为了爱情,固神魂颠倒;一个人为了嫉妒,也同样会神魂颠倒,都是一种强烈的愿望,不但充满了想象,也充满了联想。所以世界上只有两种人不可救药,一种是正在恋爱的人,一种便是心怀嫉妒的人也。

《圣经》上称“嫉妒”不曰“嫉妒”,而曰“罪恶的眼睛”。中国文字更妙,把“嫉妒”叫作“吃醋”,都含有一种谴责的意思。前面介绍的《妒律》,正代表臭男人对女人嫉妒的烦恼。但这一类的嫉妒却是必然的,唐太宗李世民先生赐给宰相房玄龄两位美女,房先生把她们领到家里,连看都不敢看一眼。有一天,美女端盘子过来,房先生忽然发神经赞曰:“好白手。”房太太竟下令把美女的手砍掉。李世民先生暴跳如雷,把她叫到金殿之上,命她喝毒酒自尽,房太太曰:“喝就喝,但我活着就不准他跟别的女人上床。”视死如归,一饮而尽。回家后吩咐后事,却没有死成,原来喝的是醋。

一个人本来是非常聪明的,一旦恋起爱来,便变得糊涂不堪。同样的一个人,一旦嫉妒起来,也会照样糊涂不堪。房太太宁愿吃毒酒也不愿丈夫抱别的女人,这种嫉妒是伟大的嫉妒,没有这种嫉妒,便没有了爱。一个女人看她丈夫和别的女人同居生子而毫不动心,她一定跟她丈夫毫无感情。臭男人亦然,他如果看见妻大人和别的正人君子开旅馆幽会,竟假装没看见,他和太太的感情也不问可知。问题只是,嫉妒的程度,也就是糊涂的程度和盲目的程度,决定于嫉妒的性质。一曰爱情的嫉妒,一曰占有的嫉妒。在另一方面,一曰因对方的不贞而嫉妒,一曰不管你贞不贞我照样不误的嫉妒——也就是疑心生暗鬼的嫉妒焉。

不嫉妒和过分嫉妒，都是不正常的病态。过分的嫉妒，尤其是爱情的毒药。从前有一个臭男人，娶了美貌妻子，提心吊胆，唯恐怕绿帽子飞到自己头上，每天出门之时，就用石灰把房子周围撒了个遍，以防野男人玩什么花样。当这种奇妒朋友的妻子，不反也被逼反矣。夫世界上任何感情，都有解决之道，爱情可以因结婚而满足，复仇可以因一把刀子插到敌人肚子里而满足，只有嫉妒这玩意儿，好像秤锤掉到泥坑里，不但一辈子浮不起来，而且越陷越深，老天爷都帮不上忙。

世界上只有弱者、失败者，或自叹不如人者才嫉妒。有一种现象非常奇怪，妻大人只嫉妒丈夫的情妇，看见情妇摸自己丈夫一把，或看见丈夫搂一下该情妇的腰，她就醋劲大作，一旦发现丈夫和该情妇竟赤条条躺到床上，那就更如疯如狂。可是，同样的事情，相反过来，就完全两样，盖妻大人只嫉妒情妇，情妇却从不嫉妒妻大人，她看见情夫摸他太太一把也好，或看见情夫搂一下他太太的腰也好，甚至撞上了情夫和太太赤条条躺在床上也好，她绝不会大发雷霆。为啥她不大发雷霆乎？难道凡当情妇的都是圣人哉？当然不是，而是在那种场合，她是胜利者，是强者，是飘飘然一想起来就微笑的角色。同样道理，做丈夫的只嫉妒情夫，看见该野男人把自己的太太搂之抱之，拥之吻之，准手执钢刀，杀奔前往。可是，一旦反了过来，当情夫的看见那个头上顶着绿帽子的丈夫对他自己的太太搂之抱之，拥之吻之，他就不会手执钢刀；不但不会手执钢刀，心里还会优哉游哉，盖情夫和丈夫在一起，情夫是胜利者，是强者，是飘飘然一想起来就微笑的角色也。

前已言之，情妇也好，情夫也好，并不是天纵英明，叫他们量大如海，一旦她的情夫又有了别的情妇，或他的情妇又找了别的有钱有势户头，你看他们表演得锣鼓喧天吧。呜呼，《聊斋》上有一篇《画皮》，一个吃人的青面獠牙夜叉，却披着一件美丽如画的人皮，人人看起来她貌如天仙，其实那美丽不过是一件画皮，掀开那张画皮，便是夜叉，吃人的妖魔也。过分的嫉妒也像夜叉一样，披着爱情的外衣，向人猛叫曰:"我爱她才嫉妒呀。"或"我爱他才嫉妒呀。"实际上那种嫉妒和爱无关,而只是一种占有的欲望,和自尊心受打击时的强烈反应。故恩爱夫妇之间固然有嫉妒,怨偶之间也同样有嫉妒。柏杨先生有一位朋友,结婚之初,可能也恩爱过一阵子,但那都是想当年的啦,二十年后,早成了"相敬如冰",他害病她也不管,他的衣服都是自己洗,他不喜欢吃黄豆芽,她一年四季都买黄豆芽,偶尔在家坐一会,两人像一对木偶,没趣得很。可是,该朋友忽然走上了桃花运,妻大人得到消息,马上就闹了四海沸腾。

该太太之所以有如此剧烈的反应,不是她爱他爱得紧,而是她气他气得紧,而是她自尊心受到严重伤害。她如果爱他,平常何至"相敬如冰"乎?这一种类型的嫉妒固多得很焉。在嫉妒王国坐第一把交椅的吕雉女士,丈夫刘邦先生死掉后,她立刻下令把刘邦先生的宠妾戚夫人,手脚砍掉,扔到猪栏里,谓之"人彘",这股妒劲,真叫人发抖。西晋王朝宰相贾充先生的太太,嫉妒王国也有了不起地位,有一天看见丈夫和乳母怀里的儿子亲热,她以为他准和乳母有一手,借机会偷吻一下大胸脯,乃把乳母杀掉。这一杀不当紧,儿子太小,非乳母的奶不吃,竟活活饿死,使贾家绝了后代,大概是冤气冲天之故也。

因自尊心受打击而嫉妒的恶形恶状,男女都差不多,盖在这种形态下,自尊超过爱情,维护自尊也超过维护爱情。美国曾发生过一件杀妻案,男主角是一位旅馆老板,他在法庭上供称,他们夫妻间的感情,和大多数美国人夫妻间的感情一样,蜜月度过之后,就一直平平常常,普普通通,他妻子很少到旅馆里来。可是自从一个家伙住进旅馆,在一个舞会上和他妻子认识之后,他妻子对那客人就爱上啦,爱得如醉如痴,她每天都要驾临一次,名义上陪伴丈夫,实际上得空就溜到客人房子里瞎聊瞎搞。该老板说,他每看见他太太迈着轻盈的脚步前往幽会的背影,心里就像有盆烈火在烧,烧得他毒自胆边起,恶从心上生。他告庭上曰,他最不能忍受的是,即令他们在恋爱期间和蜜月期间,他对她都没有如此强大的诱惑力,一定是那臭男人有一套他所没有的或所欠缺的玩意儿,他无法承担这种羞辱,乃隆重地把她扼死。

过分嫉妒的结果,往往会像该老板一样,动刀动枪。中国古时候的法律真是叫臭男人笑得口都合不住,只要当场捉住,就可连太太带奸夫一并干掉,所谓捉奸捉双,杀了人不算犯罪。唯一美中不足的是,丈夫捉太太的奸,可以干掉;太太却不能捉丈夫的奸,更不能杀丈夫。不但不能捉之杀之,当丈夫的反而可以把野女人弄回来家庭化合法化。若是太太们也可以捉丈夫的奸,捉住后也可以当场干掉,那才叫真正的公平。

现在当然一切都不行啦,该旅馆老板如果生在古代中国,就不致吃官司也。因嫉妒而动刀动枪,有的照太太肚子上一刀,有的是放过太太而去找太太情夫的麻烦,把那野男人的头上用子弹凿开一个血洞。同样是一顶绿帽子,同样是妒火中烧,为啥有的杀太太,有的却杀情夫乎?其差异如此之大,原因又何在哉?柏杨先生认为,因为个人先天气质不同,后天教育和修养不同,其因嫉妒而杀人的目标自也不同。有些人想,好臭婆娘臭婊子,你竟这么坏,不顾我们恩爱一场,竟去勾搭小白脸,或硬往那有钱家伙的怀里塞,如此不知廉耻为何物的贱货,我不杀你,难道叫你活着继续丢人现眼不成?可是另一些人想,好小子,你油头粉面,靠有几个臭钱,或靠你有办法去美国落户,竟诱惑我的太太,这种畜生,留你活口不得。嗟乎,大概是这样的焉,基于爱的嫉妒,往往杀太太;基于占有的嫉妒,往往杀情敌,不知道对不对耶。

26. 妒火中烧

占有的嫉妒,往往和爱情的嫉妒相混,很难划分。但却可以说明一点,那就是,嫉妒不一定是爱情的产物。占有的强烈欲望和高度的虚荣心自尊心,都能产生嫉妒。故人们只嫉妒胜利,不嫉妒失败,只嫉妒比我高明比我幸运的,不嫉妒比我差劲的倒霉的。好比柏杨先生,一看见别人有漂亮太太,就暗中生气,该臭小子不比我妙到哪里去呀,竟娶到如花美眷,怎能不咒他快点生疮乎哉?但我从不嫉妒那些妻子其貌不扬的家伙。盖人只嫉妒强者,不嫉妒弱者,所以穷光蛋嫉妒富翁,丑八怪嫉妒美女也。我有一位朋友的太太,长得沉鱼落雁,闭月羞花,柏杨先生没事就想看她一眼。老妻自叹不如,就天天嘟囔,盼望她早老早死,而且经常造一点她的小谣,说她和某一个野男人有一手啦;说她天生的不正经,喜欢和人眉来眼去啦;说她未结婚前曾裸体给人照过相啦;又说她被某一个胖女人找到家打了一顿,打得上不了班啦。在街头巷尾宣传之余,也向我耳畔宣传,意思是说,我虽貌不如人,可是品德颇佳,凡是正人君子,都应重德不重色,咄,你爱德乎?抑爱色乎?柏杨先生为了世界和平,只好表示爱德不爱色,盖柏杨夫人妒火中烧,受不了矣。然而,却没有人反过来嫉妒柏杨夫人的,无他,她老兮兮兼丑兮兮,可怜她还不迭哩,她无论到啥地方,不要说和野男人飞媚眼,有时候硬是故意找个年轻小子谈谈天,以便别人造点谣过过瘾,还没人造哩。为啥没人造乎,她不是嫉妒对象之故。

所以说漂亮女人是嫉妒的最大目标,她不理人,人说她臭架子不小;她如理人,人又说她水性杨花。这种嫉妒不来自爱,而来自自卑,天下只有麻子嫉妒花容玉貌,还没有听说花容玉貌嫉妒麻子的。一个美丽的太太小姐,常是谣言蜚语的中心,尤以那些丑八怪,一旦发现该美丽太太小姐和胞兄胞弟看一场电影,就好像哥伦布先生发现了新大陆,那份快乐,简直使她巴不得脱裤以示庆祝,她会指天发誓说她亲眼看见该太太小姐和姘夫并肩去开旅馆,既有如此丑行,俺纵然长得再不堪入目,也比她高级。

凡是没有魅力的女人,往往拼命攻击那些有魅力的女人,大太太固然嫉妒姨太太,姨太太固然嫉妒婢女,便是三棒子打不着的局外女人,只要比她美,比她吸引人,她也照嫉妒不误。据说山西省有一个妒女泉，凡是漂亮的太太小姐去汲水，马上就雷雨交加。又据说临津县有一个妒妇津，凡是漂亮太太小姐过渡时，一定风浪大作。这两个地方，柏杨先生只是耳闻，没有到过，真是一件憾事。如果真的如此，那位妒女和那位妒妇，也未免太可怜，太凄凉了也。盖嫉妒是所有感情生活中最富有蛊惑力的一种，一旦走错了方向，就无由回头。不要说弱者，自叹不如人者，便是一条狗，也会因为主人摸了一下别的狗，而大叫大闹。洋大人之国尝有一种现象，丈夫死啦，立下遗嘱说，一旦他的太太再嫁，便丧失全部遗产，这种措施，和性和爱，更是无关，和现实生活也无关，但和自尊心占有欲有关，虽然死啦，仍要占有她也。

有比较才有嫉妒，只有国王嫉妒国王，只有文人嫉妒文人，只有同行嫉妒同行。在中国，柏杨先生只嫉妒寒爵先生，恨不得他早一天吃巴拉松，盖他是中国文坛上唯一可压倒我老人家的一支巨笔，如果没有他，我早就不可一世矣。但你说我小心眼乎？非也。谁不知道我量大如海。隔壁有一位邻居的儿子，他前年还是国民学堂学生，今年就升到了高中，我连一点感觉都没有，他便是请我吃一顿油大，拜托我嫉妒，我都不嫉妒，因我们之间没有比较的基础之故。同样道理，前不已言之乎，柏杨先生看见别人有美貌娇妻就生气，该娇妻越美，我的气就越大，我和该臭男人同样是大丈夫，何况我还会写稿卖钱，一向自命不凡。而该娇妻竟有眼不识晚香玉，不嫁我而嫁了他，是可忍孰不可忍，嫉妒之余，唯盼望该臭男人早日得上砍杀尔，才能消心头之恨。但伊丽莎白·泰勒女士硬是没有嫁我而嫁了理查·波顿先生，虽然她貌如天仙，叫人一看就昏倒在地，我却毫不动心，盖理先生乃有头脸人物，我们之间，无由比焉。

同样道理，丑八怪女人也最不能忍受别的太太小姐长得漂亮，一旦面对美女，她全身毛孔都能冒出妒火。不特在精神上如此，在物质上也如此。现在社会有一种气质，就是见不得别人好。一听说张三先生去了美利坚，马上以手捶胸，骂他出卖祖国。一听说李四先生发了几万元的小财，马上眼大如斗，咒他用不了几天就贫穷如初。一听说王五先生升了一级两级,马上嗤之以鼻,表示他还不是终于要垮。一听说赵六先生新买了一幢房子,马上就盼望它在还没有保险之前,烧个净光。这种气质由社会渗透到家庭,由家庭传染到太太小姐身上。于是,一旦发现刘太太的丈夫一个月薪水有一万元之巨,就三天不欢。一旦发现黄太太买了电冰箱又买电视机,就巴不得明天债主盈门,把她痛揍一顿。一旦发现柳太太爱干净,一天换一套衣服,胸部细胞都会乱跳,到处宣传她卖弄风骚。嫉妒不仅是邪恶的眼睛,也是错觉的眼睛。君坐过火车乎,两列火车并停在车站上,另一列前进,就会觉得我们坐的一列在后退。呜呼,嫉妒便是如此,当他们看见别人前进时,便觉得自己向后退啦,怎不急得发烧哉?

(柏老按:二十世纪六十年代,月薪三千元,简直不得了,一万元能吓死人。八十年代,月薪一万元,便难活矣。金钱价值,要在它的购买力上判断,不要在数目字上判断。)

世界上只有一样东西,可以消灭嫉妒,该药方是:被嫉妒的人最好狼狈垮台。漂亮的太太小姐,忽然出了天花,或不漂亮啦,自不会有人嫉妒之矣。写杂文的朋友,若前举的寒爵先生,忽然上了吊,柏杨先生就不嫉妒之矣。在美国落户的朋友,忽然全家遭了车祸,撞死的撞死,撞残的撞残,也没人再嫉妒之矣。大得可怕的官员,忽然稀里哗啦撤职查办,而且被弄到监狱里吃官司,也没人再嫉妒之矣。盖代之而起的将是一种怜悯之情。呜呼,怜悯乃疗妒的特效药也。

27. 防妒之道

怜悯是治疗嫉妒的特效药,如果被嫉妒的先生女士,上吊的上吊,麻脸的麻脸,垮台的垮台,入狱的入狱,那当然是上上之策,届时一团妒火,自然化为一团祥和,盖他一下子从弱者的地位,高升到强者的地位,怎不气消怒散欤。问题是,上帝就是由他自己干,也不能让社会上被嫉妒的人,完全根绝。柏杨先生天天盼望别的写杂文朋友翘辫子,他们不但不翘辫子,反而越写越多,越写越好,存心要把我比砸。柏杨夫人也天天盼望隔壁那位貌如天仙的太太早点和人通奸,以便看看笑话,聊出心头之气,可是造了人家五年的谣,该太太仍正派如故,真是不如意事常八九也。被嫉妒的先生女士们,势不能为了不被嫉妒,而自己去一一自尽,于是,"吃醋"和"醋"之间,遂成了冷战僵局,醋不甘自我毁灭,吃醋的又无法把醋吃光,邪恶之气上冲霄汉,天下自不能太平。

聪明的朋友乃发明了产生怜悯的妙方,前已言之,他们既不甘自我毁灭,也不肯自我毁灭,则最好的是"作自我毁灭状",有此一"状",多少可使对方产生怜悯,减少嫉妒。贵阁下没有见很多官崽乎——我想读者先生中一定有些当了官崽的老朋友,不妨去拜访一下,就可窥知奥秘。说不了三句话,他一面在公文上盖章,一面呐喊曰:"忙死啦,忙死啦,简直不是人干的。"偶尔有个电话打来,他又呐喊曰:"到处受气,简直不是人干的。"我有一位朋友,官拜秘书主任之职,有一次为了一点屁事找他,他端架子之余,就来了这么一套,我曰:"然则你可以辞呀。"他曰:"没办法,啥长不肯让我走。"我曰:"那恐怕不见得,你只管硬辞试试,我就是不相信你一定不干他就派人暗杀你。"结果那点屁事也没办成,他就欠屁股送客。回去后别人告诉我曰:"老头,老头,你聪明一世,糊涂一时,他是在故意喊叫的呀,你怎能当真乎。"对啦,对啦,我真发了昏啦。

官崽之所以成为官崽,便是宁愿被分了尸,宁愿出卖灵魂,也不肯放弃他的官;悲鸣的用意,只希望减少小民对他的嫉妒而已。前天遇到寒爵先生,他声明曰:"我要不写啦,稿费一点点,三个月不发,看不起人。"为的是,表示他自己够苦啦,安抚我不要再动邪念,打他的小报告啦。而最近隔壁那位漂亮太太也有了学问,从前见了老妻,理都不理的,最近大概受不了老妻谣言的中伤,也改变战略,昨天特地可怜巴巴对老妻曰:"你不知道,我先生一个月才九百六十元,不够开支,而我又是喜欢赌博,前天一场麻将就输了六百块,我先生不是人,打了我一顿。柏太太,你能不能借我二十元买菜,你家老爷鼎鼎大名柏杨先生,一个月听说稿费就能买一辆汽车,真好福气啊。"老妻一听,她原来好赌成性,而柏杨先生一个月稿费又能买一辆汽车,虽是奇闻,但听了舒服,妒心乃为之大减,登登登登,跑回家来,掀开席子乱翻,翻出二十块钱付之。噫,该漂亮太太不但慧在表面,亦慧在内心也。

据说嫉妒也并不全坏,又据说嫉妒可以治疗类似乎聋哑之症,这种情形,在廉价小说上层出不穷。其公式大概是这样的:有夫妻二人焉,感情事实上很好,可是做丈夫的或者是一个书呆子,不知情调,或者是一个事业心很重的人,无暇调情,把太太冷落得又气又恨,乃假装爱上另外一个迷死脱张,跟该迷死脱张既看电影又跳舞,故意透露一点消息给丈夫,该丈夫如果仍不觉悟,他们就双双对对到他面前晃来晃去,该丈夫这才大口吃醋,然后说明原委,和好如初。

这故事写起来非常轻松,读起来也非常如意,盖世界上的男女相爱,往往是男的主动,女的被动。但在廉价的小说之中,却恰恰相反,而是女的主动,男的被动,怎不过瘾乎哉?该美丽的太太用种种奇妙之法,把第三者迷死脱张搞得云天雾地,以为天外飞来艳福,这一段无论是写来演来,都最叫座。一般人似乎相信用这种激将法去争取爱情,为上上之策,可以不必动刀动枪,就能把失去的重新找回。我有一位女学生,有一天找我,气呼呼地骂她的丈夫是一段呆木头,结婚八年,已生了一子一女,他的喉咙就好像被鬼捏着,三棒子都打不出一个屁,她决心要激他一激,和一个野男人肩并肩做亲热状,也叫他开开眼界,知道自己太太不是那么不值钱,非他不可,还有得人爱哩,看他还麻木不麻木。柏杨先生认为像这种丈夫,天生蠢质,应该八辈子讨不到太太,有小姐肯嫁他,已算他祖宗有德,再不回头是岸,真是混账到底,不可救药。我就曰:"问题是,你还爱他不爱他呀?"她曰:"当然爱他。"我曰:"看样子恐怕未必,你如果不爱他的话,我劝你不如离婚算啦。你如果真的爱他如初,那么千万别去玩弄嫉妒,那可能导致离婚,也可能招致白刀子进去,红刀子出来。一旦你的肚子被戳了两个大洞,血流如注,报馆记者和三作牌围在床前问长问短,你愿意乎?"她说她有把握,我曰:"你如果找我老人家做你的药方,你丈夫一看,只是个糟老头,根本不在乎,治不了病。你如果找一个你丈夫嫉妒的,那一定是对你适当的,我看你泥菩萨过江,届时自己都难保自己也。"

该女学生因话不投机,悻悻而去,她本来每逢过年,都要给我送点礼物的,从那次之后,便没有再送。这年头廉价小说真能坑死人,小说上电影上非常惬意的事,一旦变成现实生活,恐怕就没有那么简单。主要的是,那位夹在当中的迷死脱张,他将如之何乎?小说上简单得很,他艳梦初醒,只好自认倒霉,在那一对恩爱夫妻千道谢万道谢,千道歉万道歉声中,狼狈而逃。然而如果那是真实的人生,恐怕不会如此这般。不要说迷死脱张啦,就是换了柏杨先生,忽然有一位花枝招展的太太小姐非爱我不可,我被她爱得迷迷糊糊,自以为前途似锦,结果竟不是那么一回事,只不过像猴儿戏一样被她牵在手里玩了一阵,我恐怕绝不会善罢甘休。她如果不继续爱我,我准去市场买一把弹簧刀叫她瞧瞧。呜呼,柏杨先生道德学问,闻名天下,尚且如此,我不相信那位迷死脱张,肯若无其事的拍拍手就走。

28. 玩　火

玩弄嫉妒和玩弄爱情,同样危险。该太太和迷死脱张之间的谈情说爱,当然是假的,那就是说,该太太是熟思积虑地去玩弄一个可怜巴巴的臭男人;他如果稍微有点自尊,绝不会甘于被玩弄也。小说书上对这种事情,处理得最为简单,届时叫他尴尬地笑一笑,自认倒了一次大霉,落荒而逃就行啦。我特别奉劝太太小姐们,不要信以为真,倘若你相信天下竟真有那么回事,我敢跟你赌一块钱,你非血流成河不可。其中也没啥高深道理,反过来设身处地想一想便可以知之矣。一个野男人挟其财势和小白脸,作真心爱慕状,和你卿卿我我,把你玩得晕晕陶陶,使你认为这一下子总算搭上了白马王子,有洋房有汽车,既可以周游列国,又可以和英国女王握手喊“哈啰”,不但心花怒放,而且还向亲友大吹牛皮。结果过了两天,他和克里斯汀·莱琪小姐双双出现,原来是用你阁下气她哩。呜呼,你说你能不能一龇牙就了之乎。你如果不能了之,该迷死脱张同样也不能了之也。

最主要的是,玩弄嫉妒这种念头是建立在“不贞”的欲望上,太太小姐当然不承认自己会不贞,柏杨先生也无意叫谁承认谁打算不贞,但一旦离开一个冷冰冰的男人,而和一个热烘烘的男人在一起,你一咳嗽他就拔腿请医生,你只瞄了一眼橱窗,他就把那件貂皮大衣买下奉送,我就实在想不出,你将来有啥办法把他平安摆脱。人心是肉做的,太太小姐的心也是肉做的,在敏锐的比较下,很难不弄假成真。届时输了一块钱不算惨重,弄到家破人散,成了报纸头条新闻,才算惨重也。

29. 文明产物

处女是神圣的,因为处女差不多都很纯洁,所以古时候杀人献祭,从没有听说把一个老头弄去宰掉,而都是要一个美貌处女。《西游记》上通天河之祭,真是一个大场面,陈家庄每年要向妖怪献上一对童男童女。童者,处也。童男童女,就是处男处女。柏杨先生在历史书上考查,处男的用处甚少,除了送到通天河被妖怪一口吞之外,别无其他意义。而处女所代表的道理却大而且巨,通天河之祭,还有一位处男陪伴，若西门豹先生漳水之祭，则只有处女而没有处男，可见处男没有处女值钱也。从前有些地方的风俗，新婚之夜，娘家人在客厅中正襟危坐，以听消息，洞房中传出说新娘固处女也，他们才有说有笑，男家主人也放炮的放炮，敬酒的敬酒，皆大欢喜，该婚才算结定。如果等了半天，洞房中传出消息说，新娘不是处女，那就糟啦，杯焉、盘焉、烟灰焉、凳子焉，统统飞到娘家人头上，有些文明之家，虽不致乱棒打出，但那股脸色也够难看的啦，新娘掩着玉面，啼啼哭哭，被她的父兄带走，一场喜事，化成一出闹剧。

处女因为是高贵的，因之也被很多人乱打主意。欧洲中古时代，贵族对他的下属有“初夜权”。该下属结婚之日，第一夜和新娘同床的不是丈夫，而是该丈夫的顶头上司。这种权真是混蛋之权，也可见老板阶级，无论古今中外，都吃得香，中国人如此，洋大人亦如此也。不过中国对处女的重视，似乎更甚，这和理学道学有关，不知道是哪个狗娘养的喊出来的口号：“失节事大，饿死事小。”那就是说，宁可以饿死，也要保持贞操，这种道理如果自动自发，自没有人反对，可是演变的结果，一个女人不幸遭受到强暴，竟也不能为人。圣崽之狠，狠在杀人不见血。

近年来贞操的观念逐渐改变，处女的严重性也逐渐减退，但处女带给人类社会上的麻烦，不但没有减少，反而相对地增加。主要的是处女如果是年轻貌美，如月如花，固高贵得像仙女。但是，如果她阁下的年纪渐大，该神圣不可侵犯的“处女”二字上加了一个“老”字，便等于下棋时被人照棋盘上踢了一脚，简直不可收拾矣。即令勉强收拾，左摆右摆，也摆不出原样。老处女实在是现代文明的一种病态，柏杨先生家乡有句俗话曰：“只有娶不了亲的男，没有嫁不出的女。”过度贫苦之家，有打一辈子光棍的朋友，四十岁五十岁，仍孑然一身，东奔西跑，混碗饭吃。但女孩子再丑，即令是瞎子瘸子，都有相当的男人来配，从没有听说哪个女孩子嫁不出去也。但时代一天一天进步，竟然有些女孩子嫁不出去，岂不是怪哉怪哉乎也？

老处女是现代文明的产物，英国生物学家甚至认为英国老处女的多寡和英国的国势有关。老处女越多,英国国势越强;一旦老处女少啦,英国就危如累卵。盖老处女多,因每个老处女都养猫自娱,猫的数目自然也多;猫多啦,而猫是吃老鼠的,老鼠自然减少;老鼠一减少,被老鼠损害的农田也因减少了损害,而大大地丰收;农产品一丰收,国泰民安,实力雄厚,兵威所及,自然所向无敌。反过来,如果老处女少啦,猫自然也少啦;猫少啦,老鼠自然就多啦;老鼠多啦,田里农作物便受到损害,全国自然不可避免歉收;既歉收矣,自然处处闹饥荒,英国国势,遂不得不一落千丈。因之该生物学家建议,敌人派间谍到英国,不必去政府机关偷这偷那,只要调查一下老处女的数目就够啦。

老处女竟能影响到国家的兴衰,大概是对老处女的一种调侃,盖越是文化程度高的国家,老处女的问题也越严重。夫一男一女,结成婚姻,乃是天经地义,上帝赋给动物性欲,不是为了取乐,而是为了种族的延续。所以说古时候很少有女孩子独身的,当基督教初起的时候,有些信女,发誓终身不嫁,大概也有些已结了婚的太太,信主入迷,还要离婚去传道。保罗先生便曰:“如果不是主的旨意,不应该那么做。”可见连使徒都不鼓励独身,而弄到后来,天主教里既有修士,复有修女,我想一定大出耶稣先生意料之外。

二十世纪初叶之前,中国乡下有一种“望门寡”制度,两人尚未结婚,可是未婚夫先行翘了辫了,未婚妻就矢志不嫁,老处女终其天年。这种干法,出于自己意愿的少,出于圣崽主意的多,惨无人道,不在话下。以后虽没有啦,然而类似的玩意儿却日渐其多,二十世纪二十年代,老处女还是寥若晨星,如今六十年代矣,你到街上走一趟看看,几乎三步五步就碰到一个老处女,而该老处女不但没有满面愁容,反而笑得嘻嘻嘻嘻,不是当的啥“长”,就是当的啥“员”,或者是“代表”焉,“主任”焉,“理事”焉,好不热闹。去年暑假,我送我的小孙女上学,校长乃一胖太太型的徐娘,看起来颇有点福气,为了拉近关系,我胁肩谄笑曰:“校长,你有几位公子呀?”她曰:“没有公子。”我曰:“那一定都是小姐啦,如今男女一样,男孩子太野,还是女孩子依恋爸爸妈妈。"她曰:"是的。"我曰:"那么,你有几位小姐呀?"她曰:"没有小姐。"我想她一定输卵管不通,让我给她通通看,乃曰:"你可以看看医生,我认识一位打狗脱,其效如神,只要动一次手术,包管你明年抱一个白白胖胖的娃娃。"我看她面色铁青,乃改口曰:"对不起,你先生在哪里做事?"她曰:"我没有先生。"我悲哀曰:"想不到他竟去世。"她大怒曰:"我根本没有结婚。"刹那间我就出了一身大汗,恨不得当场就脱下破鞋打自己的嘴。谨写出以告世人,遇到有点地位的女人,在没有打听清楚她的婚姻情况之前,最好少开簧腔。

30. 老处女和独身

英国老处女和英国国势有关,未经考证,洋大人姑妄言之,我们姑妄听之。但天下凡姑妄言之的,多少都有点启示作用,我想老处女和国势的关系不见得会那么如影随形,但与该社会的文化水平和文明程度,却密切得很也。野蛮社会从来没有老处女,只要她长得差不多,臭男人一声呐喊,明火执仗,把她抢了就跑,一年后准生一个胖娃娃。只有文明社会,才允许女孩子抱独身主义,一个女孩子硬是不嫁人,天下所有的臭男人集合在一起都没有办法。而野蛮社会之中,嫁人是唯一谋生之道——呜呼,又岂止野蛮社会之中如此哉,便在文明社会,嫁人也是女孩子解决生活问题的绝技。男孩子或高中毕业焉,或大学毕业焉,找不到适合的工作,前途茫茫,会急得发疯。如果换了女孩子,当她发现前途茫茫时,就用不着急得发疯,只要嫁人就行啦。问题是,文明社会中嫁人不过是谋生的方法之一,只要自己有本领,不嫁人,也可以活下去,甚至更快快乐乐地活下去,故老处女乃文明社会的产物。盖凡是老处女,差不多都有两下子,或者学问大,或者地位高,或者银子多,或者道德好,或者满腹经纶,或者能说善道,反正任何一个老处女,都不同于凡夫俗子,如果她同于凡夫俗子,她就得终于嫁人。不嫁人而照样可以往上爬,甚至爬得很高,像我遇到的那位徐娘校长,便是一个典型。

一个女孩子一辈子不结婚,原因颇多,专家们研究起来,能写一本厚书。但在柏杨先生看来,似乎并不那么复杂,人间万事,常常这样的,严重的事态,其原因往往简单明了,而简单明了的事态,其原因却往往复杂。一个女孩子,她具备了所有结婚条件而竟没有结婚,你如果去访问她,请她说出理由,她能说出一火车,普通都是:"我要献身啥啥!(或献身科学,或献身教育,或献身其他乱七八糟的玩意儿。)"对要好的朋友,她可能告诉你她有一对婚姻不幸福的父母,父亲酗酒成性,常打母亲,所以认为天下男人都是一丘之貉,故她恨透了男人,也怕透了男人。其实在柏杨先生看来,即令这般宣传,仍是借口,她之所以独身终生,一句话可以包括万象,那就是她没有遇到她认为合适的男人。任何一个男女,脑筋里都隐隐约约呈现一幅未来配偶的倩影。柏杨先生理想中的太太,是一位天脚的焉,六寸圆肤光致致的焉;头发黑而软,个子不太高,宁可矮一点焉;有瓜子样或椭圆样脸蛋,面如敷粉,有白有红,嫩得可以滴出苹果汁焉;十指尖尖,腰细如柳,倩兮笑兮,你揍她她都温顺接受焉;而且又有学问,至少也是初中毕业,甚至高中毕业,会吟诗念词,乂会英文法文日文各种之文焉。可是悲哉悲哉,理想虽高,找了几十年也没有找到,只好娶了现任的柏杨夫人,真是不堪回首也。女孩子又何尝不然乎,理想中的丈夫,对外精干如虎,对内文雅如羊,钞票如山,而年龄恰到好处,身兼八九个打狗脱,会发明梨子桃子之弹,也同样会吟诗念词,更同样会七八国语文,到啥地方,国王皇帝,都请他下小馆,而且部下如云,过年过生,都来拍他的马屁;最重要的是,他爱情专一,克里斯汀·莱琪女士坐到他腿上他都不理。可是天下能有几个这种男人乎?于是,有的采取柏杨先生的窝囊战略,算啦算啦,这一辈子不谈,找个次等货吧。有的则战志高昂,抵抗到底,遂不得不老处女矣。

每一个老处女都有她老处女的原因和理由，谈起来五花八门。但千变万化，似乎都可纳入我们前文讲的那一条："没有遇到她认为合适的男人。"再进一步说，那就是：因循迟误，年华老去，欲嫁不能，只好扬言独身啦。盖她不独身不行，没男人要她啦。我说这话，好像是对老处女颇有点不敬，但我并不是不敬，而不过是说明一种现象。盖世界上很少女孩子从小就立志不嫁的，差不多都是思嫁想嫁，而到了某一个时间，才决心不嫁。其中固然有不可告人的隐情，但也有至圣至神的牺牲。柏杨先生有一位女性小友，今年五十一岁矣，此刻在台湾，身体健康之至，她住在台北县的大坪林，有时候在柏府聊天，聊得太晚，赶不上公路局汽车，就步行回去。我认识她时，她还拖着两个小辫子在院子里掘蚯蚓哩，不幸她高等学堂毕业那一年，父母双亡，家无恒产，却留下两个弟弟和两个妹妹，大的才十岁，小的刚刚会爬。这个沉重的担子，无人能挑得起，很多求婚的臭男人，一看五口之家，就黯然撤退。她也曾热切地想到嫁一个爱她而又有经济力量抚养她弟妹的男人，但那男人始终找不到，盖年轻小伙子都是赤手空拳，而有几文的朋友，至少已进入中年，早有妻室儿女矣。如此这般，一年一年地下来，最初她尚不太烦心，可是忽然有一天，在镜子里发现眼角有了一条鱼尾纹，这是"老"的信号，她用被子蒙着头痛哭了一场，然而这时弟妹们全都进入学堂，费用更大，更没有合适的男人相配。又过了两年，她又在镜子里发现她鬓角有了白发，从此收拾起来心猿意马，决心终身不嫁矣。柏杨先生曾把她的故事转告给很多写小说的作家朋友，如果以生花妙笔写出，定是一部感人落泪，发扬手足之爱的大著也。

然而大多老处女都是被虚荣心所害，特别漂亮或特别有学问的女士，更容易被自己的漂亮或被自己的学问拖进陷阱。一个漂亮小姐，其威风不用说啦，周围全是些自作多情的男人，大家绕着她颠三倒四，她要啥有啥，想啥也有啥，不过举目细观：张三虽然有钱，可是老了点；李四虽然有学问，可是呆了点；王五虽然小白脸，可是穷了点；赵六虽然颇有社会地位，又有事业基础，可是他离过婚；反正谁都不合理想。挑着挑着,忽然之间,绕膝承欢的人越来越少。更过了些时,有的竟娶了比自己更年轻更美丽的太太。复过些时,在街上遇到,男的抱一个,女的抱一个,欢天喜地去公园玩哩。这时才觉悟到年华渐老,青春已去,再仔细想想:张三虽然有点老,可是他有钱呀;李四虽然呆了点,可是他有学问呀;王五虽然穷了点,可是他小白脸呀;赵六虽然离过婚,可是他颇有社会地位,事业又有基础呀。呜呼,"流水落花春去也",越想越伤心。只好回家饮泣一场,扬言独身之妙,过老处女生涯矣。

31. 心理危机

学问冲天的女士,如果她以为她那一套高不可攀,就进入危险之境。自从男女受教育的机会平等以来,国民学堂毕业的女孩子,都希望嫁初中毕业的;初中毕业的女孩子,都希望嫁高中毕业的;高中大学毕业的女孩子,则非嫁给到外国泡过的男人不可。大概上帝造人时,就赋给男人一种独当一面,挑大梁唱黑头戏的性格,而赋给女人一种被保护和祈求安全的性格。男人很少愿意娶比自己高明的女人,以柏杨先生为例,假如有哪一国的漂亮女王要嫁给我,我还不要哩,盖在太太灿烂的光辉之下,丈夫不得不成为狼狈万状的小丑,稍微有点自尊心的朋友,绝对受不了也。呜呼,柏杨夫人乃平民出身,视我如天神,一瞧我写的文章天天上报,每天稿费好几百元,有时吹起牛皮,啥部长啥局长统统瞧不上眼,她就起敬起畏,而我才活得下去;一旦有个叫花子上门,她吓得又躲又藏,我则挺胸而出,喝曰:"没有钱。"然后砰的一声把门关上,威风凛凛,她就更对我崇敬有加。

女孩子则很少愿意嫁给不如自己的男人,无他,缺少安全感耳,即令不缺少安全感，自尊心也会受到伤害而特别难受。人类有一种崇拜英雄的感情，千方百计，找一个英雄去崇拜之；当皇帝的家伙，已到了顶尖，自不好崇拜他的部下，但也找个天神者流去磕头如仪。这种感情，女人尤其强烈，如果一旦反了过来，男人是一个窝囊货，当妻子的便情调全失。这种夫妇，可称之为“不平衡的夫妇”，稀里哗啦，准垮不误。写到这里，想起一则故事，是一位美国大人写的，故事上曰，有那么一天，他在浴室洗澡，他的太太和十三岁的女儿从外面进来，不知道他在家，母女二人就促膝谈心，其中最精彩的言论出自那位做母亲的之口，妈妈曰：“告诉你，打铃，男人都是贱骨头，都自以为自己是世界上的主宰，而为女人抵挡魔鬼，能干得不得了。”女儿曰：“我看爸爸就是那种人。”妈妈曰：“每逢你爸爸在家时，我就故意打不开箱子，让他来开，你以为我真的打不开乎？我不过叫他有机会表演表演他的干才，用以满足他的自大狂，安抚安抚他罢啦。”女儿这时向妈妈讨五毛钱。妈妈曰：“用这种灌迷汤的方法，明天向爸爸要。”

第二天，该洋老头坐在沙发上严阵以待，一会工夫，女儿走来啦，笑眯眯叫曰：“爸爸。”洋老头心里想，好妮子，你来吧，三句话过后就是一顿臭揍。于是女儿俯到他膝上，以脸偎胸曰：“爸爸，我看你并没有妈妈说得那么傻。”他急咽唾沫，女儿已爬到他膝上矣：“爸爸，妈妈说你故意要充英雄，我看你并不哩，在我眼里，你不是英雄，而只是一个爸爸。”该洋老头想曰：“孩子已经十三岁啦，每星期五毛零用钱怎么够乎，至少得两块钱才行。”

这说明男女间的不同本质，而一个有学问的女士，遂不得不在这上面遭到困难。

一个人肚子里有点货色，常常谁都瞧不起，唐王朝温庭筠先生，他的诗词，颇有成就，他就瞧不起做宰相的朋友令狐绹先生，有一次脱口而出曰：“中书堂内坐将军。”那时候的将军比不得现在的将军，现在的将军，都是学士硕士博士，满腹经纶。而那时的将军，均行伍出身，好男不当兵，当兵而当上了将军，一生和枪杆为伍，不要说学问啦,便是识斗大字的,都不多也。令狐绹先生听啦,气得鼻孔朝天,从此朋友绝交,你说温先生何苦来哉?

然而有温庭筠先生这种气质的人,普天之下,滔滔皆是。尤其是女人,一旦会吟两首诗,会写两篇只有她父母才不得不狠心赞美的文章,或者自己出钱印一本自己的大作,就目空一切,普普通通大学堂教习,根本看不进眼。柏杨先生有一个朋友,在某大学堂电机系教书,可是却栽到一位女作家之手。她有一次忽然对他曰:"老实说,你那一套我一见就烦,对人类性灵一点没有帮助。"任他怎么追,恨不得到她门口上吊,她都无动于衷。文学上有一手的固是如此,科学上有一手的更不用说啦,她不但会原子,又会核子,发表一篇论文,连爱因斯坦先生都从坟墓里爬出来鼓掌,"横行革命"的朋友在她眼中固没有地位,就是其他搞科学的男人,也都不在话下。而且研究科学有一个最大的危险,那就是她没有时间去恋爱,世界上女科学家差不多都是在未成为科学家前嫁了人的,一旦未嫁人而成了科学家,不但眼眶子奇高,而且年纪也会奇大,就嫁不成矣。

跟学问奇大有同样贡献的是事业心奇重。男人事业心重,已是幸福婚姻的一大破坏,前不已介绍过吴起先生乎,在事业心方面,他固可以考第一名也,别人为了事业,顶多耽误了青春,顶多离妻抛子,而吴起先生为了事业,竟不惜把太太干掉,真是高竿。我常听到许多太太小姐埋怨她的男人没有事业心,没有事业心当然是一个混蛋,但一旦他的事业心和吴起先生一样强烈,不知道有没有太太小姐愿意以身试刀,去嫁之也。无论吴起先生这人如何,事业心奇重的男人,可能是好朋友,好职员,好军人,好圣贤,但绝不是好丈夫。女孩子更是如此,一个女孩子如果事业心奇重,那比男人事业心奇重,还要可怖。在她青春年华的时候,没有时间,也没有心情和男人瞎泡,整天忙忙碌碌,用尽心计,去奔前程,或研究核子焉,或办个大中小学焉,或开个种西瓜冬瓜各式各样瓜的农场焉,或埋头苦写一部千万字的小说焉,或干其他什么什么焉。赵云先生曰:"大丈夫只患事业不立,何患无妻?"男人如此猛吹,尚情有可谅,女孩子如果也如此猛吹:“贤女人只患事业不立,何患无夫?”那便糟到了埃塞俄比亚。

32. 上帝的叛徒

越是有学问的小姐,越是容易独身。这跟两件事情有关,一曰经济,一曰见解。经济上不用说啦,某小姐焉,年方二八,已经成了打狗脱,或做官,或做事,每月收入,颇为可观,既不愁吃,又不愁穿。不愁吃不愁穿还小焉者的,独身者之家,往往还养上一大群人哩。如果她目不识丁,而只不过平平的苗头,恐怕不嫁的机会便少得多矣。俗云:“嫁汉嫁汉,穿衣吃饭。”可看出穿衣吃饭在婚姻生活中的重要和严重。上帝如果对此颇有兴趣,用神术调查一番的话,恐怕会发现千万女士,都是为了穿衣吃饭的理由才嫁人的,一个女孩子自己有力量自立,自然容易不买男人的账也。

同时一旦学问奇大,对人生婚姻,自有其独到的见解。呜呼,她上通天文,下通地理,对不如她的人恐怕实在是感到难以下咽。民国初年刚提倡女权时,女孩子纷纷出外读洋学堂,有的高等小学毕业,有的高等师范毕业,当初不过一个土豹子乡下姑娘,三年五年不见,再见时头发也短啦,袖子也短啦,嘴唇上也抹了东西,脚上也穿了高跟之鞋,既知道贝多芬,又知道拿破仑,自然而然地产生了弃夫悲剧。很多订了婚的,未婚夫仍天天下田锄地,大字不识,她怎能嫁他乎?闹得天翻地覆之后,女子方面胜利的多,失败的少。盖往往是男的自顾形惭,自动撤退。如果该女子智慧高天下,所有的男人,包括爱因斯坦先生在内,全部成了下田锄地的家伙,触目所及,都不顺眼,便只有独身一途矣。

前已言之,婚姻生活,男女双方,都不应有委屈之感,委屈之感是婚姻生活破裂的前奏。但我要提醒的是,没有委屈之感,不就等于

“百端满意”，自盘古立天地，人间根本没有百端满意的事，婚姻生活，更是上天注定的一种有缺憾的生活。人必须努力在不圆满中寻觅圆满，才会没有委屈之感。一位钱多如山，学问大如牛车的小姐，再生得漂亮绝伦，她如果不在观念上变一变，恐怕因循到了后来，非独身不可，或者虽然结了婚，婚姻也不幸福。

上帝造男人之后，紧接着又造女人，就是要他们结合在一起，《圣经》上说得更透彻：“人要离开父母，和妻子结合。”所以凡是不结合的男女，他本身就是一个上帝的叛徒，成为问题人物。无论如何，和独身朋友打交道，不管是老处女或老处男，都会使人有一种不对劲的感觉，这种不对劲，写是写不出来的，但可以感觉出来，贵阁下以为然乎？

独身主义者最大的不对劲是性情有点古怪，有一则幽默对话可看出它的严重性。一位住在二楼的老处女控告两个在墙外修理电线的工人诽谤，法官问曰：“你们到底说了些啥话？”工人叫苦曰：“我们实在没有开口。”老处女曰：“没有开口？明明你开口说粗话的。”工人曰：“天老爷，原来如此。一根电线掉到地上，约翰橡皮手套破了，我就警告他曰：千万别碰那玩意儿。约翰曰：我偏要碰，尝尝碰一碰的滋味。”

但这已使独身女士受不了矣。天主教的修女差不多都是独身的，对天主教，我们敬之仰之，没啥可说。但我们总觉得，独身女士可能成为，而且很容易成为一个大教育家，但她们似乎不见得适宜于办幼儿园和小学堂。女老师都是慈祥的，但该女老师如果是一个老处女，恐怕就会以严厉出名，孩子们往往怕独身的女老师，不无原因也。这不关乎她的品德，凡独身的朋友，无论男女，他们的品德不一定比结过婚的更糟。有些人归咎于希特勒先生独身之故，才胡乱侵略，但墨索里尼先生却是结过婚的，却同样也胡乱侵略。

我们说老处女可能严厉，不过是不对劲之一。盖不结婚是违犯天意的，上帝辛辛苦苦，在每个人身上放了点性的本能，就是为了要使之结婚。硬不结婚，不是跟上帝过不去是啥？既然跟上帝过不去，上帝也就跟他过不去,使他在性情上多少有点改变,以示薄惩。

世界上最容易产生老处女的地方,有三处焉,一曰教会,一曰医院,一曰妇女团体。三个地方有同一的特质,就是私人的时间太少,公家的时间太多。以向教会献身的女孩子为例,无时无刻不在为主做工,上班八小时固然是为主做工,下班后吃饭睡觉,也无一不是为主做工,而且每晚都有聚会加班之类为别人服务的活动,不要说和男朋友约会啦,简直忙得连找男朋友的时间都没有。有些幸运的和心急的,就地取材,教士焉、医生焉、同事焉,差不多的就嫁,连个罗曼史是啥都不知道。而运气不好的,或是想找个更合适一点的,便因循耽误,不可收拾。所以我们不反对帮佣小姐请假谈恋爱,一个月只几百元,而家庭又不是教会医院妇女团体,没有任何理由剥夺她们的幸福,你说对不对乎?

英国有一位首相(惜忘其名字矣),曾曰:“我这一生做过很多傻事,只没有做过一件,就是结婚。”此公此语,颇有名气。他把结婚看作傻事,一定有其伤心的历史,但柏杨先生却曰:“我这一生做过很多傻事,只没有做过一件,那就是不结婚。”人是群居的动物,再加上上帝恩赐的本能,不结婚是致乱致怪的根源,至少得打四十大板。

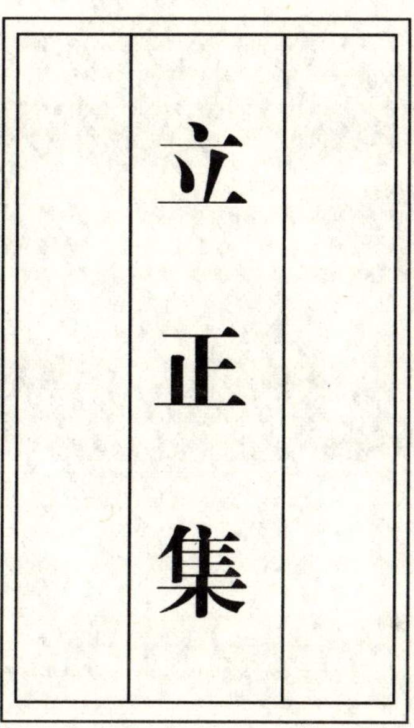
立正集

提　要

关于《立正集》，柏杨说书名与内容“风马牛不相及”，主要谈的是新观念，诸如节育、爱情、泛道德主义、亲子伦理等主题，其许多观点，即使在几十年后的今天，仍有相当的现实意义。当然，也谈旧观念不易砍除。

序

柏杨先生曰:人生有四不朽,太上立德,其次立功,其次立言,其次立正。立德是第一等不朽,一个人德配天地,道冠古今,当然尾大不掉,《左传疏》曰:“创制垂法,博施济众,圣德立于上代,惠泽被于无穷。”生既是活圣人,死又可吃冷猪肉,势必流芳万世,敬仰万代。立功是第二等不朽,一个人一旦发现立不起德来,退而求其次,致力于立功,也能了不得兼了不起,《左传疏》曰:“拯危除难,功济于时。”救国于危亡,援民于水火,把强敌追到荒郊野外,打得他甘愿撅起屁股叫你踢,至少可以流芳千世,敬仰千代。立言是第三等不朽,一个人一辈子走背运,德固无分,功也无缘,则再退而求其次,搞搞立言,也可能搞出一点名堂,《左传疏》曰:“言得其要,理足可传,其身既没,其言尚存。”或把训词讲词,汇成巨册,或把写的文章,印成巨书,一旦急啦,索性叫别人用自己的尊名大姓写上一本,现代印刷方便,立言这玩意儿,遂比拉稀屎都容易,虽较立功又差一截,但也足可以流芳百世,敬仰百代矣。

以上三不朽,乃吾友左丘明先生的发明,可惜他阁下所处的春秋战国时代,民智未开,所知有限。玉皇大帝乃恻然悯焉,御头一点,两千年后,有王者兴,即柏杨先生是也。盖年头大变,左氏的三不朽,已不能包罗万象,另外还有一种不朽,应运而生,特借柏杨先生之口,以泄天机,而度众生。夫一个人如果其品既不能立德,其力又不能立功，其智复不能立言，难道就铁定地要与草木同烂了乎？当然不会，只要他善于立正，照样也可不朽。柏杨先生曰："立正者，主子面前，足跟努力并拢，锵然有声；足尖自动外分，悠然有度。颈低、眼眯、耳竖、脊椎骨猛弯，一脸驯服之状，随时随地表示心甘情愿，主子叫他昧尽天良他固心甘情愿，主子叫他害害朋友，卖卖国家，他也心甘情愿。"如此这般，劲头虽然属于第四等，比左氏"三立"稍差，但其官必日隆，其权必日大，其汽车必日小，其洋房必日高，其美女必日众，其大名必日响，其国外存款必日多。斯时也，地头蛇兼眼前欢，多了不行，流芳一世，景仰一代，十年二十年不朽，大概没啥问题。

柏杨先生此一空前发明，乃属天授，非关人力，特此宣称，任何诺贝尔奖金我都不接受，仅只出版一书，以资庆祝。集名与内容风马牛不相及，三棒子都打不出关系，不过这年头名实不相符的东西多的是，有啥可稀奇的哉？而我老人家又两眼昏花，为了节育，大战廖王汤，诚谓之跳井救人，有背立正原理，自己也不知道在干啥，嗟夫。

是为序。

乙巳年七月吉日于台北市柏府

1. 礼仪之邦

台北《联合报》从 1 月 4 日到 14 日,一口气发表了十一篇社论,专门谈"新观念"。谈的范围很广,包括政治、司法和经济。柏杨先生一向是不看社论的,夫社论也者,没有一篇不四平八稳,滑不溜丢,望之面面都到,用手去摸,却并摸不出啥。因此,我常劝一些年轻朋友去读社论,能把社论读得滚瓜烂熟,再去谋一个秘书之类的差事,准可胜任愉快也。

但《联合报》这一连串新观念的社论,有丰富内容,虽然我们读了仍觉得不够劲,但报纸社论主要的特征就是不够劲,固不能希望它做出无法做到的事。不过新观念之重要,已经成为常识,也成为时代的要求,圣人曰:"入乡随俗。"随俗也者,就是一种新观念。到了一个新的环境,或进入一个新的时代,就必须有充分的智慧和勇气,把落伍的旧观念一刀砍掉。

砍掉落伍的旧观念,说来容易,真用刀砍时,恐怕能把人砍得发癫。问题是发癫也得砍,盖这种发癫,癫了一阵子会痊愈起来。而如果不砍的话,落伍的旧观念乃一种毒菌,不但能要老命,还可能传染到别人身上,使整个社会都成为落后地区,被洋大人骑到头上,骑得国亡家破,断子绝孙。呜呼,我们国家沦落到今天这个样子,就是我们的老祖先没有这种智慧和这种勇气。所以当前第一件要紧的事,是发挥我们这种智慧和鼓起我们这种勇气。新的观念如果不能建立,别的都是闲扯淡,仍坚持用落伍的旧观念来看这个世界,恐怕没有几天好活的也。

观念虽是抽象的,但观念不能孤立,一定有必然的行动,而行动则是具体的。孔丘先生在两千年之前,也曾提倡过新观念,可惜他的新观念只适合他那个社会。他阁下生长在一个剧变的时代——从春秋到战国;也就是从大一统到大分裂,从农业到商业,从绝对的宗法到渐渐抬头的个人主义。他阁下发现必须有一个新观念,才能把当时的社会纳入正轨,于是乎“托古改制”,成天嚷嚷古人如何,古时如何,尧舜如何,周公又如何。这种“古”的观念,在当时却是新的。

可是这种观念,几千年下来,再不断掺进去若干怪力乱神的玩意儿,程颐先生和朱熹先生那一套,统统挤了进去,于是中国社会遂成了世界上最大酱缸,把小民酱得奄奄一息。到了清王朝末年,洋大人打了进来,官崽们知道洋枪洋炮厉害,只好委曲万状地接受了洋枪洋炮。但对于随洋枪洋炮而具来的观念,仍不肯服气。张之洞先生“中学为体,西学为用”的口号,就是这种不服气的产物。

柏杨先生曾有一文,曰《幽默和尊严》,文内建议中国同胞,似乎应该养成打官司的习惯,后来收在《闻过则怒集》里。为此一文,招了不少的议论。首先是胡秋原先生,他曰:“这种主张,倒少听见过。”他是最最厚道的一位,但隐隐约约,固觉得柏杨先生有点稀奇古怪。其他读者朋友,因无见面之情,骂得也颇为结实,其中一位只署名“读者”的先生,从屏东来了一封长信,用十行纸写了整整十七张,形容我狼心狗肺,误尽天下苍生。他说,古人以“讼闲”为一种德政,只你宣传打官司,准定是个名誉扫地的律师,不然的话,则一定有位名誉扫地的律师朋友,以便三七分成。信中并且预言我写着写着,不出三天,准会把该名誉扫地的律师姓名住址介绍出来,好让老实同胞往陷阱里跳;接着举了七八个例子(到底是七个或八个,被骂得发昏,也数不清啦),说某人也,打官司打得家破人亡;某人也,打官司打得财产荡然。然后指着我的尊鼻,厉声曰:“好吧,你瞧吧,这都是打官司的下场。”

这封信还是说出点道理的,有些读者老爷的信,从头到尾,把我骂得简直觉得活着没意思。呜呼,提起打官司,说良心话,我自已就反对,有人欺负我,我能让就让他算啦,不能让时我就埋伏在黑巷子里,等他送女朋友归来,身单势孤,魂儿飘摇之际,一跃而出,照腰窝给他两下子。夫古人以世世不上公堂为荣,有些太太小姐,一听说上公堂,立刻就在家里上吊,盖上得公堂,便不当人子。官老爷巍巍端坐,一言不合,一挥尊手,就扒下小民尊裤,露出雪白可爱的屁股,然后一顿板子。

公堂上打板子,不像父母打小孩。父母打小孩,小孩左扭右扭,一不小心,打到自己手背,他能比小孩还要叫得凶。而公堂之上,属学院派的"修理学",各位三作牌,按手焉,按脚焉,最后一个往腰杆上一坐,打将起来,真是过瘾。除了打屁股,还有打手心的。提起来打手心,年轻人见少识浅,不知道是厉害。柏杨先生于十九世纪九十年代,随老爹在湖广任上时,就瞧见过这种节目。不过,打屁股专用于臭男人,打手心则专用之于太太小姐。因我们是礼仪之邦,不便当众脱她们的芳裤也。

打手心的工具是圆凳一面,上面有十个小孔,各穿皮绳,然后在凳子下打一个结,太太小姐把她的尖尖手指伸到皮圈之中,三作牌在下面用脚一蹬,手掌就结结实实平贴在凳面上,不要说躲闪啦,连抽筋都抽不动。法官一声令下,就是五十,打得哀号之声,连伦敦桥都听得见。

2. 口供主义

君看过《秦琼卖马》乎?有一段是他阁下唱的,曰:"站在店中用目洒,不由叔宝怒气发,明明认得是响马,江湖路上会过他,眼前若是历城县,定要将他锁拿到公衙。板子打,夹棍夹,看他犯法不犯法。"末尾三句最是惊人,原来犯法不犯法,不是看他的行为,而是看板子和棍子的。中国司法上一脉相传的口供主义,不知道害死了多少善良的小民。有人说现在早已经不是口供主义啦,而是证据主义啦。

这话恐怕没有经过大脑，柏杨先生曾想写一本《修理学》，作为大学堂丛书之用，可是终没有提笔，盖各大学堂法律系都不肯开这门课，真是遗憾也。盖事实上口供主义的阴魂仍在，俗云："三句好话不如一马棒。"三作牌恐怕没有几位肯按照着法律系教科书上那种办法审问官司的。这不仅是小民的悲哀，也是中国人权的悲哀。

苦刑拷打固然伤害了身体，但主要的还是伤害了心灵，稍微有点自尊的人恐怕谁都不愿意去冒那种被侮辱的危险。如果真能在挨打受气之后，仍可得到公平裁判，也是好的，偏偏到处都是"说不准学"，理屈的一方如果有家兄出面帮忙，明明他欠你一百万元的，说不定三审官司下来，你反而倒欠他一百万元哩。这种例子，三天都举不完。屏东一读者先生举的例子都是眼前的，看了叫人心跳。现在且找一个古时的官司，介绍助兴。

从前有一个穷小子，大概也是写杂文的家伙，爬格纸爬到天亮，听说呼吸新鲜空气，可以增进健康，就缓步当车，向公园出发，走到一家露天仓库门口，想不到内有恶犬，大概他咳嗽了一声，以致惊动了犬大人，犬大人汪汪一叫，出来一位保镖护院，手提红缨枪，照他肚子，就是一下，他就不得不隆重归天。死了人当然打官司，家属们以为准赢无疑，谁知道老板最初还有点惊惶，最后家兄出面，法官曰："这简单得很，拿笔伺候。"大笔一挥，状子上"天明扎死场口"，改成"未明扎死场中"，于是语气全变。开庭那一天，法官庄严肃穆，朗声曰："三更半夜，他跑到人家院子里干啥，非奸即盗，可叹可叹。"家属连声呼冤，法官端起嘴脸曰："你状子上明明写的'未明扎死场中'，公堂之上，岂容你无理取闹，拉下去打四十板。"

呜呼，法律只不过瞎胡闹，审判只不过说不准，怪不得人们视打官司如同毒蛇猛兽。

中国法庭有时候简直集各种学问之大成，像"说不准学"、"幺鸡吃烧饼学"、"奉命不上诉学"，另外还有家兄之面，打起官司来，连天老爷都不知道会有啥结果。而衙门八字开，有理无钱莫进来，其黑暗肮脏，能超过诗人的想象。举一事就可以例其余。以修理学而言，正人君子每每有一种深刻印象,认为凡是苦刑拷打,一定有伤,可以去医院取得伤单告状。呜呼,打得腰断臂折,鲜血淋淋的时代,已经过去啦,现在是天衣无缝时代啦。新式苦刑拷打,连太空医生都验不出伤来。其实不要说新式的啦,就是旧式中的“坐老虎凳”,只要稍微小心使用,小民也绝不会有一星点痕迹,好比“灌凉水”、“灌辣椒粉”吧,外表上是看不出的,但却严重地摧残气管和肺部,一个倒霉的小民如果被灌上三次,即令无罪释放,这一辈子也都成为残废矣。夫公堂焉,监狱焉,以常情判断,应该是最法治的地方,实际上却偏偏最没有法治。在公堂之外和监狱之外,一个人如果遭受到凌辱,还有地方可去伸冤,而一旦沦落到公堂上和监狱里,受到凌辱,真是呼天天不应,呼地地不灵,连伸冤的地方都没有,惨哉。

不过也正因为如此,在这方面才有奋斗的必要。有一个重要的问题是,一个人受到委屈,受到欺骗,或受到迫害,具体地说吧,好比你阁下的爹被甲先生劈头一刀杀啦;或你阁下的美貌娇妻被乙先生堵在空房子里强暴啦;又好比说,有那么一天,柏杨先生忽然大发虎威,棍棒交加,打断了你的尊腿;或覰你不备,把你阁下为儿女缴学费,为父母看病的医药费,偷了个净光,请问一声,你将怎么办乎哉?完全圣崽姿态,淡淡一笑就拉了倒?抑把我痛揍一顿,由人说项,叫我赔偿住院费以及把偷的钱吐出来?抑你去法院告上一状,听凭法律制裁?

说起来有三条路,其实只不过两条。能够和解成功,当然很好。但你阁下偏偏又生不逢辰,竟遇到柏杨先生这种当事人,自以为有家兄帮忙,又深通地头蛇之道,你叫我赔住院费,噫,我打断你尊腿时,不小心闪了我的尊腰,你还要赔我住院费才对哩。天下这种凶顽暴戾,险恶毒辣的家伙,比臭虫都多,剩下的似乎只有走到打官司一条路矣。如果不打官司,只好勇于私斗;如果不勇于私斗,当然也有窍门,救主耶稣基督不是说过乎:“人打你的左脸,你就把右脸递给他。”我打断了你的左腿,你就赶紧把右腿也伸出来。甲先生杀了你的父亲大人,你就赶紧把你的母亲大人抬到他家。乙先生强暴了你的妻子,你就赶紧把女儿也开个花名册送去。于是横行的王八有福啦,而天下也做到了"讼闲"的最高境界。

3. 第三者仲裁

人类是一种有思想,有言语,有文字,又非常自私,复又知道改善自己生活的动物。这种动物最大的特征是:相互间有各式各样,光怪陆离,勾心斗角的争执。这种争执如果自己不能解决,就必须有第三者出来为他们解决。如果没有第三者出来解决,好比说,两个臭男人,流落到海岛之上,你也要娶那位酋长的女儿为妻,我也要娶那位酋长的女儿为妻,二人如果不能礼让或尊重那位小姐的选择,恐怕只有打得头破血出;终于成了无枪者败,有枪者胜;无力者败,有力者胜;而不是无理者败,有理者胜也。

要想无理则败,有理则胜;要想小民安富尊荣,和国家富强康乐,第三者的仲裁是一重要发明,不但重要,而且非常重要。中国古时的"讼闲"实在是一个骗局,盖讼怎么才能闲乎?往往是这样的,有一位老头之类的人物,或因他的社会地位高,或因他的道德学问大,或因他在本族里辈分长,遇到谁有争执,只要他出面那么一比手画脚,大家就心平气和,含愧而退(当然也有"含泪"而退的)。圣崽们把这种现象,努力宣传,遂成为政清明和佳话。

不过问题似乎不这么简单,含愧而退和成为佳话的先决条件是,该老头的裁判必须公平,如果不公平,恐怕会激起更大的纠纷。即令当时不打官司,也势必培养出暴戾之气。玉皇大帝既不给我们做主,我只好请阎罗王做主矣。于是白刀子进,红刀子出,天下大乱,四海沸腾。

消灭这种暴戾之气,也就是化戾气为祥和,专靠忍让是不够的,只有“打官司”一条路。其实该老头出面,也是打官司,不过不经过官的形式而已。人类非常软弱,所以要找出一个上帝皈依他,而法院就是社会的上帝。呜呼,你阁下闲在家中坐,怎么敢有如许的自信,认为柏杨先生不敢贲然光临,把你尊头打出个洞,把你的新皮鞋穿走乎?你阁下在大街上乱瞧女人,又怎敢有如许的自信,认为从你身旁而过的汽车不敢辗你的尊肚,然后再抬到瑠公圳分尸乎?说穿了明白不过,有法律保护你,才把你保护得气象不凡。如果一旦没有了法律,你阁下恐怕头戴钢盔,身穿铁甲,都得抖个不停。

法律是抽象的,表现法律的地方在法院。把静态的法律变成生龙活虎,大发威力的,就是打官司。公堂和监狱暗无天日是一回事,打官司求公平保护又是一回事,我们不能因噎废食——那就是说,不能因孩子误喝了巴拉松,一瞧浑身青啦,就把他往井里一扔。我们所要求的不是不应该打官司,而应该是肃清司法界败类。记得有一年,大概是成功大学堂教习钱歌川先生吧,和人公堂相见,报上便大加嘲弄,说教习还告状呀,不像话,不像话。呜呼,难道教习就不是人,受了凌辱,就不能要求法律保障哉?

最近有人据案号咷,说经济起飞啦,号咷声中也有人喊经济并没有起飞的。经济学这玩意儿是一种复杂的学问,较之原子核子那些平铺直叙的自然科学,复杂多矣。简单地说,美国人偷了德国人的秘方,只要偷到手,照方配药,都会有一个可怕的家伙出现。可是属于社会科学的经济学,就不这么容易,亚当斯密斯先生的经济学原理支配了美国一个世纪,可是拿到台湾便砸了锅。盖自然科学对象是物质,社会科学对象是人。物容易控制,而人难搞也。

所以台湾经济到底起飞了没有,学问太大,实在弄不清楚,反正如果起飞了当然更好,如果没有起飞,我们希望它快点起飞。只有一点感想的是,任何东西起飞,都必须观念先行起飞。经济也好,工业也好,文学也好,都像货物,观念则是飞机。飞机起飞啦,货物才有可能跟着起飞,飞机起不了飞,恐怕啥都起不了飞。畸形人把一包钉子往半空里一扔,喊曰:“看呀,钢铁业起飞啦。”喊声未了,钉子掉下来砸到他尊头上,说不定立刻就砸出可观的窟窿。经济起飞是不是也属于扔钉之类,真叫人担心。

第一次世界大战后,各国纷纷复兴,只有中国努力内战。记得吴稚晖先生一本书上提到过,忘记是哪个大官啦,买了一架飞机,请了一位飞行员,打算飞到敌阵上空,来一个泰山压顶。有一天狂风暴雨,前线紧张,官大人下令该机出动,飞行员以天气太坏,拒绝升空,官大人大怒曰:"这算啥话,你以为我不敢枪毙你呀。"飞行员只好上机。可是官大人一想,不妙不妙,那小子心中正在有气,如果一去不返,岂不赔了夫人又折兵,灵机一动,就弄了一条长长的铁链拴到飞行员腿上,目的是他既可以照样地飞,但却不能逃之夭夭。

嗟夫,张之洞先生的"中学为体"的观念,就是那根铁链,不把这根铁链弄断,飞机恐怕飞不起来。旧观念如果不彻底铲除,新的社会就永难建立。台湾的经济到底起飞了没,前已言之,实在使人担心。只从银行的本质上看,不过是一些当铺,恐怕实在是还没有起飞,但一定要说它起飞啦也未尝不可,盖当铺就是根铁链,起飞就像扔到半空中的铁钉,当它没有掉下砸破尊头之前,谁都不能说它不是正在起飞也。

与其责备银行变成当铺,毋宁检讨中国同胞对权利义务观念的混淆,这似乎是更基本的。就在今天早晨,柏杨先生正在柏府喂小孙女吃稀饭(她从前吃稀饭,只要有咸菜就行啦,最近几个月,顿顿都要吃肉松,肉松每罐十八元,岂是我们这个文明古国文化人吃得起的,我只好乱讲故事,以作佳肴),只听巷口那里,人声沸腾,又哭又喊,又叫又闹,好像出了人命,不禁大惊。

原来巷口那位姓刘的老头向王先生借了一万元,言明利息二分,三月本利还清,而且开了一张三个月的支票给他,支票是上星期一到期的,届时王先生前往银行取款,没有取到;第二天又去取款,又没有取到;第三天再去取款,坐在柜台上那个家伙索性弄个图章往支票上一盖,曰"拒绝往来户",那就是说,天塌地陷都取不到钱啦。第四天王先生找上门来,刘老头笑脸相迎,一再道歉,言明本星期二一定储款以待。到了本星期二,刘老头指着祖宗牌位发誓,说延到今天一定付清。王先生今天三度光临,刘老头仍然没有,王先生急得跳高。这一跳高糟啦,不跳高还有笑脸可看,一跳高连笑脸都没啦。以刘老头为首,孩子老婆一拥而上,一家大小,又流泪又哀号,尤其是刘夫人年轻时大概当过电影明星,还以头撞墙,作痛不欲生之状,要不是我闻声赶往,一个箭步把她拉开,可能弄假成真。

事情闹过,大家出面调停,请王先生宽限一个月,王先生还有啥说的,只好狼狈撤退。这时人头乱钻,你一言我一语,把王先生说成莎士比亚笔下的夏洛克。回家途中,我听两个年轻人一面走一面交换意见,一个叹曰:"把人一家人逼成这个样子,那家伙未免太黑心啦。"另一个也叹曰:"他们还是多年老朋友哩,为了几个钱,二十年交情一笔勾,这种人,猪狗都不如。"

呜呼,当着刘老头的面痛斥王先生,那是一种安慰,未可厚非。而该两位年轻人在背后叽叽咕咕的话,柏杨先生便越想越觉得问题严重,这种一面倒的观念,其发展过程大概是这样的,第一步:"任何有钱的人,其钱都是肮脏钱。"第二步:"有钱的人全都不是好东西。"第三步:"有钱而放利息,更不是好东西。"第四步:"王曰仁义而已矣,何必曰利,曰利的一定毁弃仁义。"第五步也是终结:"索取欠账就是毁弃仁义,猪狗都不如。"

这种观念是一种只同情债务人,而不同情债权人的狗屎观念。柏杨先生有一次就调解过这种纠纷,另一位正人君子型的调人,拍着债权人的肩膀曰:"无论如何,是他欠你钱,不是你欠他钱,你高抬一下贵手,他就过去啦;你不高抬一下贵手,他就过不去。"一个单纯的权利义务观念,凭空被泛道德观念所代替,大家一致认为借钱的永远是弱者,永远是被压榨的可怜虫,而借给他钱的永远是强者,永远是剥削分子。这种观念越积越厚,遂形成一种阻吓力量,把中国社会搞成为一个没有信用的社会,所有的人情味,也因之一扫而光。

4. 咄咄逼人

说起来人情味，大家一定还记得美国留华学人狄仁华先生的一番话（他本来只是学生的，不过既已经在台湾大学堂毕了业，依照时下流行的习惯，自应改称他为“学人”，以示华洋一也），他说中国人最缺乏公德心，而较多人情味。这对我们这个五千年文明古国，实在是口下留情。

昔人是不是一个个都温柔敦厚，难以肯定。不过到了今天，年头如此，恐怕是公德心固不太多，人情味更淡寡如水。这是中国人天生的贱乎？好像不是。如果昔人不贱而今人贱，那就不是先天的，而是后天的矣。这问题和观念有关，阴历年时，我老人家不是在高雄避年欤，住在一个朋友家里，养尊处优（他家的弹簧床睡得我老骨头痛），有一天，一个家伙来访，为了眉目清楚，我们称之为赵先生。话说赵先生气急败坏地撞了进来，向朋友曰：“拜托拜托，借两千元。”朋友曰：“我哪里有两千元。”赵先生曰：“你昨天刚标了一个会，以为我不知道，初十铁定奉还。”朋友曰：“会是标啦，钱也拿啦，但当时就付了电唱机分期付款，初十那天小孩子注册缴费，钱还没有着落，我正向柏老借哩。”赵先生泣曰：“你真不够朋友。”朋友也泣曰：“我要有钱不借给你，叫我男盗女娼。”

赵先生看他赌出如此血海大咒，只好抱头鼠窜。赵先生抱头鼠窜后，我大惊曰：“阁下，他和你的交情不深乎哉？”朋友曰：“怎么不深，五十年的老朋友矣。”我又惊曰：“那么你真的没有钱？”他曰：“怎么没有钱，两千元还放在抽屉里。”我不禁叹曰：“那么你竟赌下如此严重的咒，大概脑筋进步啦，不再迷信啦。”他曰：“我不赌咒，他怎能走呀？”我一看世界上竟有如此寡情寡义之人，一言不发，就去收拾行李,朋友太太拉住我曰:“老头呀,不是不肯借给他,上次也是借给他两千元,他说一个星期还的,我们就列入预算,准备一个星期后缴住院钱——那时我娘在医院开刀呀。可是到时候他没有送来,去找了他几次,他都大发脾气,还到处宣传我们视钱如命,他穷得连下锅米都没有啦,而我们还穷凶极恶逼他。无论如何,我们是放账的,而他是借钱的,连通融几天都不肯,四五十年交情竟不抵两千块钱。可是医院一天催几次,我娘躺在床上直流泪。最后只好把孩子的学费挪用,而孩子就为他停学了一年。现在这两千元就是为今年给孩子缴学费用的,他如果到时候不还,我们怎么得了。是再去找他?或是孩子再停学一年?老头,你说呀。”

这是一个严重课题,在落伍的旧观念里,遇到债的纠纷,一律不问青红皂白,也不经过大脑,马上就下判断,认为债务人是对的,债权人是错的,而朋友交情比社会信用和个人荣誉都重要。巷口刘老头和王先生争执,大家几乎一面倒地袒护刘老头,没有一个敢挺身曰:“你欠人家的钱,当然应如期偿还。”其实“不敢说”还是高级的,盖当面不敢,背后总敢也。而是根本没有人在观念上认为赖债是不道德的,这就连小辫子都拔掉了矣。

孔丘先生生在春秋时代,遇见观念上的问题,他就“托古”一番;我们生在现时代,用不着再托古啦,只要看看摆在眼前,别人的自由经济社会就可以啦。当一个美国人,他如果想在社会上立足,第一件事是他必须有卓著的信用,美国佬身上很少现钞,其武器大约有三,曰支票,曰信用卡,曰签字。说到签字,中国也有签字,有些在大庭广众之中,尤其遇到有女人在座,签起字来,真是龙飞凤舞,铁画银钩,其财富之雄厚,连煤球大王都得给他捏脚。可是一旦等到账房先生到他府上或写字间讨账时,便面目全非。据说统一饭店那位犹太经理,在这上便开了眼。他一脑筋现代化古怪的想法,认为凡是签字的客人,天经地义地应该亲自到柜台上结账,殊不知他的天是现代化的天,他的地也是现代化的地。而中国的天和地,仍在狗屎观念笼罩之下。账房先生登门拜访到第十次能把钱拿到,还是高等主顾哩。不要说私人啦,前年台北市政府在蜀腴饭店签字,达十余万元之巨,差一点把人逼垮,但当时的市长固面不改色,认为那有啥了不起。

我们现在逐渐流行分期付款,这就是一个崭新的观念,不过其麻烦也不亚于签字。美国佬一旦付不出款,公司卡车马上大驾光临,搬了就走,主人夫妇连屁都不放,而我们的主人夫妇恐怕不会这么好欺负。柏杨先生前年不是买了一架黑白电视机乎,分十个月付款的,一直到现在,我才付了三期,每次那个霉气脸来收钱,我都"不在家",不要说把电视机搬走啦,就是他的话稍微重了一点,柏杨夫人就抬头号咷,说他欺负老太婆。有两次保人被逼得发急,也来参加助阵,但我们是老朋友矣,他总不能为了几个臭钱帮别人说话,连老朋友都不要了吧。催了几次,看我摆出的架势,有点狗咬刺猬,无处下口之感,也就自动不再来啦;前天听说公司向法院告了一状,要查封保人的财产,老妻颇为不安。其实想当年山东英雄秦琼先生,为朋友两肋插刀,现在仅只不过在他家大门上贴个封条,正是他表示道义千秋的时候,有啥大不了的哉。

5. 口不言钱

我们一直是一个轻商主义的社会,汉高祖刘邦先生曾用他的皇帝权力,努力打击做生意的朋友,下令凡是商人,再有钱都不能穿丝质的衣服,也不能坐各种之车,而且捐税奇重。刘邦先生魂归地狱之后,他的老婆吕雉女士又下令商人的子孙概不准做官,也不准做吏,于是"万般皆下品,唯有读书高",这和美利坚那种"万般皆下品,唯有经商高",恰恰相反。

——美国是一个重商主义的社会,君看过一则幽默乎,有一班小学生上算术课时,老师把七岁的约翰叫起来,问曰:"二加二是多少?”答曰:“五。”老师曰:“不对。”乃改嘴曰:“六。”老师曰:“也不对。”又改嘴曰:“七。”老师脸色发青,罚他去院里站着,好好想一想到底是几。小子只好去院子里站着,站了一会,一个迟到的小朋友惶惶赶来,发现该小子在院中金鸡独立,不禁大讶,问他干啥,他说了一遍,小朋友叹曰:“二加二当然是四呀。”小子拉住他曰:“我想你还是不要进去,免得他再把你赶出来。我给了他七,他都不答应,你只给了他四,他怎能便宜你。”

美国第一流人才都当经理,而经理人才也是美国第一流人才。有人说这是美国文化的危机,危机不危机是另一个问题,而连小学生都一脑筋生意经,可说明一种现象,那就是经理人才就是经商。经商的目的就是发财,要想发财就必须讲究效率,减低成本,信用第一。蒋梦麟先生未驾崩前,曾介绍过这么一个故事,从前美国人见中国人,往往问曰:“你在哪家洗衣店呀?”问得中国人又羞又怒。第二次世界大战后,不问洗衣店啦,而是问:“你在哪个实验室呀?”中国人一听,舒服舒服。蒋梦麟先生叹曰:“殊不知其瞧不起则一也。”盖均是以劳力赚钱,不过换了个窝而已,而美国人崇拜的则是以钱赚钱。

中国人很难一下子了解和适应这种观念,在轻商主义之下,我们是有点假装忌讳钱的,晋王朝宰相王衍先生便是一个绝妙例证。他阁下口不言钱,太太一气之下,把钱堆积如山,团团围住,以为他总该说钱了吧,谁知道他只曰:“举却阿堵物。”译成白话,便是“把这玩意儿弄走呀!”

这个“阿堵物”典故,几千年遗传下来,家喻户晓。看起来王衍先生,玉姿婆娑,不但品格高,而且气质雅,一位绝代佳人。不过读者老爷最好不要再往下打听,以免大失所望。王衍先生后来被当时目为大盗土匪的石勒先生捉住,吓得顺着裤腿撒尿,为了保命,不惜投上一机,劝石勒先生当皇帝。呜呼,现在劝人当皇帝没啥关系,在君权高涨时代,以他的位,以他的高,以他的雅,竟说出这种乱臣贼子的话,便内外太不相称。

王衍先生口不言钱,假如没有石勒先生最后掀了他的底牌,岂不清香扑鼻一辈子乎哉？其实即令没有石勒先生掀他的底牌，他也不会清香扑鼻一辈子，盖那些把他团团围住的钱，是哪里来的？正因为他有妙法弄到那么多钱，他才“俺可不是那种人”，一旦没有那么多钱啦，本性就会发作。有一次，萧伯纳先生为了他的剧本上演，和戏院老板拍桌子争吵，有人劝他算啦算啦，他曰：“不吵不行，我们的观点始终不能一致。”问他啥观点不能一致，萧伯纳先生曰：“他只对艺术有兴趣，而我只对钱有兴趣。”呜呼，王衍先生在阴曹地府如果遇见了萧伯纳先生，不知道尊脸红不红也。

萧伯纳先生着实地讽了那位戏院老板一刺，他爽爽快快地口不离钱，不像王衍先生酸溜溜地猛戴虚伪面具。孟轲先生见梁惠王魏罃先生，也有这一套。魏罃先生曰：“贵老头不远千里而来，将何以有利于吾国乎？”孟轲先生答曰：“王何必曰利，唯有仁义而已。”弄得千载以下，魏罃先生脸上一直挂不住，其实我们实在看不出魏罃先生有啥不对之处，倒是孟轲先生，具有王衍先生“俺可不是那种人”嫌疑。然而这种畸形观念，却像干屎橛一样堵塞在中国人脑子里，使我们的社会浑成了一盆泥浆。

有一种现象，不知道读者老爷注意到没有，那就是，越是多少年的老朋友，当你需要他“通财之义”时，越是借不到一文钱。高雄那位朋友就是一例，盖他不借钱给你，你们还是朋友，一旦有金钱来往，好比说，言明三月五日偿还的，届时你阁下龙心一想，我和他如此交情，也不是不还他，只不过迟两天，有啥关系哉？关系当然没关系，但他下次恐怕是不再借给你矣。是他不珍惜你这份友谊乎？非也，正因为他非常珍惜你这份友谊，他才不借。盖不借给你钱，友谊还在，一旦鬼迷心窍，借给你钱，那才真是钱也没啦，友谊也没啦。

结果是，我们的社会既缺公德心，又乏人情味。就在上个星期，柏杨先生暨夫人商量一番，想分期付款买个电冰箱。这年头家里没有电冰箱，简直活着等于白活着。一切手续都办好啦，就是保人难找。原来保我买电视机的那位朋友，不念四五十年老交情，竟然用种种借口，一会儿说图章不在家啦，一会儿说身份证缴到人事处查对还没发下来啦，反正是不肯保，把我气得脸色异常难看，逢人就宣传他是势利眼兼冷血动物。不过话又说了回来，如果他阁下和我换换位置，我照样也不肯保他。只保了一个电视机就弄得在大门口贴上法院封条，而仍执迷不悟，再去保电冰箱，那才真正是自作孽，不可活也。

写了这么多，似乎颇有点站在有钱人那一边的趋势。提起来有钱人，不要说我们小民啦，纵是上帝的独生儿子耶稣先生，对他们的印象，都十分恶劣，所以曾喟然叹曰："骆驼穿过针眼，比有钱人进天国还要容易哩。"以天地间的至神，都发出如此严重的感叹，可看出有钱人实在有点恶形恶状。中国圣人对有钱人也有同样的心理状态，语不云乎："为富不仁，为仁不富。"在农业社会中，发财的路子似乎只有三个，一曰节俭吝啬，一曰做官拿红包，一曰明目张胆地抢。第一种当然是正途出身，其他两种实在勾不起小民的尊敬。宋王朝时候，有一位江洋大盗郑众先生，受了招安，因他的出身不太高明，同事也好，长官也好，当然看他不起，他倒一点也不生气，反而作诗一首，末两句曰："各位做官又做贼，郑众做贼才做官。"一句话挖苦尽了天下的官崽，其实又何尝只是宋王朝的官贼不分乎？中国人对中国官，畏的成分多，敬的成分少，大概原因在此也。

不过，时代进步到今天这种形态，我们必须在观念上认清，除了上述三种方法外，一个人靠正正当当商业手段，也同样可以致富。法律如果只保护柏杨先生，恐怕以后谁都买不到分期付款的电视机。人们如果只一味同情巷口那位暴跳如雷的刘老头，恐怕我们就是急死，也再借不到一块钱。高雄朋友就是落伍的旧观念下的典型产物——其心如铁，六亲不认；非他如铁也，也非他真的六亲不认也，而是落伍的旧观念把他害苦啦，害得他成了铁，也害得他不敢认六亲。而向该朋友借钱的那位赵先生，则是落伍的旧观念下的牺牲者，他即令出了门就去跳爱河，恐怕也得不到帮助，非大家都狼心狗肺，是他自己塞住了自己的路。

台北市五年前不是兴建过一批市民住宅乎？也是分期付款的，

结果住户老爷搬进去之后,却不肯如期付钱。在外夷之邦,这简单得很,三个月不缴,法院通知单来啦,限令隆重搬出,如果你自己不肯动手,过了三天,就有法警前来代你动手。在台湾便行不通矣,哎呀,我只不过三个月没缴,你就那么凶,好吧,我们全家上吊给你看,再不然组织一个联谊会,选出代表,跟你周旋到底。而法官老爷一想,住户可怜兮兮,叫他们搬出来,住到哪里呀,未免太苛政扰民矣。于是乎钱收不回来,市民住宅遂成了空前绝后。

前些时报上不是报导美国某公司要在台北盖两千幢二十年分期付款的住宅乎?如今没有了下文。据说其中关键在于,万一收不回钱来,他要确定受不受到台湾法律的支持,受不受到台湾舆论的支持。如果有人住了五年,第六年不肯缴钱时,洋大人不敢确定能收回房子,或虽确定可以收回房子,却弄得怨声载道,甚至引起反美高潮,恐怕是房子盖不成,大家也住不成。

所以我并不是站在有钱人那一边,而仍是站在穷小子这一边,一个崭新的观念不建立起来,我们只有更穷,更僵,更没有人情味。

6. 谋　杀

现在社会上最普遍也最严重的一个困扰,是中学生尤其是小学生的"恶性补习",台湾一共有多少小学生,我们不知道,假定有五十万吧(请别在数目字上抬杠),则至少这五十万可怜的孩子,和一百万孩子们可怜的父母,以及数不清的中小学堂可怜的教习,都为这个问题烦恼。我说"烦恼",完全是圣人们学院派的手法,如果凭良心说真话,岂止烦恼而已,简直痛入骨髓,血泪俱下。举台北中正国民小学堂为例吧,该学堂是个了不起的学堂;但据我所知,他们的学生几乎一个星期只拉一次屎,不是孩子屁股倔强,硬不肯拉,而是我们陷于恶性补习的屠场中,没有时间拉也。有一个朋友,她的孩子在该学堂读六年级,有一天一个人蹲在厕所啜泣,做母亲的问他干啥,他最初还保持男孩子的尊严,不肯实说,但后来肛门下血,才哭着供出他已一个星期没有大便矣。该孩子后来还是请了医生灌肠才治愈的,做母亲的眼看儿子被糟蹋成这个样子,真恨不得一头撞死。事被柏杨先生听到,就拜托孩子在他班上代为打听。得到的结果是,全班同学一个星期不大便,乃是常事。

盖孩子们天不亮就起床啦,起床后潦潦草草吃上几口,就背着书包上学。中午只有半个小时的休息,扒拉两碗,要一直等到夜幕深垂,路断人稀时,才踽踽而归。进得家门,书包一扔,马上趴到桌上入睡矣,做娘亲的千唤百唤,把他唤醒,睡眼矇眬中,咽一口饭,打一个盹,好容易吃完之后,用其枯干颤抖的小手,从书包中掏出一摞作业,就又俯到案上,一题一题地做。一面做一面嘱咐母亲曰:“妈,你看我瞌睡就叫我。”有时做娘亲的陪到半夜,看看孩子手握铅笔,小脸贴到书上,呼呼睡去,实不忍心叫,可是一会儿孩子醒来,就哭闹曰:“你为啥不叫我呀?”母亲曰:“我叫不醒呀!”孩子曰:“那你为啥不打我呀?”大概孩子也听说过“发悬梁,锥刺骨”的古老故事,就找了一个圆规塞到娘亲手里曰:“我再打瞌睡,你就用它扎我。”而做娘亲的此时已哭成泪人儿矣。

晚上做功课要做到十二点甚至要做到一点两点,才允许母亲拖上床。所有学龄儿童的家庭里,没有笑声,没有笑容,也没有在自由国土上当一个自由小国民应有的欢乐,而只有老爹的叹息,娘亲的愁容和孩子们焦灼疲惫、瘦削如猴的小脸和皮包骨的身材。孩子像断了线的风筝,早上放出去,被恶性补习百般蹂躏,天黑之后,才跌跌撞撞回家,而又一灯如豆,蓬发盖面。他哪有时间大便乎哉,孩子不扑到地上,七窍流血而死,已是祖宗有德啦。这不叫恶性补习,这叫慢性屠杀,痛夫。

我们以台北中正国民小学堂为例,绝不是给中正国民小学堂过不去,如果有这种想法,出门就给汽车撞死。事实上台湾全省国民小学堂,除非他的校长不长进,教习又是木头,可以说没有一个不如此这般,仅只一星期不拉屎有啥了不起,而是国民小学堂普遍地把孩子们蹂躏成一个小小僵尸,压弯了孩子的脊椎(没有压断已经是“爱的教育”啦),抽去了孩子的血。最使人锥胸痛心的,是恶性补习像铁锤一样,捶击着孩子的头,使他们昏昏沉沉,浑浑噩噩,轻焉者对读书产生畏惧,重焉者伤残终身。

吾友程国成先生,台湾省立中兴大学堂的教习,曾沉痛地说,数学是一门最有趣、最引人入胜的功课(柏杨先生插嘴曰:这是自然学科教习的说法,由柏老来看,数学这玩意儿简直坑人不浅),他的小女儿一向非常喜欢数学的,可是几年恶补下来,孩子每天晚上带回来一张长达丈余,上面密密麻麻全是习题的课外作业,对数学遂由爱生怕矣,孩子有时候害病,在高烧中还喃喃着鸡兔同笼,盖“天长地久有时尽,作业绵绵无尽期”,哀哉!

恶性补习的症结在什么地方?言人人殊。台湾省“教育厅”不知道换了多少位厅长,每位厅长先生上台后都被恶性补习搞得手忙脚乱。其对策不外两个,一曰“尊口乱张”,发表谈话啦、发表文告啦、发动公文攻势、令饬知照啦、希望遵守法令啦、盼望拿出良心啦;这一式完全为对付报纸,以及向上级报销之用,一旦案发查问时,他就用来搪塞,效果等于一个屁。二曰“杀鸡吓猴”,碰上几个倒霉的教习,申斥的申斥,解聘的解聘;义愤填膺,好像真的一样,以致官儿一旦莅临学堂,威力所及,全体大乱,藏书的藏书,藏笔的藏笔;此一招是为了堵全国小民的嘴之用,你瞧,俺已尽了力吧,其效果似乎比屁高一级。

依柏杨先生之见,最妙的办法莫如“格杀勿论”,由立法院通过一条法律,凡是恶性补习的教习,一经发觉,立刻就地正法,看谁还敢恶性补习乎?但一位朋友揪着我的耳朵曰:“即令大家一齐比赛混蛋,立下了你阁下这种妙法,恶性补习也取消不了。不但取消不了,恐怕反而会转入地下,你就是天天带着警犬,提着机关枪满街乱跑都没有用,而且孩子将更为可怜。”君不见现在官方有令,国民小学堂教室都不准装灯乎？这种官儿也是柏杨先生的聪明脑筋，认为没有灯你们总不能补习了吧？再也料不到没有灯的结果，补习照旧，只不过成了黑暗补习，可怜的孩子在光线朦胧之中，把鼻尖贴到书本上纸头上，像看禁书一样地窃窃读之，两个月下来，一个个都成了近视眼，这近视眼随着官儿的查禁，而一天天加重。

7. 查禁不了

官儿查禁得越紧，补习也越恶性，用不准装电灯的妙法去培养近视眼，不过身体上受到伤害，还不算太严重。严重的是心灵品格上的伤害，使小小年纪，都了解到虚伪的价值，而进一步认为作伪是天经地义的，盖他们最敬爱的教习就教他作伪，而教育的宗旨也更在鼓励他作伪也。

君如不信的话，不妨去问问你所不认识的小学生，问他补习了没有，他准指天发誓说没有。曾有个尾大不掉的人物，遇到有人向他掏粪，他就不耐烦曰："拿证据来。"拿证据来遂成了挡箭牌。以恶性补习为例，似乎是很难拿到证据。可怜的学生否认，可怜的教习否认，可怜的家长也否认，坐在公堂上的法官老爷如果有孩子在国民小学堂读书的话，恐怕连他自己也要否认。写到这里，我真担心台北中正国民小学堂向法院告我一状。一旦打上官司，我的那位朋友不见得会支持我，届时我阁下恐怕要糟。

孩子们明明是在恶性补习，但他却受到教导，对人要否认恶性补习。我们一面要孩子诚实，一面又要他撒谎——他如果不肯撒谎，后果是可怕的，轻者教习的板子敲到他头上，重则把他打入冷宫，不准他补习啦。于是，每逢补习的时候，就像小偷先生作案，教室里大家暗暗动手，教室外设有特别把风的，一听督学驾到，或一大群好像蓄意不善的反调分子驾到，把风的一打暗号，孩子们就知道大势不好，稀里哗啦，不需要一分钟，桌内桌外，都恢复原状。噫，美国小学生都知道华盛顿先生砍樱桃树的故事，而台湾却鼓励孩子们欺骗，鼓励之不足，教习焉，校长焉，还带头领导，甚至用板子教鞭狂逼他们欺骗，吁。

国民小学堂的教习中，有一部分是靠补习费贴补家用的，但这只是副产品，主要的还是有事实需要，前文提到的中兴大学堂教习程国成先生，他女儿的老师，是一位刚从师范学堂毕业的漂亮小姐，结婚两年，有一个可爱的一周岁的婴儿。夫妇二人做事，家庭经济颇为良好，一个学生只收三十元补习费，还不够她请朋友吃顿油大的。如果问她意见的话，世界上恐怕没有比她更要反对恶性补习，可是既然干这一行，也只有听这一行的摆布，于是，她比那些可怜的小学生们更苦更惨。

教习所以比孩子苦，盖孩子是被动的，而教习是主动的。孩子像列车，教习像火车头。它必须不断燃烧，不断奔驰。那位有温暖家庭的女教习，实际上并享不到一点温暖，她比她的学生还要起得早，天不亮就爬起来，胡乱灌两口稀饭，就骑脚踏车跑到学堂，恭候那些小僵尸驾到。中午时候，小僵尸们可以回家吃饭，只有她必须留下吃便当，晚上她比小僵尸们回去的更晚。孩子们可以不说话，可以坐在那里打盹，而教习却不得不声嘶力竭地从太阳东升，一直喊到半夜，有些教习还不得不一面喊一面喝胖大海。吾友说，有一次晚上，天下大雨，他去学堂接孩子，在昏昏暗暗的教室里，人头幢幢，只听教习哑着嗓子在那里干号，好像罗马帝国锁在硫磺矿里的一群囚犯。而尤其是，当孩子们发现吾友冉冉而至时，还以为官儿来抓恶性补习哩，一声惊叫，教习戛然而止，从教室门伸出青菜色的面庞，眼睛里充满了恐慌和不安。吾友真要放声痛哭，他不知道为啥哭，只觉得心如刀割。

孩子们拿回家去密密麻麻的作业题，不是天上掉下来的，那都是教习的血汗，为他们出之的。出之不算，还要写钢板为他们印出来。

印出来也不算,等孩子们做出之后,教习还要一题一题改。一个人一天一百题的话,一班五十个人,每天就五千题,她要一面吃饭一面改,在学堂改不完,回到家里还要改,大考前两天,甚至要改到天亮。我们介绍的这位教习,她自从生下了娃儿,就没有喂过奶,而且也像断了线的风筝一样,从天不亮一直到深夜。她丈夫都看不到她的人影,回家后既不能抱抱娃儿,也不能谈谈家常,反而埋头到堆积如山的卷子上。呜呼,“谈什么恩爱,说什么温柔,把青春年华一笔勾!”这种损失,三十元补习费能偿之乎?最糟的还是要冒着随时被抓的危险,一旦官崽之爪伸到她头上,不但身败,而且名裂,你瞧所有同胞嗤之以鼻吧:“嗨,为了几个外快,摧残儿童。”

校长似乎比教习担的风险还要大,教习一旦被抓,顶多不过解聘,“此处不留爷,自有留爷处,处处不留爷,爷在家里住”。尤其是女教习,一个月少拿几百元也饿不死。而校长大人则不然矣,这年头凉粉少而吃凉粉的多,你挤我,我挤你,你没有错,还把你挤得摇摇欲坠,一旦恶性补习小辫子被官儿抓到手里,名正言顺地请你卷铺盖,你还有啥可挣扎的乎?

但是即令如此危机四伏,校长大人也得跟教习“商官勾结”,大力推动他的恶补。盖恶补乃是大自然的趋势,属于上帝的旨意,谁都阻挡不住,连三作牌手提机关枪满街乱跑都阻挡不住。官儿更不在话下,便是换上一换,把反对最力的官儿——好比说换成了台湾省教育厅长吧,别瞧他对恶补深恶痛绝,一旦叫他去当国民小学堂的校长或教习,恐怕恶补得还要凶。

8. 弱不禁风

世界运动会自创办到上届东京的一场,中国始终丢人砸锅,有人大惑不解曰:“瘸子里挑将军,中国人难道就挑不出一个真棒的呀?”我想这不是量的问题,而是质的问题,在三千亿蚂蚁当中,随你怎么挑,恐怕都挑不出大象来也(敬告帽子铺掌柜的,这不过是比喻,非把中国人真当作蚂蚁,请勿手痒)。柏杨先生最不喜欢跟洋大人打交道,不要说打交道啦,就是站在一起,我都满心窝囊。盖他们一个个庞然大物,而我则弯腰驼背,一旦讲起话来,他是往下看,我不得不往上看,一幅“仰承颜色”的图画,使人汗水如浆。吾友孙希中先生,巧小玲珑,爱国心切,外交界老资格矣,他就不希望外放,问他为啥,他曰:“我这么小的身材,周旋于巨木森林之间,真怕丢中国的人。”不过听说他终于外放矣,不知道现在心里是啥滋味也。

其实身材小没有关系,据说身材小的人往往心胸万夫,拿破仑先生就是身材小,却东打西打,打得邻国叫苦连天。不过身材小如果再加上元气不足,就可怜兮兮矣。柏杨先生每和洋大人在一起,常常下意识地瞧他们的胳臂,一瞧他们那隆起而坚硬的肌肉,我就心跳;立刻把荷包里装的一块钱拿到手里,以便他心术不正,见财起意,动手要抢的话,我就双手先行奉上。呜呼,面对着人猿泰山,不要说抵抗啦,就是粗手粗脚,都会把我老人家的肋骨碰断。

我有一位朋友,在满洲国做过站长,他告诉我一则故事说,日本这个国家是移民大王,到处乱移。只有碰到中国,算是无计可施。日本曾经详细调查过台湾,发现中国人满坑满谷,把凡是能利用的土地,统统都利用啦。再向满洲国调查,也只有“北大荒”——也就是黑龙江松花江三角洲,还可以插足,于是一个有计划的移民开始。吾友曰:“我常在车站看见一批一批日本移民,身材真是矮,可是一个个满面红光,腰杆如铁,身材如棍,中国旅客在他们身旁晃来晃去,弱不禁风模样,真好像是一种天生的要被人征服的民族。”

吾友的话丝毫没有夸张。君留意到中国的篮球足球跟洋大人比赛的场面乎,比赛结果,铁定中国输,盖身体不行,跑不动啦,再跑肠子都跑断啦。而为啥身体不行乎?在骨骼的构造上,黄种人比白种人先天就小,再加上中国同胞后天虚脱,怎能不望风披靡哉。中国和日本一旦有点别扭，我们就破口大骂他们是“矮奴”，其实我们固不配骂也，真正该开骂的是西洋大人，而挨骂的倒应是我们自己。柏杨先生这一生从不跟洋大人吵架，就怕他在我身上找毛病。大人如此，孩子亦然，中国孩子和洋孩子站在一起的镜头，你看见过乎？不知有何感想也。

中国孩子和洋孩子在一起玩，最触目惊心的是我们的孩子神色呆滞，面目焦黄，脖子细长，四肢活像四根麻秆，使人担心随时会折成两截。而人家的孩子，不管男孩子女孩子，一个个两颊红润，大眼睛溜溜发光，活泼得像一只小老虎，左也蹦焉，右也跳焉，对世界无畏无惧。所以我深害怕洋孩子偶一失慎，一个劈空掌真能把我们的孩子的手臂劈断。不要说跑到外国看啦，跑到外国去看，举目所及，全是洋娃娃，不容易比较。柏杨先生在九一八事变前，曾在奉天做过一任差事，奉天乃华洋杂处之地，冬天气寒，室外常在二十度以下，中国孩子上学时，一个个皮帽子，皮袄子，皮裤子，皮袖笼，长筒毡靴，而仍缩肩弯背。日本孩子和白俄孩子上学，皮帽子虽皮帽子，却不放下来掩住耳朵；皮裤子虽皮裤子，却只短到膝盖；下登皮靴，肩背冰鞋，像一群野生小牛，在人缝中奔跑乱钻。

东北籍孩子的身体是全中国孩子中最棒的，已经如此；台湾气候乃瘟生气候，体质已很难比得上，再加上后天的恶补摧残，真是更如小僵尸矣。不要说孩子啦，抬起尊眼瞧瞧大学堂的学生吧，有几个虎背熊腰的乎？有一天一位在大学堂当教习的朋友请我小聚，小聚之后，在其校园散步，他提醒我注意女孩子的腿。柏杨先生人虽衰老，心却年轻，最喜欢欣赏女孩子的腿啦，他曰：“看饱了吧？”我曰：“一辈子都看不饱。”他曰：“有何感想？”我曰：“美不可言。”他叹曰：“这不是美不美问题，而是瘦不瘦问题。”呜呼，真是瘦不瘦问题也。孩子们从小学堂就被压榨，心灵上虚伪，生理上萎缩，一直到老，都发育不全。而他们一旦结了婚，他们的孩子在先天上就更脆更弱，生下后再如法恶补一番，三代五代下来，中华民族真要成为世界上最短小的矮奴矣。林则徐先生曰：“鸦片不禁绝，十年之后，不但无可用之兵，且无可用之民。”嗟夫，恶补不停止，百年之后，不但无可用之兵，也无可用之民。届时台湾布满了衰弱瘦小，两眼无神的蠕蠕动物，哀哉。

一个在教育衙门当官儿的朋友，本人不便降贵纡尊，而叫他的秘书老爷打一个电话给我，说我“危言耸听，过甚其词”。我想天下只有四种人会说我在“危言耸听，过甚其词”，第一种是高级华人，有子女在国外，像柏杨先生，孙女儿还小，再等两年，我就送她去美国找她父亲姑姑，入了美国之籍。第二种是高级官崽，把孩子送到美国学校。第三种是没儿没女的。第四种则就是叫秘书老爷打电话麻木不仁的官儿矣。不过四种虽分四种，其特征却是一也，那就是不明情况，漠不关心。

9. 耶稣先生摆卦摊

今天报载，台北市有四位国民小学堂教习和一位国民小学堂校长，因恶性补习，被记了一过。站在政府立场，只好如此。官儿抓到倒霉分子，不能不办，也不能大办。前不已言之乎，不要说记过矣，纵是执行枪决，都没有用。君主时代，对叛逆的处罚可以说鲜血淋淋，灭九族，灭十族，一场官司下来，伏尸千具，可是照样吓不住谋反的朋友。无他，利之所在，只要值得，再大再重的赌注都有人敢往上押。事实上现在的恶补已转入地下，站在讲堂上明目张胆的呆头鹅不多矣。不要说官儿啦，就是做爸爸做妈妈的都不知道孩子在哪里补习。

呜呼，某一人家的客厅中焉，孩子们弯着发育不全的小腰，正在猛写，只听笃笃笃笃，有人敲门，一声吆喝，书都收到预定的地方，每人手中立刻塞了一个玩具，然后教习开门一瞧，原来是老张，大怒曰：“你怎么不按照约定的暗号敲？”老张歉然曰：“忘记啦，真对不起。”

教习曰:“我的心脏不好,你再来几次忘记啦,我只有住医院。”然后扭头吩咐瞪着大眼的孩子:“快做快做。”噫,吁,嘻,危乎,密哉!恶补好像开赌场(还有一种更不堪的比喻,但却更为恰当,恶补岂不像凑合一批人关起门看春宫电影乎),不过开赌场演电影是怕三作牌抓,而恶补是怕督学之类的官儿抓耳。如果真的凡恶补的一律格杀勿论,恐怕不但锁门矣,简直还要武装戒备矣。

有些恶补的教习已经盖了高楼大厦,我有一个学生,有一天指着一幢高级公寓曰:“那是我姐姐的,五年前她还穷叮当哩。”我曰:“她一定做股票捞了一笔。”当然非也,股票还有赔的时候,而恶补好像耶稣先生摆卦摊,十拿十稳。无怪有些教习老命都拼上,从前不过五六年级才恶补,现在三年级都开始啦(三年级的孩子才八岁,更惨无人道),凡是不参加恶补的学生,教习都另眼看待——上课倒是按照课表上的,但懂不懂在你。遇到没屁眼的朋友,上课时一味信口开河,而且像从前武术师傅教徒弟一样,啥都教给你啦,却留着最重要的一手不教。

有一则童话上说,太古时代,老虎身体太笨,转动不灵,眼看要活活饿死,就去拜猫先生为师,请它教两下子。猫先生就教它啦,怎么跳高,怎么奔跑,怎么捕捉其他小动物。等到毕业之后,老虎一想,该教习没啥了不起,把它吃了算啦。于是,照着教习就是一扑,说时迟,那时快,猫先生只一闪就上了树,老虎生气曰:“老师老师,你怎么不教我上树呀?”猫先生曰:“老弟,幸亏我留一手,否则惨矣。”有些学堂教习,就是留着上树的一手,他当然不是怕学生把他吃掉,而是那一手除非你缴了恶补费,在另外一个场合他才教。否则孩子就是国民小学堂毕了业,也弄不清啥叫繁分数,不要说考初中啦,在菜摊上卖菜都不够资格。

报上有一篇文章,谈的也是恶补,他说称之“恶补”不对,只不过是过度补习罢啦,他的治本之法是:延长义务教育。我想“过度”未免是打马虎眼,故意减轻问题的严重性。一个孩子晚饭后做功课要做到十二点或一两点钟,如果只称之为“过度”,则补到九点十点,该叫它啥?把天真活泼的孩子一个个补成小僵尸,而只称之为“过度”,大概补到棺材里才能称之为“恶性”矣。现在这种情形,恶性两字尚不能尽其实,前已言之,事实上简直是谋杀,慢性的谋杀,不流血的谋杀,恶毒万状、斩草除根的谋杀,呜呼!

该文章治本之法是“延长义务教育”,我看延长义务教育恐怕仍是治标的办法,距治本还差十万八千里哩。君如果不信老人之言,现在不是马上就延长了乎,我跟你赌一块钱,你瞪大尊眼瞧着可也。义务教育如果延长到九年,只不过断了若干国民小学堂教习的财路,那就是说,义务教育延长啦,国民小学堂的恶补可能消失,但初中的恶补势必继续存在,盖孩子还要升高中也。义务教育如果延长到十二年,初中的恶补可能消失,但高中的恶补也势必继续存在,盖孩子还要升大学堂也。义务教育如果延长到十六年,高中的恶补可能消失,但大学堂的恶补同样也势必继续存在,盖孩子还要读研究所,要出国也。即令义务教育延长到二十年,从小学堂一直义务到他得到打狗脱——这当然不可能,不过假定它可能吧,恶补也根绝不了,大家为了进入志愿的学堂,恶补仍会存在。

常有些人摇头曰:“怪啦怪啦,我们小时候从没有听说过啥叫恶补。”这和另一些人摇头一样:“我们从前出洋留学,也从没有听说过谁不肯回国的。”时代在变,如果我们没有新观念来接受逼面而来的现实,仍用古老的想法去想,恐怕一辈子都难想得通。其实岂止我们小时候没有这种花样,就是十年前也没有这种花样,现在如果只轻描淡写地说它只是“过度”,则将来不仅孩子变成小僵尸而已,终有一天国亡家破,死无葬身之地,还不知道为了啥哩。

夏禹帝姒文命先生治水的故事,可作我们的参考。他爹治水,只知道“堵”,堵的结果,天天忙得要命,而问题天天发生。记过啦、撤职啦,呼天抢地,似乎煞有介事,不过只在“堵”而已。呜呼,堵如果能成功,老太爷的头砍不下来矣。姒文命先生的办法是“浚”,就是一种崭新的观念,先瞧瞧它的源头,学院派谓之“正本清源”者也,先在源头上下功夫,然后才有希望把教育纳入正轨。

（柏老按：延长义务教育不能消灭恶补，我老人家在六十年代，就以铁嘴身分预言之矣，当时没人相信，而今八十年代，果然恶补得更为厉害，嗟夫。）

10. 谁都阻挡不住

恶补是一种苛政，柳宗元先生认为：凡是苛政，都猛于虎。其实何止猛于虎而已，同时也毒如蛇。不过别的苛政，大家一致反对，只恶补这玩意儿，大家虽在表面上一致反对，私底下却喜之不暇。把活活泼泼的孩子蹂躏成小僵尸，该是多么惨酷的事，可是父母却甘心情愿，教习也甘心情愿，即令父母教习不甘心情愿，孩子们自己到了五六年级，已经懂事啦，一瞧前途茫茫，他自己也甘心情愿。正因为"都督打黄盖，愿打愿挨"，所以谁也禁止不住。政府官儿虽然努力在禁，但他们一面禁，一面却又努力制造非恶补便不行的情况，好像一个人一面嚷嚷烤死人啦，一面却往火堆里添柴，它怎么能不烤死人乎哉？

显然的这不单纯是政治问题，更不单纯是教育问题，而是社会问题，也就是需要问题。柏杨先生最近晕晕陶陶，想开一个"飞腿补习班"，专门教孩子们打各式各样飞腿，请问阁下，有人来乎哉？不要说柏杨先生，就是恶补大王补习打飞腿，都没人上钩。为啥没人上钩乎？学会了打飞腿，没有用也。不过一旦初中入学考试有一门功课是打飞腿的，把顽童们排到院子里，看谁的飞腿打得多，打得高，打得花样百出，谁就金榜题名，那时候你看柏杨先生门庭若市吧。不要说顽童啦，如果出国考试也考打飞腿，则妙龄女郎焉，半老徐娘焉，年轻小伙焉，恐怕都得拜我为师，届时我一小时收一百元，发了大财，第一件事就是天天吃一个荷包蛋（听说荷包蛋奇补）。

有需要才有供应，正人君子可能说该需要是不正当的，不过他如果有孩子读国民小学堂的话，他就知道这种需要正当得要命。即令是不正当的，但正当不正当是一回事，需要不需要又是一回事也。于是乎顺调大王大怒曰："照你说来，我们对恶补没有办法啦。"呜呼，当然没有办法，越大怒越没办法。别瞧官儿拍桌子打板凳，认为靠着他那一点权力就可以消除恶补。他要能消除恶补，我输你一块钱。

这种畸形现象来自于强烈的竞争，苏秦先生把头发挂到梁上，用锥子扎自己的屁股，就是一个典型例子。他为啥如此，因他被其他的游说之士挤垮，要想战胜别的竞争者，唯一的办法只有如此；恶补的结果不辜负他，他最后终于佩上六国相印，连迎接他的嫂嫂，都趴到地下吻他的脚。他阁下如果一垮到底，顶多待在家里抱娃儿而已。孩子们国民小学堂毕业后，如果不能升初中，他将有什么遭遇哉？做事吧，学识太低；做工吧，年龄太小；只好在街上闲荡，断送一生，用他一生的前途和恶补比较起来，当然是非恶补不可。有几个做父母的，不下恶补的狠心耶。

延长义务教育和记过撤职，都不能解决恶补。明王朝末代皇帝朱由检先生，英明过度，对凡是失地失城的官儿，一律"逮京处斩"，虽然如此穷凶极恶，失地的照样失地，失城的也照样失城，盖非愿意也，是木法度也。记过撤职亦然，昨天晚上，我去台湾省"教育厅"一个官儿府上借钱，看见一幕奇景，原来他的自用汽车开到马路上吹风，而在汽车间里，摆上长桌，有六七个孩子，正埋头做功课；教习一人，双手后背，优哉游哉，来回巡视。盖该官儿怕他孩子单独补习寂寞，所以招揽了一大群，共同奋斗。我眼前立刻浮起他对记者谈话时，要誓死根绝恶补的嘴脸，本来想问问他有啥感想的，可是问了又怕借不到钱，也就没问，不过心里却一直忍不住痒痒的焉。

恶补是一个阻挡不住的潮流，这种新的形势，不是硬化了的脑筋所能了解的，我们目前方法，仍是用防空壕对抗核子弹头的方法，挖再多的防空壕，一个个累得气喘如牛，仍没啥用。呜呼，这是一种剧烈的竞争，而竞争之所以剧烈，来自人口不断而英勇地增加。有人统计说,台湾人口一年增加一个高雄市,大家听啦,魂飞天外。其实恐怕还要严重,依马尔萨斯先生人口律,人口是按几何级数增加的,那就是说,前年增加了一个高雄市,今年增加的则不再是一个高雄市,而是两个高雄市矣。明年增加的不再是两个高雄市,而是四个高雄市矣。后年增加的同样也不再是四个高雄市,而是八个高雄市矣。盖新增加的高雄市逐渐成长,他本身也要生孩子,也要增加高雄市也。

现在国民小学堂多半实行两部制,上午制的学生上午上学,下午制的学生下午上学。柏杨先生有一次去彰化避寿,亲眼看见下午制的孩子,蹲在一棵大树下,阳光如箭,射到他们头上,昏昏沉沉,教习有气无力,其声如蚊,不禁唏嘘久之。不过这是两年前的事啦,经过两年的时光,我不但不再唏嘘啦,反而为他们庆幸不止,总算有棵大树可遮一下的。再过两年,连大树都分配不到,恐怕只能蹲到稻田里上课哩。

国民小学堂实行两部制,当然是因为教室不够,看起施政报告,每县市的教育经费差不多占全县总预算的六十、七十、八十,就有人猛嚷超过宪法啦,其实把全县的全部收入都用到教育上都不够,假如每年顶多不过盖五百幢教室,而出生的孩子却一千幢都装不下,在稻田里上课还算吉星高照,这样下去,终有一天一个孩子发给一个救生圈,泡到海水里上课也。

11. 节育!节育!节育!

发生恶补的原因是:人口日夜不断地滔滔增加。那就是说,同胞们都在勇不可当地猛生,而越是比较贫苦的家庭,小孩越是奇多。有些人说,这跟缺少娱乐节目有关。有钱人家,夫妻们跳跳舞啦、打打牌啦、看看电影电视啦、听听音乐啦、串串门传传闲话啦、烫烫头发做做衣服啦，赏心乐事多得很。而穷苦朋友则只有颠鸾倒凤一条路。我想这话当然也对，不过应该再加上一点，经济稍微宽裕的朋友，往往都有节育的认识，也有避孕的方法。而穷苦朋友，大多数都不知道生小孩还可以用人工控制。于是乎，顽童纷纷问世，把学堂挤得眼看就要爆炸，恶补自然应运而生。

罗素先生认为世界的灾难来自大家猛生，他在《科学与社会》大著上，有一段严厉警告，曰："如果不及时抑制人口的增加，将会发生什么不可避免的结果乎哉？目前繁荣的国家，必将降低一般生活水平。生活水平降低之后，接踵而来的是工业产品需要的急剧减低，底特律只有停造小汽车而造大卡车矣。甚至，像书籍、钢琴、手表等，都将变成少数特权阶级的奢侈品，最后乃是普遍的艰难穷困。而马尔萨斯的人口律适用于天下，全世界在技术上是联合在一起的。全世界丰收时，人口就增加。歉收时，则因人们纷纷饿死而减少。现在的城市与工业中心大部分都变成无关重要的弃物，那里的居民如果还能活着，将备尝中世纪农夫所遭受的艰苦辛酸，世界将会获得一个新的安定，但付出的代价是牺牲一切赋予人生价值的任何东西。"

人口不断增加的远景是人类普遍贫困——本来还有破席子可睡的，届时只好睡门板。本来生活过得很好的，也被别人生的孩子拉下马来。罗素先生的预言，在今天台湾，已开始应验，学堂已经变成奢侈品矣，不经过可怖的恶性补习，便读不到也。

根绝恶补的唯一方法，只有节育，使建筑教室的速度跟生孩子的速度相配合；使兴学的数量跟升学的数量相差无几。台北市今年初中联考，如果招生总数一万人，而应考的顽童不过一万零三四百人，恐怕就是教习倒找学生一块钱，也恶补不起来。相反，今年初中联考招生总数一万人，而考生却像曹操先生下江南的大军一样，浩浩荡荡八十万，八十个孩子只有一个孩子有机会考取。请问阁下，如果你是家长，或你是学生，你恶补耶？不恶补耶？

节育是一个崭新的观念，中国立国五千年，就是靠的人多，忽然间有人喊曰:“人多不行啦,应该节育啦。”除了吓一跳外,还一下子失去重心,站也站不稳,坐也坐不住,而且疑心生暗鬼,总以为有人要暗下毒手。好像清王朝末年,忽然间把科举取消,改成了洋学堂一样,简直全国哗然;一方面固然敲碎了很多人吃饭的家伙,一方面也是对洋学堂陌生。而人类有一个通病,对于陌生的,多半是恐惧的也。

农业社会,劳力就是资本,没有那么多人,就种不了那么多田。春秋战国时的齐国,本来是姜子牙先生后代当国王的。到了后来,出了一位姓田的,把姓姜的一脚踢下宝座,由他坐了上去。可是姓田的人数太少,似乎不太安全,他阁下乃生出一个妙法,那就是娶妻如云,然后侧门大开,以广招徕,不管该野男人是谁,反正生了男孩,他都姓田。这就是“人多势众”的精义,五千年来,深入人心。

所以说有些人忽然间听说提倡节育啦,直觉的就会不是滋味,因为不是滋味,坐在椅子上精神恍惚,自然觉得非努力反对,不足以心安理得。呜呼,任何一个进步的观念和进步的措施,铁定地会受到顽强而夹缠的反对。废掉科举,有人反对。不准女人缠脚,有人反对。剪掉辫子,有人反对。改用阳历,有人反对。用白话文,有人反对。用标点符号,有人反对。(有一位反对标点符号的朋友,当过嘉义中学堂校长,现在在“教育厅”当官,他说,标点符号好像一脸麻子,难看得要死。)于是,谈到节育,不用打听,也一定有人反对。

我想,反对社会进步的一些言论,都具有一个共同特征,那就是:只诉诸直觉的感情,只诉诸非专家的权威,满篇累牍,除了恐吓,就是煽动,全盘论据好像一篇向治安机关打的小报告,而不像一篇学术上辩难的理论。

12. 一个实例

柏杨先生右臂风湿，害了数年，去年（1964）一度发得很是厉害，读者先生也有介绍药方的，后来还是贴膏药暂时止住，但固未根除也。而自去岁腊月，又害肚胀。肚胀在小伙子身上，不过小病，用手揉揉，放两个响屁，也就豁然而愈，不过该被胀之肚如果属于老头，而又一连四月不消，腹大如鼓，下垂如石，恐怕是有点玄妙。二月间便去台湾疗养院检查，迄今为止，好像有癌的现象，哀哉。我哀哉当然是怕死，其实即令不怕死也照样哀哉，盖生殖率增高，死亡率降低，正是促使人口问题日益严重的因素之一，如果各位同胞不到二十岁就一律伸腿啦，则何至劳动立法委员乱撒绊马索乎？

我是没有“公保”的（“公保”真是政府的无量功德，成为一种安定社会的强大力量，不知道是哪一位官员当初有此构想，并努力推广的，大家真应为他立长生牌位），所以每次看病，心里都七跳八跳，怕洋医生开药开得太贵。有一天早上，看病的人很多，走廊上一片愁云，对面坐着一位中年妇人，看她年纪，大约三十，却脸黄肌瘦，蓬头垢面，我穿着棉袄还抵挡不住过道上的凉风，而她只不过一件单衣，下面赤着双脚，索索发抖，怀中抱着一个干柴般的孩子。孩子干柴的身上长满了红斑，她一面哭泣，一面向过往的护士小姐哀告曰：“我没有钱给孩子看病怎么办？我没有钱给孩子看病怎么办？”大家一齐看着她，默默无语，大概不知道应如何插嘴才好。柏杨先生听她河南省口音，忍不住问她怎么回事。呜呼，她的丈夫在大同中学堂当工友，一月只三百元，而她却有八个孩子，第八个孩子生的时候动了手术——连生产费都是疗养院副院长特准免收的。而如今那位好心肠的副院长走啦，她的肠子竟和输卵管黏在一起，发炎不止。医生要她开刀,不开刀只有死,但开刀要两千元,她哪有两千元哉?偏偏最小的孩子身上又长出可怕的斑点,每次看病,她都一路哭来,再一路哭去,盼望能像做梦一样再遇到那位副院长,所以已陷于歇斯底里状态,半疯半傻,眼前一片苍茫,只有绝望、痛苦,没有前途,没有远景。

我老人家当时记下她的住址,想去她家看看,可是因尊肚胀痛不止,没有去成,就把此事告诉记者朋友张震先生,他第二天便按址前往,回来后写了一篇专访,刊于1965年3月28日《自立晚报》,我想读者先生都看到了矣,为了也许有人没看到,原文抄录于后——

多子非为福,生活逼坏人。结缡十载,八子临门,食指浩繁,不堪其苦。

(本报专访)在大同中学操场的一角,有一座用竹子扎成矮矮的房子,里面蜷曲着一位三十四岁的河南籍妇人,一位四十七岁的山东汉子,和五个十岁以下的孩子——那是由爸爸、妈妈、儿女们组成的一大家人家。然而,这个家庭,却因为吃饭的人多,赚钱的人少,生活失去了均衡,整天笼罩在一团穷困的烟雾中,一天、一月、一年,夜以继日地在跟贫困和疾病搏斗,一直悲苦地挣扎残喘在饥饿的领域里。不过,他们却渴望着有一天,能够爬出那种坎坷的漩涡!

这个喘息在逆境中的家,男主人叫李桂林,在大同中学当校役,每月薪金三百一十元新台币,另外还有五十四斤大米;女主人名胡乃英,在家里长病,和生孩子。说她长病,一点不过分,因为十年以来,没有一天,她不在病魔的缠绕下活着;说她生孩子,那她可真会生呢!平均不足一年零四个月,便生下一个,称得上是一位多产的妈妈。且看她的生产纪录——

1954年,生下了长女玉凤。

1956年,生下了长子玉山。

1958年,生下了次女玉华。

1959年,生下了三女玉琴。

1961年,生下了次子玉水。

1962年,生下了四女玉莲。

1963年,生下了三子玉海。

1964年,生下了五女玉×。

说也奇怪,这些小宝贝,一个长得比一个乖;看起来聪慧、伶俐、活泼,美丽得像一群从天国里来的小天使。然而他们却由于爸妈的穷困,因而享受不到家庭的甜美和爸妈的慈爱。像三女玉琴,次子玉水,以及还没有取名便被人抱走了的五女,均先后为了家庭的贫困,送给别人,使那三个小宝宝,在懵懵懂懂的时候,便饱尝着失去亲情的痛苦了。

那三个无辜的孩子,和这个被穷困所威胁的家庭,便是由于中国"多子,多孙,多福寿"的观念,造成的惨淡局面。

"多子多孙"的观念,也许在某一时代的农业社会中是适合的,但在台湾,这样人口密集的地区,又是在一个半工业化的社会里,一个经济薄弱的小家庭,如漫无止境地添人进口,确是生活上的一大威胁!

"你们怎么不节育呢?"记者问。

"……"那对被生孩子、养孩子和教育孩子磨折得枯萎干枯的夫妇,茫然不知所对。

然而,他们终于从痛苦中摸索到解脱的办法了。女主人胡乃英微喟着说:"在我们生最后一个孩子时,请医生给'扎'了。"(扎住输卵管)"可是,"这位多产的妈妈又解释说,"虽然我们不会再有孩子了,但目前我们五个孩子,还是没法过活呀!"

她的丈夫李桂林也有气无力地说:"我每月领的五十四斤大米,根本填不满一家七口的肚皮;为了怕孩子们饿肚子,在冬天大家胃口好的时候,要每月添四十斤,夏天大家胃口较差,也需要补充三十斤才能活下去!"

这位被生活鞭子捶打得一脸茫然之情的爸爸,沉痛地回味着说,过去二十多年的黄金岁月,都贡献给社会国家了,民国四十九年(1960)因病转业后,因自己目不识丁,在社会上找不到一份足以养家糊口的工作,最后把他们一个女儿卖给人收养时,对方曾给了他们三千块钱，于是他们先买了一个面摊子，晚上在通化街口卖面点。做了不久，却被流氓用刀子杀伤了他的太太，那个用自己骨肉换来的面摊子，也被砸了个稀烂。另外，他们还加添了一点钱，买了一部流动三轮车，但哪晓得踏了不到两个月，关节炎症复发，无法再继续了。

这对不幸的夫妇，际遇坎坷，用女儿换的面摊被流氓砸烂，而三轮车又歇业，那段生活，几陷入绝境。就是这个时候，幸而在大同中学谋到了每月三百一十元和五十四斤大米的这份工作，否则，那可真的要被饿死了。

专访最后曰：

目前，他们一家七口所赖以栖身的，那幢用竹子扎成的小巴巴房子，还是台湾疗养院一位好心的吴太太，和一两位好朋友分别送钱、送竹子，帮他们撑起来的，要不，他们一家老小七口，可能连略避风雨的窠都没有呢。

“我们太感谢那些帮忙我们的好心人了，”胡乃英用激动的口吻说，“我们一家大小能够活到今天，全是他们的给予。”

由于他们生活困窘，长期营养失调，他们的大女儿玉凤患着贫血病，三子玉海因为食物不洁，脸上、四肢，起了密密麻麻的红点子，据医生们说，那是食物中毒，但因为没有钱诊治，竟一任它蔓延……

然而，胡乃英这位多产的妈妈呢，也患了大肠和输卵管连结在一起的毛病，但她为了养活五个孩子，却渴望能得到一份端茶、扫地的工友工作。

她啜泣着：“如果有人帮我找一份工友职业，我的五个孩子便可以养活了；因为，再穷——我们也决不会再送给人家了，将来我们老了，要靠孩子们养活我们两口子呢！”

然而，世态炎凉的今天，谁肯为这位多产的妈妈，年仅三十四岁的小妇人一伸温情的援手呢？是的，在台北市长春路一六七号，那幢潮湿灰暗的小房子里，蜷曲着的五个孩子，和那对被儿女债磨折得褪却了生命色彩的夫妇，确是社会上慈善人士济助的对象。他们热切地渴望着,眼巴巴地期待着你伟大同情的手!

以上是报导全文,当初柏杨先生拜托记者老爷访之写之,内心有一窃窃盼望,愿该文刊出后会有软心肠朋友,为这对可怜的父母和可怜的孩子们,捐出一点钱,集腋成裘,只要能够凑两千元,就可以使做母亲的能够开刀,也可以使孩子们获得医治。可是刊出该文迄今,一再向报馆打听,似乎并没有什么反应,可能是读者老爷把这条消息忽略啦,也可能大家看到比这还要惨的事多矣,因而无动于衷。不过不管怎么吧,柏杨先生暨老妻柏杨夫人,谨在这里再向读者老爷哀告,援助她一点吧,千儿八百不算多,十元八元不算少,直接寄给她送给她也可(台北市长春路一六七号),或交由柏杨先生转也可;现款不方便,邮票也可;没有邮票,衣服也可;没有新衣服,旧衣服也可;没有旧衣服,孩子们看的图书和玩具也可;在你阁下看起来不足道的慈心,在她和孩子们都受恩无量。

胡乃英女士想找工作,我想她工作有问题,盖五个孩子——最小的刚会爬,放到家里,不发生惨剧者几希。所以还是请求读者老爷捐助,先让她迈过第一关再说。

13. 潘金莲再世

富有的朋友往往孩子们少,是教养、知识和智能使之然。不在于其娱乐节目多也。事实上有钱家伙荒淫的生活,简直不能想象。英国国防部大臣在游泳池畔,光着屁股追逐裸体娼妓,该镜头比起穷朋友在被窝里不安分,似乎更为严重。可是高阶层都有避孕的措施,问题就显得少了矣。美国大学堂女生们,皮包里很多都带着保险套或避孕药(柏杨先生在台湾疗养院看尊肚,顺手拿一本《灯塔》杂志,是一位美国牧师在上面这样写的,非情急乱造谣也,中国大学堂女学生是不是也有如此装备,不敢乱讲),这可说明一点,富人家的孩子少,不一定是因为他清心寡欲,一个个都是圣崽,而是因为他的花样繁多。呜呼,君有没有这么一种感觉,越是贫民区,孩子们也越多,其父母们对节育避孕的知识,差不多都愚昧如猪。提倡节育似乎不单纯地限于节育,而是一场向愚昧攻击的苦战。盖有识之徒一手执"圣言",一手执钢剪,在凉棚底下品着香茗,望着别人卖儿卖女,嫣然而笑,小民们想要脱离苦海,恐怕不太容易。

马尔萨斯先生的人口论,和新马尔萨斯学派的节育论,均是对全世界而发,不是专对中国而发。从前日本人占领东北,成立了满洲国,曾发明了一种学问,说日本人的体质最适宜吃稻米,满洲国臣民的体质,则最适宜吃高粱米——没有吃过高粱米的朋友有福矣,高粱米涩而散,难以下咽。但日本人既有如此科学发明,有啥办法哉。后来抗战胜利,满洲国臣民根据科学研究,也发明了一种学问,那就是满洲国臣民乃天生吃稻米的,而日本人的肚子却最适宜消化高粱米,于是俘虏营里的金枝玉叶,一天三餐都吃高粱米,有时候还配一点树叶之类的菜肴,真是天网恢恢,疏而不漏。

这种科学是假科学,不但是侵略的,侮辱的,而且也是他妈的。马尔萨斯先生和新马尔萨斯学派的人口论固非是专为中国而设,认为中国必须减少人口,洋大人却可拼命猛生。世界上越是文明的国家,生育率也越低;越是落后地区,生育率也越高;这只是愚昧问题,不是侵略问题也。美国是一个普遍节育的国家,难道是柏杨先生在打歪主意,洒毒汁,要他们断子绝孙哉?

有识之徒反对节育的另一个理由是:"影响反攻大陆(王梦云先生语)。"从前越王姒勾践先生,"十年生聚,十年教训",节育岂不是破坏生聚乎?姒勾践先生"生聚"的详细计划和实施情形,史书上囫囵吞枣,难以知其内容。但有一件事是可以肯定的,越王国生下的孩子,一定都受到适当的看顾,不但有衣有食,而且会使之长得结结实实,受到必须的教育。如果他们生下孩子,父母养活不起,八个中就得卖掉两个,剩下的又在死亡线上挣扎,那种"生聚",有啥意义?恐怕就是两千年生聚，一个个目不识丁，未老先衰，营养不良，排骨嶙峋，一步一喘息，三步一咳嗽，风一吹就感冒，太阳一晒就头昏，那能打胜仗欤？

马尔萨斯先生人口论是悲观的，认为人口增加不可避免，所以痛苦也不可避免，像胡乃英女士一连生了八个孩子，除了奄奄待毙一途，别无他法。自从曼彻斯特派经济学落伍之后，大家都以为马尔萨斯先生也落伍啦，他当然是落伍啦，但落伍的是他的悲观论，痛苦不可避免论，和多子多女父母天生倒霉论。新马尔萨斯学派则是乐观论者，认为痛苦可以避免，父母们有办法可以不倒霉。

人与猪是有分别的，猪父母生了孩子就是单纯的生啦，而人父母还有无穷的责任。有责任养之育之，使之温饱，使之免于饥饿残废，使之有高尚的品格，使之受到教育。如果没有力量做到这一点，而只一味猛生，任其自趋平衡，或靠着天主掉面包，便是猪的办法，不是人的办法也。

最后，我们介绍一段罗素先生的评论："反对节育的人们，假如懂得一点数学的话，就不得不承认他们是在主张人类永远需要不必要的死亡。在过去，大多数小孩出生后未长成即死去，现在较穷苦的地区仍有这种情形。牵连在这种早死中的一切浪费、悲伤和苦痛，都是不必要的。坚持这种学说的人们，对其因独断论而产生的一切痛苦，自不能不负责任。在制造人以外的任何东西时，谁也不会支持这种浪费的理论，假设制造面包的方法，在不知多少年间，使其所做的面包有一半不能吃。又假如有人发明了新方法，依新方法做出的面包，几乎全部都可以吃，而仍主张新方法是坏的，认为浪费也有好处，那能算是贤明吗？坏面包自然没有痛苦，但被浪费的儿童，却不得不在受苦多年后慢慢死去。凡目睹饿毙惨状（柏杨先生再加上一项："凡目睹卖儿卖女惨状"），而不觉应该设法防止者，他就未免心肠太硬了。假如他不是硬心肠时，他就不会发表那种残忍的言论。"

节育问题，讨论到今天为止，因为有识之徒都自以为爱国爱得要命，所以忍不住再介绍一段吾友潘金莲女士的话。《金瓶梅》上说，西门庆先生把她阁下娶进家门当第五房小老婆后,又和李桂姐在外面辟了第二战场,半个月不回家,潘女士就勾搭上了书童,被西门先生痛揍一顿。当天晚上,她就给西门庆先生上起来洋劲,“百般殷勤扶持,屈身忍辱,无所不至”,然后嗲曰:“我的哥哥,这一家谁是疼你的?都是露水夫妻,再醮货儿,惟有奴知你的心。常言道,家鸡再打团团转,野鸡不打满天飞,恐他家粉头淘坏了你的身子,院中唱的,一味爱钱,有甚情节,谁人疼你?”有识之徒洋洋洒洒提出质询,一副“谁人疼你”的爱国忧民嘴脸;而主张节育的朋友反而全成了淘坏了国家身子的粉头,真叫人鞠躬也不是,撅屁股也不是也。

14. 男人也是弱者

泛道德主义胡乱越位的结果,是产生酱缸的原因之一。吾友孔丘先生的“格物而后致知,致知而后修身,修身而后齐家,齐家而后天下平”。一连串有韵律的推论,听起来好像圣人在那里“数来宝”——数来宝也叫“莲花落”,台湾不常见者也。在柏杨先生家乡,逢年过节,二三地痞流氓叫花子之类的朋友,腋下夹着长筒皮鼓,一家挨一家,唱上几句讨赏,不赏他就出花样。如果是商号,他唱曰:“大掌柜,胖墩墩,坐着好像活龟孙。”急忙给他几文,他立刻就改口曰:“大掌柜,胖墩墩,坐着好像活财神。”如果是住户,他唱曰:“这么大门楼这么大院,你们家姑娘为啥不养汉?”付钱如仪,他就立刻改口曰:“这么大门楼这么大院,你们家姑娘真好看。”因为有此绝招,以致所向无敌,都满载而归。

我们当然不敢说圣人的经书都好像数来宝,但数来宝有一种经书也有的特质,那就是洋洋洒洒,滔滔不绝,而两件事物之间,固没有必然因果也。呜呼,修身是内省工夫,跟齐家有啥关系哉?即令家齐啦,家是一个血缘亲情的原始单位,跟治国简直十万八千里。国是要靠武力法律维持的也。即令国治啦,也看不出它有啥办法可以平天下的。这跟"大掌柜"和"活财神","大门楼"和"姑娘真好看"一样,都是一种发射性的推论,不是一种科学定律。所以产生这种推论的原因,是代数学泛道德在作怪。在代数上,甲等于乙,乙等于丙,则甲一定等于丙。可是人生价值恐怕不是这么简单,柏杨先生爱柏杨夫人,柏杨夫人爱柏杨孙女,则柏杨先生一定爱柏杨孙女,这当然没有错。可是一旦柏杨先生爱柏杨夫人,而柏杨夫人却老来俏,竟爱上门口那个他妈的小白脸,柏杨先生能也爱上那个小白脸乎?代数式的泛道德论之下,有一条曰:"求忠臣于孝子之门。"圣人意思是,他既然不忍负其亲,安忍负其君乎?恐怕不太见得,名列二十四孝的王祥先生,卧冰求鲤,真是第一等孝子,曹魏帝国把他弄去当三公,可是结果他却扭扭捏捏,叛魏投晋。这对那些主张"身修家齐"而后"国治天下平"的朋友,不啻重重一脚也。

台北《民族晚报》有一篇社论《人格与人权》,曾对李森先生的男女纠纷,表示意见曰:"这只是那位教员的个人情感生活,是否德行败坏到不足为人师表,是否构成羁押的重大犯罪条例,值得讨论。我们觉得主管教育行政方面指责不配为人师表的说法,轻易地毁败了一位受过国家专门师范教育培养的青年,未免有点严重。"

更严重的是,这是一种僵化的,两值的,泛道德的,莲花落式推论的,代数学式的演绎。看见别人手上割破了一条伤,就乐不可支,马上跳高喊那人已彻底完蛋啦的烂而臭的下流观念。

台北《征信新闻报》"今日春秋"专栏,有一文曰《始乱终弃型》,读者老爷谅已拜读了矣,该文曾深入地就李森先生折腾出来的问题,加以研究。有一种现象真奇怪,有识之徒脑壳里可能空间特别大,除了装其僵硬的尊脑之外,还剩下很多地方,储藏若干模子,遇到问题,不经过思考——其实思考也没有用,盖脑子僵硬如铁,消化不了也。以李森先生的三角关系为例,遇到这种纠纷,脑壳里马上就会轰然一声,幽灵一齐出动,七手八脚,把该件很复杂的事物,纳入其中一个简陋的模子里,一纳入之后,就酱在那里。而其嘴巴,同时也就像几个民营电台的“异口同声”节目一样,真的异口同声起来。可能表情上或有不同,有道貌岸然的焉,有不共戴天的焉,有一脸慈悲的焉,但其机械反应的本质固一也。

“今日春秋”把它叫作“始乱终弃型”,这是男的不要女的。如果女的不要男的,恐怕则是“水性杨花型”矣。多值的人生竟被如此抓住一根汗毛就往模子里塞,实在使人临模泣涕,不知所云。呜呼,即令该模子是古圣先贤,观察众生,提炼出来或铸出来的,但在新的社会形态下,该模子不但太古老啦,也太下流啦。男女间的关系,在基本上已发生变化。女人们逐渐脱离“弱者”的地位——“弱者”这名词是吾友莎士比亚先生发明的,他有一句话曰:“弱者,你的名字是女人。”爬格子朋友一遇到女人的眼泪,马上就顺手牵羊,牵出使用,以加强哲学气氛。问题是,女人在莎士比亚时代,确实是弱者,经济不能独立,使她们的智能和知识都无法跟臭男人较量。可是太古时候,女性固为社会中心;后来因农业发达,体力第一,才逐渐变成臭男人为社会中心;现在工业发达,脑筋第一,谁敢嘴硬说将来不再恢复到女性为社会中心乎?可能将来有一天发生在男性中心社会的怪现象,出现于女性中心社会。等到原子核子质子分子,以及其他混蛋之子逐一问世,军队变成无用,种田也靠电钮,斯时也,英雄气概,力大如牛的种种男性特长,不值个屁,女人的细密头脑控制着生产力。好啦,阁下瞧吧,第一个现象恐怕就是一妻多夫制,一个三围一般粗,使人无法起邪念的女国王、女总理、女部长之类,都豢养一大群听话驯顺的小白脸,而由女太监手提死光武器,严密看守。甚至于,臭男人全入牢笼,而女人们一部分专门传种接代,另一部分像工蚁工蜂一样,专门去搞政治经济,今天在阿拉斯加建一个水坝啦,明天在太平洋海底开一个金矿啦,而臭男人则被关在家里,天天排队打保克训,以练肌肉,而供女主人临幸。

写到这里,读者老爷中一定有些后生小子,心花怒放,噫,其实又何止后生小子心花怒放欤,就是道德学问都没啥可挑剔的柏杨先生,也都心花怒放，宁愿被太太小姐掳了去，随她怎么我都不在乎。不过这只是男人仍为社会中心的“占便宜”古老观念，一旦女人成为社会中心，在观念上是女人占了便宜，恐怕难免产生誓死抵抗的贞节烈夫节目。吾友林之洋先生到了女儿国，女国王一瞧他英俊漂亮，龙心大悦，就封他一宫，缠脚穿耳，把该小子整得杀猪一样乱叫；当天晚上，趁人不备，拉掉裹脚布，吐了一口气。好啦，第二天，女国王下了圣旨，来了几个孔武有力的胡子宫男，把他掀翻在地，在其可爱而雪白的屁股上，打了四十大板，打得他哎哟之声，连新加坡都听得见。呜呼，臭男人一旦落到这种地步，心花恐怕是怒放不起来也。

《镜花缘》只是一本小说，且不细表，现在再介绍一段学院派的报导——

一位未经发表姓名的人士在危险状态中，被送至此间的一所医院，据说他在赫洛克（Hurlock）附近树林中，遭受到三位女子的严重伤害。那个男子正在步行，当时汽车中女子提议顺便带他一程。他接受了，在坐了一段短路之后，这位男子说，那些女子把汽车停在一条偏僻的路上。在随后的一阵调情中……其中一位女子嫌他不够热情而发怒，争吵于是开始，两位女子按住他，另一女子用发针戳他，最后那群女子逃走，把他遗留在地上，束手待毙。

这篇报导刊载于1926年3月号《美国使者》上，《美国使者》是一个高水平的刊物。这件事如果被台北社会新闻记者发现，恐怕写出来要过瘾得多。不要说那个臭男人啦，任何男人有如此艳遇，都会跳上汽车，左拥右抱，然后高潮迭起；然后被乱戳得奄奄一息，比林之洋先生还要惨不忍睹。

我们所以介绍这件事，不是说已经到了女人强奸男人的时代啦。而是说，社会在变，现代女人不但不是百年千年前的女人，也不是二十年前的女人矣。从前臭男人追求如花似玉，要表示他的强壮，不但身体好，智慧也高，足以保护她而有余，一会吹牛说他一拳能打死一只老虎，一会吹牛说他一月有八万元进账，一会吹牛说他家有千亩良田，一会吹牛说他会七八国语文，一阵狗皮倒灶之后，女孩子眼中射出服帖的光芒，于是就嫁了他啦。可是逐渐地这一套不太灵光，小子们必须咳声叹气，蓬头垢面，跪到她跟前，说没有她的话，他就不能活；女孩子怜悯之心，油然而生，为了救他老命，只好一把拉起，下文就不用细表啦。

我们的结论只是一句话，将来女权高涨，是不是会回到女性中心社会，我们不知道。但知道一点的是，现代女人，已不是大门不出，二门不迈，目不识丁的小脚娘矣。至少都受过国民小学堂教育，比起百年前的臭男人，不知道要高明多少。而幸运的太太小姐，还初中毕业焉，还高中毕业焉，还大学毕业焉，还游过外洋，得过学士硕士博士院士，以及其他啥士焉，各人都有其独立的思考和判断，臭男人想骗之乱之，谈何容易乎哉？

15. 爱情有价

我们不是说女孩子因为受过教育和经济能够独立，便铁定地不会再受骗。呜呼，人生在世，谁都不能保证谁不受骗，连英国首相张伯伦先生都被希特勒先生骗得团团转。柏杨先生学问够大了吧，常在街上跟摆地摊的下象棋，连给孙女儿买泡泡糖的钱都输啦。但我们可以说，女孩子并不易受骗，恋爱这玩意儿离不开花言巧语，不但男的花言巧语，女的固也花言巧语；女的可能受骗，男的也同样可能受骗也。《自立晚报》有一篇社论：《从另一角度看施李婚变案》，李是李森先生，施是施显谋先生，施先生已有太太啦，却跟一位法国小姐生了孩子。社论上曰："一个健全的社会，在没有确认当事人的行为属于习惯性之前，绝不应轻易作判断。旧社会中，男女一经媒证成约，即终身不可更易的伦理标准，不应毫无保留地应用到现代社会上来。”

恋爱不但是花言巧语，也是两厢情愿；用时代术语来讲，那就是男女两方合作，一个人急得发疯，对方相应不理，恐怕恋爱不起来。爱情的破裂，原因复杂，绝不会件件都是臭男人“穷凶极恶”“人面兽心”“始乱终弃”“陈世美二世”。一面倒的干法，拼命用代数学去代，拼命往模子里浇，只能表示他是正人君子兼有识之徒，却不能解决问题也。

李森先生之三角恋爱，最使人感到抱歉的是，已经闹了个天翻地覆啦，而他们尊嘴里却从没有吐出一个“爱”字，李森先生表示他仍要跟王春瑗女士结婚，其理由是“我不能让她再蹈覆辙”，意思就是说她怀有身孕啦，我已害了一个，不能再害第二个啦，一副铁肩担道义的模样。看情形如果王春瑗女士没有身孕，他就也要把她一脚踢矣。他为啥不说他爱王春瑗，不爱刘美枝乎？第二个抱歉的是王春瑗女士，她也表示仍要嫁李森先生，因为她不愿“生下无父的孤儿”，好像如果她没有身孕，或生下的孩子可以找到父亲，也就拍拍屁股走啦，她为啥不也这么说：“我爱李森，即令全世界人类都要埋葬他，我仍爱他。”记得四川一首山歌，是女孩子唱的，词曰：“结识私情没要慌，捉住奸情奴承当，拼着当官双膝跪，咬钉嚼铁我偷郎。”王春瑗女士为啥连山凹里女孩子的勇气都没有？

刘美枝女士是“弱者”，又曾“自杀”过，现在更在可敬的嫂嫂领导之下，到处请愿。我们当然同情她，尤其是她确实为李森先生打过胎，一个女孩子碰到这种臭男人，总算倒了八辈子霉。不过问题似乎出在钱上，在服下恰恰不死的毒药，又适时地被救醒，正人君子兼有识之徒一齐怒吼之后，大家才晓得事情还有曲折，原来她的自杀似乎和爱无关，而早已化爱为钱矣。

年轻人常嚷嚷曰：“爱情是无价的。”谁要说有价谁就有被拔舌头的危险。英王爱德华八世为了爱上一个离过两次婚的女人，连国王宝座都踢啦，世界上最值钱最贵重的东西莫过于国王宝座矣，为了别人一致轻视的爱情，而竟踢了该宝座，则爱情岂是有价的乎哉？爱德华八世先生大名之能以永垂宇宙,也正在此。如果换了聪明之士,恐怕是“事业至上”“前途第一”矣。吾友吴起先生为了当官,把太太杀掉,这当然是顶尖的,不便论列。普通情形,其糟糕可能稍次一点,但也够你瞪眼的哩。以柏杨先生为例,我要是爱德华八世,噫,大丈夫只患功名不立,何患无妻,我就用糨糊把我的屁股黏到宝座上,不要说一个女人拉不下来,就是原子弹都轰不下来。二十世纪初叶时,我入巡阅使张勋先生之幕,当时徐州兵站站长某先生(不提名字为宜,老一辈的人大概都知道他也),其女公子刚从英吉利留学回来,每天在校场策马徐步,望之艳如天人。不知道怎么搞的,大概柏杨先生英俊过度,竟被他看上啦。就托人来讲,只要我跟柏杨夫人离婚,而跟他女儿结婚,他就保我当铜山县知事。一听之下,头就嗡嗡乱叫,恨不得当时就爬到地下打个滚叫他看看。回到家里,把老妻请出后堂,左看右看,实在恶心,正打算装腔作势,把她赶出大门,偏偏张勋先生在北京吃了败仗,树倒猢狲散,站长父女,下落不明,我的县知事也没当成,因而老妻也免被逐之祸,然而险矣。

吾友之女,绝世美人也,跟一个聪明之士恋起爱来,爱得山崩地裂,老太爷瞧着不太顺眼,就托人跟他讲价钱,只要他不再和他女儿来往,老太爷就一次付他多少万(确实数目,偶忘之矣)。聪明之士一听,爱情算老几,钱才是真的,于是祭出“我不能把快乐建筑在你父母的痛苦上”法宝。巨款到手之后,信用本位,果然不再来往,不过他阁下却买了一辆电驴子,酒女小姐坐在电驴子屁股上,玉手紧抱其腰,粉脸紧贴其背,聪明之士骑在上面,腰杆笔直,在大街上猛兜其风,路人啧啧,好不快活。

我想老太爷真是运气不好,多少万元打发了一个,接着第二个,一位诗人上了门,上门追的不是该姐,而是该妹,老太爷以为这简单得很,再花上多少万,照样可以打发。谁知道诗人比前述的那位聪明之士差劲,不要说多少万新台币,就是多少万美金都不行,盖他是在恋爱,不是在做买卖也。

16. 因人而异

爱情到底是有价的乎，抑无价的乎？没有定论，而是因人而异。有些人认为爱情至神至圣，千金不换。有些人认为爱情算啥，跟其他货物一样，照样可以买一火车。连爱情有价论者之中，爱情到底值多少钱，也同样没有公认行情，也同样的因人而异。像吴起先生，爱情不如一个"将"；像柏杨先生，爱情不如一个"官"；像那位诗人朋友断了线的连襟，爱情不如一辆电驴子。还有些赌徒朋友，赌得急啦，把如花似玉的娇妻都押到牌桌上，爱情价值就更可用筹码计算出来矣。

刘美枝女士对李森先生的爱情起初当然是无价的，但后来在贤明的嫂嫂帮助之下，她的那份爱情就有价啦，价钱是三万元。报上说，当王春瑗女士跟她谈及要她让出李森先生时，她泪流满面，痛苦应允，这是一种崇高的气质，也就是我们所歌颂的"爱是牺牲"的情操——我说这些，不是说她肯自我牺牲就对，不肯自我牺牲就不对。她如果强烈表示不肯出让，固也是对的也，她爱他既爱得真像她和她嫂嫂说的那么深，兼那么紧，她就不应该应允。换了柏杨先生，我宁可家破人亡，宁可冒天下人的拳头，我都不会放弃，拼着老命也要周旋到底，为她而死，为她而亡。呜呼，"人生自古谁无死，留取痴情照汗青"。

不过问题是，既然已经宽宏大量放弃了矣，就应该一直保持这种高贵的度量，我想刘美枝女士是有这种自我牺牲决心的，可是嫂嫂大人比较有学问，她就只好反过来要李森先生拿三万元。拿三万元我不反对，不要说三万元我不反对，三千万元我都不反对，盖这已不是爱情问题，一旦到了这种地步，爱情有了价格，可以出卖，便只是看货出价问题矣。

于是,刘美枝女士适时而适度地自杀之后,不再是爱情的纠纷,而是债务的纠纷啦。李森先生如果早付了三万元,她还自杀不自杀哉?就是现在吧,李森先生弄了三万元,限时专送,送到刘府,她还到处请愿不请愿哉?有些人疑心她自杀的目的不是争取爱情,只是在索取那三万银子。这种疑心未免有点以小人之心,度君子之肚,但事实又真的有点像,怎能不叫人泄气乎。

那位聪明的嫂嫂对记者们说,当初提那三万元,明知道李森先生拿不出来,只是为了叫他知难而退,转回来再爱她妹妹。这话有没有道理是另一回事,但刘美枝女士已坚决表示不要嫁那个人面兽心啦,则李森先生想转回来再爱她也不行啦,剩下来只有一条路摆到面前,那就是,除了乖乖拿出三万元,别无他法。噫,三万元的魔力大矣,有此三万元,刘美枝女士不致自杀,李森先生不致变成"始乱终弃""人面兽心";没有这三万元,他遂逃不掉"喜新厌旧""一意孤行""不堪为人师表"。

三角纠纷的症结只不过在三万元上,如此而已,泛道德论和代数学专家急吼吼而吼吼急,恐怕是有点表错了情。

前天接到一位署名阙先生的来信,指教了几项,其中最重要的是,他认为柏杨先生所提的读者来信,原来都是假的,文曰:"常看到你佬把读者的来信照刊登来,我们知道不一定有这么一个读者,亦未必给你佬去过信,反正你佬用这个方式,亦是一种表达的办法,也就无可厚非啦。"不称"老"而称"佬",视道貌岸然如大傍子,已够不敬矣;再以君子之心,度小人之肚,说读者来信仿佛全是捏造的,就未免太明察秋毫矣。记得有位朋友,在某报当副刊编辑(现在他已经不当啦,请勿乱猜),一个武侠小说作家,不知道怎么搞的,得罪了他,他就不动声色,给他来了一个腰斩。不是把人腰斩,而是把文腰斩。腰斩之后,读者老爷纷纷来信责问,有的还以停报恐吓,而该编者老爷固无动于衷也,冷笑曰:"我干编辑三十年,投稿三十年,啥花样不知道,随便找两个人写写信,老套子啦。"结果如何,不必管他,我们只管他的"冷笑"就行矣。一个作者如果依赖自说自话窝里捧,其文便不值钱,即令编辑老爷不腰斩,他也会买一把大刀自己腰斩。而一个编辑兼作家老爷,如果有这种亲自下手的光荣经历,因而推想别人也同样如彼如彼,就未免太头皮痒啦。

柏杨先生写这些,不是要向阙先生争取不平,而是又有信需要答复,连带想起来这么一个学说也。现在要答复的是一位"恕不具名"的限时专送,不但恕不具名,也恕不具地,不过邮戳却是"台南,五十四年(1965)4 月 28 日,庚四",我们且称之为恕先生。

恕先生第一个要求:是要我心平气和地看。第二个要求:是要我不可把他的信原文照抄发表。呜呼,凡是先要求对方心平气和的,一定自信他具有使对方跳高的本领。关于这一点,敬请恕先生放心,再厉害的信我都不会跳高,盖跳高乃年轻人的事,对于老头,不会有如许大的威力也。至于要我不照抄原信,遵照无误,柏杨先生所以要照抄原信,一则照抄原信可以不用大脑,而稿费照算;二则我不愿被人误认为我在断章取义,盖我最反对断章取义也。照抄而研究之,读者老爷就可发现是不是以偏概全矣,如果我是在断章取义,读者老爷就可青脸曰:"这老头瞎搅个啥?"如果不是断章取义,则大家都无所遁形。

恕先生第一件事反对节育,曰:"你谈人口节制,我以为如果政府不反攻大陆,解救同胞的话,那是十全的对,而且是一篇绝妙大论,正如马尔萨斯人口论,如果人类是没有智慧的纯生物的话,是十全的绝妙大论一样。"正因为人类是有智慧的,才困而知之,被迫想出来节育之法,如果是畜生之流,便无法节育矣。而"反攻大陆",要靠科学与头脑,不全靠人口。如果全靠人口,那就糟啦,台湾一千万人拼命猛生,能超过大陆六亿人口拼命猛生乎?当初国民革命军从广州北伐,其人数比全国军阀要少得多,你说那是以人多取胜乎,抑以主义取胜乎?这些往事,不但恕先生应想一想,凡有识之徒,都应想一想也。

17. 有摇头之意

恕先生第二点曰:“你说:‘我不是说李森先生的行为是对的,要知道喜新厌旧是人的天性,柏杨先生暨蔡凤鸣先生均不能例外。’这么一来,难道我也可以如此说:‘我不是说贪官污吏的行为是对的,要知道贪污爱钱是人的天性,我暨你均不能例外’吗?实际上对于一个犯错的人,应当给予适度的指责和劝勉,更进而给予私下的安慰,以使他能改过自新,至于过分责骂与虐待固属不当,可是公开指责舆论不对,更是罪恶。”

恕先生这一段如长江大河,一泻千里,但问题似乎也就出在泻得太快上,最主要的,喜新厌旧之为人类天性,不知恕先生同意不同意也。正因为人性是喜新厌旧的,所以儿童玩具需要不断更换,一个漂亮而价值连城的洋娃娃,玩上三天就不玩啦,对于刚到手的一块烂布却视如至宝。恕先生留神观察没有,你的男女公子,一听说穿新衣戴新帽,就会笑得小嘴合不住,难道他们都是人面兽心,衣冠禽兽乎?男女之间,喜新厌旧的心理,尤其强烈(当然啦,圣崽例外),故爱情需要双方不断地努力培养。有两种古老的心理焉,一种是两人一旦发生了性关系,好啦,我已经受到舆论的保护,你不娶我,我这么一闹,你就成了“始乱终弃”,非垮到底不可。另一种是,两人结了婚,也同样好啦,双挂号兼铁板钉钉,我也已受到法律的保护,你敢乱动,你就成了“水性杨花”,叫你吃不了兜着走。

柏杨先生只是提醒年轻朋友注意到这种天性,并研究适应这种天性之法。爱情也好,婚姻也好,一旦弄到纯依靠舆论和法律来保护,恐怕是保护不了也。至于“贪污爱钱”,则恕先生的大前提错矣,那是后天的玩意儿,不是先天的玩意儿也。然而恕先生主张对一个犯错的人,不应过分责骂虐待,正是柏杨先生的原意,看起来我们固是站在一条线上的。而柏杨先生尤其主张对于年轻小子,更应特别宽大;加到他身上的责罚,不应超过他应得到的,更不能用代数学去乱代。而世人对一个人的评论,更不应两值分类,恕先生以为然乎?至于:“过分责骂虐待固属不当,公开指责舆论更是罪恶。”这是中国酱缸里特有的“各打五十板学”,过分既然不当,却又不允许指责,则过分的朋友有福矣。再则,“舆论”有啥神圣之处,不可以指责?又有啥特权之处,不允许指责?恕先生说不应公开指责,仿佛私下指责倒是可以的。呜呼,只有公开辩难,才光明正大;暗下毒手,算啥英雄好汉乎哉?

最后恕先生曰:“你现在的境遇已经好转了(你自己说过),而还在写那些强词夺理,不三不四的文章惑众,真不可原谅。你以后再发表言论时,要能秉着公正的超然精神,并依据真理,不要再为了迎合部分人的某种不满心理,而不惜强词夺理,颠倒是非。”

这就是说,凡是合乎有识之徒心意的,才是“公正”“超然”“真理”;凡有识之徒不喜欢的,或踩了有识之徒痛脚的,就是“不公正”“不超然”“非真理”矣。这种越窗报案式的论断,忍不住还是要照抄如上,以供欣赏,并垂千古。

吾友萧伯纳先生曰:“世界上讨论婚姻的无稽之谈,多过任何话题。侈谈爱情和坠入爱情一样容易,而且更不能宽恕。”盖年轻人结婚也好,恋爱也好,都是凭他一时的感觉和见解,没有谁是按书行事的也。不过也幸亏没谁按书行事,否则的话,他简直结不成婚,也恋不成爱。盖这一类的教条多如牛毛,看得多啦,寸步难行,最主要的还是大家所讨论的,往往和实际并不符合。吾友高尔基先生在他的《托尔斯泰回忆录》上,说了一段故事:有一天,他阁下和柴可夫先生,在克里米亚海边散步,瞧见托尔斯泰先生坐在那里胡思乱想,两位大作家蹲到他身边,没谈三句就谈到女人,只托尔斯泰先生一直不说话。到了后来,可能是忍不住啦,也可能是高柴二公缠他缠得没有办法,他曰:“我现在啥也不说,要我说的话,必须等到我已关进坟墓,那时我才会告诉你女人的真相。然后我就喊曰:我已经说啦,随便怎么对付我吧。"呜呼,可惜托先生后来死在辽遥而荒凉的小火车站上,没人在他死前提醒他可以说矣。不过也亏得他没有乱发意见,否则他的令誉保持不到今天也。不但他不敢说,萧伯纳先生事实上也不敢说,凯瑟琳女士曾请他给她编的《婚姻手册》写一篇东西,要是换了柏杨先生,早连夜赶工,限时专送;但萧先生却笃定泰山,不肯动手,他曰:"妻子活着,当丈夫的不敢写婚姻真相。"那就是说,写了准有麻烦。萧先生之能名满天下,大概也和他不写这一类的文章有关。

然而柏杨先生却写啦,是柏杨先生比他们没学问乎?非也。是柏杨先生比他们二位胆子壮乎?也非也。而是一个人饿得发慌,连银行都敢抢,何况仅不过谈谈爱情乎哉。恕先生说我吃饭时小菜已增为两碟,出门又有脚踏车骑,可以洗手啦。问题是,在目前中国来说,千日猛写不富,一日不写就穷,此是爬格纸动物一致的悲哀,非我一人独自如此也。

俗云"乱世男女",言下有摇头之意,乱世男女所以使人摇头,因为在乱世中,普通的道德规范丧失了拘束力。其实不仅乱世男女使人摇头,即令不是乱世,年轻小子和年轻姑娘,也使人摇头。现在卫道最力的谢冰莹女士,当初就把她的长辈气了个半死,盖"自从盘古立天地,那有男女自定婚",而谢女士偏偏不肯嫁给她父母为她选择的丈夫,以致一逃再逃,逃得全国哗然。时至今日,我们目之为"争取婚姻自由",但那时候的有识之徒,还不是声势汹涌,一口咬定她"淫奔",并用代数学乱代,用泛道德论把她说得一塌糊涂乎。

18. 一支冷箭

道德是相对的，只有活圣人才认为道德是绝对的。一夫多妻在现代看是不道德的，所以圣奥古斯汀先生一提起以色列老祖宗亚伯拉罕先生有那么多老婆，就抬不起头；他常常深更半夜爬起来祷告，问上帝是怎么搞的，使一个最受赞美，身负神圣使命的老头，拥有那么多如花似玉，真叫虔诚的基督徒脸上挂不住。据说摩门教派就是奉行一夫多妻制的，他们在美国受到法律的禁止，但他们却翻开《圣经》叫那些顽固分子瞧瞧。幸亏圣奥古斯汀先生伤了几年脑筋之后，豁然贯通，他解释说，道德在变，上古时代，一夫多妻固是道德的也，盖部族战争不断进行，臭男人死亡率要十倍八倍超过女人，一个女人能分享到一个男人的几分之一，总比压根没有男人好。如果美国的臭男人死了十分之八，恐怕多妻制也要普及了矣。

使道德标准不断在变的，是人们的经济生活和意识形态。有人说现代年轻人早熟，实际上古时年轻人才早熟，现代年轻人恐怕晚熟得很哩。渔猎社会，小子们到了十五六岁，就可负担家计，他只要会挖陷阱，或者会弯弓射箭就行啦。农业社会，小子们到了二十岁，也就可以顶门壮户，他只要有一双结实的臂膀，能驾犁而耕，就也行啦。可是到今天工商业社会，一个三十岁的青年，简直还像一个小娃，而二十岁的小子如果结了婚，更简直等于自己掘坟坑自己往里跳。甚至有些人到了五十高龄，还在读博士学位，这说明了人类青春期不断往后延长（从前在我们乡下，四十岁就抱孙子，弯腰驼背，成老太爷矣）。

于是这些青春期漫长的小子，遇到了从前根本没有过的爱情和婚姻的困扰。道德上使他约束“性”，而现代都市生活却到处都是性的诱惑,到处都是性的刺激。太太小姐在二十世纪一十年代不过只穿穿及肘的短袖,有识之徒就心痛如割。现在更越来越不像话,袖子简直没有啦,裤子短到成了三角,但最可怕的还不是三角裤,而是四角裤,真叫人见了走不动。君记得刚果之乱乎?黑人士兵对比利时女人努力强奸,记者问之,答曰:“谁叫那些死女人平常穿着短得要命的玩意儿,在街上猛露大腿,把人露得心痒难抓?”穿四角裤还是正常的,台北市哪个观光饭店没有脱衣舞乎?而电影上更是新潮,男女两个,说着说着,吻了起来,吻着吻着,男的趴到女的身上啦,哀哉。

柏杨先生说这些,不是道貌岸然,大声疾呼说世风日下。而只是说,当一个现代年轻小子,在夹缝里过日子,真是为难得很也。有些臭小伙东搞西搞,有些女孩子婚前失贞,他们自己能负多少责任耶?杜兰先生曰:“今天这种败坏的世风,大都由杂交的中年男女所形成,而不是由浪漫的年轻人所形成。”当活圣崽端起嘴脸说人“喜新厌旧”“不足为人师表”“人面兽心”的时候,如果肯想一想自己,恐怕就恕道的多矣。

柏杨先生最喜欢读者老爷赐函,盖捧场的信,看了舒服,刹那间有一种腾云驾雾,不可一世的感觉。而骂得狗血喷头的信,也是一种清凉剂,使正在陶醉不堪,眼看就要发疯的神经,霍然惊醒。所以无论是什么样的赐函,都欢迎不迭,也感激不尽。但对于暗放冷箭型的小报告,却实在恐怖万状。盖凡是冷箭,都有一个特征,那就是它不容你答辩,不是他不容你答辩,而是冷箭由暗处射出,你还没有看清是啥箭哩,它已贯穿了尊胸,哎哟一声,栽倒在地。

举一个例子以说明之吧。一位住在台北市光复路一〇八巷十八号的张运才先生,于4月21日,写了一封信给《自立晚报》发行人吴三连先生,信上曰:

《自立晚报》将宝贵的篇幅,交给柏杨先生写王婆骂街式的文章,未免太可惜了,为了“乐普”的问题,一连骂了多天,不知道柏杨先生写得厌烦否?我可是看腻了,难道贵报笔者写不出比较有意义的文章吗!柏杨先生不要以为那骂街式文章有人看而沾沾自喜,那太可悲了,要知道,再下流的东西,也有一部分人合胃口,不然,“江山楼”就不会那么热闹烘烘。未悉贵报以为然否?

我说这是一支冷箭,是他阁下没有直接寄给柏杨先生,而直接寄给了老板,这乃是“釜底抽薪”妙法。其目的在于使报老板发现这么有道德有学问的人都起了反感,为了免得麻烦,就照敝老头屁股上一脚,以便踢个嘴啃地——那就是说,本专栏便没有啦。

19. 胡乃英女士

关于节育问题,现在应告一结束矣,我们当初谈的不过只是恶补,忽然发现“猛生为恶补之母”,一时勒不住马缰,拐个弯研究研究,想不到惹得有识之徒和非禽兽先生,全体哗然。有的明火执仗,有的暗放冷箭,有的来信骂三代而掀底,再不结束,势必要糟。有些朋友来信,灌迷汤曰:“阁下无惧无畏,真伟大呀。”说我无惧无畏的人应该输一块钱,盖我写稿时虽晕晕陶陶,自命不凡,可是等到稿刚出笼,立刻就怕得要死,有时半夜惊醒,尿都能吓出来。另一些朋友来信摆个圈套叫我跳曰:“阁下不是最喜欢发表读者的信乎,你若公正正直,把我的信也发表一下呀。”说我公正正直的人也应该输一块钱,盖一,有些信一发表准坐牢;二,有些信全属不关主题的私人阴私;三,写匿名信化名信的朋友,好像一个影子,没有人愿跟影子较量;四,“倚梦闲话”不是“丁凤夫人信箱”,天天解答,难道叫老板踢我的屁股乎?

不过,仍忍不住介绍一信,是一位影子朋友从基隆寄给《自立晚报》编辑部的,他不具名的原因是:“怕编辑部把它交给柏杨,而由他在报上赐教,我们只不过是些不识大字的乡下佬。”该不识大字的乡下佬先生曰:“我们所深遗憾的,柏杨‘倚梦闲话’栏,最使我们感到刺眼,我们读者的忍耐有一个限度,当有朝一日超过限度时,那也就是跟贵报绝缘期到了。我们并不是以此为要挟,而只是建议希望贵报对'倚梦闲话'的存留,能加以考虑。"

这是一个典型的"黑信",不具名,不谈事实,不允许当事人申辩。呜呼,如果再不结束,恐怕还会有更厉害的"见血封喉"家伙祭出来,那就更后悔来不及矣。现在求求各路正人君子,我已经知道厉害啦,嘴巴闭得像被天主的面包塞住,请不要再下手啦。

最后,柏杨先生特向下列各位先生磕头道谢,谢谢给那位苦命而多产的母亲胡乃英女士的捐款,如果不是各位伸出援手,她恐怕要再卖孩子,甚至身葬沟壑。芳名如下:台北市罗斯福路吴老太太三百元。三重市大同路六十巷六十七号无名氏一百元。黄正、黄矣、黄羽、黄京四位小朋友一百二十三元,衣服一大包,其中裙子二条,香港衫五件,衬衫二件,长裤三条,背心一件,手帕一条。高雄市临海一路十五之一无名氏一百元。蔡友先生一百元。无名氏二千元,衣服一大包。台东县县长黄顺兴先生一百元。台北市克难街十一巷十九弄二十一号朱伯鸣先生二十元。嘉义刘厝里八九三之一号秦洪先生八十元。台湾大学医学院无名氏五十元。萧小姐二十元。陈治涛先生一百元。台北市开封街一段三十七号恒祥五金公司张世慨先生五十元。台北市中山北路一段一二一巷二十三号张得国先生一百元。台北县石牌荣民总医院王鸣山先生一百元。台北永和镇文化街及人小学陈文健、陈文玳、陈文琪三位小朋友共三百元。台北市基隆路一段一〇一巷十弄一号王盛涛先生二十元。台中市周耀文先生十元。

总共三千六百七十三元,而胡乃英女士说两千元便够用矣。全部捐款,已拜托《自立晚报》转交,她已转到马偕医院医治,现在正在吃药打针。医生说,可能不经开刀,即可痊愈。兹隆重问一声非禽兽先生,如胡乃英女士者,尊意如何?认为她仍应继续猛生乎,抑可以节育了乎?我们不要求别的,仅只就此一事,给我们一个答复就行啦。不过有一点要声明的,胡乃英女士这场悲剧中,非禽兽集团好像没有拿一文钱,当然不是他们心狠手辣,恐怕是相信天主一定会往她头上掉第六个孩子的面包吧。

柏杨先生之所以写“倚梦闲话”，不过是为了点稿费，老实一点说，不过是为了几文钱。最高级的志愿只是想吃好一点，穿好一点，老妻暨孙女上街，打扮得整整齐齐一点，如此而已，别无其他大志。既不想享大名，也不想当烈士；既不想匡正世道，也不想趁水和泥；既不会越窗报案，也不会专门疼人；既不愿当有识之徒，也不愿作人面兽心；既不拉下裤子撒赖，也不板着尊脸吃冷猪肉。

我说这些，是请求各位活圣人千万不要把我当作活靶子。不高兴时，骂一句干他娘，也就消痰化气啦，千万不要小题大做，开原子炮的开原子炮，飞帽子的飞帽子，明火执仗的明火执仗，暗下毒手的暗下毒手，难道不怕别人笑你跟糟老头一般见识，有失身份乎？两年之前，《梁山伯祝英台》影片上演时，我胡开尊口，结果啥玩意儿都招了来，最后要不是我眼捷手快，几乎卷了铺盖。当时就发下宏愿，以后绝对一面倒，捧潮派说太阳是方的，我也就说太阳是方的。可是日久生疏，遇到了节育和三角恋爱，老病复发，结果比上次还要严重。梁祝问题不过冒犯了捧角朋友的智慧；这一次简直冒犯了固有道德和阴谋亡国灭种，活圣人纷纷出动，柏杨先生遂满身都是窟窿。

其实我只不过谈谈新观念，对以崭新姿态出现崭新的社会问题，分析分析。李森先生的三角案中，一位读者老爷来信大怒曰：“你是站在哪一边的？你明明站在李森先生那一边！”好像一个人一定要先确定站在哪一边，才算合乎风俗习惯。如此讨论问题，岂不成了打群架哉？凡不一面倒的岂不也就统统成了反调分子哉？这还是正正派派的，其他各种奇门遁甲的法宝，就更不必细表。柏杨夫人常提醒我，老头皮要紧。老头皮当然要紧，但一逢到卖假药的，就把老头皮忘啦，这种记性，真是该死。夫杂文似乎比议员的质询有时候更要触及到现实，还要触及到有些人的伤疤。他卖药卖得正在起劲，你嚷嚷他的药是假的，他怎么不说你是下流的东西兼禽兽乎？他怎么不打你的小报告，叫封你的笔，捉你的人乎？好在柏杨先生天赋异禀，虽然一面吓得撒尿，一面也祷告上帝，请他阁下派遣六甲六丁，谒者功曹,暗暗保佑,把那些巨炮冷箭,用手一拨,使它射到天主正往下界掉的面包上,就一切太平矣,阿门。

20. 只顾自己出气

从前之人,好学京派,盖京师乃帝王之都,求名的朋友和求利的朋友,驾莅京师一趟,就立刻身价十倍,如果能抽冷子向满大人作上一揖,或被满大人的马踢上一脚,再如果能学会若干京师举动,好像打千啦,问安啦,甩马蹄袖啦,那就更贵不可言。于是大家一窝蜂进京学艺,三年两载,身怀绝技,回到家乡,不时露出一手两手,惹得万人称羡。柏杨先生有个堂叔,在北京当泥水匠,他就学会了打千,大庭广众之中,别人纷纷作揖,独他打千,把大家打得眼花缭乱,暗暗相告曰:"看人家到底见过大世面,懂得满大人的规矩。"不料有一次又打千啦,呜呼,打千的要诀是,打千后身子必须后退,可是他阁下大概被大家的目光瞧得兴奋过度,竟往前一站,而偏偏他的前脚又踩在前襟上,于是乎一声响亮,衣襟撕开,露出满是疥疮的肚皮,好不惨然也。

学京派是当时的一股风尚,一个人必须有点京派,才能在社会上受到尊重,所以大家努力学之,典故百出。《契里笔记》上有一则故事,说有一个有识之徒,要想学两手,就向一个到过京师的朋友求教,朋友曰:"简单得很,你瞧我干啥,你也干啥,包管举一反三,豁然贯通。"有识之徒切记在心。恰巧有人办喜事,二人吃酒,临坐席时,朋友戒之曰:"小心小心。"有识之徒既专心向学,当然聚精会神。朋友拿筷子,他也拿筷子。朋友夹萝卜,他也夹萝卜。朋友剔牙,他就剔牙。朋友放了个屁,他就撅其尊臀往外硬放;朋友看他龇牙咧嘴之状,忍不住失声大笑,他就也失声大笑。不过问题就出来啦,原来该朋友正吞了一口粉条，因失声大笑之故，粉条遂从鼻孔纷纷喷出，有喷不出的，悬在鼻孔边缘，迎风招展，好不美丽。有识之徒一见京派中竟有如此武功，不禁大惊，也急忙努力喷之，可是怎么喷也喷不出粉条来，只好用手往鼻孔中乱塞矣，塞也同样的怎么也塞不进，不禁颓然叹曰："老哥，放屁容易学，鼻孔挂粉条，实在学不会也。"

这都是想当年的事矣，时代进步，现在京派已经吃不开啦，目前最当行的是洋派。代打千挂粉条而起的是"安奶快死训"，中国话就是"有啥问题乎"。堂叔大人早已千古，现在则换了台湾女子篮球队领队温士源先生，他阁下在该队出国前夕，洋派发作，露一手曰"安奶快死训"，结果一个有"快死训"的女队员被一脚踹出大门。

这件"快死训"奇案，据报上说，发生在该队练习已毕，立法委员兼领队温士源先生致训词之后。按洋大人的风俗习惯，斯时也，一定要问一句有没有快死训。我们可敬的领队温士源先生当然如法炮制，就也问啦。谁知道不问尚可，一问之下，该队健将丁克针女士竟真的提出了快死训，她建议说，队员应专心练球，不应该再去做其他杂务事情。

这一快死训的结果如何，已为众所周知，用不着再介绍矣。温士源先生可能觉得有损他的尊严，也可能跟前面说的那些有识之徒一样，别的都能应付裕如，后来出了鼻孔挂粉条节目，他就急啦。当下收拾起来洋派面孔，端出土产嘴脸，大怒曰："不是你走，就是我走。"其实这话说了等于没说，这年头，凡二抓牌和小民之间有了争执，二抓牌必定大胜；凡有权有势和手无寸铁起了冲突，有权有势也铁定的浑身是理。结果当然是丁克针女士走，温士源先生岂能走哉。而尤其可贵的是弄到后来，丁克针女士的父亲代女屈膝求情，也都不予考虑。台湾篮球委员会，还向各报发了一个通稿，正颜厉色曰："实在无法作破坏规章的决定，不得不为取消队籍之处理。"

案发之后，全台轰然，有人说温士源先生既叫人提出问题，人家不过遵命而已，怎能翻脸乎？有人说即令队员说错了，也不应该向一个纯洁的女孩子发如此盛气凌人的虎威！又有人说为了一句话而开除了一个没有过失的健将,只顾自己出气,忘了台湾的声誉,未免自私得可怕。看情形除了台湾篮球委员会几个当权的体崽外,全台舆论都在谴责温士源先生。呜呼,怎不令人心中痒痒,要打抱不平哉。

我想,任何有脑筋的人,都可一眼看出,柏杨先生是支持温士源先生的,盖年头不对啦,无论干啥,向权势人物一面倒,万无一失,所以我觉得有唱唱顺调的必要。这件事所以闹到这种地步,主要的还是丁克针女士不读书之过,岂止不读书而已,简直连卡通都不看,故铸成此大错也。贵阁下不留意台湾电视公司《太空飞鼠》节目乎?有一段是这样的,因太空飞鼠所向无敌,把猫王国打得七零八落,猫大人乃召集部下,商讨对策。部下们站在桌前,一字排开,猫大人口叼香烟,慷慨激昂,训慰交加,严限当天就把太空飞鼠捉住。致训已毕,厉声问曰:"安奶快死训?"一个倒霉的家伙奉命之下,结结巴巴说了一句:"我们不知道他在啥地方呀。"猫大人举起手枪,砰的一声,该发问分子遂血流如注,应声倒地。然后猫大人又问曰:"安奶快死训?"这一次没有人敢快死训啦,大家拔腿而逃,比风都快,当他们逃走时,只听室内砰砰砰砰,枪声连天。

《太空飞鼠》的作者所以画出如此镜头,大概美国也有这种"快死训学",才有感而发。可知千错万错,错在丁克针女士,如果换了柏杨先生,不要说他问啦,他就是用棍子打都打不出快死训来。盖洋大人和猫大人,问问有没有"快死训",已经成了虚应故事,在我看来,仅只把丁女士除名,还算慈悲的,如果换了猫大人,真的掏出手枪,当场就执行枪决。而大家既都站到温士源先生一边,岂不也照样天下太平欤。写到这里,我真为丁女士庆幸,还不赶快请吃一顿油大,以资庆祝乎?不过话又说回来,俗云:"大难不死,必有后福。"丁女士将来固仍有前途得很也。

这件事有深广的教育意义,我建议台湾篮球委员会应备文函请教育部,通令全国,将快死训学,列入公民课程,叫那些后生小子,千万不要再上洋当。遇到头目要你提"快死训"时,切记不可提"快死训",那是一种诱敌深入的妙法。你不提的话,看你驯态可掬,包管给你官做。你一旦乱提，那就表示你有思想有个性。贵阁下看过《宾汉》电影乎，“有思想的奴隶是危险的”，你既成了危险的，不踹你踹谁？

至于温士源先生说“你不走我走”，乍看起来，不成体统，更不像是一个有道德学问的长者对一个小女孩的态度，其实错矣。温公说这话时，正是道德学问凶猛高涨的时候也。呜呼，北方侉子同胞吃馒头的时候，总是一个一个，先行捏捏，捏到软的才吃，盖只有软的容易下咽，硬的岂不噎死人乎？温公身为立法委员，在立法院里奉公守法，察言观色，乃聪明绝顶，深知道碰大家伙能碰出大包来，碰一个小小女孩，就易如反掌矣。既可出出闷气，又可大获全胜，换了柏杨先生，一旦到了他那种地步，恐怕我的花样还要多，我的“规章决定”还要厉害。

有人说，温公是干啥的，他阁下不过一位默默无闻的“立法委员”而已，怎么忽然成了女子篮球队的领队啦？说这种话的一眼就看出没有学问，在落后地区的国家里，像美利坚、像英吉利，知识就是权力，在台湾目前这个社会，权力则就是知识，只要后台奇硬，连柏府莉莉，都能当大学堂校长，何况温公，只不过当一个领队乎。各人有各人的来龙去脉，温公的来龙去脉，我们弄不清楚，也无意弄清楚，说出来准冠冕堂皇，没一点毛病，但阴影里恐怕是万变不离其宗。所以仅只当个领队，还算大材小用，牛刀小试，过两天，二抓之手伸到原子能委员会，他还是一位原子专家哩。再过两天，二抓之手伸到《自立晚报》，把柏杨先生叫去，也问一声“快死训”，我要想不成丁女士第二，恐怕不可得。

21. 爱情最怕隔离

在爱情的领域里，尤其是爱情一旦发生了波折或纠纷，历史往往是重演的。人类学家似乎直到今天，还没有考察出来历史上第一个反对女儿婚姻的岳父母大人是谁，如果能把该老头老太太考察出来，那才叫功德无量。小子们就可早一点供在家里，焚香叩头而膜拜之，以求万一到了节骨眼上，软了心肠也。当初抢婚之风盛行时，无论该小子如何健壮，岳父母大人总是反对的。后来不能抢啦，进入买卖婚姻时代，但抢的观念仍残留在脑子里，所以虽然出了很多的钱——聘金，仍得带一大群人，全副披挂，执刀的执刀，打旗的打旗，吆吆喝喝，前往迎亲。现在虽然进步到了自由恋爱时代，同样的，买卖婚姻的观念也仍残留在脑子里。虽然小子和丫头自己已偷偷摸摸恋爱成功，还得照缴聘金不误。有钱的老头老太太虽不在乎聘金，甚至也不要聘金，但一瞧该小子穷得叮叮当当，而且将来好像也发不了财，于是尊头猛摇，事不谐矣。

大概是十五年前的啦，柏杨先生刚来台湾，就碰上一个精彩镜头。立法委员唐国桢女士（对不起，又是立法委员），有一位女儿，名唐斯蕤，跟《民族晚报》记者杨宗遐先生恋起爱来。他们的恋爱也是老套，没啥稀奇的。杨先生正好是唐小姐的家庭教师，而唐小姐正好是杨先生的得意学生，耳鬓厮磨，爱火中烧。唐国桢老太太瞧出苗头，勃然大怒，不准他们来往。谁知道他们口降心不降，表面上不来往啦，暗地里却打得更要火热。于是乎，有那么一天，两个人跑到地方法院，公证而结婚，办完一切法定手续之后，岳母大人御驾光临，用出种种奇计妙法，把新娘子带走，带得无影无踪。

这一带走，当然满城风雨，报上天天有花边消息，杨宗遐先生走投无路,一把鼻涕一把泪向我请教。我看他年纪轻轻,做出如此荒唐之事,当时就把他训了一顿,他号曰:“柏老柏老,我知道你是有名的活圣人,但活圣人只会放马后炮。你要救救我,想个办法才行呀!”我曰:“你们既然已经结了婚啦,岳母大人如果霸占娇妻不放,告她可也。”他直摇头,盖该小子面狠心软,徒背黑锅,到真刀真枪时,却下不得手。我曰:“那么你就放弃,老太婆不是叫你离婚乎,你就离吧,离了婚一了百了,大丈夫何患无妻,过两天我老头给你介绍一个如花似玉。”他的头就更摇得厉害。我曰:“兄弟,那你就糟啦,现在老太婆要把女儿送到美国。美国是啥地方,男多女少,尊夫人只身前往,犹如黄莺儿撞进了老鹰窝,不完蛋我输你一块钱。”他曰:“我们海誓山盟,死不变心。”我大喝曰:“你再在我这里胡说八道,我就要揍人。”

柏杨先生所以要揍人,不是藐视“海誓山盟,死不变心”。而是说爱情是个奇怪的东西,它不怕压迫,而只怕隔离。再大的压力可能压不碎爱情,但再真实的爱情,一旦被隔了离,恐怕是危险万状。杨宗遐先生认为我太过于老奸巨猾,惯以小人之心,度君子之腹,当下拂袖而去,弄得我下不了台。结果唐斯蕤女士前往美国深造,深造到另一个男人怀里,然后两人双双前往大陆,从此老太婆连爱女一封信都接不到矣。

这都是十五年前的往事啦,诚如小学生作文时说的,“光阴似箭,日月如梭”,十五年之后,到了今天,有人遵古炮制。其过程和手法,不差分毫,简直是从一个模子里浇出来的。国立艺术专科学堂一对同学,小子李泰祥先生,小妞许寿美女士,两人也是偷偷地恋爱,也是偷偷地结婚,而且也是在法院公证。岳父大人同样地适时出现,同样地也采取了隔离手段,而且看样子这种手段已开始生效。报上不云乎,许寿美女士对记者说,她爸爸已决定送她出国深造啦。

截至目前,事情还是僵局,新娘出国了没有,新郎上吊了没有,目前还难预料,但却有很多人同情女婿,也有很多人同情岳父大人。你如果也是一个穷小子,恐怕觉得岳父大人未免嫌贫爱富。你如果有了点年纪,而且世故稍深,认为该小子无力养活娇妻,恐怕还要为岳父大人的铁腕喝彩。柏杨先生对双方都没有意见,只是感觉到历史如果总是重演,实在叫人万分遗憾,模子如果一直健在,将来恐怕继续有人乱浇。

在爱情或婚姻中,最好是不要发生问题:使它不发生问题,才是第一等智慧。不幸而发生了问题,纵然青天大老爷包拯先生再世,都不可能圆满解决,不可能使每一个当事人都不受到伤害。上星期电视《影城疑云》上有个节目,一个拥有千万美金的半老徐娘,嫁了一个小白脸。该小白脸在结婚之后,写信给他的女朋友,该女朋友就用那封肉麻信,作为勒索。案情经过很复杂,我们也不必介绍啦。反正到了最后,千万富婆把侦探先生叫到跟前,嘱咐曰:"我不惜任何代价,购买那封信,你得到那封信时,立刻把它烧掉。"侦探问曰:"你不跟你丈夫离婚呀?"富婆曰:"是的。"侦探大惊曰:"他人面兽心,对你如此不忠,岂能容忍?"富婆黯然曰:"我已离过三次婚矣,每次都付出相当多的离婚费。现在的丈夫知道这些,所以他巴不得我也向他提出离婚。可是我渐老啦,不能再离啦,而且我爱他。先生,我可以忍受一切。但一旦该情书上了报,为了自尊,我只有提出离婚的一途,但我不愿离婚。"侦探也为之唏嘘。

22. 有裂缝的婚姻

该千万富婆是一个智慧极高的人物,她阁下深知自己年老色衰,虽不能根本消灭问题,但能含垢忍辱,使该问题不致扩大到非摊牌不可的程度,真了不起也。也有人说啦,我宁可孤独一辈子,也不要没有爱情,甚至已经变了心的伴侣。说这种话的人多半没有尝过孤独的滋味,或者还有在情场上折腾一阵子的资本。如果不是此两种情形,则单靠冲动的结果,恐怕受到的伤害,更要严重。

这个原则可以应用到每一件有裂缝的爱情和有裂缝的婚姻上。前些时谈的李森先生三角恋,最理想的当然是没有第三者,不幸而有了第三者,则即令依照非禽兽集团的妙法,把他阁下那话儿割掉,都没办法使两个女孩子不衔恨终身。还有台湾大学堂教习施显谋先生,跟一位法国女郎生了孩子(大家都在责备该法国女郎,但那法国女郎值得我们崇慕,我真想每天向她跪拜致敬,这比有些女孩子非钱不行的镜头,又如何耶?),太太只好告状,这一状告的砸了锅,即令中国全国同胞一致大怒,把该法兰西推到大海里,法院用拘票把当丈夫的拘到妻子房子,恐怕他们的感情也无法恢复。但是,施夫人不告他一状可乎?恐怕砸到谁身上,谁都要告状,欺负人不能这般不留余地,不揍他一顿已够他祖宗有德啦。(但我这些时一直在想,她如果冷冷静静,采取千万富婆的方法,是否更为妥当?)这就又回到我们的本题,可以预言的是,不管他们这件事将来如何解决,法国女郎走也好,不走也好;施太太离婚也好,不离婚也好;施先生受打击也好,不受打击也好,反正他们三人以及儿女,以及有关系的若干人,都要倒一阵子霉,甚至要倒一辈子霉。

李泰祥先生许寿美女士的婚姻,弄到现在,已经成了问题。而更严重的是,像上面所举的例子中,还可找出错误在谁,而在他们的案子中,却人人都理直气壮。岳父有的是理,新娘有的是理,新郎也有的是理,如果各人都"择善固执",这问题就永远解不了决。在这个案子中,岳大人——(包括岳父大人、岳母大人以及岳兄大人、岳姐大人)的理由最为动人,一曰,男的没有钱,李泰祥先生不过是一个刚毕业的学生,而且学的是音乐,在目前社会,男人学音乐,跟写杂文的一样没有前途,结婚生子之后,我家女儿吃啥喝啥?二曰,你们结婚没有关系,不该偷偷摸摸的,叫我丢脸。新郎新娘的理由似乎也十分响亮,一曰,爱情可以抵挡一切,爱情生活重于物质生活,而且谁敢说我们挣不到足够的钱?二曰,偷偷摸摸?我们不偷偷摸摸不行呀。偷偷摸摸,岳大人还棒打鸳鸯两离分,不偷偷摸摸恐怕连面都见不到。

这不是纯粹的岳婿贫富问题,而是老人跟孩子相异的代沟问题。老年人看重钱,孩子们看重爱。老年人认为孩子幼稚,厉声问曰:“爱情能当饭吃呀?”孩子们认为老人腐朽,也厉声问:“吃饭能当爱情呀?”各有各的道理,盖爱情固不能当饭吃,但仅只塞饱尊肚,也抵不了爱情的空虚。

这些话我们说得太多啦,但说得太多也阻挡不住有人用模子乱浇,可见该模子的诱惑力之强。我想,一个人过了四十岁而仍不爱钱,他一定是疯子。一个人在四十岁之前如果不把爱情放到第一位,他一定庸俗不堪。夫钱也者,可以保证生活安全,而爱情可以使生命充实。人到了哪个阶段,就有哪个阶段的需要,也有哪个阶段的境界,谁都别笑谁,谁都别怪谁也。柏杨先生年轻时,周游列国,气冲牛斗,真是“天生我才必有用,千金散尽还复来”,见了如花似玉,立刻如醉如痴。可是到了现在这把年纪,人心大变,大变人心,则认为啥都是假的,银子才是真的;非禽兽先生给我一块钱,我就马上脱裤子叫割生殖器。尤其是看见穷小子娶千金小姐,忍不住心惊肉跳,一则飞醋难忍,二则也担心他怎么养活她哉。噫,如花似玉天生是要臭男人供养的,臭男人如果没有足够的养分,而用穷困把她折磨老折磨死,折磨成残花败柳,真是他妈的丧尽天良。不过问题又回来啦,儿孙自有儿孙福,做父母的千算万算,当不住天老爷一算。唐国桢女士手执巨棒,把女儿的婚姻打散,嫌她的女婿是个小小记者,没有出息。而如今杨宗遐先生岂不也到了美国,也吃洋饭而拿美金乎?跟她阁下理想中的女婿,有啥分别?唯一的分别是,她阁下现任女婿前往大陆,而过去女婿在自由世界而已。李泰祥先生现在看起来固然像一个无业游民,但谁敢写下包票,包他就这样穷苦一生地永无出头之日也。

这件婚姻的成败系于许寿美女士的心意,她如果爱李先生够深够真,则要出国不妨带上丈夫。否则的话,单人独马前去深造,恐怕准深造到另一个小子怀里。不过这在李泰祥先生看来,也没啥可悲哀的,如果贵阁下稍微有点志气,也应效法效法老前辈杨宗遐先生,爬也爬到美利坚,爬到美利坚不是跟她同床共枕,那已经迟啦,而是他应创造他的前途。君不见杨传广先生乎,只要有两下子,名声盖世,美钞满箱,自有同样类型的岳大人和小姐,看上之也。

我们当然还是希望岳父大人许南阳先生高抬贵手,老年人如果多回忆一下自己年轻时的爱情,而年轻人如果能多推想一下老年人视钱如命的原因,则大家的距离,就近得多啦。

23. 朕躬违和

"倚梦闲话",停了七天,盖柏杨先生朕躬违和,已逾半载,肚子发胀,吃啥药都吃不好。料不到周前的一天,又忽然害上感冒性头痛,好像有位非禽兽大人,高踞天灵盖里,用钢针乱扎,不但乱扎,而且还乱挑鬓角之筋,坐都坐不住,只好躺在床上哼哼。我提议去看医生,老妻怕我花钱,曰:"头痛发烧,都是小病,你没听大牌官崽呼吁,要小民节约哉。"结果越痛越厉害,后来非禽兽大人改变战略,不用针扎啦,而用斧头劈起来啦,我就向夫人警告曰:"你再不叫我看医生,一旦驾崩,谁还赚钱养活你呀?"夫人曰:"没有关系,你死啦我就带着孙女去美国找儿子女儿去。"我大惊曰:"谁给你出的这种馊主意?"她曰:"你没见大人物乎,死了之后,太太就去美国,我不过上行下效罢啦。"但她并非不爱我也。她曰:"你的毛病就是喜欢看书,晚上躺在床上还看到半夜,头痛都是看出来的。"

于是我就自动自发地取消了床头看书恶习,向隔壁军爷借了一个晶体管收音机,卧而听之,听的是民本电台评书节目,张天玉先生说《七剑十三侠》,窝囊包杨天雄先生上山学艺,下山送人头,大战黑店等等,好不热闹,一听就听上了瘾。但治好头痛仍得靠医生,我乘老妻去做头发兼割鸡眼之便,请医生配了两包药粉。但老妻一直到今天,似乎仍以为头痛可以不治自愈哩。

当头痛最厉害的时候,大概专心头痛之故,肚子忽然不胀,我倒是宁愿肚子发胀,也不愿头痛的。昨天头痛痊愈,而肚胀又恢复原状,真是百思不得其解,难道世间又要多一秘方“头痛可治肚胀”欤?肚胀这玩意儿实在难过,其难过程度似乎仅次于头痛,而睡醒和拉过屎之后,尤其胀得要命,有时候半夜胀得睡不着觉,就爬起来在斗室中散步。难得有些读者老爷寄来一些偏方,俗云:“偏方气死名医。”我本来打算一一服之,以便把台湾疗养院那些华洋医生,气个半死。可是有些读者老爷老老实实声明他们偏方得自口传,自己没有服过,也没见别人服过,那就有点不太对劲。目前我不过仅只肚胀而已,一旦再吃出来别的毛病,岂不又要我破财乎?

嗟夫,人身好像一部机器,一部机器用了七十多年,平常日子又保养得差劲,该加油的没加油,该紧螺丝的没紧螺丝,而不该生锈的生了锈,不该弯曲的弯了曲。过去靠着年轻力壮,看起来响声隆隆,马力十足,实际上已经快零散啦。人到老年,就好像一辆摇摇晃晃的老爷车,浑身上下,都是毛病。年轻小子,能不戒哉。

一个人应该常去监狱参观参观,才会知道自由的可贵;常去刑场参观参观,才会知道生命的可贵;常去医院参观参观,才会知道健康的可贵。老妻始终觉得头痛发烧不算啥,上帝如果有灵,总有一天也叫非禽兽大人钻到她尊头乱搞。实际上感冒之严重,不亚于癌,只不过中国同胞人人得而害之,而该症又不至于铁定翘辫子,因而冲淡了气氛。二者都是一种滤过性病毒,捉也捉不住,看也看不见。我们家乡治感冒有一种特效秘方,喝下一大碗“葱花酸汤”,喝得浑身大汗,然后蒙头猛睡,一觉之后,准霍然而愈。此次也曾试之,结果头痛如故,大概年头不对,秘方也不管用啦。

看了半年的病,遇到一些啼笑皆非的节目,有些医生,以及有些关心的朋友,都说我只是心理作用:“你不要理它,全当没这回事,它自己就会好起来。”并且举了好多例子,其中最叫座的是:有一个犯人焉,被绑到手术台上,由医生用针在他尊腿上扎了一下,然后宣布说抽他的血。当然没有真的抽,而只是用一根橡皮管,装着自来水,在那里滴答滴答,听起来就好像他阁下的血真往外流。于是该犯人面色逐渐苍白,呼吸逐渐微弱,最后一命归天。

这例子柏杨先生记不得向读者老爷介绍过没有,但如今被别人回头向我一说,使我蓦然间发现真是害人不浅。心理作用当然是有的,但并不是所有生理毛病只要靠心理治疗就行。好比一旦非禽兽集团替天行道,手执钢剪,把阁下的生殖器割掉,你就心理上再坚强,能再生出一个乎?写到这里,想起来一件官司。六七年之前矣,有一个朋友,跟人打架,一棒下去,把该家伙尊头上打了一个洞,结果闹到法院,罚了几千元医疗费。朋友乃一穷苦教员,哪有钱付哉?急得唉声叹气,柏杨先生看在眼里,就为他出了一个高明主意曰:"老哥,不要理他,要钱没有,要命一条,随他的便。"朋友当初打架时的凶焰已经泄尽,哭丧着脸答曰:"我不理他,他理我呀,再不缴钱,他倒不会要命,要命倒简单,法官要改判有期徒刑,我就糟矣。"结果一文都没有少。

呜呼,我当然可以不理病,但病却理我。心理治疗只是一种辅助治疗,头痛确实如裂,肚胀确实如鼓,要说那是心理作用,简直伤天害理。现在头痛总算好一点(昨晚又痛,而且是左边偏头痛),但肚胀如故。任何一种毛病,久久不愈,必有其不愈的原因,我已写信给我在美国的女儿,叫她吩咐她那位卖锅铲的洋女婿,给我寄一点洋药来,届时中国细菌碰到洋药,其不全军覆没者几希。

24. 大力干涉

正在谈着年轻人和老一辈人观念的差异,一场感冒下来,便不声不响地跟着中断。呜呼，在工商业社会中钱赚钱易，人赚钱难，有一大堆钱坐在屁股底下，进则可以投资，退则靠利息也能吃得又白又胖。而靠手艺赚钱——下焉者像柏杨先生以写字为生，上焉者像留美学人，以教书或在实验室当差为生，都是一把可怜虫。遇到病虫害来袭，就等于一泡臭狗屎塞住了自来水管，人不能动，钱就滴不出来矣。柏杨先生只不过一星期没有提笔，一想起稿费无着，分期付款那个恶劣万状的收账家伙，马上就要光临，简直心如火烧。《红楼梦》上晴雯小姐为了给贾宝玉先生修补大衣，恨病不痊，急得用她的玉手打她的玉头。柏杨先生也要发疯，几次都想用利刀把脑袋切下算啦。这两天，肚胀更重，而头仍不时的痛——一位朋友教我抹百花油，那玩意儿治标不治本。古时爱国志士，有带病出征的，吾友罗通先生，奉命扫北，盘肠大战；柏杨先生带病写稿，固同样是人类历史上一大盛事，惊天地而泣鬼神，宜宣付国史馆者也。

闲话说得太多，还是回到我们原来研究的问题吧。经过若干天热闹哄哄之后，李泰祥先生和许寿美女士的婚事，已经不听报纸嚷嚷矣。站在新女婿李泰祥先生立场看，恐怕是凶多吉少；但站在岳父大人许南阳先生立场看，沉默为变卦之本，似乎是一个好兆头。而新娘子许寿美女士也可能已经恍然大悟，正在打小包袱应美国国务院之邀哩。柏杨先生并不主张她一定要从一而终，如果她真的恍然大悟，当然有权提出离婚。我也不以为许南阳先生有啥不对，既有女立法努力提倡于前，他阁下当然可以仿效于后。我更不以为李泰祥先生有错，面对着如花似玉，如果无动于衷，那才是超级呆头鹅也。

我只是说，爱情和婚姻，一旦发生了问题，便没有两全其美之道，更不能八面玲珑，好像根本没有发生过问题一样。后生小子，宜切记我老人家至理名言。能使它根本不发生问题，才是大智大慧。问题已经发生啦，使它在未完全粉碎之前，贴贴补补，包包黏黏，也是大智大慧。最糟的是，已经有了问题，不但不能使它悄悄消灭，反而掏出铁锤，张牙舞爪，唾沫四溅，拼命猛砸。不必再举夫妇间为例矣，即以老头老太婆为例，唐国桢女士的铁锤敲到女儿头上，总算大获全胜；

许南阳先生也胜利在望,但他们的女儿果真就一定能幸福乎哉?唐立法的女儿一肚子窝囊气,跟她妈妈为她拣的男人最后还是结了婚,但她跳到别人怀抱的阴影始终横亘在二人中间,假如是她把前任丈夫一脚踢的,或许还没有影响,而如今却是她父母把她前任丈夫一脚踢的,恐怕那阴影没有办法消失。结果前任丈夫也到了美国,后任丈夫只好拉着娇妻,一走了之。想前想后,唐立法能不黯然神伤乎?许南阳先生为他女儿安排走的路,我们固不敢预言她将来一定会痛苦,但老头也同样不敢预言她将来一定会快乐也。

父母们挺身而出干涉儿女的爱情和婚姻,有两个最有力的论点,能堵任何人的嘴,一曰"人生经验",一曰"天下没有不爱子女的父母"。这两个论点,好像两只巨螯,一旦左右夹攻,当者无不披靡。不要说子女们受不了,就是路见不平的人也受不了。盖无论如何,父母的人生经验要比子女丰富,对人生的观察也比刚接触社会的小子丫头深刻。年轻人看人生只看到表面,老家伙因为吃亏太多、痛苦太多,尊眼就好像爱克斯光,不但看到表面,还能穿过表面,直达内心。尤其是老头老太婆年轻时有过精彩表演,他就对人生更胆战心惊。吾友巴尔扎克先生在他的小说中写坏蛋淫棍,写得淋漓尽致,朋友问他怎么有如此深刻的体验哉,他曰:"我有现成的模特儿,那就是我。"盖内省工夫是一种最强力的观察也。

不过,再丰富的人生经验也不能保证他不在阴沟里翻了船。有很多被老家伙们认为前途有限的小子,结果大阔而特阔。刘邦先生小时候是个警察局登记有案的甲级流氓,除了喝酒嫖妓耍无赖外,啥都不会,以至把老头气得要死。玩命玩到最后,刘邦先生当了皇帝,向他父母吹曰:"从前你说我混蛋,说我老哥好,现在如何哉?"

洋老头同样也会翻船。以色列族十二支派之一的约瑟先生,他十七岁那一年,梦见太阳、月亮、星星,都向他下跪,他就对他爹和哥哥说啦,老头大怒曰:"胡说八道,难道我跟你娘,也向你磕头呀?"十一个哥哥的气更大,好小子,你没撒泡尿照照你的模样。乃暗下毒手,把他卖给一个埃及人。于是终有一天,约瑟先生做了埃及宰相,而他爹和十一个哥哥，为了买粮，只好向他下跪矣。

这一类例子，到处都是。柏杨先生将来定要写一本《看走了眼学》，一桩桩，一件件，详加介绍。我想这有一个好处，就是让一些靠“人生经验”自命不凡的老家伙，在肯定他判断价值时，千万别张牙舞爪。呜呼，人是一种最奇妙兼变数最高的东西，一棍子下去，打到任何一个动物身上，它都又咬又叫，又跑又跳，只有打到人身上，反应不一。有的固然也同样又咬又叫，又跑又跳；但有的却闷不做声，咬牙切齿，眼泪往肚子里流；有的不但不难过，还由衷地感激；有的反而会笑了起来，说你打得真有学问，老脑筋恐怕不见得永远是万应灵药也。

25. 一切为出国

即令老头老太婆凭其人生经验，没有看走了眼，也不见得一定有了不起的价值。有些受过高等教育的老头老太婆，具体地比喻吧，像大学堂教习焉，像中学堂教习焉，像若干大小官儿焉，他们对子女前途最高的境界，仿佛是一系列的，其顺序如下：升小学——升初中——升高中——升大学——出国留学——在留学国教书或找个机构当差。

在这些知识分子的尊脑里，孩子们要拼命地升学，升学，升学，一直升到大学堂毕业。然后拼命地出国，出国，出国，一直出到麻省理工学院。再然后拼命地谋事，谋事，谋事，一直谋到一个教习的位置或一个实验员的位置。然后再拼命地——现在已没啥可拼命的啦，只有寄钱啦。柏杨先生老朋友中，似乎有这么一个不成文法，子女当博士的，每月寄二百美金回来，子女当硕士的，每月寄一百五十美金回来，子女当学士的，则每月寄一百或八十美金就可以矣。于是老头老太婆喜欢得就像谁在他屁股底下放了一个二百二十瓦的电炉，烧得他简直坐不住，东跑西跑，宣传他儿女真孝顺呀。众人一听，一个个伸长脖子，自叹儿女不争气，仍留在台湾。于是老头老太婆身轻如燕，认为传种有人，死也瞑目矣。又于是，自然而然的，凡能如此一系列发展的小子，才算有前途，有出息。凡难以如此一系列发展的小子，不要说当女婿啦，就是当他的上司，他都瞧不起。柏杨先生非常赞成升学，也非常赞成出国，但一个人如果以在美国当教习和当职员为人生最终极的目的，以每个月能寄回若干美金为对后生小子最高的评价，实在觉得有点邪门。不要说人生理想矣，就是纯功利观点，投了三十年的资，一个月才不过收到二百美金的利息，也划不来。至于说传种，美国是世界上最优先的核子弹靶场，似乎不见得一定能传了种，即令能传了种，到了孙子这一代，恐怕也难以认得老祖宗也。我的老朋友中，还从没有听谁勉励过他的子女到了美国后，要做一点"改善生活"之外工作的。不要说学理工的啦，就是学文法的，也没有人勉励过他的子女立志要为地区间文化交流贡献点啥，而只跟柏杨先生一样，一脑子钱钱钱钱钱钱钱，嗟夫。有些小子丫头认为这是天经地义，但也有些小子丫头认为这并不是人生唯一的道路。一旦在这上面起了冲突，唐国桢女士和许南阳先生自然怒从心头起，恶向胆边生，当子女的，势必非"恍然大悟"不可也。

五代时冯道先生，官做到太尉燕国公，死后封为瀛王，而且一直活到七十三岁，与死圣人孔丘先生同年，因自号"长乐老"。著书立说，数百万言，把他在唐晋汉周四个王朝所得到学历经历，以及在美利坚合众国——那时是"契丹帝国"，所得到的阶勋官爵，一一排列，自以为孝于家、忠于国、为子为弟、为人臣为司长、为夫为父、有子有孙、时开一卷、时饮一杯，好不快哉。他阁下临死之夕，把儿子冯吉先生，叫到床前，谆谆吩咐，教他做官处世之道。说到得意之处，以为儿子一定聚精会神地听哩。睁眼一瞧，谁知道儿子已经睡着啦。冯道先生当时几乎气得要爬起来不死啦，儿子惶恐曰："大人息怒，你那一套不讲我也晓得，反正是教我如何钻营奔走，如何保持禄位罢啦。”

冯道先生的荣华富贵,真是应有尽有,要名有名,要钱有钱,要权有权,要势有势,要学术地位有学术地位,要寿有寿。可是他的儿子却不佩服他,对他老子认为最恰当正确的道路,感到没啥没啥,盖境界不同故也。

《查泰莱夫人的情人》这本书,有名的西洋《金瓶梅》,英吉利查禁了几十年,最近才算开禁,台北街头固有得卖焉。对啦,阁下正人君子,当然没有看过,还是由我介绍一下为宜。查泰莱先生是一位勇敢的战士,想不到一仗下来,受了重伤,腰部以下,完全麻痹,连走路都只好坐轮转椅,更别说跟太太颠鸾倒凤矣。不颠鸾倒凤没有关系,但一想起他的万贯家产,而又膝下犹虚,就大急特急。于是想出了借种妙计,建议他太太去另外找一个男人,一则解其寂寞,一则也好生个儿子,使烟火不绝。他太太最后答应啦,而且问他曰:“我如果找了一个男人,你要不要知道他是谁?”查泰莱先生曰:“我不要知道,但我相信你不会找一个坏男人的。”太太曰:“你这话原则是对的,不过我事先要提醒你,女人和男人对坏男人的看法不同。”当丈夫的没话可说,于是如花似玉找到了他们家一个看守茅屋,连英文都说不纯正,而又有妻子的园丁。在阶级森严的英国,查泰莱先生几乎非吃巴拉松不可,而他太太不特此也,后来还索性放着男爵夫人不当,而嫁了该园丁。

呜呼,女人对男人的看法,跟男人对男人的看法不一样,男人对女人的看法,也跟女人对女人的看法不一样,父母和子女对有没有出息的看法,同样不一样。我们并不是压根儿否定人生经验,那是血和泪的结晶。我们只是说,人生经验往往只胶柱过去,对崭新的形势和变化,往往不能接受。它当然可能仍价值连城,但也可能错误。都不是绝对的,也不是每一桩人生经验都崇高可敬和正确,做父母的如果自信过强,怎么不抽棒乱打?

26. 天下有不是的父母

现在该研究研究"天下没有不爱子女的父母"矣,这句话好像是从"天下无不是的父母"套出来的,不过更接近事实。"天下无不是的父母"乃农业经济封建社会的产物。在以往的岁月里,父权高涨,男人第一。据说,以色列同胞在祷告时,一定要感谢上帝二事:一曰没有使他生为异教徒,二曰没有使他生为女人。中国也有一个圣崽,偶忘其名字,也偶忘其在啥书上写过矣,也明目张胆地嚷嚷,大家该满意啦,夫天地间有罪犯有正人,而我幸而为正人,岂不该满意乎?天地间有残废有不残废,而我幸而为健人,岂不该满意乎?天地间有女人有男人,而我幸而为男人,岂不该满意乎?

男人所以第一,是父权高涨的结果,盖遗产焉,爵禄焉,统统是男人的事,儿子如果不听老子的,或老子如果不爱儿子,当儿子的算是倒定了霉,于是产生了唯有酱缸才有的杀胚哲学:"父叫子死,子不敢不死;君叫臣亡,臣不敢不亡。"非当子当臣的心甘情愿也,乃没有别的道路可以选择也。

问题是,世界上最坏的父母似乎也就出在中国,虞舜帝姚重华先生的爹瞽叟先生,娶了继任太太,又生了一子姚象先生,父亲、继母,以及继母生的儿子,三人组成联合阵线,用种种手段,要置前房儿子于死地。有一天,他爹叫他上房油漆,他正在油漆得起劲,老头却在底下放一把火,儿子情急智生,用两个斗笠当作降落伞,跳下溜之乎也。为了避免忠贞分子说我胡乱造谣,动摇国本,请看《史记》原文:

瞽叟尚复欲杀之,使舜(姚重华)上涂廪,瞽叟从下纵火焚廪。舜(姚重华)乃以两笠自扞而下,得不死。

又有一天，姚重华先生的爹叫他下井挖泥，等他一下了井，联合阵线就用土把井填住。想不到姚重华先生也有他的一套，他早在井旁另凿了一洞，竟也跑出来啦。《史记》原文曰：

瞽叟又使舜（姚重华）穿井……舜既入深，瞽叟（他爹）与象（他弟弟）共下土实井，舜（姚重华）从匿空出去。

史书上对父子们为啥把姚重华先生恨到这种程度，没有交代，我想恐怕和财色二事有关。姚重华先生的两位太太一定漂亮非凡，而他手中也一定着实有几文。所以姚象先生一等到把井填得差不多的时候，就迫不及待地把二位如花似玉的嫂嫂收归己有，霸占为妻，而且还索性住在他哥哥的花园洋房里，又弹琴，又喝酒，舒服舒服，美哉美哉。

同父异母兄弟，做出这种灭绝天良之事，尚可说得通。而亲爹做出这种灭绝天良之事，所贪的不过是儿子的"牛羊仓廪"，便王八蛋矣。如果谁说天下无不是的父母，恐怕老头都会气得从棺材里爬出来打他的嘴。

在酱缸里，有三种人不值钱，那就是女人不值钱，儿女不值钱，小官小民不值钱。即以宰相之尊，在皇帝看起来，仍是小官，不值几根葱，说杀就杀，说打就在众目睽睽下，掀翻在地，打得哭爹叫娘。这些不值钱的人，最安全的策略莫过于顺服如羊，不但顺服如羊，而且为了心安理得，还自己努力发明一些哲学，把侮辱当作光荣，把兽性当作神性；头目们无一不"皇王圣明"，僚属们无一不"臣罪当诛"。实在圣明不起来的，错不在头目，却在小人奸臣。而自己既然浑身是罪，头目不杀自己已是恩典啦，再给我官做，怎不感激涕零耶。

现在幸亏没有皇帝，真叫人快活，如果大清帝国也万世一系，那位当图书馆管理员的溥仪先生，仍坐在金銮殿上，我们向他咚咚咚咚地乱磕头，他说的话谓之"玉音"，他放的屁谓之"御屁"，他发了兽性要杀人谓之"赐死"，他偶尔叫你坐在他面前，谓之"异数"，而他最后死掉，谓之"驾崩"。你说恶心不恶心吧？而如今他啥也不是啦，盖权力没啦,威风也没啦。

父权也逐渐跟着君权而衰微,孩子们已不再是一种资产,而是一种债务,等到他们能赚钱的时候,已脱离了父母的权威——这在农业经济封建社会,是脱离不了的。工作、市场、工厂、贸易等等,使他们跟家庭分开,家庭不再是一个传统的维系世族于不坠的据点,而像开花炸弹一样,在孩子们能够独立谋生之后,便炸成了碎片。而且,即令在孩子们脱离家庭之前,父权也不是绝对的矣。政府的权力已伸进了家庭,父权不得不低头。像姚瞽叟先生那种谋害亲生儿子的节目,古时候是不犯法的,如果发生在现在,恐怕三作牌早把该老头送到法庭,报上再加油加醋,即令他不进疯人院,至少也有几年监牢可坐的也。

绝对理性的"爱",被纯感情的"爱"取而代之,遂由"天下没有不是的父母"变成"天下没有不爱儿女的父母"矣,这句话比较接近真理。不过问题还是一样,它只接近真理,并不等于真理,也不是绝对而无例外。盖感情是主观的,也是不断变化的;随着一个人的智能、知识、个性和人生境界,而对爱的意义有不同的解释要求和不同的表达方法。于是免不了的就有下面两种流弊发生,一是,父母对子女在内心里根本就没有爱,但为了理性的驱使,他只好打出爱的招牌;二是,父母对子女确实爱得要命,但他爱得不得其法。

27. 如此老爹

关于"父母没有不爱子女"哲学的流弊,虽然有姚重华先生之爹的榜样,我们仍不忍讨论,这总是少数中的少数。大体上说上帝造人,就赋给了下倾的爱。一个人对父母可能忤逆,但对子女往往无微不至,非他故意要做给人看也,而是情不自禁。但爱而不得其法,则举目皆是矣。柏杨先生有幼妹焉,在她三岁时,已经进入二十世纪一十年代啦,可是柏太夫人——也就是柏杨先生的娘,仍给她缠脚。我劝母亲大人不要那么残酷好不好,老人家就用擀面棍把我赶出大门,后来我煽动了几个不肖之徒的叔伯兄长,向老太太开导,老太太泣曰:"她现在受点苦,没有关系,我如果不给她把脚缠好,将来长大啦,嫁不出去,她不埋怨终生乎?那我才是害了她。"老太太爱子女的结果是,幼妹有了一双百里内顶刮刮的三寸金莲。想不到等她长到论婚嫁的年龄,已是二十年代末期,洋学堂林立,女学生一个个大脚板,有钱人家的子弟非大脚的不娶,而穷小子老太太又不肯给。后来还是柏杨先生心生一计,以五十亩上等稻田作陪嫁,才算嫁掉。爱之有时适足以害之,丰富而又有历史根据的人生经验,有时适足以造成悲剧,你说是不是一言难尽乎哉?

五年之前,柏杨先生住在台北市通化街,有一天晚上下班回家,一大群人围在临江街口,我就也挤了进去。看见一个大汉,把一个七八岁男孩子按到凳子上,用一根大拇指粗的齐眉棍,照孩子屁股上、腰上、腿上,拼命乱打,一棍一道血痕。孩子在底下狂喊:"我不敢啦,爸爸。我不敢啦,爸爸。"而那大汉反而更打得英勇,路人有的上前劝解曰:"算啦,别把孩子打伤啦。"大汉曰:"你们不知道他多可恶——"柏杨先生忍不住也插嘴曰:"老哥,管教孩子是可以的,但你打得太过分矣。"那大汉一听我不是哀求他,而是干预他,就跳高曰:"我打我的孩子,你是什么东西!"呜呼,幸亏我年迈力衰,算他运气好,假使我有七剑十三侠那两下子,早把他扭翻在地。这种父亲,真是绝件。

记不得哪篇文章上,作者在四川茶馆吃茶,店老板教训儿子的方法也可列入史册。该也是绝件的父亲,在他认为孩子做错事时,就喝令"立正",站在一旁,然后喝令"打嘴",孩子就自己用手掌打自己的嘴,叫打二十下不敢打十九下,叫打三十下不敢打三十一下,而且打得轻了不行,还得重打,肿还未消,第二次就又叫打,有时孩子还把自己打得满口流血。孩子不过十二三岁,枯瘦如柴,双目无光,精神迟钝。该作者就问该绝件，为啥如此凶暴，该绝件有他一套绝件理论，他曰："中国所以不强，就是因为大家不知道服从，我要小孩从小养成服从的习惯，大了就会做人处世矣。"那篇文章写得动人肺腑，我想读者老爷中一定有看过的。一个人如果有了这种绝件父亲，只好说他上辈子作了孽。

还有一位年轻朋友，他的父亲也是绝件。老太爷刻在台湾，所以不便写出姓名，他阁下一脑筋楚霸王思想，认为"没有我，焉有你"，子女们在他跟前不是玩物，就是出气筒。老头看起来很是豪爽，每天都大酒大肉，宾客如云，当着外人的面，把已成年的女儿搂到怀里，疼得要命，还喂她吃哩。可是一旦宾走客散，他就放下尊脸，乒乒乓乓，一顿耳光。有时候要她跪在地下，一跪就是一夜。他的儿子在中学堂时，距校约有十里之遥，六年之久，他都不允许孩子骑他的脚踏车(当然偶尔也骑过，只是太少啦)，把子女们搞得晕头转向，像一群孤儿。有一次该年轻朋友遍体鳞伤，向我请教，我就曰："简单得很，你回去把老家伙揍一顿算啦。"他一听我教唆他忤逆，吓了一跳。我也觉得这话一旦外泄，准出毛病，而且把亲生父亲揍一顿，也实在有点混蛋，就又另外教他一法曰："你可开溜呀。"花样就出在这里，他变色曰："走不得，走不得，俺爹说啦，我们要走的话，他就打俺娘。"原来老头知道子女深爱母亲，就用老太婆作为要挟。呜呼，读者老爷请闭眼想一想，这算个啥家庭乎哉？这件事使我想起来另一件事，也是一位朋友，抗战时回籍奔丧，假满归来。有天晚上，悄悄告我曰："柏老，我有一句话闷在心里，在人前不敢说，但又闷得发慌，非吐出来才痛快，但你千万莫对别人讲。"然后叹口气曰："我父亲死啦，趴在灵柩前，不能不哭，但我心里不但不悲哀，反而有一种如释重负的感觉，真是罪过罪过。"

使他感觉到罪过的是理智，使他感觉到如释重负的是感情，而父母子女间固是感情的也。一个当老爹的走到了这条路上，而竟仍咬定他是爱子女的，这不但是人间悲剧，也是人间丑剧。

关于这个问题，我们不忍心谈得太多，上面所举例子，并不是严重的。如果举起严重的来,势将更不好意思。我们只在于提醒老头老太婆,爱子女必须得其法,不能一味信赖自己的人生经验,也不能随着自己的个性,漫无止境地发展,否则徒然造成伤害。要知道子女终有一天也要长大成人,孔丘先生曾告诫孩子们曰:“小杖则受,大杖则走。”那就是说,子女有不接受父母为他安排一切的权利。孟轲先生更厉害啦,他曰:“父不父,子不子。”子女在不得已情形下,有背叛家庭的权利。父母子女之爱固是天性的,但也是培养的,生之没啥,养之才恩重如山,不服气的老头老太婆只好被抛到脑后。